Handlungsorientierung in Prüfungen

Waxmann Verlag GmbH
Steinfurter Straße 555, 48159 Münster
info@waxmann.com

Erlanger Beiträge zur Pädagogik

herausgegeben von
Michael Göhlich und Eckart Liebau

Band 14

Waxmann 2014
Münster • New York

Sascha Fauler

Handlungsorientierung in Prüfungen

Eine Untersuchung am Beispiel
einer kaufmännischen Abschlussprüfung

Waxmann 2014
Münster • New York

Dieses Buch wurde unter dem Titel „Handlungsorientierung in Prüfungen. Untersucht am Beispiel einer kaufmännischen Abschlussprüfungen" an der Friedrich-Alexander-Universität Erlangen-Nürnberg als Dissertation angenommen.

Bibliografische Informationen der Deutschen Nationalbibliothek
Die Deutsche Nationalbibliothek verzeichnet diese Publikation in der Deutschen Nationalbibliografie; detaillierte bibliografische Daten sind im Internet über http://dnb.d-nb.de abrufbar.

Erlanger Beiträge zur Pädagogik, Band 14

ISSN 1614-3205
Print-ISBN   978-3-8309-3138-6
E-Book-ISBN   978-3-8309-8138-1

© Waxmann Verlag GmbH, 2014

www.waxmann.com
info@waxmann.com

Umschlaggestaltung: Christian Averbeck, Münster
Titelbild: © Jeanette Dietl – Fotolia.com
Satz: Stoddart Satz- und Layoutservice, Münster

Gedruckt auf alterungsbeständigem Papier, säurefrei gemäß ISO 9706

Printed in Germany

Inhalt

1. Einleitung mit Problemstellung*

> „Non vitae, sed scholae discimus!"
>
> (Seneca)

Leider ist es so, dass wir oft tatsächlich nicht für das Leben lernen, sondern für die Schule oder andere Selbstzwecke, wie etwa eine Prüfung. Sollte dies so sein? Oder wäre es nicht viel richtiger, für das Leben zu lernen und Prüfungen so zu gestalten, dass sie sich an der Realität orientieren? Wozu sind Prüfungen überhaupt notwendig? Was leisten sie oder was können sie leisten?

„Die Ausbildungsabschlussprüfung ist die am häufigsten abgelegte Prüfung in der Bundesrepublik Deutschland" (Ruschel 2008, 461; vgl. auch Reisse 1991, 346). Es scheint sich also zu lohnen, sich etwas näher mit ihr auseinanderzusetzen, und zwar auch deshalb, weil sie exemplarisch der Beantwortung der vorstehenden Fragen dienen soll.

Um die Anlagen von Ausbildungsabschlussprüfungen, so wie sie sich heute präsentieren, zu verstehen, ist ein historischer Rückblick notwendig:

Im Jahre 1927 entwarf die Reichsarbeitsverwaltung ein Berufsausbildungsgesetz, das im 39. Sonderheft zum Reichsarbeitsblatt (Berlin) veröffentlicht wurde und als Prüfungsziel in seinem § 48 folgende Formulierung vorsah: „(1) Durch die Prüfung soll sich der Prüfling entsprechend der Prüfungsordnung ausweisen, daß er sich die für die Berufsausübung nötigen Kenntnisse und die gebräuchlichen Handgriffe und Fertigkeiten angeeignet hat." (Pätzold 1982, 63)

Bereits 1938 beschäftigte man sich mit folgenden Fragestelllungen:

> „Wie sind die verschiedenen Systeme des Aufbaus der Aufgaben zu beurteilen: Sollen durchgehende Aufgaben gestellt werden, bei denen ein Geschäftsvorfall durch alle Stadien kaufmännischen Geschehens verfolgt wird, oder sollen getrennte Situationsaufgaben gestellt werden oder soll man Einzelfragen stellen?" (Hoch 1938, 40)

Diese Fragen betteten sich in Auffassungen, die eine Abkehr von der Feststellung von Kenntnissen und Fertigkeiten hin zur Feststellung eines kaufmännischen Grundstocks an Wissen und Können vertraten:

---

*   Zur Begutachtung der Dissertation lag ein etwa 600 Seiten starker Anhang bei. In der Version der Dissertation, die zur Begutachtung eingereicht wurde, wird teilweise auf diesen Anhang verwiesen. Insofern war es notwendig, die Veröffentlichungsversion entsprechend anzupassen. Der Inhalt und Sinn der Ausführungen wird hierdurch jedoch nicht beeinflusst.

„Bei der Prüfung wird der Hauptwert nicht darauf gelegt, daß der Prüfling Kenntnisse aufweist, die schematisch erlernt sind. Die Prüfung soll vielmehr ergeben, inwieweit der Prüfling das eigentliche Wesen der kaufmännischen Tätigkeit in sich aufgenommen hat, insbesondere, inwieweit er die Aufgaben und die Einrichtungen der Betriebe seines Geschäftszweiges und dessen Beziehungen zur Gesamtwirtschaft erfaßt hat." (Hoch 1938, 19)[1]

Im Gesetz zur Regelung der Berufsausbildung sowie der Arbeitsverhältnisse Jugendlicher, dem Berufsausbildungsgesetz für West-Berlin, vom 4. Januar 1951 heißt es in seinem § 28 zum Zweck der Abschlussprüfung:

„(1) In der Abschlußprüfung soll der Prüfungsanwärter den Nachweis darüber führen, daß er sich die in der Ausbildungsordnung vorgesehenen und für die Berufsausübung erforderlichen Kenntnisse und Fertigkeiten angeeignet hat. (2) Die in der Berufsschule gezeigten Gesamtleistungen sind bei der Bewertung der Ergebnisse der Abschlußprüfung zu berücksichtigen." (Pätzold 1982, 110)

Später, im Jahre 1959, veröffentlichte der Deutsche Gewerkschaftsbund den Entwurf eines Berufsausbildungsgesetzes für die Bundesrepublik Deutschland, der im § 28 folgende Vorschriften über Gesellen-, Gehilfen- oder Facharbeiterprüfungen vorsah:

„(1) Zur Feststellung des Ausbildungsergebnisses und zum Nachweis, daß sich der Prüfungsanwärter die in der Ausbildungsordnung vorgesehenen und für die Berufsausbildung erforderlichen Kenntnisse und Fertigkeiten angeeignet hat, sind Lehrabschlußprüfungen durchzuführen." (Pätzold 1982, 144)

In der 5. Wahlperiode des Deutschen Bundestages (Drucksache V/1009) sah der Entwurf eines Gesetzes zur Regelung der Berufsausbildung (Berufsausbildungsgesetz) im Beschlussantrag der Fraktionen der CDU/CSU und FDP zu Berufsprüfungen im § 38 vor, dass „(1) Zum Nachweis der durch die Berufsausbildung erworbenen Kenntnisse und Fertigkeiten [...] in anerkannten Ausbildungsberufen Berufsprüfungen als Abschlußprüfungen durchgeführt [werden] ..." (Pätzold 1982, 199).

Schließlich hieß es dann im § 35 des ersten bundesweit geltenden Berufsbildungsgesetzes vom 14. August 1969 (in: Bundesgesetzblatt. Jahrgang 1969. Teil I, 1112ff.) zum Prüfungsgegenstand:

---

1 Wenn auch weitere Ausführungen aus dieser Quelle unterbleiben, weil sie teilweise nationalsozialistisches Gedankengut beinhalten und deshalb auf das Schärfste abzulehnen sind, scheint es sich insgesamt für die damalige Zeit um erstaunlich moderne Fragestellungen und Auffassungen zu handeln, die uns auch noch in jüngster Zeit beschäftigen.

„Durch die Abschlußprüfung ist festzustellen, ob der Prüfling die erforderlichen Fertigkeiten beherrscht, die notwendigen praktischen und theoretischen Kenntnisse besitzt und mit dem ihm im Berufsschulunterricht vermittelten, für die Berufsausbildung wesentlichen Lehrstoff vertraut ist. Die Ausbildungsordnung ist zugrunde zu legen." (Pätzold 1982, 210)

Hierzu ein paar Worte aus dem schriftlichen Bericht des Bundesausschusses für Arbeit:

„Die Vorschrift stellt darauf ab, daß Gegenstand der Abschlußprüfung [...] die Fertigkeiten und Kenntnisse sind, die während der Berufsausbildung in Betrieb und Schule zu vermitteln sind. Vom Lehrstoff der Berufsschule ordnet sie der Abschlußprüfung jedoch nur diejenigen zu, der für die Berufsausbildung wesentlich ist. Die Anerkennung der Berufsschulabschlußprüfung oder wesentlicher Teile von ihr als Abschlußprüfung hält der Ausschuß nicht für zweckmäßig, weil dadurch dem Grundsatz der Prüfungseinheit nicht Rechnung getragen würde." (Haase/Richard/Wagner 1970, B83)

Somit war es das Ziel der Abschlussprüfung, selbstständig und allein die Fertigkeiten und Kenntnisse nach der Ausbildungsordnung und den für den Beruf wesentlichen Berufsschulunterricht zu prüfen; dabei ist der Lehrplan maßgeblich; es kommt also nicht darauf an, ob der Stoff tatsächlich vermittelt wurde (vgl. Gresse 1969, 43 und 1971, 43; Wölker 1969, 78; vgl. Knopp/Kraegeloh 1978, 79 und 82; vgl. Wohlgemuth/Sarge 1987, 161ff.).

Hierauf folgten zahlreiche Änderungsvorschläge, wie das Manifest zur Reform der Berufsausbildung (Deutsche Jugend, 21 (1973), 11, 479ff.), welches unter anderem forderte, dass die Berufsschule nach dem Grundsatz ,wer lehrt, prüft' den theoretischen Teil im Rahmen laufender Lernerfolgskontrollen anstatt in Zwischen- und Abschlussprüfungen prüft (vgl. Pätzold 1982, 239f.). Der Bundesminister für Bildung und Wissenschaft forderte in den Markierungspunkten zu den Grundsätzen zur Neuordnung der beruflichen Bildung (Bonn, 1973), dass sich die Abschlussprüfung, auch hinsichtlich der Einbeziehung von Bewertungen, auf die Ausbildungsleistungen aller an der Ausbildung teilhaftiger Lernorte erstrecken sollte (vgl. Pätzold 1982, 244f.). Eine aus Objektivierungsgründen geforderte programmierte Form der Abschlussprüfung ergibt sich aus den DIHT-Markierungspunkten zur beruflichen Bildung (Deutscher Industrie- und Handelstag (Hrsg.): Berufsbildung 1973/74 (DIHT 144), Bern 1974, 113ff.), genauso wie der Einbezug von Leistungen aus Berufsschule und Betrieb in die Gesamtbeurteilung (vgl. Pätzold 1982,

259). Der Einbezug der Leistungen aus der Berufsschule bei der Bewertung von Prüfungsleistungen sowie objektivierte Verfahren waren auch im § 26 des Gesetzesentwurfs der Bundesregierung zum Berufsbildungsgesetz (Bundesrat. Drucksache 160/75 vom 18. April 1975) vorgesehen (vgl. Pätzold 1982). Ferner ergibt sich aus der Gesetzesbegründung die Absicht, eine ausbildungsbegleitende Prüfungsdurchführung und somit ein flexibilisiertes Prüfungssystem einzuführen, was eine gleichzeitige Abkehr von zeitpunktfokussierten Abschlussprüfungen bedeutete. Ein weiteres Ziel des Regierungsentwurfes war, dass Auszubildende „... so beruflich gebildet werden, daß [sie] ... sich im Berufs- und Arbeitsleben, auch bei erforderlichem Arbeitsplatz- oder Berufswechseln (Flexibilität), behaupten [können] ... " (Regierungsentwurf 1975, 12). Heinz Bader bemerkt zur vielfach angeführten Verteidigung des Konzeptes der Einheitsprüfung, dass die Interessen der Berufsschulen dadurch Berücksichtigung fänden, dass Berufsschullehrer[2] in den Prüfungsausschüssen vertreten und seien deshalb eine Berücksichtigung von Berufsschulleistungen bei der Bewertung des Abschlussprüfungsergebnisses nicht erforderlich sei (hier konkret zur Begründung der Ausschüsse des Deutschen Bundestages zu § 37 BBiG 1969): „Wenn man doch nur begreifen wolle, daß es hier nicht um die Belange der Berufsschule oder ihrer Lehrer geht, sondern um die berechtigten Interessen der Schüler, die diesen Widersinn wohl kaum verstehen werden." (Nolte/Röhrs 1979, 59)

Anders stellt sich diesbezüglich zum Beispiel die Auffassung des Bundesrats dar, indem dieser den Regierungsentwurf so kommentierte, dass eine Anrechnung von Leistungen in der Abschlussprüfung zu einer Aushöhlung der Ausbildungsgänge führe, wodurch der Ausbildungsabschluss als Gesamtqualifikation abgewertet würde (vgl. Nolte/Röhrs 1979, 165).

Darüber hinaus gab es viele weitere Vorschläge, Entwürfe, Forderungen und Kommentierungen, die hier vernachlässigt werden können, da sie entweder bereits präsentiert sind oder keine oder nur unkonkrete Regelungen zu Prüfungsgegenständen vorsahen (z.B. Schindler, E.: Entwurf eines Berufsausbildungsgesetzes; Gesetz über die fachliche und berufliche Ausbildung im Handel und Gewerbe. Entwurf: R. Ley. Vom 4. Juni 1937. In: Bundesarchiv Koblenz: BA, R 43 II / 274a).

Deutlich wird, dass bis 2005 zwar durchaus verschiedene Haltungen und Auffassungen zu Abschlussprüfungen diskutiert wurden, gängiges Recht und daraus folgend Prüfungspraxis jedoch immer nur die Prüfung

---

2 Aus Gründen der Lesbarkeit wird in der vorliegenden Arbeit die männliche Bezeichnungsform verwendet. Selbstverständlich ist die weibliche Bezeichnungsform immer mit gemeint.

von Kenntnissen und Fertigkeiten in der Abschlussprüfung als zeitpunktbezogene Einheitsprüfung war. Die in der Empirie handelnden Akteure dürften also auch heute noch entsprechend geprägt sein.

Neben dem aus der Abschlussprüfung generierten Zeugnis kennt das deutsche Berufsbildungssystem zwei weitere Zertifikate, die parallel zum Prüfungszeugnis existieren, und zwar das Ausbildungs-/Arbeitszeugnis gem. § 16 BBiG und das nach länderspezifischem Schulrecht ausgestaltete Berufsschulzeugnis (vgl. Ruschel 2008, 480f.). Wenn auch die drei Zertifikate dieses Zertifizierungssystems unabhängig voneinander und somit nicht aufeinander abgestimmt entstanden sind, bietet das sogenannte Drei-Zertifikate-Modell doch die Möglichkeit, die drei Zeugnisse im Zusammenhang zu betrachten, sodass sich eine komplementäre Wirkung ihrer unterschiedlichen Indikatoren bei der Beurteilung von Bewertungsmerkmalen entfalten konnte, was zu einer Senkung des Fehlbeurteilungsrisikos führte (vgl. Reisse 1991, 347).

Das aufgezeigte historische Fundament und der damit verbundene Sinnkontext von Ausbildungsabschlussprüfungen wird aktuell wie folgt gehandhabt:

In Deutschland findet ein Übergang von der Industrie- zur Wissens- und Dienstleistungsgesellschaft statt, wie vielfach in der Literatur beschrieben und nachfolgend gemäß Dehnbostel, Pätzold, Georg, Sattel, Czycholl und Ebner aufgezeigt wird (vgl. Dehnbostel 2010, 12ff.; vgl. Dehnbostel 2007a, 17f.; vgl. Dehnbostel/Pätzold 2004, 19; vgl. Dehnbostel 2005, 8f.; Georg/Sattel 2006, 146; vgl. Czycholl/Ebner 2006, 45). Gekennzeichnet ist dieser Prozess von den sogenannten Megatrends, die für den Wandel von Arbeit und Qualifizierung verantwortlich sind, welche sich wie folgt benennen lassen:

- Der wachsende Einfluss der Informations- und Kommunikationstechnologie,
- der Wertewandel und die Subjektivierung von Arbeit,
- der nach außen und besonders nach innen zunehmende Dienstleistungscharakter von Arbeit,
- die gesteigerte Prozess- und Lernorientierung moderner Arbeitsorganisationen, verbunden mit fortschreitender Globalisierung.

Das größer werdende Gewicht der Informations- und Kommunikationstechnologie wirkt sich in doppelter Hinsicht aus: Zum einen ist die computerbasierte Facharbeit normal geworden, woraus sich die Erfordernis veränderter Kompetenzen ergibt, zum anderen übt die Technik heute eine derartige Macht aus, dass nicht sie den Arbeitsabläufen und -prozessen folgt, sondern diese bestimmt, was Effekte bei der Arbeitsorganisation und

-strukturierung auslöst und somit die Arbeitsaufgabe selbst in Bezug auf deren Bearbeitung und Umfang verändert.

Auf der Grundlage eines gesellschaftlichen Wertewandels entwickelte sich ein verstärkter Selbstständigkeits-, Partizipations- und Mitbestimmungsbedarf, der zu einem Ausbau an Subjektivierung der Arbeit im Sinne einer Aufwertung führte, was weiter reichende Qualifikationen erfordert.

Der zunehmende Dienstleistungscharakter von Arbeit folgt einer Erweiterung der Facharbeit durch Dienstleistungen in zweifacher Perspektive, nämlich einerseits der nach außen gerichteten Dienstleistung (Kunde) und andererseits der innenorientierten Dienstleistung (vor- und nachgelagerte Schnittstellen). Dadurch wird eine Ergänzung von Qualifikationen und Kompetenzen notwendig, die eine derartige Dienstleistungserbringung ermöglichen.

Durch die sich weiterentwickelnde Globalisierung nehmen manuelle Arbeiten ab, während eine Zunahme wissensbasierter und dienstleistungsorientierter Arbeiten zu verzeichnen ist. Es weicht folglich der Taylorismus der Prozessorientierung, was eine verstärkte Notwendigkeit prozessorientierten und exemplarischen Lernens in und über Arbeit begründet.

Durch diese beschriebenen Phänomene wird eine Aufgabenintegration der Funktionen aus Fertigung und Dienstleistung ausgelöst, durch die Arbeitsabläufe bezüglich ihres Aufgabenumfanges und der Bearbeitung der Aufgaben beeinflusst werden, sodass sie sich zu einer Symbiose ganzheitlicher Facharbeit vereinen. Für ganze Mehrheiten von Belegschaftsteilen ergibt sich in den Unternehmen somit ein Kompetenzbedarf, um den neuen Arbeitsanforderungen gerecht werden zu können.

Seit 2005 regelt nun der § 38 BBiG 2005 den Prüfungsgegenstand wie folgt:

> „Durch die Abschlussprüfung ist festzustellen, ob der Prüfling die berufliche Handlungsfähigkeit erworben hat. In ihr soll der Prüfling nachweisen, dass er die erforderlichen beruflichen Fertigkeiten beherrscht, die notwendigen beruflichen Kenntnisse und Fähigkeiten besitzt und mit dem im Berufsschulunterricht zu vermittelnden, für die Berufsausbildung wesentlichen Lehrstoff vertraut ist. Die Ausbildungsordnung ist zugrunde zu legen." (§ 38 BBiG 2005)

Es bleibt also bei dem Prinzip der Einheitsprüfung, auch wenn gem. § 37 Abs. 3 S. 2 BBiG 2005 die Abschlussnote der Berufsschule auf Antrag des Auszubildenden auf dem Prüfungszeugnis vermerkt werden kann. Durch die Wahl des Wortes »kann« wird zum Ausdruck gebracht, dass die IHK hierzu nicht verpflichtet ist (vgl. Wurster 2005, 24f.). Dabei handelt es sich also um einen Kompromiss im Hinblick auf die Forderung der Länder zum Einbezug der Berufsschulnoten in die Abschlussprüfungsergebnisse, der letztlich die Prüfungseinheit erhält (vgl. Dorn/Nackmayr 2005, 21). Wirklich neu ist, dass die Abschlussprüfung nunmehr nicht nur Kenntnisse und Fertigkeiten zum Gegenstand hat, sondern die weit darüber hinausgehende berufliche Handlungsfähigkeit. Damit trägt das BBiG den oben beschriebenen veränderten Rahmenbedingungen Rechnung. Teilweise bereits im Vorgriff, teils als Reaktion hierauf rekurrieren Ausbildungsordnungen in ihren Vorschriften zur Zielsetzung und Struktur der Berufsausbildung und folglich auch in ihren Vorschriften zur Abschlussprüfung auf Konzepte beruflicher Handlungsfähigkeit. Hieraus folgte zwangsweise die Suche nach geeigneten Prüfungsinstrumenten und -verfahren, die in der Lage sind, berufliche Handlungsfähigkeiten zu prüfen (vgl. Blum/Hensgen 1995, 7). Es entstanden viele neue Prüfungsinstrumente, von denen manche in ihrer Einführungsphase, einige auch noch danach, vorwiegend qualitativ, insbesondere bei Instrumenten der nicht schriftlichen Prüfungsteile, evaluiert wurden. Gerade bei den nicht schriftlichen Prüfungsteilen fehlt oftmals der quantitative Nachweis, dass diese neuen Instrumente die Gütekriterien, die an Prüfungen zu stellen sind, erfüllen. „Nicht jeder, der eine Prüfung nicht besteht, ist unfähig, in dem entsprechenden Beruf zu arbeiten, und nicht jeder erfolgreiche Kandidat verfügt wirklich über die notwendige Handlungskompetenz." (Schmidt 1997, 23)

Solange diese Aussage gilt, ist es auch erforderlich, sich mit den Prüfungsinstrumenten im Kontext mit den Gütekriterien eines Zertifizierungssystems kritisch auseinanderzusetzen, insbesondere dann, wenn es sich um eine einzige, autonome Berufseingangsprüfung handelt.

Nach einer Berufsabschlussprüfung ausgestellte „… Zertifikate sollen etwas aussagen über die berufliche Handlungskompetenz – sonst sind die Zeugnisse kaum das Papier wert, auf dem sie gedruckt werden" (Reisse 1995, 47). Unter Würdigung der vorstehenden Ausführungen scheint es, als behielte Reisse mit dieser Aussage recht. Die Abschlussprüfung müsste sich somit als Indikator zur Messung beruflicher Handlungskompetenz, wie auch im Gesetz gefordert, darstellen. Aber prüft die Abschlussprüfung tatsächlich berufliche Handlungskompetenz (vgl. Reisse 1991, 350)? „Wissenschaftliche Untersuchungen stehen für den Bereich des Prüfungswesens noch aus" (Lorig 2010, 4).

> „Bislang liegen nur sehr wenige Forschungsarbeiten vor, die die Themen »Kompetenzen« und »Prüfungen im Dualen System« miteinander verbinden. […] Es ist zu vermuten, dass mit der handlungs- und prozessbezogenen Ausrichtung der Prüfungen auch eine stärkere Kompetenzorientierung einhergeht; wissenschaftlich ist dies bisher aber

noch nicht belegt worden." (Lorig 2010, 5; vgl. auch: Lour-Ernst 1996, 20; Schmid/Sommer 1996, 79; Euler 1997, 274)

„Generell ist festzustellen, dass in der betrieblichen Praxis Verfahren der Kompetenzfeststellung jenseits der traditionellen Verfahren von Prüfung und Zertifizierung verstärkt nachgefragt werden" (Münk/Reglin 2009, 7). Dies ist ein Indiz dafür, dass die traditionellen Verfahren nicht das messen, was die Unternehmen als Basis für ihre Personalentscheidungen benötigen, nämlich eine gewisse Transparenz über verfügbare Kompetenzen, oder dies für die Unternehmen nicht durchsichtig ist. Es ist also erforderlich, Klarheit darüber zu schaffen, über welche tatsächlichen Kompetenzfeststellungen die Zertifikate Auskunft geben (vgl. Münk/Reglin 2009, 7f.).

Die Prüfungsmethoden müssen wissenschaftlich erprobt sein, um aussagekräftige Prüfungen auf hohem Niveau zu gewährleisten (vgl. Küppers et al. 2001, 148).

Die Wirkungserfassung und -prüfung handlungsorientierter didaktischer Konzepte ist eine bedeutende Forschungsaufgabe (vgl. Czycholl/ Ebner 2006, 53). Bisherige Studien liefern nur selten verlässliche Ergebnisse, und die Deckung dieses Forschungsbedarfs ist eine aktuelle Herausforderung (vgl. ebd.).

Es lassen sich zahlreiche weitere Hinweise in der Literatur auf den Forschungsbedarf zu der Frage, ob die aktuellen Prüfungsinstrumente valide die ihnen zugeordneten Kompetenzen messen, aufzeigen, beispielsweise:

- „Eine konsequente kompetenzorientierte Gestaltung der Berufsbilder, mit einer konsistenten Ausrichtung an einem für die berufliche Bildung geeigneten Kompetenzmodell, erfordert Prüfungsverfahren, die geeignet sind, die berufliche Handlungskompetenz valide zu diagnostizieren." (Frank 2011, 425)
- „Im Kontext der Diskussion über notwendige Ansprüche an die Qualität von Kompetenzmessungen [...] wurde bereits die Frage der Kriteriumsvalidität und hier insbesondere der prognostischen Validität der Tests angesprochen, die für die meisten Ansätze der Kompetenzmessung noch nicht befriedigend beantwortet ist." (Seeber 2011, 339)
- „Es ist zu erwarten, daß durch die handlungs- und praxisorientierte Anlage der neuen Prüfung eine hohe Vorhersagegültigkeit nachgewiesen werden kann." (Breuer/Höhn 1996, 53) Ob sich die Erwartung erfüllt, bleibt jedoch bisher offen.

In dieser Arbeit wird deshalb exemplarisch anhand des gemeinhin als handlungsorientiert bezeichneten Prüfungsinstrumentes des Kundenberatungsgespräches der Abschlussprüfung im Berufsbild ‚Kaufmann/Kauffrau für

Versicherungen und Finanzen' (AO 2006) untersucht, was dieses im Hinblick auf die Feststellung der diesem Instrument zugeschriebenen ausgebildeten und beruflichen Handlungskompetenz valide leistet. Somit soll ein wissenschaftlicher Erkenntnisgewinn produziert werden, der sich in der konkreten Untersuchung auf ein Prüfungsinstrument innerhalb eines spezifischen Berufsbildes bezieht.

Eine über den Beruf der Kaufleute für Versicherungen und Finanzen hinausgehende Bedeutung dieses wissenschaftlichen Erkenntnisgewinnes kann in der Verbreitung des Kundenberatungsgespräches, das in anderen Ausbildungsordnungen in unterschiedlicher Terminologie zugrunde gelegt wird, in weiteren Berufsbildern gesehen werden, beispielsweise:

- Automobilkaufmann/-frau (vgl. § 8 Abs. 3 Nr. 4 S. 5 der Ausbildungsordnung)
- Bankkaufmann/-frau (vgl. § 8 Abs. 3 Nr. 4 der Ausbildungsordnung)
- Fachangestellte/r für Arbeitsförderung (§ 6 Abs. 5 der Ausbildungsordnung)
- Fachkraft für Schutz und Sicherheit (vgl. § 7 Abs. 5 der Ausbildungsordnung)
- Fachkraft im Gastgewerbe (vgl. § 13 Abs. 3 Nr. 1 der Ausbildungsordnung)
- Fachmann/-frau für Systemgastronomie (vgl. § 17 Abs. 4 der Ausbildungsordnung)
- Fotomedienfachmann/-frau (vgl. § 6 Abs. 4 der Ausbildungsordnung)
- Hotelfachmann/-frau (vgl. § 15 Abs. 3 Nr. 1 S. 3 der Ausbildungsordnung)
- Hotelkaufmann/-frau (vgl. § 16 Abs. 4 der Ausbildungsordnung)
- Immobilienkaufmann/-frau (vgl. § 9 Abs. 3 Nr. 4 der Ausbildungsordnung)
- Musikfachhändler/-in (vgl. § 7 Abs. 8 der Ausbildungsordnung)
- Restaurantfachmann/-frau (vgl. § 14 Abs. 3 Nr. 1 S. 3 der Ausbildungsordnung)
- Servicekaufmann/-frau im Luftverkehr (§ 8 Abs. 3 Nr. 4 der Ausbildungsordnung)
- Servicefachkraft für Dialogmarketing (vgl. § 9 Abs. 3 Nr. 4 der Ausbildungsordnung)
- Speiseeishersteller/-in (vgl. § 8 Abs. 4 Nr. 1 d) und 2 der Ausbildungsordnung)
- Sport- und Fitnesskaufmann/-frau (vgl. § 6 Abs. 5 Nr. 2 der Ausbildungsordnung)

Im Vorfeld der späteren Konstruktion des Untersuchungsdesigns zur Validierung des Kundenberatungsgespräches als Prüfungsinstrument im Berufsbild der Kaufleute für Versicherungen und Finanzen sollte die sogenannte Augenscheinvalidität[3] durch eine Expertenbefragung, nämlich im Rahmen des bundesweiten Prüferaustausches für das Berufsbild der Kaufleute für Versicherungen und Finanzen am 25. Oktober 2011 im Hause der DIHK in Berlin, erhoben werden. Abgefragt wurde, inwieweit die anwesenden 17 Prüfer aus ganz unterschiedlichen Regionen Deutschlands der vorgetragenen These ‚Wer besser im Kundenberatungsgespräch abschneidet, verkauft auch von der Tendenz her besser' zustimmen. Insgesamt wollten sich die anwesenden Prüfer nicht festlegen. Nur ein Prüfer nahm einen starken Zusammenhang des späteren Verkaufserfolges mit dem Ergebnis im Kundenberatungsgespräch an. Die Kommentare zu dieser These lauteten wie folgt:

- ‚Die Erfahrung des Absolventen ist erkennbar. Wer schon oft Kundenberatungsgespräche geführt hat, wird tendenziell besser sein.'
- ‚Das Kundenberatungsgespräch ist eine Ausschnittsprüfung. Oft kommt der Prüfling nicht zum eigentlichen verkäuferischen Teil.'
- ‚Unser Ausschuss gibt einen zeitlichen Ablaufplan vor, um zur Verkaufsphase zu kommen.'
- ‚Dreiviertel der Zeit wird über Allgemeines gesprochen.'
- ‚Nach zehn Minuten muss der Prüfling zum verkäuferischen Teil kommen.'

Ein Prüfer konstatierte sogar, dass die Beratungskompetenz geprüft werde und nicht, ob er für den Vertrieb geeignet ist.

Die alles in allem als stark zu beschreibende Zurückhaltung in der Bewertung der These und die damit verbundene Vermeidung der konkreten Positionierung impliziert zumindest eine gewisse Unsicherheit, die letztlich vermuten lässt, dass die innere Überzeugung der anwesenden Experten eher nicht von der Wahrheit der These getragen ist. Dieses Indiz begründet die Notwendigkeit einer wissenschaftlichen Untersuchung dieser Frage wohl umso stärker.

Zur Schaffung des wissenschaftlichen Erkenntnisgewinnes wird in dieser Arbeit das im Jahr 1996 im Berufsbild der Versicherungskaufleute

---

3 „Eine Prüfung gilt als augenscheinvalide, wenn Experten der Auffassung sind, die Prüfungsaufgabe stellt eine typische Anforderung im jeweiligen Beruf dar. Als einziges Kriterium reicht dies allerdings zur Rechtfertigung einer Prüfungsmethode nicht aus. Die Beurteilung nach dem Augenschein sollte zumindest durch eine systematische Beurteilung der Inhaltsvalidität und möglichst durch empirische Prüfungen der Kriteriumsvalidität ergänzt werden" (Schmidt 2005, 18).

neu eingeführte und im Jahr 2006 im Nachfolgeberufsbild der Kaufleute für Versicherungen und Finanzen modifizierte Prüfungsinstrument des ‚Kundenberatungsgespräches' zunächst hinsichtlich seiner Kriteriumsvalidität quantitativ untersucht, um daran anschließend das Validierungsergebnis qualitativ zu untermauern, zu ergänzen und zu erklären.

Dafür wird im zweiten Kapitel zunächst der Stand der Berufs- und Arbeitspädagogik in der Berufsausbildung dargestellt, um darauf aufbauend die Handlungsorientierung tiefer zu ergründen und sodann das Berufsbild der Kaufleute für Versicherungen und Finanzen näher vorzustellen, damit hieraus die Kontextualisierung hinsichtlich der Verkaufsorientierung, die zentraler Prüfungsgegenstand des Kundenberatungsgespräches ist, als berufliche Kompetenz im Rahmen der Handlungsorientierung hergeleitet werden kann. Auf dieser Basis werden anschließend Möglichkeiten der Messung beruflicher Kompetenzen aufgezeigt sowie ein Überblick über Abschlussprüfungen, an sie zu stellende Anforderungen, ihr Bezug zu den beruflichen Handlungskompetenzen und letztlich die konkrete Ausgestaltung der Abschlussprüfung der Kaufleute für Versicherungen und Finanzen skizziert. Als Ausklang dieses Kapitels wird die erarbeitete theoretische Grundlage zum Abgleich mit vorhandenen Artefakten hinsichtlich einer kritischen Reflexion zur Erfüllung der Anforderungen an handlungsorientierte Abschlussprüfungen bei der Prüfung von Verkaufsorientierung als Kompetenz im Rahmen der Handlungsorientierung genutzt, um so Thesen zur Validität des Kundenberatungsgespräches als Prüfungsinstrument in der Abschlussprüfung der Kaufleute für Versicherungen und Finanzen zu bilden.

Im dritten Kapitel bilden eine Betrachtung der Berufsbildungsforschung, die Unterscheidung von qualitativer und quantitativer Forschung, die Herausstellung der Bedeutung der Triangulation, die Darstellung der Auswahl der Forschungsmethoden, die Reflexion der Vor- und Nachteile sowie die Beschreibung der Gütekriterien empirischer Forschung die Grundlagen des Untersuchungsgegenstandes. Anschließend werden die Entwicklung und der Fortgang des Forschungsvorhabens dokumentarisch in den Phasen der Planung, Durchführung und Auswertung geschildert. Alsdann werden sowohl die Bedeutung der Untersuchungsergebnisse als auch die Momente der Triangulation dargeboten. Als Schlusspunkt dieses Kapitels werden die Resultate der Untersuchung aufgegriffen, und es wird ein Abgleich mit den Anforderungen an echte Handlungsorientierung in Abschlussprüfungen herbeigeführt, sodass daraus Schlussfolgerungen für und Eruierungen an möglichen Veränderungsbedarfen formuliert werden können.

Zur Abrundung der ganzheitlichen Betrachtung des Themas wird im vierten Kapitel der zuvor erhobene mögliche Veränderungsbedarf im

Prüfungsinstrument des Kundenberatungsgespräches der Kaufleute für Versicherungen und Finanzen unter wirtschaftlichen Aspekten beleuchtet. Im fünften Kapitel erfolgt eine zusammenfassende Würdigung der abgehandelten Aspekte und insbesondere des wissenschaftlichen Erkenntnisgewinnes, um schlussendlich Empfehlungen zum weiteren Vorgehen aussprechen zu können.

2. Grundlagen der Untersuchung

2.1 Stand der Berufs- und Arbeitspädagogik in der Berufsausbildung

Zunächst sei eine Verortung dieser Arbeit in die Berufs- und Arbeitspädagogik vorgenommen. Bei der Berufs- und Arbeitspädagogik handelt es sich um spezielle Fachrichtungen der Pädagogik (vgl. Schaub/Zenke 2007, 37 und 93). Mit ihnen verwandte Spezialausrichtungen sind die Wirtschaftspädagogik, die Betriebspädagogik sowie die Erwachsenenpädagogik. Es gilt also. zunächst eine gegenständliche Abgrenzung der Berufs- und Arbeitspädagogik gegenüber den anderen erwähnten Teildisziplinen der Pädagogik vorzunehmen, was auf der Basis der Ausführungen von Arnold geschieht (vgl. Arnold 1996, 14; vgl. Arnold/Münke 2006, 16): Zwar widmet sich die Wirtschaftspädagogik der Aus- und Weiterbildung, jedoch im Hinblick auf das Verhältnis zwischen Erziehung und Wirtschaft, und fokussiert in ihren Untersuchungsgegenständen vornehmlich auf die Methodik und Didaktik wirtschaftlicher Lehrveranstaltungen. Die Betriebspädagogik beschäftigt sich mit allen Veränderungs-, Entwicklungs- und Lernprozessen einer Organisation. Dabei berücksichtigt sie im Wesentlichen keine schulischen Formen der Erziehung im Beruf. Die Erwachsenenpädagogik schenkt den Besonderheiten, beispielsweise bei der Bildung oder Qualifikation, eine besondere Aufmerksamkeit, die dadurch begründet ist, dass Erwachsene die Teilnehmer einer Maßnahme sind. Deshalb untersucht sie vorwiegend Themen wie das biographische oder das lebenslange Lernen. Die Berufspädagogik hingegen beschäftigt sich mit der Erziehung zum Beruf und deren Ausbildungsprozessen, so zum Beispiel die Heranführung an die eigenständige Aufgabenwahrnehmung und an die daran gekoppelten Kompetenzen. Dies konkretisiert sich als bestimmter didaktisch-methodischer Ansatz in der Arbeitspädagogik, insbesondere dann, wenn es um die Handlungsorientierung durch Lernen in der Arbeit geht. Wissenschaftliche Untersuchungen der Berufs- und Arbeitspädagogik haben auch die Ergebnismessung der Ausbildungsprozesse zum Gegenstand.

Ergänzend zu dieser von Arnold vertretenen Systematik der Spezialdisziplinen der Pädagogik schlägt Geißler eine weitere, daneben stehende Systematik an Spezialdisziplinen der Arbeits- und Organisationspädagogik vor (vgl. Geißler 2000, 5). Gemeinsam mit Rosenbusch begründet Geißler einen Diskurs der Organisationspädagogik, der bisher allerdings noch kein klares Theoriemodell zugrundeliegt (vgl. Göhlich 2010, 21). Die Organsiationspädagogik widmet sich dabei der Legitimierung und Verbesserung von Organisationslernen, also neben dem Lernen in der Organisation vor allem dem Lernen der Organisation selbst (vgl. Miroschnik 2010, 203f.). Beim Lernen in der Organisation besteht ein Schnittmengenpotenzial zur Betriebspädagogik, das für die Organisationspädagogik um den schulischen Aspekt anzureichern ist. In der vorliegenden Arbeit geht es jedoch nicht primär um den eigentlichen Lernprozess in der Organisation, ob Betrieb oder Schule, sondern um die pädagogische Diagnostik von Lernergebnissen. Hinsichtlich des zweiten Aspektes des Organisationslernens, dem Lernen der Organisation selbst, können die Ergebnisse dieser Arbeit Impulse liefern.

Im Rahmen der Verortung dieser Arbeit in die Berufs- und Arbeitspädagogik wurde bereits herausgestellt, dass sich diese Spezialdisziplin auch mit der Ergebnismessung von Ausbildungsprozessen beschäftigt. Hieran anknüpfend fokussiert diese Arbeit vornehmlich auf ein Instrument zur Zertifizierung von Berufsausbildungsabschlüssen im dualen System Deutschlands, weshalb hierzu weitere Hintergründe beleuchtet werden müssen. Das Duale System der Berufsausbildung ist in Deutschland historisch gewachsen, rechtlich verankert und von einem breiten Konsens in der Gesellschaft getragen (vgl. Stender 2006, 107; vgl. Ruschel 2008, 29). Becker und Stender geben folgenden Überblick über die Historie des dualen Systems der Berufsausbildung in Deutschland (vgl. Becker 2006, 164f.; vgl. Stender 2006, 107): Die Wurzeln des betrieblichen Parts des dualen Systems sind im Zunftwesen des Mittelalters zu finden. Nachdem die Zünfte am Anfang des 19. Jahrhunderts untergingen, begann 1869 die Entstehung eines organisierten Berufsbildungssystems, und zwar auf der Basis der Gewerbeordnung des Norddeutschen Bundes. Bereits 1871 bekam diese für das ganze Deutsche Reich Geltung. Umfassende Regelungen der ‚Lehrlingsausbildung‘ wurden zum ersten Mal im Jahre 1897 durch die Gewerberechtsnovelle schriftlich dokumentiert. Ab 1926 wurden für einige industrielle Berufe durch den Deutschen Ausschuss für Technisches Schulwesen erste Ordnungsmittel für deren Ausbildung geschaffen, wie beispielsweise die Festlegung der Anforderungen von Prüfungen, die Entwicklung von Ausbildungsplänen oder die lehrvertragliche Verankerung des Berufsbildes. Im Handwerk hingegen gab es trotz vieler Novellierungen der Gewerbeordnung bis zum Ende der Weimarer Republik keine rechtsverbindlichen Regelungen zur Berufsausbildungsordnung. Seit 1969 regelt das 2005 novellierte Berufsbildungsgesetz (BBiG) die praktische Ausbildung in den Ausbildungsbetrieben; analog gilt für die Ausbildung im Handwerk die Handwerksordnung. Der schulische Anteil des dualen Systems ist in seiner Entstehung in der Sonntagsschule, die sich später zur ‚Fortbildungsschule‘ entwickelte, zu sehen. Die Sonntagsschule kam im 16. und 17. Jahrhundert auf, die Fortbildungsschule zum Ende des 19. Jahrhunderts; sie diente der sekundären Sozialisation Jugendlicher. Zum Übergang des 19. in das 20. Jahrhundert wechselten die Lehrinhalte von der allgemeinen hin zur beruflichen Art. In den 1930er-Jahren erfolgte dann eine Umbenennung in ‚Berufsschule‘. In dieser Zeit führte man die Pflicht zum Besuch der Berufsschule ein. Außerdem wurde ein Berufsschulrecht geschaffen, das die Anknüpfung der Berufsschule an die praktische Ausbildung sowie beispielsweise einheitliche Lehrpläne festlegte. Die Verwirklichung des klassischen Modells der Pflicht-Berufsschule erfolgte nach dem Ende des Zweiten Weltkrieges. Bereits im 18. Jahrhundert fand die komplementäre Kombination der praktischen Ausbildung durch die Schule vor dem Hintergrund der Industrialisierung statt, um die damaligen Schwächen einer rein betrieblichen Ausbildung zu kompensieren. Somit bildeten sich bis zum Ende des 19. Jahrhunderts die Fundamente des dualen Systems der Berufsausbildung heraus, die im Großen und Ganzen bis heute bestehen. Der Begriff des Dualen System selbst wurde, auch wenn er, wie dargelegt, inhaltlich bereits seit langer Zeit gelebt wurde, erstmals durch den Deutschen Ausschuss für das Erziehungs- und Bildungswesen im Jahr 1964 und dann erst wieder im Jahr 1969 durch den Bundesausschuss für Arbeit genutzt.

Mit der Allgemeingültigkeit der Dualen Ausbildung über ihre Ursprünge hinaus für sämtliche Bereiche der Wirtschaft und Verwaltung durch ihre Normierung im Jahr 1969 erhielt sie ihre heutige Wesensart (vgl. Georg/Sattel 2006, 129).

Sloane (2006, 612) führt aus, dass in Deutschland die Berufsbildung und insbesondere die Ausbildung stark institutionell reglementiert sind. Dabei geht der Erziehungsauftrag der beruflichen Bildung über die qualifizierte Vorbereitung auf eine Erwerbstätigkeit hinaus; Ziele, Inhalte, Organisationsformen etc. der Ausbildungen und der Prüfungen werden in einem neo-korporativen System zwischen Staat und Sozialpartnern abgestimmt und festgelegt (vgl. ebd.). Einen Überblick über den institutionellen Rahmen der Berufsbildungspraxis bietet die Abbildung 1. Dabei ist die Berufsausbildung in Deutschland am Berufsprinzip ausgerichtet (vgl. Dehnbostel 2010, 3). Als Orientierungspunkt sei die Fassung des Begriffs ‚Beruf‘ vorgestellt:

Beruf nach Max Weber 1925: „Weber verstand unter einem Beruf die durch Spezialisierung und durch (eine typische) Kombination abgehobene Leistung einer Person, die Basis einer kontinuierlichen Versorgungschance ist." (Bontrup/Pulte 2001, 63)

Beruf nach Auffassung des Statistischen Bundesamtes Wiesbaden: Ein Beruf bildet sich durch

> „… die auf Erwerb gerichteten, besonderen Kenntnisse und Fertigkeiten sowie Erfahrungen erfordernde und in einer typischen Kombination zusammenfließenden Arbeitsverrichtungen, durch die der Einzelne an der Leistung der Gesamtheit im Rahmen der Volkswirtschaft mitschafft, und die in der Regel auch die Lebensgrundlage für ihn und seine nicht berufstätigen Angehörigen bilden." (Bontrup/Pulte 2001, 64)

Beruf nach Arnold: Ein Beruf ist „… eine gesellschaftlich durch betriebsübergreifende Qualifikationsanforderungen definierte Position, deren Zugang reglementiert ist, deren Erreichen mehr oder weniger kontinuierliche Erwerbschancen und biografische Identität gewährleistet." (Arnold u.a. 1998, Kap. 8)

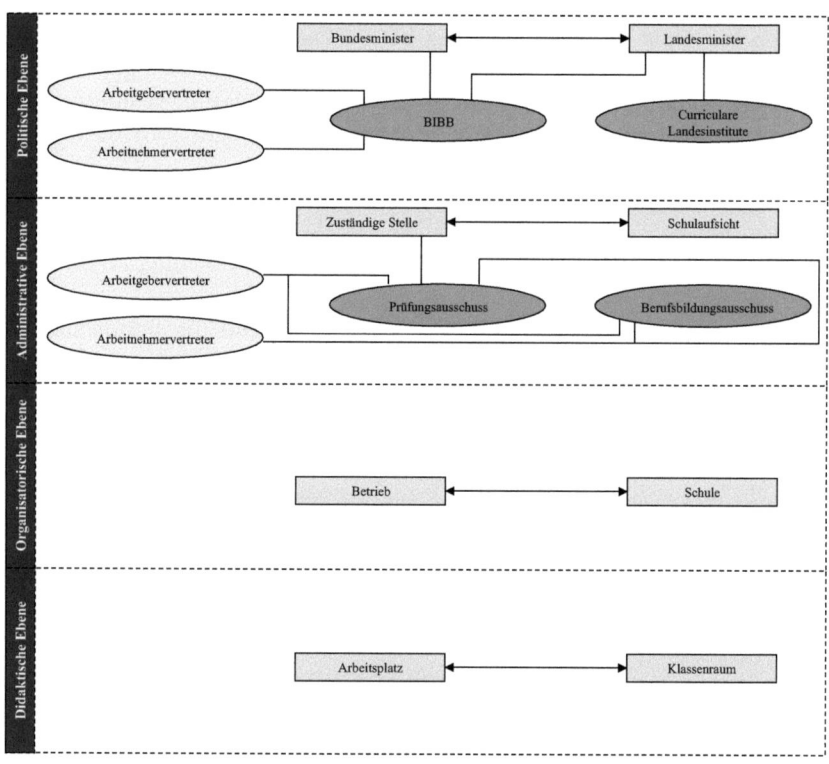

Abbildung 1:   Institutionalisierte Berufsbildungspraxis (Sloane 2006, 612)

Diese unterschiedlich gefassten Berufsdefinitionen sind in ihren Kernen inhaltlich weitgehend deckungsgleich. In diesen Auffassungen wird bereits deutlich, dass ein qualifizierter Bildungsprozess notwendig ist (vgl. Bontrup/Pulte 2001, 63; vgl. Arnold u.a. 1996, Kap. 2; Schaub/Zenke 2007, 84). Des Weiteren deutet die Begriffslegung an, dass durch den Beruf die berufliche Position, der Lebenslauf sowie der sozioökonomische Status bestimmt werden und der Beruf somit auch in der Gesamtgesellschaft schichtbildend fungiert (vgl. ebd.). Es können vielfältige Funktionen des Berufes benannt werden, wobei vor dem Hintergrund dessen, womit sich diese Arbeit auseinandersetzt, die Erwerbsfunktion (vgl. Arnold u.a. 1996, Kap. 2) hervorzuheben ist.

Diese Begriffsfassungen, auch die des Statistischen Bundesamtes, setzen nicht die Anerkennung eines Berufes nach dem BBiG oder der Handwerksordnung voraus (vgl. Bontrup/Pulte 2001, 64), die Berufsausbildung basiert jedoch umgekehrt bis heute auf dem für die deutsche Kultur typischen Ordnungsmuster des Berufsprinzips (vgl. Arnold u.a. 1996, Kap. 2).

Diese Berufsdefinitionen grenzen andere Begriffe menschlicher Arbeit nach Bontrup/Pulte deutlich ab (vgl. Bontrup/Pulte 2001, 63): So ist beispielsweise ein ‚Job‘ nicht das Gleiche wie ein ‚Beruf‘, da es dem ‚Job‘ an Dauerhaftigkeit und enger persönlicher Identifikation mangelt. Auch die ‚Erwerbstätigkeit‘ oder einfach nur ‚Tätigkeit‘ weist keinen persönlichen Bezug auf.

Fraglich ist, ob die durch die Ausrichtung der Dualen Ausbildung am Berufsprinzip entstehende Beruflichkeit als Lebensberuf (vgl. Georg/ Sattel 2006, 128), so wie unter anderem nach Arnolds Auffassung, obsolet geworden ist (vgl. Arnold 1996, Kap. 2). Um diese Frage zu beantworten, ist es notwendig, zunächst kurz auf die Gründe einzugehen, die diese Frage überhaupt erst aufwerfen. Hierzu führen Dehnbostel sowie Junge/ Reglin und auch Zimmer Folgendes aus (vgl. Dehnbostel 2010, 8ff.; vgl. Zimmer 2009, 19f.; vgl. Dehnbostel 2007, 153; vgl. Dehnbostel 2007a, 17; vgl. Dehnbostel 2005, 7f.; vgl. Junge/Reglin 2005, 21ff.): Durch den bereits angesprochenen Wandel von der Industrie- zur Wissens- und Dienstleistungsgesellschaft vor dem Hintergrund der Megatrends entstehen mit immer größerer Dominanz neue Arbeits- und Organisationsformen, die andere Anforderungen an die Mitarbeiter als bisher stellen. Auch eine immer schnellere Veränderungsgeschwindigkeit in der Wirtschaft begründet das Erfordernis, dass sich die Mitarbeiter an den Wandel in einer dynamischen Arbeitsumwelt flexibel anpassen können. In diesem Zusammenhang sind es Begriffe wie der der ‚beruflichen Handlungskompetenz‘, die sich in diesem Kontext etabliert haben und eine subjektzentrierte, umfassende und ganzheitliche Ausbildung beanspruchen, was auch ein stärker betontes Lernen am Arbeitsplatz sowie eine eigenverantwortliche Prozessorientierung in der Arbeit erfordert.

Auch die Abkehr von der Ausübung eines Lebensberufes, begründet durch den beschriebenen epochalen gesellschaftlich-kulturellen Wandel, fordert von den Mitarbeitern den Vermögenserwerb, sich auf teilweise unvorhersehbare Evolutionen der Arbeitswelt einstellen zu können (vgl. Buckert/Kluge 2006, 14; vgl. Dehnbostel 2009, 199; vgl. Dubs 2006, 191; vgl. Severing 2007, 10; vgl. Heymann 1999, 24).

Bontrup/Pulte stellen als Folge des beschriebenen Wandlungsprozesses einige Anzeichen für den Untergang der Beruflichkeit vor und führen an, dass eine Entkoppelung der Berufsausübung von der Berufsausbildung wahrzunehmen ist, der eine Zersetzung der Ausbildung folgt, was zu einer Abschwächung der Identifikationsmöglichkeit und somit zu einer Erosion der Sozialkategorie ‚Beruf‘ führt (vgl. Bontrup/Pulte 2001, 44). Auch Dehnbostel konstatiert, dass eine Ausrichtung der Beruflichkeit am Lebensberuf und den damit verbundenen inputorientierten Lehrpläne nicht mehr haltbar ist (vgl. Dehnbostel 2007, 153). Er verbindet damit auch die Forderung, von einem auf Instruktion ausgerichteten, kognitiv beherrschten Lernen von Wissen abzurücken, da dieses in Wirklichkeit so gut wie nicht mit der Arbeits- und Lebenswelt verbunden sei (vgl. ebd.); gleichwohl führt Dehnbostel aus, dass an der Auffassung, die Verbindung der Dualen Ausbildung zum Beruflichkeitsverständnis wäre von der Industriegesellschaft nicht lösbar und damit würde die Duale Ausbildung selbst nicht mehr in die heutige Zeit passen, deshalb nicht festgehalten werden kann, weil sie nach wie vor erhebliche Leistungen hinsichtlich der sozialen Integration sowie der Qualifikation vollbringt und somit eine erhebliche Bedeutsamkeit für den Arbeitsmarkt vorweist (vgl. Dehnbostel 2010, 3). Das Konzept der Beruflichkeit und der Dualen Ausbildung ist also nicht unbrauchbar geworden, erforderlich ist lediglich eine Modernisierung aufgrund des vorgestellten gesellschaftlichen Wandels. Momentan befinden sich die Berufe sowie die Duale Ausbildung also in einer Entwicklungs-/Anpassungsphase (vgl. Dehnbostel 2010, 3). Es ist folglich darzulegen, wie eine an einer zukunftsgerichteten neuen Beruflichkeit ausgerichtete Ausbildung gestaltet sein sollte: „Zielorientierung und Leitbegriff der Neuordnungsdiskussion ist die berufliche Handlungskompetenz" (Ott, 2007, 203). Hiermit stimmt auch Dehnbostel überein, wenn er die berufliche Handlungskompetenz als Grundlage des beruflichen Weiterlernens fordert und darüber hinaus folgende Beschreibung für die Ausrichtung an einem zukunftsweisenden Berufsprinzip vornimmt: Die Berufsausbildung soll es dem Absolventen ermöglichen, mit einem an Kompetenz- und

Qualifikationsstandards orientierten Tätigkeitsbündel, welches in der Ausbildungsordnung festzuschreiben ist, umzugehen (vgl. Dehnbostel 2009, 199; vgl. Dehnbostel 2007, 19 und 154); außerdem soll sie einen essentiellen Anteil an der gesellschaftlichen Integration junger Menschen leisten und sie in der Zukunft beruflich und sozial schützen (vgl. ebd.). Auch Arnold folgt im Kern diesem Postulat (vgl. Arnold u.a. 1998, Kap. 19 und 25; Arnold/Münk 2006, 23). Diese Forderungen im Rahmen der Ausbildung einer modernen Beruflichkeit, die ihren Ganzheitlichkeitsanspruch verfolgt und gleichzeitig eine spezialisierte Fachlichkeit aufhebt, erscheinen durch berufsbildübergreifend angelegte Strukturmodelle, die sich in Arbeits- und Prozessorientierung, einer erhöhten Flexibilität, einer Verbindung von Arbeit und Lernen und einer Selbststeuerung des subjektzentrierten, erfahrungsorientierten Lernens formeller und informeller Art verwirklichen, umsetzbar (vgl. Dehnbostel 2010, 3; vgl. Severing 2007, 11; vgl. Dehnbostel 2007, 154f.; vgl. Dehnbostel 2005, 13; vgl. Bontrup/Pulte 2001, 44; vgl. Küppers u.a. 2001, 63).

Becker begrüßt in diesem Zusammenhang, dass im Jahr 2005 das Ziel der beruflichen Handlungskompetenz für die Berufsausbildung in das Berufsbildungsgesetz aufgenommen wurde, und deutet dies als Anerkennung des Erfordernisses der beruflichen Handlungskompetenz zur Anpassung der Inhalte der Ausbildung an den Anforderungswandel (vgl. Becker 2005, 183). Gleichzeitig weist er darauf hin, dass diese Forderung nicht auf der Ebene des BBiG verharren darf (vgl. ebd.).

Die erläuterten Rahmenbedingungen trugen auch allgemein in der Berufspädagogik, wie Arnold ausführt, zu einem Paradigmenwechsel bei (vgl. Arnold u.a. 1998, Kap. 9): Der automatische Ausschluss eines Bildungsanspruches, nur weil eine Ausbildung dem Ziel der Erfüllung extern vorgegebener Zwecke dient, wurde aufgegeben. Heute erkennt die Berufspädagogik an, dass auch zweckgebundenes Lernen Bildung bewirken kann. Hierdurch wird eine der Voraussetzungen für die Realisierung der Forderung nach Gleichwertigkeit der beruflichen und allgemeinen Bildung geschaffen (vgl. Bontrop/Pulte 2001, 44).

Die berufliche Aus- und Weiterbildung kann der betrieblichen Bildungsarbeit zugerechnet werden. Hierunter sind „... prinzipiell alle Trainings-, Qualifizierungs- und Berufsbildungsmaßnahmen zu verstehen, die unmittelbar im Unternehmen stattfinden oder von diesem durchgeführt, veranlasst oder verantwortet werden" (Dehnbostel 2010, 2). Es wird also deutlich, dass die Zertifizierung des Berufsabschlusses derzeit nicht oder allenfalls nur zu einem geringen Teil (Ausbildungszeugnis gem. § 16 BBiG) Aufgabe der betrieblichen Bildungsarbeit ist; sehr wohl ist sie aber eine Aufgabe ihres Kerns, der Ausbildung, die wiederum eng mit dem Berufsbildungssystem gekoppelt ist. Die Berufsausbildung nimmt also eine Brückenfunktion zwischen dem Berufsbildungssystem und der betrieblichen Bildungsarbeit ein. Dabei „… umfasst [die Berufsausbildung] alle zielgerichteten, systematisch und methodisch geplanten, realisierten und evaluierten Maßnahmen der Ausbildung im Beruf" (Becker 2005, 163). Die Abbildung 2 zeigt die Zusammenhänge zwischen dem Gesamtsystem der betrieblichen Bildungsarbeit, der Berufsausbildung und dem Berufsbildungssystem auf:

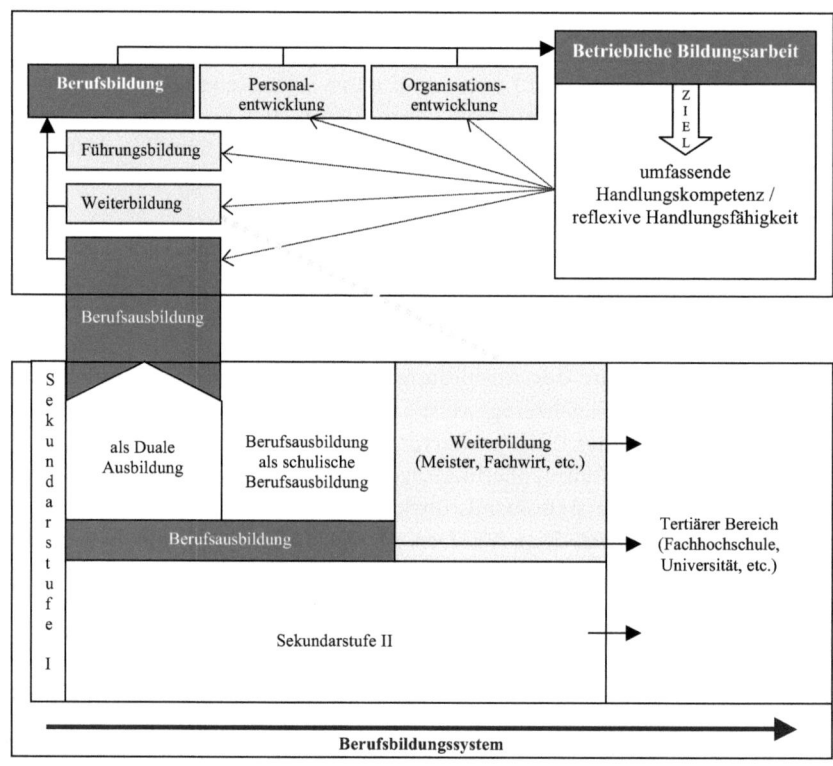

Abbildung 2: Zusammenhänge von Berufsausbildung, Berufsbildungssystem und betrieblicher Bildungsarbeit (in Anlehnung an: Dehnbostel 2008, 5 und Küppers/Leuthold/Pütz 2001, 68)

26

Die betriebliche Bildungsarbeit soll die Entwicklung einer umfassenden Handlungskompetenz und einer reflexiven Handlungsfähigkeit sowie einen Souveränitätsgewinn in der Arbeit leisten (vgl. Zimmer 2009, 22f.), was den Praxisanteil der Dualen Ausbildung widerspiegelt. Dieser ist, wie Dehnbostel ausführt, außer dem System der betrieblichen Bildungsarbeit zusätzlich dem Berufsbildungssystem zuzuordnen (vgl. Dehnbostel 2009, 199; vgl. Buckert/Kluge 2006, 14): Neben dem praktischen Anteil der Dualen Ausbildung tritt hier noch der schulische Anteil hinzu. Dieser verfolgt ebenfalls die Entwicklung von Handlungskompetenzen. Dies ist darin begründet, dass eine lebenslange Ausübung von Berufen immer weniger Realität ist und deshalb die Notwendigkeit entsteht, sich an nicht vorhersehbare Arbeitsweltentwicklungen angleichen zu können.

Es ist konsequent, dass auch die Berufsausbildung dieses Ziel verfolgt (vgl. Dehnbostel/ Lindemann 2007, 181), wenn sie, wie hier vorliegend, als ein Quantum der beruflichen Bildung aufgefasst und diese wiederum als Teil der betrieblichen Bildungsarbeit verstanden wird. Die Berufsbildung und somit auch ihre Teilbereiche, wie die Berufsausbildung, werden hier als eine der PE und OE gleichrangige Sektion begriffen. Die Zertifizierung einer abgeschlossenen Berufsausbildung stellen einen Rechtstitel des Berufsbildungssystems dar (vgl. Severing 2006, 30). Die Abschlussprüfung und damit das Berufseingangszertifikat sowie das Zeugnis der Berufsschule sind dem Berufsbildungssystem zuzuordnen (vgl. Zimmer 2009, 27f.), lediglich das Zeugnis des Ausbildenden, als dritter Bestandteil des Drei-Zertifikate-Modells, ist sowohl im Berufsbildungssystem als auch in der betrieblichen Bildungsarbeit anzusiedeln.

In diesem Zusammenhang sei das erwähnte Drei-Zertifikate-Modell, das in Deutschland angewendet wird, dargestellt: Mit dem Abschluss einer Berufsausbildung im dualen System erhält der Absolvent drei verschiedene Zertifikate, und zwar, wie Ruschel darstellt,

1. das Prüfungszeugnis der zuständigen Stelle als lernortübergreifendes Einheitszertifikat gem. § 37 Abs. 2 BBiG,
2. das lernortabhängige Zeugnis des Ausbildenden als Ausbildungs (-/Arbeits)zeugnis gem. § 16 BBiG, und
3. das ebenfalls lernortabhängige Zeugnis der Berufsschule nach dem bundeslandspezifischen Schulrecht (vgl. Ruschel 2008, 480f.).

Diese drei Zertifikate geben nur in der zusammenhängenden Betrachtung ein ganzes Bild vom jeweiligen Absolventen, da sich beispielsweise personale Kompetenzen in Langzeitbeobachtungen, wie sie das Ausbildungszeugnis sowie das Berufsschulzeugnis darstellen, deutlich besser abbilden lassen als in punktuellen Abschlussprüfungen (vgl. ebd.). Am Rande sei erwähnt, dass das Modell der Berufseingangsprüfung am Ende der Dualen Ausbildung auch nicht mit den Ansprüchen einer kontinentalen Mobilität von Arbeit und Ausbildung vereinbar ist (vgl. Euler/Severing 2007, 24).

„Jeder Versuch, einen Ausbildungsberuf zu modernisieren, muss fehlschlagen, wenn sich nicht zugleich auch die Prüfungen ändern" (Krug 2007, 131). Becker weist darauf hin, dass die neuen Anforderungen und die Modernisierung der Ausbildungsberufe auch eine Prüfungsreformierung notwendig machen. Praxis-, Handlungs- und Prozessorientierung müssen Eingang in das Prüfungswesen finden und realitätsferne sowie programmierte Prüfungsformen ablösen (vgl. Becker 2005, 177). Dehnbostel/Lindemann betonen die zentrale Bedeutung unter anderem der Kompetenzanalyse und -bewertung für das Berufsbildungssystem und führen an, dass derzeit bisher verwendete Erfassungs-, Bewertungs- und Zertifizierungsverfahren teilweise ersetzt und erweitert werden (vgl. Dehnbostel/Lindemann 2007, 179). Auch Zimmer stimmt in den Kanon der Forderung nach der Vergleichbarkeit zertifizierter Kompetenzen und nach kompetenzbezogenen Abschlussprüfungen in einem modernisierten Berufsbildungssystem ein, um dort eine Grundlage für die Vergleichbarkeit verschiedener Berufsausbildungswege zu schaffen (vgl. Zimmer 2009, 27f.). Küppers fordert ebenfalls die umfassende Neugestaltung des Prüfungswesens im beruflichen Bildungssystem und erklärt, dass die Aspekte der beruflichen Handlungskompetenz Eingang in die beruflichen Prüfungen finden müssen (vgl. Küppers u.a. 2001, 146 und 340 und 369). Stender spricht von einem überkommenen, zufalls- und kenntnisorientierten Prüfungssystem, das eben nicht den Ansprüchen beruflicher Handlungskompetenz in der Ausbildung entspricht, wie im Folgenden nach ihm dargelegt (vgl. Stender 2006, 22, 30 und 35): Seines Erachtens sind Abschlussprüfungen aufgrund ihres punktuellen Wesens und der dadurch bedingten Zufallsorientierung, wodurch Leistungsspitzen und -schwächen an Prüfungstagen eine enorme Bedeutung zukommt, sowie der wissensdominierten, kenntnisorientierten Prüfungsinhalte nicht mehr zeitgemäß. Stender nimmt Bezug auf deswegen neu entwickelte Aufgabenstellungen, wie beispielsweise das Rollenspiel, das sicherstellen soll, dass nicht nur fachliche, sondern auch andere kompetenzorientierte Beurteilungskriterien Platz im Prüfungswesen finden. Gleichzeitig stellt er hierzu den Forschungsbedarf heraus, nämlich dass derartige nicht fachliche Kompetenzbereiche beurteilt werden können und inwiefern die auf einer solchen Beurteilung basierenden Ergebnisse den Gütekriterien der Objektivität, der Reliabilität und der Validität Rechnung tragen.

Euler/Severing formulieren als Forschungsbedarf die Konzeption einer unbürokratischen und effizienten Akkreditierung lernortnaher Prüfungsinstanzen sowie die Entwicklung eines Implementierungskonzeptes für neue Prüfungsformen etc. zur Akzeptanzschaffung bei den Akteuren des Prüfungswesens (vgl. Euler/Severing 2007, 128). Die zweite Bedarfsformulierung korrespondiert mit der Feststellung von Zimmer, dass die heute bereits existenten aufgaben- und handlungsorientierten Prüfungen auf noch ungenügende Akzeptanz stoßen, was er der überalteten Tradition der Wissensprüfung gelehrter Kenntnisse zuschreibt (vgl. Zimmer 2009, 35).

Diese Darlegungen des Forschungsbedarfs kommen dem in der Einleitung dargestellten Untersuchungsgegenstand dieser Arbeit entgegen und können auch hier zum Erkenntnisgewinn beitragen.

2.2 Handlungsorientierung

> „Recte facti fecisse merces est!"
> (Seneca)

Wenn der Ertrag einer richtigen Tat darin besteht, sie ausgeführt zu haben, dann muss man zunächst in der Lage sein, dies auch zu tun.

2.2.1 Notwendigkeit von Handlungsorientierung

> „Es ist nicht genug zu wissen, man muss es auch anwenden;
> es ist nicht genug zu wollen, man muss es auch tun."
> (Johann Wolfgang von Goethe)

Baethge/Baethge-Kinsky bieten eine kurzen Überblick zur Historie der Qualifikationsentwicklung, an den sich die folgende Skizze anlehnt (Baethge/Baethge-Kinsky 2006, 156ff.): In der frühen Qualifikationsdebatte der 1960er-Jahre erfolgte aufgrund industrieller Rationalisierungsprozesse eine Reduzierung der Facharbeitertätigkeit auf die Produktion, woraus die radikalisierte Dequalifizierungsthese, die zunächst ausschließlich Bezug auf die Produktionsarbeit nahm, hervorging. Diese wurde dann allerdings auch auf andere Bereiche übertragen, da in dieser Zeit der Taylorismus als generalisiertes Organisationskonzept vorherrschte. Während der 1980er-Jahre wurde das tayloristische Interpretationsschema der Qualifizierungsentwicklung wegen des fortschreitenden Strukturwandels in Richtung Dienstleistungsgesellschaft immer fragwürdiger. Es machte sich die Einsicht breit, dass als Zeichen arbeitspolitischer Gestaltungsabsichten betriebliche Rationalisierungen wie Aushandlungsprozesse verstanden werden mussten, durch die die Offerte der qualifizierten Arbeitskraft als auch der Beschäftigteninteressen an der Entfaltung von Qualifikation selbst zur Richtgröße für weitere wirtschaftliche Taktiken und Pläne zur Rationalisierung werden. Als Möglichkeit der Produktionssteigerung wird die Arbeitskraft forciert und in ihrer ganzheitlichen Nutzung in Anwendungszusammenhängen mit computerbasierter Technologie konstruiert. Seit des in den 1990er-Jahren beginnenden Überganges von einer fordistisch zu einer postfordistisch geprägten Arbeitsorganisation und Qualifikationsstruktur erfolgten weitere Ausdifferenzierungen und Modifikationen der in den 1980er-Jahren entstandenen Arbeitsformen. Häufig erfolgte als Retaylorisierungsansatz eine Reduzierung an Komplexität. In der Realität der Arbeitsverhältnisse blieb es demzufolge ganz überwiegend bei einer ausführenden Produktions- und Dienstleistungsarbeit, während der Typ des Wissensarbeiters kaum verlangt wurde. Die Ursache dafür kann darin gesehen werden, dass die Entwicklungsprozesse organisations- und geschäftspolitischer Strategien in den Unternehmen sehr viel langsamer vorangingen als zunächst vermutet. Schließlich erfolgen dann doch die prophezeiten prozessorientierten Reorganisationen der Unternehmen, in denen sich bürokratische Prozeduren und hierarchische Positionen auflösen. Betriebliche Leistungen werden ökonomisch überprüft. Es erfolgt eine Neuordnung von Kompetenzfeldern sowie die Entwicklung und Intensivierung neuer Kooperationslinien, während vorhandene Relationen organisatorischer und personeller Art in Hinsicht auf Zweck und Mittel überprüft und flexibel sowie kostenbewusst neu taxiert werden. Nun sind komplexe Prozesse zu bewältigen, die einer starken Dynamisierung beruflicher Handlungskonstellationen bedürfen, die sich räumlich, inhaltlich und zeitlich entgrenzen. Somit folgt eine grundlegende Neuausrichtung der Qualifikationsanforderungen an die Profile der beruflichen Tätigkeit. Zugleich erleben wir, dass der Arbeitsprozess infolge computergestützter Routineanteile, auch im Dienstleistungsbereich, auf Aspekte der Beratung und Entscheidung verdichtet wird, sodass die inhaltliche Komplexität und das Tempo, bei veränderter Kommunikation, steigen. Dies erfordert eine erhöhte Kompetenz zu systemischem Denken. Eine Gegenüberstellung von Anforderungen in Bezug auf organisationale Dimensionen bietet die Tabelle 1.

Tabelle 1: Arbeitsanforderungen bei unterschiedlichen Arbeitsorganisationsformen
(in Anlehnung an Baethge/Baethge-Kinsky 2006, 164)

Organisations-Dimension	Organisationsform der Arbeit	
	fordistisch-tayloristisch	prozessorientiert
Definitionsbezug	Fester beruflicher Rahmen mit hoher inhaltlicher Kontinuität	Beruflicher Rahmen wird aufgelockert; Zunahme inhaltlicher Heterogenität
Wissensart/ Dominanz	Implizites Wissen auf der Basis von Fachqualifikation	Explizites Wissen mit neuem Typus impliziten Wissens
Typus von Erfahrungen	Kanon erprobter Handlungsvollzüge	Zusätzlich neue Erfahrungsdimensionen im sozialkommunikativen-, Organisations- und Marktbereich
Fachliche Differenzierung	Konzentrierte fachlich-funktionale Kerne (Spezialistenqualifikation)	Integration fachlicher Kerne in ein breites Spektrum technischer, kaufmännischer, sozialer und kultureller Qualifikationen
Bedeutung von Reflexions- und Wissensqualifika-tionen	Begrenzt (Aneignung theoretischer Grundlagen, Erwerb von Selbstständigkeit in der Arbeitsdurchführung und von sozialer Sensibilität)	Ausgeprägt (Abstraktionsqualifikationen, motivationale Qualifikationen, sozialkommunikative Fähigkeiten)
Berufliche Mobilität	Tendenziell begrenzt	Tendenziell hoch
	Gestaltung relativ stabiler Arbeits- und Beschäftigungssituationen	Umgang mit Unsicherheit in der Beschäftigungs- und Arbeitsmarktsituation
	Fundament: Berufswissen	Fundament: ständige Lernfähigkeit und Lernbereitschaft

In der aktuellen Bildungsdebatte, seit dem Übergang in die 2000er-Jahre, geht es darum, dass eine bloße mengenbezogene Ausweitung von Bildungsinvestitionen aufgrund der Wirtschaftsdynamik nicht mehr als ausreichend erscheint (vgl. Bontrup/Pulte 2001, 40). Um im internationalen Wettbewerb bestehen zu können, ergeben sich ganz neue Anforderungen (vgl. ebd.).

Der von den Megatrends umrahmte Wandel von der Industrie- hin zur Wissens- und Dienstleistungsgesellschaft begründet also schließlich die Notwendigkeit der Handlungsorientierung in der beruflichen Bildung. Hierzu kann aus verschiedenen Perspektiven argumentiert werden:

Czycholl/Ebner begründen die Handlungsorientierung aus ihrer curricularen Dimension heraus (vgl. Czycholl/Ebner 2006, 45). Da die Globalisierung zunehmend an Einfluss gewinnt, gestalten sich immer schneller soziotechnische und -ökonomische Wandlungsprozesse im Beschäftigungssystem, welche die Notwendigkeit neuer Konzepte einer ganzheitlichen, integrativen und systemischen sowie geschäftsprozessorientierten Rationalisierung in der Produktion und den Dienstleistungsbereichen begründen. Außerdem ermöglichen EDV-basierte Controlling- und Produktionsplansysteme eine indirekte Rahmensteuerung der betrieblichen Arbeit, die eine Zunahme von deren subjektiven Gestaltungsspielräumen zur Folge hat. Dadurch wird die Basis einer offenen, prozessorientierten und auf permanenten Wandel ausgelegten Betriebsorganisation geschaffen, die zu einer tendenziellen Entgrenzung traditioneller betrieblicher Arbeitsprofile führt. Dies erfordert auf der Subjektseite eine problemlöse- und metakognitive Fähigkeit sowie die Fähigkeit und Bereitschaft zur Qualifikationsselbstdiagnose und Weiterqualifizierung. Dies benötigt Mitarbeiter, welche die Flexibilität im Sinne einer individuellen Anpassungsfähigkeit an sich rasant verändernde Qualifikationsanforderungen besitzen und über die Fähigkeit zur Selbstorganisation und zur sozialkommunikativen Gestaltung ihrer Arbeit verfügen.

Aus dem Blickwinkel der beruflichen Bildung und der Entgrenzung von Arbeit wird die Handlungsorientierung von Georg/Sattel etwa folgendermaßen begründet (vgl. Georg/Sattel 2006, 144-149): Das Berufsmodell gerät zunehmend in die Defensive. Dabei bezieht sich die Debatte um die Zukunft des dualen Systems auf die Standardisierung der Arbeitskraft im Beruf. Der Arbeitskräftetypus des Facharbeiters sowie die Organisationsform des deutschen beruflichen Bildungssystems werden grundsätzlich mit Verweis auf die Globalisierung, das Erfordernis der Marktliberalisierung und Deregulierung sowie auf die Aufsprengung traditioneller Arbeitsformen infrage gestellt. Immer weniger lässt sich die Arbeitsanforderungsveränderung antizipieren, weshalb ein offenes, berufsspezifisches Konzept der Fähigkeitsentwicklung, gepaart mit einem subjektorientierten Lernen, das zur Befähigung des Einzelnen führt, aktiv an Veränderungen teilzunehmen, gefordert wird. Gleichzeitig verweisen Sattel und sie auf veränderte Produktionsentwürfe, die sich vom Taylorismus abwenden und stattdessen eine breit gefasste Fachlichkeit sowie die Vereinbarkeit von Rationalisierung und Humanisierung reetablieren. Betriebs- und Arbeitsabläufe werden aus strategischen Gründen immer öfter und in kürzeren Zeitintervallen umgestellt, um eine Steigerung der Produktivität, der Flexibilität und der Innovationsfähigkeit zu erreichen. Dabei tragen betriebliche Rationalisierungsprozesse zur Konzentration der Arbeit auf den Umgang mit Unsicherheit bei. Hieraus folgt, dass herkömmliche berufsfachliche Grundformen und Abgrenzungen nicht mehr mit den Qualifikationserfordernissen kompatibel sind. Es werden Qualifikationspotenziale benötigt, die extrem komplex, so entwicklungsoffen wie möglich und mannigfach einsetzbar sind.

Aus der Sicht des Individuums führt Dubs (2006, 191) den Wunsch nach mehr Autonomie an, der sich nicht mit der klassischen, kompakten und spezialisierten Berufsbildung realisieren lässt, wozu weiterhin ausgeführt wird (vgl. Buckert/Kluge 2006, 14; vgl. Dehnbostel 2009, 199; vgl. Severing 2007, 10; vgl. Heymann 1999, 24). Um dieses Bedürfnis nach Autonomie zu stillen, kommen Dubs zufolge Mischarbeitsplätze in Betracht. Diese erfordern jedoch ein ganzheitliches Denken sowie das Handeln von Mitarbeitern, denen es möglich ist, auf ein Reservoir an Wissen und Können zurückzugreifen, das sie in die Lage versetzt, ständig neue und ungeahnte Situationen zu beherrschen. Diese Umstände begünstigen auch die erwartete Normalität eines mehrfachen Berufswechsels innerhalb der Lebensarbeitszeit.

Aus den Aspekten einer veränderten Erwerbslandschaft aufgrund der technischen Entwicklung, des organisatorischen Wandels sowie der Professionalisierung und Tertiarisierung von Arbeit heraus argumentiert Kupka, dass dies Auswirkungen auf die Bedeutung des Berufes hat, was die Ausbildung, die Arbeitsorganisation, die Tätigkeitsmuster und den Arbeitsmarkt umfasst, und führt weiter aus (vgl. Kupka 2006, 628 und 638ff.): Das Berufsprinzip in der Berufsausbildung und Arbeitsorganisation wird aufgrund der durchgängigen Tendenz zur Wissensgesellschaft und dem damit verbundenen Anwachsen universeller, berufsunspezifischer analytischer und theoretischer Anforderungen hinterfragt. Kupka diagnostiziert für den Moment den Beginn und prognostiziert für die Zukunft einen Abbau exklusiver Zuständigkeiten, eine Ausrichtung von Kompetenzen an Geschäftsprozessen, Leistungsanforderungsanhebungen, eine Reduzierung klassischer Aufstiegspositionen für Fachkräfte und eine immer geringere Gewährleistung eines ausbildungsadäquaten Einsatzes. Deshalb erwartet er eine Veränderung im Gefüge der Kompetenz- und Qualifikationsbündel, die einen Beruf ausmachen, wodurch eine neue Triebkraft der Berufsbildung ausgelöst wird.

Es zeigt sich also ganz offensichtlich – selbst aus verschiedenen Perspektiven – ein im Wesentlichen immer gleicher oder zumindest ähnlicher Argumentationsstrang. Zusammenfassend sei dies noch einmal untermauert, indem die Kernforderungen der vorangegangenen Positionsdarstellungen und zusätzlich die weiterer Autoren mit ähnlichen Argumentationssträngen in der Tabelle 2 komprimiert aufgezeigt werden:

Tabelle 2: Postulate zum Umgang mit einer sich verändernden Gesellschaft und Arbeitswelt

Baethge/ Baethge-Kinsky 2006	Erhöhte Kompetenz zu systemischem Denken (vgl. Baethge/Baethge-Kinsky 2006, 167)
Bontrup/ Pulte 2001	Es muss eine Problemlösungsfähigkeit in komplexen Situationen des beruflichen Handlungsfeldes entwickelt werden (Bontrup/Pulte 2001, 135).
Czycholl/ Ebner 2006	Flexible Mitarbeiter im Sinne einer individuellen Anpassungsfähigkeit an sich rasant verändernde Qualifikationsanforderungen mit der Fähigkeit zur Selbstorganisation und zur sozialkommunikativen Gestaltung ihrer Arbeit (vgl. Czycholl/Ebner 2006, 45).
Georg/Sattel 2006	Es werden Qualifikationspotenziale benötigt, die extrem komplex, so entwicklungsoffen wie möglich und mannigfach einsetzbar sind; sie müssen den konstruktiven Umgang mit Unsicherheit ermöglichen (vgl. Georg/Sattel 2006, 147 und 149).
Dubs 2006	Erforderlich sind ein ganzheitliches Denken sowie das Handeln von Mitarbeitern, denen es möglich ist, auf ein Reservoir von Wissen und Können zurückzugreifen, das sie in die Lage versetzt, ständig neue und ungeahnte Situationen zu beherrschen (vgl. Dubs 2006, 191).
Küppers u.a. 2001	Es ist durch Selbsttätigkeit die Handlungsfähigkeit zu entwickeln und zu fördern (vgl. Küppers u.a. 2001, 315).
Severing 2006 und 2007	Der Kanon an Wissen und Kompetenzen ist zu erweitern sowie das lebenslange Lernen zu ermöglichen (vgl. Severing 2006, 26; vgl. Severing 2007, 10).
Krug 2006	„Ausbildung muss handlungs- und prozessorientiert sein …" (Krug 2006, 56)
Laux 2006	„Die Bereitschaft, immer Neues dazuzulernen, in Kombination mit dem daraus entstehenden Erfahrungswissen über das Herangehen an neue Problemstellungen wird für eine vollständige berufliche Handlungsfähigkeit essenziell sein." (Laux 2006, 69)
Schöpf/ Beutner 2005	Es ist erforderlich, dass die Fähigkeit zum Umgang mit „… berufs- und funktionsübergreifenden Tätigkeitselementen, die sich durch starken Kunden- und Prozessbezug und Qualitätsverantwortung in allen Phasen der Prozesskette auszeichnet" (Schöpf/Beutner 2005, 45), erlernt wird.
Corcilius-Kunz/ Schulze 2005	Um den Anforderungen, wie beispielsweise das schnelle und eigenverantwortliche Einstellen auf neue Aufgaben, gerecht zu werden, muss der Weitblick durch eine Ausbildungsausrichtung am Geschäftsprozess geschärft werden, damit Querschnittsqualifikationen erworben werden können (vgl. Corcilius-Kunz/Schulze 2005, 124).
Kadishi 2008	„Fachwissen alleine reicht für die erfolgreiche Aufgabenbewältigung nicht mehr aus." (Kadishi 2008, 179)
Heymann 1999	Wichtig ist die Fähigkeit zu schnellem Umlernen und zum flexiblen Einstellen auf neue berufliche Anforderungen, was ein hohes Maß an Selbstständigkeit, Eigenverantwortung und kreativer Problemlösungsfähigkeit sowie soziale Kompetenzen voraussetzt (vgl. Heymann 1999, 24).

Biethahn/ Schumann 1999	Neben Wissen müssen methodische Kompetenzen entwickelt werden, die es ermöglichen, eine Informationsfülle adäquat zu verarbeiten, um neue Wissensgebiete selbstständig zu erschließen (vgl. Biethahn/Schumann 1999, 53f. und 69).
Pabst 2009	Aufgrund einer immer kürzeren Halbwertzeit von Wissen werden veränderte Qualifizierungen auf der Basis abstrakter Wissensanforderungen nötig (vgl. Pabst 2009, 165).

Der oben erfolgte Überblick lässt erkennen, dass Einigkeit darüber besteht, dass der Erwerb einer umfassenden beruflichen Handlungskompetenz und eine daran ausgerichtete Berufsentwicklung notwendig sind, um die Herausforderungen der Zukunft zu meistern. In diesem Zusammenhang stellen Bontrup/Pulte klar, dass das Konzept der beruflichen Handlungskompetenz mit ihren Schlüsselqualifikationen kein Gegenentwurf zur Fachqualifikation ist, indem sie dazu ausführen (vgl. Bontrup/ Pulte 2001, 136): Es handele sich vielmehr um das Ermöglichen einer erfolgreichen Anwendung der Fachqualifikation in komplexen Situationen mit mannigfaltigen und volatilen Anforderungen. Es dürfe also auf keinen Fall auf den Erwerb von Fachkompetenz verzichtet werden. Nur gemeinsam eröffne sich die Chance, im Sinne einer umfassenden beruflichen Handlungskompetenz effektiv und effizient zu agieren.

Über diese Argumentationsbasen hinaus liefert Gudjons (2008, 12ff.) weitere Argumente für die Notwendigkeit zur Handlungsorientierung. Er führt an, dass wir in einer Welt leben, in der Sekundärerfahrungen beginnen, Primärerfahrungen zu überlagern, was einen tiefen Eingriff in den kulturellen Aneignungsprozess darstellt. Die Pädagogik versucht, den notwendigen Ausgleich durch die Nutzung der Handlungsorientierung zu gewährleisten. Gudjons erläutert, dass von der veränderten Erfahrungswelt alle Folgen der Persönlichkeitsentwicklung sowie der Aufbau kognitiver Strukturen betroffen sind, da auf sie die schrumpfenden Handlungsmöglichkeiten unmittelbar wirken. Als Hintergrund der abnehmenden Handlungsmöglichkeiten stellt er den Wandel äußerer Lebensbedingungen dar, der sich wie folgt ausdrückt:

- Die demographische Entwicklung von der Großfamilie hin zu Kleinfamilien und Alleinerziehung reduziert Erfahrungsmöglichkeiten.
- Der Fortschritt substituiert die Möglichkeiten anregender, sinnlich-unmittelbarer Erfahrungen (z.B. kein Brotbacken mehr, sondern Aufbackbrötchen; kein Feuer machen mehr, stattdessen vollautomatische Zentralheizung; keine Konservierungstechniken mehr, dafür Einsatz von Tiefkühlern).

- Die Urbanisierung und die gegenständliche Ausstattung von Kindern lässt dem Kinderzimmer in kindgerechter Ausstattung, die ein Weniger an Selbermachen erfordert, eine größere Bedeutung zukommen und bedingt eine größere Kontrolle durch die Eltern. Hingegen nimmt beispielsweise die Straßensozialisation mit ihren großen Eigentätigkeitsfreiheiten immer mehr ab.
- Elektronische Medien geben künstliche Strukturen als Abbild einer entworfenen oder existierenden Welt, die zu jeder Zeit veränderlich, auflösbar und somit im zweifachen Wortsinne unangreifbar sind, und keine direkte Realität wieder. Dies führt dazu, dass Bilder und Erinnerungen von und an Wirklichkeiten, welche die Grundlage zur Phantasieentwicklung darstellen, nicht durch die Erfahrung mit ihr, sondern durch eine extrem große Masse an flüchtigen Bildern erzeugt werden. Dies hat zur Folge, dass eine Vorstellung von einer in Wirklichkeit nachgebildeten Welt, imitierten menschlichen Umgangsformen usw. entsteht. Durch die Medialisierung drängt sich zudem mithilfe der Technik eine Virtualisierung, wie etwa durch das Handy oder den Chat, zwischen Personen, was zusätzlich die Entwicklung eines schöpferischen Geistes verhindert, da eine Steigerung technischer Operationen mit einer erhöhten geistigen Produktivität nicht identisch ist.

So kommt es zu dem Trend, dass immer weniger im Ursprung selbst erlebt, angefasst, ausprobiert, erkundet etc. wird, während eine bildhafte Aneignungsweise vorherrscht. Dies fördert auch nicht die Anregung eigener Denkprozesse. Es bleibt aber nun einmal eine Welt, in der immer weniger auf Ersthanderfahrungen zur Kulturaneignung zurückgegriffen werden muss. Erfahrungsaneignung bedingt jedoch eine Eigentätigkeit, und Verstehen setzt eine Vorstellung von Entstehung voraus; deshalb ist zur Vermeidung einer Zerstörung von Planung und Ausführung von Unternehmungen sowie der Spürbarkeit von Konsequenzen des eigenen Tuns als auch der Möglichkeit, Resultate vor dem Hintergrund zuvor gemachter Erfahrungen zu interpretieren und reflektieren, nur eine Handlungsorientierung in Lehr-Lern-Prozessen möglich.

Auf die Notwendigkeit zur Ausrichtung der Berufsausbildung hin zur Handlungsorientierung wirken also zwei Strömungen ein, die beide durch die gesellschaftliche Entwicklung begründet sind: Einerseits eine veränderte Anforderungsstruktur an Arbeitskräfte und andererseits eine veränderte Sozialisation und Prägung junger Menschen.

Insgesamt bilden solche Einschätzungen seit dem Übergang der 1980er- zu den 1990er-Jahren die Grundlage für die Neuordnungen von Ausbildungsordnungen und Rahmenlehrplänen (vgl. Czycholl/Ebner 2006, 45).

Hier hat sich auf einer breiten Basis der Begriff der beruflichen Handlungskompetenz als Leitlinie etabliert und die Ausrichtung zur Vermittlung bloßer Fertigkeiten, Kenntnisse und Qualifikationen wurde verdrängt (vgl. Dehnbostel/Lindemann 2007, 179).

2.2.2 Begriffliche Klärung

Aufgrund der vielschichtigen, facettenreichen und uneinheitlichen Verwendung des Handlungsorientierungsbegriffes (vgl. Stender 2006, 31), aber auch der Begriffsvielfalt in dessen Umgebung und deren inflationären Gebrauchs, sind Erläuterungen und Definitionen der dieser Arbeit zugrundeliegenden Begriffe notwendig (vgl. Dehnbostel 2002, 11). Dieser Notwendigkeit wird im Folgenden dadurch Rechnung getragen, dass zunächst systematisch die einzelnen Begriffe der Handlungsorientierung erörtert werden, um daran anknüpfend eine jeweilige Definition für den Kontext dieser Arbeit herauszubilden und letztlich die Sinnzusammenhänge der verschiedenen Begrifflichkeiten der Handlungsorientierung darzustellen, indem deren innere Sinnfälligkeiten diskutiert und voneinander abgegrenzt wird.

Im Schrifttum rechnet man die *Handlungsorientierung* den hervorstechenden Begriffen der Didaktik der beruflichen Bildung wissenschaftlich und praxisberatungsorientierter Abhandlungen zu, wie Czycholl/Ebner ausführen, die die Handlungsorientierung wie folgt betrachten (vgl. Czycholl/Ebner 2006, 44): Der Handlungsorientierung kommen zwei verschiedene Dimensionen zu: die curriculare sowie die methodische Dimension. Curricular dimensioniert schreiben sie der Handlungsorientierung die Lernzielbegründung beziehungsweise Strukturierungsaspekte für Lernzielgruppen zu. Die methodische Dimension der Handlungsorientierung macht ihnen zufolge Angaben zu Arrangements unterrichtsmethodischer Art.

Nach Bonz zielt die Handlungsorientierung auf die von Lebens- und Arbeitssituationen bedingten Erforderlichkeiten des Handeln ab, wobei die vollständige Handlung im Sinne einer Planung, Ausführung, Kontrolle und Bewertung zugrunde gelegt wird und dabei das Entwicklungsziel von Handlungskompetenz im Zentrum aller Bemühungen steht (vgl. Bonz 2006, 334f.).

Auch Becker gibt an, dass die Handlungsorientierung „… auf die Vermittlung von Handlungskompetenz…" (Becker 2005, 252) abzielt. Dieser Auffassung folgt auch Stender, indem er ausführt, dass der Begriff der Handlungskompetenz mit dem Handlungsorientierungsbegriff eng verknüpft sei (vgl. Stender 2006, 31). Stender bemerkt außerdem, dass trotz unterschiedlicher Verwendung der Konsens zur Handlungsorientierung die didaktische Konzeption sei, die auf einer neuen Beziehung von fallweisem und systematischem Lernen fußt (vgl. ebd.).

Bontrup/Pulte konstatieren, dass die Handlungsorientierung von folgenden Merkmalen geprägt sei: individuumszentrierte Ganzheitlichkeit, vollständige Handlung, Ausrichtung des Lernens als selbstorganisiert und erfahrungsorientiert sowie Reflexion (vgl. Bontrup/Pulte 2001, 221ff.).

Zusammenfassend gilt in der vorliegenden Arbeit für die Verwendung des Begriffes der Handlungsorientierung folgende Definition:

Handlungsorientierung als Sammelbegriff umfasst alle didaktisch-methodischen Konstrukte, die der Entwicklung von Handlungskompetenz dienen.

Unter Beachtung dieser Begriffsdefinition ist klarzustellen, dass mit dem Titel dieser Arbeit ‚Handlungsorientierung in Prüfungen' nicht gemeint ist, inwieweit durch eine Prüfung Handlungskompetenz entwickelt wird, sondern vielmehr die Frage aufgeworfen wird, inwieweit eine Prüfung darauf ausgerichtet ist festzustellen, ob und wie erfolgreich die Entwicklung von Handlungskompetenz stattgefunden hat.

Im Zusammenhang mit dem *handlungsorientierten Lernen* erklärt Pätzold, dass die Entwicklung von Denken, Können und Wissen aus theoriegeleitetem praktischem Handeln entsteht, und zwar mittels Lernen durch Sinnbezüge, was seinen Ausführungen zufolge das Auseinandersetzen mit komplexen Ganzheiten als Problemstellung oder auch anspruchsvolle Aufgabe durch den Lernenden selbst voraussetzt (vgl. Pätzold 2006, 185). Weitergeführt bedeutet dies, dass die Handlung des Lernenden als Entwicklungsgrundlage für die Handlungskompetenz gemeint ist. Hieran anknüpfend gilt für die Verwendung des Begriffes des handlungsorientierten Lernens in der vorliegenden Arbeit folgende Definition:

Handlungsorientiertes Lernen meint den durch die Handlung des Lernenden ausgelösten Lernprozess, durch den Handlungskompetenz entwickelt wird.

Der Begriff des ‚handlungsorientierten Lernens' steht somit im engen Zusammenhang mit den anderen Begriffen im Umfeld der Handlungsorientierung; er wird allerdings nicht zum Untersuchungsgegenstand dieser Arbeit.

Der durch den Deutschen Bildungsrat geprägte Begriff der *beruflichen Handlungsfähigkeit* wurde in den 1980er-Jahren in der Berufsausbildung verankert und meint in Anlehnung an das Verständnis der Kultusministerkonferenz eine Verbundenheit der sogenannten Teilkompetenzen, der Fach-, Sozial- und Humankompetenz (vgl. Elsholz 2002, 33). Sie kann somit als klar definierte Sonderform der beruflichen Handlungskompetenz begriffen werden und ist dem handlungsanalytischen Ansatz zuzurechnen.

Oft wird bemängelt, dass es den Begriffen der *Qualifikation* und der *Kompetenz* an Unterscheidungspotenzialen fehlt (vgl. Bremer 2004, 252). Arnold et al. geben sogar an, dass die beiden Begriffe ‚Qualifikation' und ‚Kompetenz' oft synonym verwendet werden (vgl. Arnold u.a. 1998, Kap. 8). Insofern ist bei der Klärung dieses Begriffspaares ein besonderer Fokus auf deren Gemeinsamkeiten und Unterschiede zu richten.

„Unter Qualifikationen sind ... Fähigkeiten, Kenntnisse und Fertigkeiten im Hinblick auf ihre Verwertbarkeit zu verstehen, d.h. Qualifikation ist primär aus Sicht der Nachfrage und nicht des Subjekts bestimmt" (Dehnbostel 2010, 16). Eine Subjektunabhängigkeit wird auch von Arnold/Münk der Qualifikation zugeschrieben (vgl. Arnold/Münck 2006, 24). Auch Bremer führt an, dass aus seiner Sicht die Qualifikation eher resultatorientiert als entstehungsgebunden erscheint (vgl. Bremer 2004, 252).

Erpenbeck/Rosenstiel bezeichnen Qualifikationen als Teile und Voraussetzungen von Kompetenzen, stellen aber klar, dass sie keine Kompetenzen sind (vgl. Erpenbeck/Rosenstiel 2007, XII).

> Qualifikationen „... bezeichnen klar zu umreißende Komplexe von Kenntnissen, Fähigkeiten und Fertigkeiten, über die Personen bei der Ausübung beruflicher Tätigkeiten verfügen müssen, um konvergent-anforderungsorientiert handeln zu können. Sie sind handlungszentriert und in der Regel so eindeutig zu fassen, dass sie in Zertifizierungsprozeduren außerhalb der Arbeitsprozesse überprüft werden können ..." (Erpenbeck/Rosenstiel 2007, XXXV)

Nach Becker stellen Qualifikationen

> „... die allgemeine und berufliche Ressourcenbasis für potenzielle Handlungen dar. Sie umfassen Kenntnisse, Fähigkeiten, Fertigkeiten und Verhaltensmuster eines Individuums ... Bei Qualifikationen handelt es sich stets um hypothetische Befähigungen." (Becker 2005, 4f.)

1974 wurde der Qualifikationsbegriff durch den Deutschen Bildungsrat wie folgt definiert:

> „Qualifikationen sind Fertigkeiten, Kenntnisse und Wissensbestände, die im Hinblick auf ihre Verwertbarkeit bestimmt werden:»Im Hinblick auf ihre Verwertbarkeit im privaten Leben, im Beruf, in der Gesellschaft ist der Lernerfolg eine Qualifikation. Zwar sind aus im übrigen nicht vollständig vorwegnehmbaren Lebenssituationen keine bestimmten Qualifikationen ableitbar, wohl aber sind sie an feststellbaren Anforderungen oder doch absehbaren Situationen orientiert und wirken ihrerseits orientierend auf Bildungsgänge und Lernziele.« (Deutscher Bildungsrat 1974, S. 65)" (Elsholz 2002, 32)

Hiernach sind Qualifikationen also an vorhersehbarer Nachfrage und aktuellen Anforderungen ausgerichtet. Auch Elsholz begreift Qualifikationen als Teil von Kompetenzen (vgl. Elsholz 2002, 32f.).

Ludwig stellt Qualifikationen als Fähigkeits- und Fertigkeitsbündel dar, die für geplante und weitgehend überschaubare Arbeitszusammenhänge eingesetzt werden (vgl. Ludwig 2002, 96). Ott führt an, dass Qualifikationen konkrete Kenntnisse, Fertigkeiten und Fähigkeiten bezeichnen, die zur Ausübung einer Arbeitstätigkeit erforderlich sind (vgl. Ott 2007, 203).

Unter Berücksichtigung der wesentlichen Merkmale mit hohem Überschneidungspotenzial in den verschiedenen Begriffsfassungen des Terminus ‚Qualifikation‘ gilt für die Verwendung dieses Begriffes in der vorliegenden Arbeit folgende Definition:

Qualifikationen sind für anforderungsorientierte Handlungen verwertbare menschliche Ressourcen, wie Fähigkeiten, Kenntnisse und Fertigkeiten, die in vorhersehbaren Situationen eingesetzt werden können.

Im Gegensatz zu Qualifikationen beziehen sich Kompetenzen auf Subjekte (vgl. Dehnbostel 2010, 16; vgl. Arnold/Münck 2006, 24; Elsholz 2002, 32; Ludwig 2002, 96; Ott 2007, 203) und erfüllen dabei zugleich gesellschaftliche und betriebliche Anforderungen, was der Grund dafür ist, dass in der beruflichen Bildung der Qualifikationsbegriff immer mehr vom Kompetenzbegriff abgelöst wird (vgl. Dehnbostel 2010, 16). Dabei kann der Begriff ‚Kompetenz‘ als Erweiterung des Qualifikationsbegriffs gedeutet werden (vgl. Arnold/Münch 2006, 23). Bergmann, genauso wie Lichtenberg, unterscheiden Qualifikationen von Kompetenzen insbesondere anhand der Ausrichtung an der Einsatzfähigkeit in bekannten vs. nicht vorhersehbaren oder zufallsbedingten und komplexen Anforderungen, Situationen oder Aufgaben (vgl. Becker 2005a, 104). Reetz konstatiert, dass der „… Kompetenzbegriff … gegenüber dem Qualifikationsbegriff nicht nur umfassender [ist], er bringt auch die jeweilige Fähigkeit zur Erzeugung von Verhalten auf Basis individueller Selbstorganisation stärker zum Ausdruck (Bunk 1994, S. 10; Erpenbeck/Heyse 1996, S. 38f.)" (Reetz 1999, 39).

Das, was die Kompetenz über die Qualifikation hinausgehend aus-macht, ist laut Ludwig ebenso der Teil der Handlung in nicht mehr prog-nostizierbaren und überschaubaren Arbeitszusammenhängen (vgl. Ludwig 2002, 96). In diesem Sinne positioniert sich auch Ott (vgl. Ott 2007, 203). Erpenbeck/Rosenstiel unterscheiden Qualifikationen von Kompetenzen im Wesentlichen dadurch, dass die Qualifikationen direkt abprüfbar sind, während die Kompetenzen nur indirekt erschließbar und evaluierbar wä-ren (vgl. Erpenbeck/Rosenstiel 2007, XIX): In diesem Verständnis formen sich Qualifikationen als Voraussetzung zu deren Entstehung, während sie, so führen Erpenbeck/Rosenstiel aus, allerdings keine Kompetenzen sind. Erpenbeck/Rosenstiel eruieren als Abgrenzungskriterium der Kompetenz zur Qualifikation, dass zur selbstorganisierten Handlungsfähigkeit, die demzufolge sowohl der Kompetenz als auch der Qualifikation zugeschrie-ben wird, noch interiorisierte Regeln, Werte (im Sinne von Bewertungen) und Normen hinzutreten müssen, wobei die Interiorisation für die Verinnerlichung zu eigenen Emotionen und Motivationen steht. Elsholz umschreibt dies damit, dass, bezogen auf die Fähigkeit des Individuums zur Handlung, die Qualifikation noch mit Persönlichkeitsentwicklung und -bildung anzureichern sei, um von Kompetenz zu sprechen (vgl. Elsholz 2002, 33).

Eine Unterscheidung nach Zielen führt Becker an (vgl. Becker 2005a, 103): Während ihm zufolge die Qualifikation die Lernziele im Rahmen ei-nes Lernfeldes beschreibt, bilden Kompetenzen Handlungsziele im Rahmen eines Aktionsfeldes ab. Als Qualifikation benennt er die „… Befähigung, die eine lernende Person am Ende des Lernprozesses erreicht haben soll" (Becker 2005a, 103). Somit legen Qualifikationsziele Ansprüche an Verhalten, Können und Wissen fest, die nach einem Lehr-Lern-Prozess nach einer Prüfung zertifiziert werden können. Die Reichweite von Qualifikationszielen ist nach Becker auf das Lernfeld beschränkt. Kompetenzziele hingegen „… beschreiben die fachliche, methodische und soziale Befähigung, eine genau definierte Tätigkeit im Arbeitsfeld anforde-rungsgerecht auszuführen" (Becker 2005a, 103). Demzufolge trifft Becker die Aussage, dass Kompetenzziele festlegen, wie eine Handlung zu erledi-gen ist, und zwar abgeleitet aus dem Anspruch der Arbeit. Folgelogisch soll sich die Erreichung von Kompetenzzielen in der ausgeführten Arbeit zeigen. Dafür schlägt Becker vor, zur Messung und Bewertung von

Handlungen Arbeitsproben, Leistungs- und Verhaltensbeurteilungen sowie strukturierte Mitarbeitergespräche einzusetzen. Folglich geht auch Becker, genauso wie Erpenbeck/Rosenstiel, davon aus, dass Kompetenzen eher indirekt und Qualifikationen direkt erfassbar sind. Ott führt an, dass Kompetenzen entwickelt werden müssen, während Qualifikationen erworben werden können (vgl. Ott 2007, 203). Arnold/Bloh beschreiben eine Majorität von Abgrenzungen von Kompetenzen zu Qualifikationen, welche die Gegenüberstellung in der Tabelle 3 zulässt.

Tabelle 3: Abgrenzung von Kompetenzen zu Qualifikationen (in Anlehnung an Arnold/Bloh 2009, 16)

Kompetenz	Qualifikation
Subjektbezogenheit	Erfüllung konkreter Anforderungen und Nachfragen
Ganzheitlicher Anspruch auf die Person	Unmittelbare tätigkeitsbezogene Kenntnisse, Fähigkeiten und Fertigkeiten
Verweist auf die notwendige Selbstorganisationsfähigkeit des Lernenden	Werden in der Regel in fremdorganisierten Lernprozessen vermittelt
Offenheit für die notwendige Vermittlung von Werten	Sachverhaltszentrierung
Umfasst die Vielfalt der prinzipiell unbegrenzten individuellen Handlungsdispositionen	Konzentration auf die zertifizierungsfähigen Elemente der individuellen Handlungsfähigkeit

Folgende Kompetenzdefinitionen werden im Zusammenhang dieser Ausführungen angeführt:

Tabelle 4:   Kompetenzbegriffe

Dehnbostel 2010, 16	„Kompetenzen umfassen Fähigkeiten, Kenntnisse, Fertigkeiten, Einstellungen und Werte, deren Erwerb, Entwicklung und Verwendung sich auf die gesamte Lebenszeit eines Menschen bezieht. Sie sind an das Subjekt und seine Befähigung zu eigenverantwortlichem Handeln gebunden. Der Kompetenzbegriff umfasst Qualifikationen und nimmt in seinen Subjektbezug elementare bildungstheoretische Ziele und Inhalte auf, ohne dass Bildung im Kompetenzbegriff aufgeht."
Arnold/Münck 2006, 24	Kompetenz ist „… die ‚Fähigkeit einer Person, Anforderungen in bestimmten Bereichen zu entsprechen' (Schaub/Zenke 2000: 326) und rekurriert insofern auf das (berufliche) Handlungsvermögen einer Person in sozialen Handlungsbezügen und -kontexten."
Heyse u.a. 2004, 10	„Kompetenzen charakterisieren die Fähigkeiten des Menschen, sich in offenen und unüberschaubaren komplexen und dynamischen Situationen selbstorganisiert zurechtzufinden."
Erpenbeck/Rosenstiel 2007, XI	Kompetenzen „… sind in Entwicklungsprozessen entstandene, generalisierte Selbstorganisationsdispositionen komplexer, adaptiver Systeme – insbesondere menschlicher Individuen – zu reflexivem, kreativem Problemlösungshandeln im Hinblick auf allgemeine Klassen von komplexen, selektiv bedeutsamen Situationen (Pfade)."
Kommission der Europäischen Gemeinschaft in: Erpenbeck/Rosenstiel 2007, XIV	„Kompetenz ist ‚die nachgewiesene Fähigkeit, Kenntnisse, Fertigkeiten sowie persönliche, soziale und/oder methodische Fähigkeiten in Arbeits- und Lernsituationen und für die berufliche und/oder persönliche Entwicklung zu nutzen. Im Europäischen Qualifikationsrahmen wird Kompetenz im Sinne der Übernahme von Verantwortung und Selbstständigkeit beschrieben. (Kommission der Europäischen Gemeinschaft, ebenda, S. 17f.)'"
Becker 2005, 12	„Ziel- und handlungsbezogene Kombination von Ressourcen, Technologien und Markt zur integrierten Kompetenzarchitektur"
Reetz 1999, 38	Der Begriff der Kompetenz zielt „… auf menschliche Fähigkeiten, die dem situationsgerechten Handeln zugrunde liegen und dieses erst ermöglichen."
Bergmann 2001 in: Ludwig 2002, 98f.	Kompetenz ist die „Fähigkeit zur Verbindung von explizitem und implizitem Wissen…, die eine gelungene Feinabstimmung des Wissens im Handeln umfasst."

Elsholz bemerkt, wie auch die vorstehende Auflistung zeigt, dass der Kompetenzbegriff mit mannigfaltigen Konnotationen verwendet wird (vgl. Elsholz 2002, 31). Neben dieser Schwierigkeit stellt sich nach Dehnbostel/ Lindemann für die berufliche Ausbildung zusätzlich das Problem, dass man in der Dualitätsform auf unterschiedliche Bildungsstandards stößt (vgl. Dehnbostel/Lindemann 2007, 180).

Den Gemeinsamkeiten der im erzielten wissenschaftlichen Diskurs vertretenen Auffassungen folgend, wird der Kompetenzbegriff in der vorliegenden Arbeit wie folgt verwendet:

> Kompetenz ist die subjektbezogene Fähigkeit, auch in nicht vorhersehbaren oder komplexen Situationen auf der Basis von durch Erfahrungen, Regeln, Werten und Normen begründeten Einstellungen selbstorganisiert unter der Nutzung von menschlichen Ressourcen, wie Fähigkeiten, Kenntnissen oder Fertigkeiten, angemessene Handlungsdispositionen zu ergreifen.

Hierbei kommt es nicht darauf an, wie (also beispielsweise formell oder informell) menschliche Ressourcen angeeignet/erworben/entwickelt wurden (vgl. auch Arnold/Münk 2006, 24).

Im Anschluss an die Feststellung von Arnold/Münk, dass Kompetenzen und Qualifikationen in einem engen Zusammenhang zueinander stehen, sich gegenseitig ergänzen und auf verschiedene Aspekte des subjektiven Handlungspotenzials verweisen, lässt sich der Zusammenhang in der Abbildung 3 vorstellen (vgl. Arnold/Münk 2006, 24). Diese Abbildung zeigt an, dass sowohl Qualifikationen als auch Kompetenzen auf die gleiche menschliche Ressourcenbasis zurückgreifen. Auch auf der Lernebene passiert zunächst das Gleiche: Die menschliche Ressourcenbasis wird anforderungsorientiert erweitert, vertieft oder anders zusammengesetzt, woraus eine Qualifikation entsteht. Erst jetzt treten im Kompetenzbereich zusätzlich Erfahrungen, Werte, Regeln und Normen hinzu, die die Einstellungsprägung des Subjektes auf die erworbene Qualifikation projizieren, wodurch sich aus ihnen eine Kompetenz entwickelt. Somit wird deutlich, dass im hier zugrundeliegenden Verständnis die Kompetenz die Qualifikation umfasst und über sie hinausgeht. Dies bedeutet, dass alle Situationen, die durch Handlungen auf der Basis von Qualifikationen zu einem Ergebnis geführt werden, auch mittels der aus derselben Qualifikation erwachsenen Kompetenz bearbeitet werden können. Aber nicht alle Situationen, die durch Handlungen auf der Basis von Kompetenzen zu einem

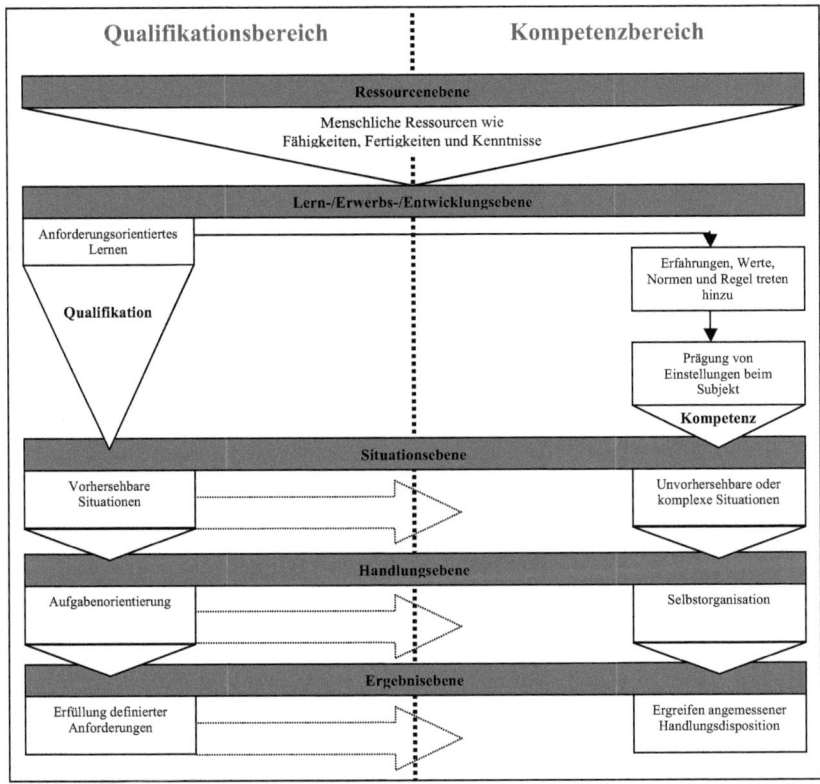

| Qualifikationsbereich | Kompetenzbereich |

Ressourcenebene

Menschliche Ressourcen wie
Fähigkeiten, Fertigkeiten und Kenntnisse

Lern-/Erwerbs-/Entwicklungsebene

Anforderungsorientiertes
Lernen

Qualifikation

Erfahrungen, Werte,
Normen und Regel treten
hinzu

Prägung von
Einstellungen beim
Subjekt

Kompetenz

Situationsebene

Vorhersehbare
Situationen

Unvorhersehbare oder
komplexe Situationen

Handlungsebene

Aufgabenorientierung

Selbstorganisation

Ergebnisebene

Erfüllung definierter
Anforderungen

Ergreifen angemessener
Handlungsdisposition

Abbildung 3:   Zusammenhang und Unterschiede von Qualifikationen und Kompetenzen
(eigene Darstellung)

Ergebnis geführt werden, können mittels der in dieselben Kompetenzen aufgegangenen Qualifikationen bearbeitet werden.

Die *Handlungskompetenz* ist im Kern gleich gefasst wie die berufliche Handlungskompetenz, umfasst jedoch zusätzlich zur beruflichen analogisiert auch die gesellschaftliche und private Perspektive von Lebenswelten. Der Begriff der Handlungskompetenz stellt gegenüber dem gemeinen Kompetenzbegriff die in ihm bereits enthaltene Handlungsperspektive noch einmal deutlicher heraus. Er betont dadurch, dass eine gewisse Bereitschaft bestehen muss, Handlungen auch durchzuführen (vgl. Dehnbostel 2010, 18). Je nach Autor werden hierunter verschiedene Klassen von Teilkompetenzen gefasst (vgl. beispielsweise: Dehnbostel 2010, 18; Bonz 2006, 334f.). Diese Klassen von Teilkompetenzen werden unter dem Begriff der Schlüsselqualifikationen/Schlüsselkompetenzen in unterschiedlichen Zusammensetzungen kombiniert (vgl. beispielsweise: Bontrup/Pulte 2001, 135; Ott 2007, 203ff.). Dies zeigt sich unter anderem auch im Versuch einer einheitlichen Begriffsfassung für die Ordnungsarbeit von Hensge/Lorig/Schreiber, die da lautet:

> „Handlungskompetenz bedeutet in der Lage zu sein, Aufgaben selbstständig und eigenverantwortlich unter Berücksichtigung des Kontextes und der in diesem handelnden Personen gestalten zu können. Handlungskompetenz wird in Arbeits- und Lernsituationen erworben und für die berufliche und persönliche Entwicklung genutzt. Handlungskompetenz entfaltet sich in den Dimensionen Fach-, Methoden-, Sozial- und personale Kompetenz." (Hensge u.a. 2010, 48)

Als Vorstufe der *beruflichen Handlungskompetenz* nennt Dehnbostel zunächst den Begriff der beruflichen Kompetenz (vgl. Dehnbostel/Meister 2002, 11; vgl. Dehnbostel 2006, 139; vgl. Dehnbostel 2010, 17). Der Begriff erfährt hier eine bipolare Aufteilung in den handlungstheoretischen (auch: prozessorientierten/handlungsorientierten/kompetenztheoretischen) und den handlungsanalytischen (auch: kompetenzanalytischen/dispositionsorientierten) Ansatz (vgl. beispielsweise: Scheib 2005, 79; Ebbinghaus 2002, 16; Hensgen u.a. 2000, 32f.; BIBB 1999, 17; Hensgen u.a. 1997, 138; Brötz 1997, 16; Blum/Hensgen 1995, 13).

Der handlungstheoretische Ansatz der beruflichen Handlungskompetenz leitet sich vom Modell der vollständigen Handlung ab und hat die vollständige Bearbeitung und Lösung berufstypischer Aufgaben oder Situationen zum Gegenstand, sodass die gesamte berufliche Handlung im Mittelpunkt steht; er abstrahiert vom Inhalt beruflicher Handlungskompetenz (vgl. Schein 2005, 80; Brötz 1997, 16). Das BIBB definiert ihn als „… die Anzahl und die Güte der allgemeinen beruflichen Handlungsmuster (Handlungsschemata), die eine Person auf Abruf zur Verfügung hat und flexibel an die jeweiligen konkreten Erfordernisse anpassen kann" (BIBB 1999, 17). Die berufliche Handlungskompetenz wird hier als Dreiklang der Fähigkeit zur selbstständigen Planung, Durchführung und Kontrolle verstanden (vgl. Badura/Müllern 2003, 10f.)

Der handlungsanalytische Ansatz differenziert die berufliche Handlungskompetenz in aufeinander bezogene Teilkompetenzen aus, die erforderlich sind, um in beruflichen Situationen erfolgreich agieren zu können (vgl. Scheib 2005, 80; Brötz 1997, 16). Hieran schließt sich das Konzept der Schlüsselqualifikationen/-kompetenzen an (vgl. ebd.).

In Anlehnung an Ebbinghaus ergibt sich die folgende bildliche Darstellung:

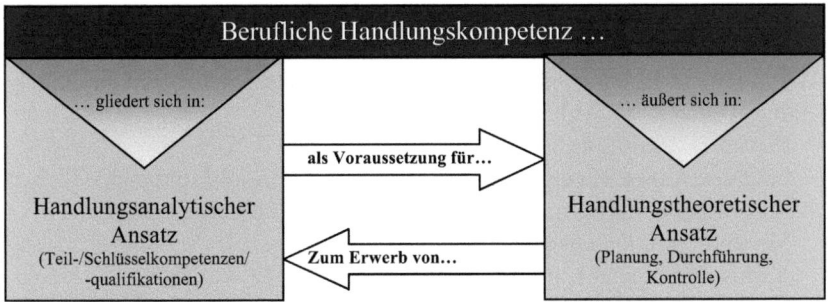

Abbildung 4: Pole beruflicher Handlungskompetenz (in Anlehnung an Ebbinghaus 2002, 16)

Unter beruflicher Handlungskompetenz fasst Dehnbostel, dem handlungs-analytischen Ansatz folgend, „… die Fähigkeit und Bereitschaft, in berufli-chen Situationen fach-, personal- und sozialkompetent zu handeln und die eigene Handlungsfähigkeit in beruflicher und gesellschaftlicher Verantwor-tung weiterzuentwickeln" (Dehnbostel 2010, 19). Hierin macht er bereits seine Position zur Einteilung der Schlüsselkompetenzen deutlich.

Noch nicht so konkret beschreibt Reetz die berufliche Handlungs-kompetenz als „… das reife Potential beruflicher Fähigkeiten […], das es dem Menschen erlaubt, entsprechend den Leistungsanforderungen, die in konkreten beruflichen Situationen gestellt werden, zu handeln" (Reetz 1999, 38). Junge/Reglin greifen auch die Verantwortungsperspektive so-wie die Komponenten der Fähigkeit und Bereitschaft auf (vgl. Junge/Reglin 2005, 25).

In dieser Arbeit wird unter dem Begriff der beruflichen Handlungs-kompetenz Folgendes verstanden:

Die berufliche Handlungskompetenz ist die Bereitschaft, Kompetenzen in beruflichen Situationen verantwortlich in Handlungen umzusetzen.

Dabei ist der Fähigkeitsbezug bereits im Begriff der Kompetenz enthal-ten. Der Erwerb der beruflichen Handlungskompetenz ist das Ziel der Aus-bildung (vgl. Stender 2006, 31).

„Der Terminus ‚Schlüsselqualifikationen' gibt zu Missverständnissen Anlaß, weil er seiner Bedeutung nach nicht Qualifikationen sondern Kom-petenzen intendiert" (Reetz 1999, 39). Der Begriff der *Schlüsselqualifikation* steht also synonym für den Begriff der *Schlüsselkompetenzen* und wird im Kontext mit der Neuordnung von Ausbildungsberufen verwendet (vgl.

47

Reetz 1999, 40). „»Schlüsselqualifikationen sind keine Alternativen zum Faktenwissen, sondern Meta-Wissen für den Umgang mit Faktenwissen« (Witt 1990, S. 95)". (Dubs 2006, 200) Kadishi stellt Merkmale von Schlüsselkompetenzen vor (vgl. Kadishi 2008, 177-178):

- Merkmal ‚Lösungsmuster':
  Schlüsselkompetenzen sind in vielen Situationen und unterschiedlichen Zusammenhängen einsetzbar, also in hohem Maße transferierbar.
- Merkmal ‚kompetenzgenerierend':
  Schlüsselkompetenzen befähigen dazu, sich in konkreten Problemsituationen ein noch nicht vorhandenes Wissen zu verschaffen oder noch nicht bekannte Vorgehensweisen zu entwickeln.
- Merkmal ‚ergänzend':
  Schlüsselkompetenzen sind oft zusätzlich zu Sachkompetenzen notwendig, ersetzen diese jedoch meist nicht, um eine Tätigkeit erfolgreich zu bewältigen.

Kadishi grenzt also Schlüsselkompetenzen von der Sach-/Fachkompetenz ab (vgl. Kadishi 2008, 178), was im Gegensatz zu vielen anderen Modellen der Schlüsselkompetenzen steht, wie sich nachfolgend zeigen wird.

Ursprünglich kam der Begriff der Schlüsselqualifikationen durch Mertens Schlüsselqualifikationskonzept zur Mitte der 1970er-Jahre auf, welches einen heute eher unüblichen makroökonomisch-volkswirtschaftlichen Ansatz vertrat, der von Badura/Müller wie folgt ausgeführt wird (vgl. Badura/Müller 2003, 8f.; Dubs 2006, 194f.): Das Ziel war schon damals eine bessere Vorbereitung auf einen schnell verlaufenden Wandel in Gesellschaft, Wissenschaft und Technik. Mertens Schlüsselqualifikationskonzept sah folgende Klassen von Schlüsselqualifikationen vor:

Basisqualifikationen: „... umfassen Fähigkeiten wie logisches, analytisches, strukturierendes, konzeptionelles, dezionistisches, kreatives usw. Denken." (Badura/Müller 2003, 8; vgl. Dubs 2006, 194f.)

Horizontalqualifikationen: „... bedeuten »Informiertheit über Informationen«, d.h. sie beinhalten die Fähigkeit, Informationen zu gewinnen, zu interpretieren und verwerten zu können." (Badura/Müller 2003, 8; vgl. Dubs 2006, 194f.)

Breitenelemente: „... sind Kenntnisse und Fähigkeiten, die an vielen Arbeitsplätzen als praktische Anforderungen auftreten. Beispielhaft nennt Mertens Kenntnisse in Arbeitsschutz, Messtechnik und Anlagenwartung." (Badura/Müller 2003, 8; vgl. Dubs 2006, 194f.)

Vintage-Faktoren: „... sind intergenerative Bildungsdifferenzen, die sich auf Grund der Weiterentwicklung schulischer Lehrpläne zwischen Erwachsenen und Jugendlichen im Zeitablauf ergeben. Zu denken wäre etwa an Mengenlehre, EDV-Kenntnisse usw." (Badura/Müller 2003, 8; vgl. Dubs 2006, 194f.)

In dem dieser Arbeit zugrundeliegenden Verständnis handelt es sich bei Schlüsselkompetenzen zunächst um Klassen von Teilkompetenzen der beruflichen Handlungskompetenz, die in einer bestimmten Zusammensetzung miteinander wirken. Diese Zusammensetzung wird in der Literatur in unterschiedlicher Art und Weise dargestellt (vgl. Bontrup/Pulte 2001, 135; vgl. Ott 2007, 203ff.).

Nachfolgend wird eine Auswahl an unterschiedlichen Bündeln von Teilkompetenzen, die jeweils auch wiederum unterschiedlich gefasst sind, zu Schlüsselkompetenzen vorgestellt, um anschließend eine für diese Arbeit geltende Begriffsbestimmung zu einzelnen Teilkompetenzen darzubieten sowie stellvertretend für unterschiedliche Verständnisse ein einziges Teilkompetenzbündel als Schlüsselkompetenzmodell der beruflichen Handlungskompetenz herauszuarbeiten:

Schlüsselkompetenzen nach Dehnbostel:

> „Unter einer umfassenden beruflichen Handlungskompetenz ist die Einheit von Fachkompetenz, Sozialkompetenz und Personalkompetenz zu verstehen. Andere Kompetenzen, von der Methodenkompetenz über die Lernkompetenz bis zur Sprachkompetenz, sind Teile dieser drei übergeordneten Kompetenzdimensionen bzw. liegen quer dazu." (Dehnbostel 2010, 19; vgl. auch: Dehnbostel/Meister 2002, 11; Dehnbostel 2006, 139)

Dabei orientiert sich Dehnbostel bei der Begriffsbestimmung der drei einzelnen Teilkompetenzen als ‚Hauptkompetenzen' am Verständnis des Sekretariats der ständigen Konferenz der Kultusminister (vgl. Sekretariat der ständigen Konferenz der Kultusminister 2000, S. 8f., vgl. Dehnbostel 2010, 18; vgl. Dehnbostel 2006, 139; vgl. Dehnbostel/Meister 2002, 11). Demnach bezeichnet:

- *Fachkompetenz* „… die Fähigkeit und Bereitschaft, auf der Grundlage fachlichen Wissens und Könnens Aufgaben und Probleme zielorientiert, sachgerecht, methodengeleitet und selbstständig zu lösen und das Ergebnis zu beurteilen." (Dehnbostel 2010, 18)
- *Personalkompetenz* „… die Fähigkeit und Bereitschaft, die eigene Entwicklung zu reflektieren und in Bindung an individuelle und gesellschaftliche Wertvorstellungen weiter zu entfalten." (Dehnbostel 2010, 18)
- *Sozialkompetenz* „… die Fähigkeit und Bereitschaft, soziale Beziehungen und Interessen zu erfassen und zu verstehen sowie sich mit Anderen

verantwortungsbewusst auseinanderzusetzen und zu verständigen."
(Dehnbostel 2010, 18)

Schlüsselkompetenzen nach Bontrup/Pulte:
Ein anderes Bündel von drei Teilkompetenzen wird von Bontrup/Pulte
angeführt (vgl. Bontrup/Pulte 2001, 135). Dabei definieren sie zunächst
Schlüsselkompetenzen als

> „… funktionsübergreifende, längerfristig sinnvoll einsetzbare Fähig-
> keiten, Kenntnisse und Handlungen, also [als] die persönlichen Voraus-
> setzungen einer Person, die diese in die Lage versetzt, Wissen in
> Nutzen zu transformieren und so bestimmte Leistungen, zu erbringen."
> (Bontrup/Pulte 2001, 134)

Ihre Teilkompetenznennungen reichern sie mit einigen Beispielen an:

- Persönliche (oder Individual-)Kompetenz (z.B. Leistungsbereitschaft,
  Selbstmanagement, Lernfähigkeit)
- Soziale Kompetenz (z.B. Kommunikations-, Kooperations- und Konflikt-
  fähigkeit, Teamfähigkeit)
- Konzeptionelle (oder Methoden-)Kompetenz (z.B. Kenntnis und Ein-
  schätzung der Einsatzfähigkeit geeigneter Methoden in spezifischen
  Situationen)

Schlüsselkompetenzen nach Becker:
Hingegen fassen Bonz und Becker folgende vier Teilkompetenzen unter
dem Begriff der Schlüsselkompetenzen zusammen (vgl. Bonz 2006, 334f.;
vgl. Becker 2005, 9): die Fach-, Methoden-, Sozial- und Personalkompetenz,
wobei Bonz Letztere als Individualkompetenz bezeichnet. Becker bestimmt
die einzelnen Teilkompetenzbegriffe wie folgt:

- *Fachkompetenz* „… beinhaltet alle erforderlichen fachlichen Fähigkeiten,
  Fertigkeiten und Kenntnisse zur Bewältigung konkreter, beruflicher
  Aufgaben." (Becker 2005, 9)
- *Methodenkompetenz* „… beschreibt die Fähigkeit, erworbene Quali-
  fikationen in komplexen Arbeitsprozessen zielorientiert einzusetzen,
  Informationen zu beschaffen, zu verarbeiten und in Arbeitsprozessen
  einzusetzen sowie Handlungen und Handlungsfolgen auszuwerten und
  Konsequenzen für zukünftige Handlungen abzuleiten." (ebd.)
- *Sozialkompetenz* „… ist die Fähigkeit, mit Vorgesetzten, Mitarbeitern,
  Kollegen, Kunden und Zulieferern zusammenzuarbeiten sowie ein gutes
  Betriebsklima zu schaffen und zu erhalten." (ebd.)
- *Personalkompetenz* ist nach Becker gefasst als der „… Umgang mit sich
  selbst als reflexiv selbstorganisierte Handlung…" (ebd.).

Schlüsselkompetenzen nach Elsholz:
Ähnlich wie Dehnbostel vertritt Elsholz ein Schlüsselkompetenzmodell von drei Hauptkompetenzen, der Fach-, Sozial- und Humankompetenz, zu denen andere Kompetenzen quer liegen (vgl. Elsholz 2002, 33). Dabei übernimmt er die Teilkompetenzfassungen in diesen drei ‚Hauptkompetenzen' der KMK:

- „Fachkompetenz [ist] … die Fähigkeit und Bereitschaft, Aufgabenstellungen selbstständig, zielorientiert und sachgerecht zu bearbeiten und das Ergebnis zu beurteilen;
- Sozialkompetenz [ist] … die Fähigkeit und Bereitschaft, mit anderen zusammen zu arbeiten, sich mit ihnen rational und verantwortungsbewusst auseinander zu setzen und zu verständigen. Die Entwicklung sozialer Verantwortung und Solidarität ist hier einzubeziehen; …
- Humankompetenz [ist] … die Fähigkeit und Bereitschaft, als Individuum Entwicklungschancen und Zumutungen in Beruf, Familie und öffentlichem Leben zu durchdenken und zu beurteilen, eigene Begabungen zu entfalten sowie Lebenspläne zu entwickeln (vgl. Kultusministerkonferenz 1999, S. 9)" (Elsholz 2002, 33)

Schlüsselkompetenzen nach Ott:
Ott betont noch einmal, dass die Teilkompetenzen eines Schlüsselkompetenzmodells nicht isoliert nebeneinander stehen, sondern sich eng aufeinander beziehen, und führt an, dass das verbreitetste Ordnungsschema in der Berufsausbildung das von Fach-, Methoden- und Sozialkompetenz ist, wobei er zu den einzelnen Teilkompetenzen Folgendes ausführt (vgl. Ott 2007, 203f.):

- Fachkompetenz ist nach Ott dadurch gekennzeichnet, dass ein Auszubildender die in der Ausbildungsordnung vorgesehenen Qualifikationen erreicht, und meint hiermit den Erwerb von Fertigkeiten, verbunden mit funktionalen (z.B. Genauigkeit, Ausdauer, Selbstkontrolle) und extrafunktionalen (z.B. Arbeiten in Gruppen, soziale Mobilität, Kommunikationsfähigkeit) Qualifikationen.
- Methodenkompetenz ist die „Fähigkeit …, für die bei der Lösung der gestellten Ausbildungsaufgabe auftretenden Situationen selbstständig Lösungswege zu finden, anzuwenden und über deren generelle Anwendbarkeit zu reflektieren" (Ott 2007, 204). Hiermit werden laut Ott insbesondere die Selbstlernfähigkeit, die Problemlösefähigkeit, die Flexibilität sowie das Wecken des Berufsinteresses angesprochen.
- Sozialkompetenz ist „… die Fähigkeit …, in Teams unterschiedlicher sozialer Strukturen (im Hinblick auf Alter, Herkunft, Qualifikation) gruppenorientiertes Verhalten zu zeigen" (Ott 2007, 204). Ott verbin-

det damit die Ziele der Teamfähigkeit, mitmenschlicher Sensibilität, Kooperationsfähigkeit und des Verantwortungsbewusstseins.

Schlüsselkompetenzen nach Kastner:
Kastner konstatiert für die AKA – jene Stelle, welche für die Erstellung der schriftlichen Prüfungsaufgaben für das hier der Untersuchung zugrundeliegenden Berufsbild zuständig ist – zunächst, dass im berufspädagogischen Diskurs als Umschreibung der beruflichen Handlungskompetenz allgemein die drei Elemente der Planung, Durchführung und Kontrolle als Kennzeichnung eines idealtypischen Ablaufs einer Handlung verstanden werden und führt auf dieser Basis weiter aus (vgl. Kastner 2007, 36): Daraus leitet er ab, dass ein Prüfungsteilnehmer dann beruflich handlungskompetent ist, wenn er berufstypische Problemstellungen selbstständig mithilfe eines verfügbaren Instrumentariums bewältigen kann. Eben das, was von Kastner ‚Instrumente‘ genannt wird und was er in ‚Kompetenzebenen‘ einordnet, entspricht dem hier vorliegenden Verständnis eines Schlüsselkompetenzmodells, wobei Kastners Kompetenzebenen die Teilkompetenzen darstellen. Kastner sowie die AKA beschränken sich auf die Fach-, Methoden- und Sozialkompetenz und führen hierzu aus:

- „Fachkompetenz liefert das nötige fachliche Wissen, um eine Problemstellung zu bewältigen (z.B. Wissen, welche Sozialversicherungsbeiträge vom Arbeitgeber und Arbeitnehmer gemeinsam getragen werden).
- Methodenkompetenz meint das Know-how, wie an eine Problemlösung herangegangen wird (z.B. Beschaffung notwendiger Informationen, Analyse der Problemstellung, Abwägung von Möglichkeiten und Treffen von Entscheidungen sowie Entwicklung, Umsetzung und Beurteilung eines Handlungsablaufes).
- Sozialkompetenz bezieht sich schließlich auf die Kommunikationsfähigkeit mit anderen Individuen (z.B. angemessene Wortwahl, Durchsetzungsvermögen und Überzeugungskraft, Teamfähigkeit).“ (Kastner 2007, 36)

Schlüsselkompetenzen nach Erpenbeck/Rosenstiel:
Erpenbeck/Rosenstiel stellen vier Klassen von Teilkompetenzen zu Schlüsselkompetenzen zusammen, und zwar:

- „Personale Kompetenzen: Als die Dispositionen einer Person, reflexiv selbstorganisiert zu handeln, d.h. sich selbst einzuschätzen, produktive Einstellungen, Werthaltungen, Motive und Selbstbilder zu entwickeln, eigene Begabungen, Motivationen, Leistungsvorsätze zu entfalten und sich im Rahmen der Arbeit und außerhalb kreativ zu entwickeln und zu lernen.

- Aktivitäts- und umsetzungsorientierte Kompetenzen: Als die Dispositionen einer Person, aktiv und gesamtheitlich selbstorganisiert zu handeln und dieses Handeln auf die Umsetzung von Absichten, Vorhaben und Plänen zu richten – entweder für sich selbst oder für andere und mit anderen, im Team, im Unternehmen, in der Organisation. Diese Dispositionen erfassen damit das Vermögen, die eigenen Emotionen, Motivationen, Fähigkeiten und Erfahrungen und alle anderen Kompetenzen – personale, fachlich-methodische und sozial-kommunikative – in die eigenen Willensantriebe zu integrieren und Handlungen erfolgreich zu realisieren.
- Fachlich-methodische Kompetenzen: Als die Dispositionen einer Person, bei der Lösung von sachlich-gegenständlichen Problemen geistig und physisch selbstorganisiert zu handeln, d.h. mit fachlichen und instrumentellen Kenntnissen, Fertigkeiten und Fähigkeiten kreativ Probleme zu lösen, Wissen sinnorientiert einzuordnen und zu bewerten; das schließt Dispositionen ein, Tätigkeiten, Aufgaben und Lösungen methodisch selbstorganisiert zu gestalten, sowie die Methoden selbst kreativ weiter zu entwickeln.
- Sozial-kommunikative Kompetenzen: Als die Dispositionen, kommunikativ und kooperativ selbstorganisiert zu handeln, d.h. sich mit anderen kreativ auseinander- und zusammenzusetzen, sich gruppen- und beziehungsorientiert zu verhalten, und neue Pläne, Aufgaben und Ziele zu entwickeln." (Erpenbeck/Rosenstiel 2007, XXIV)

Schlüsselkompetenzen nach Reetz:
Reetzs Schlüsselkompetenzkonzept stellt die menschliche Handlungsfähigkeit ins Zentrum und teilt diese in drei Dimensionen auf, die, gepaart mit Aspekten der Persönlichkeit (z.B. sozialeinsichtiges Verhalten, Sozialkompetenz und soziale Mündigkeit) und beeinflusst durch vorgelagerte Kräfte und Fähigkeiten, wie dem Antriebs- oder Wertungssystem, drei Fähigkeitsgruppen ergeben, die sich für Problemlöseprozesse sowie Konfliktsituationen eignen (vgl. Dubs 2006, 195f.):
- Persönlich-charakterliche Grundfähigkeiten ("Ich-Kompetenz"),
- Leistungstätigkeits- oder aufgabengerichtete Fähigkeiten ("sachbezogene Methodenkompetenz"),
- Sozial gerichtete Fähigkeiten ("Sozialkompetenz").

Schlüsselkompetenzen nach Laur-Ernst:
Zur direkten Lösung berufstypischer Fälle richtete Laur-Ernst sein Schlüsselkompetenzkonzept am Bildungsziel der beruflichen Handlungsfähigkeit aus. Hierfür ist die integrative Anwendung von Kenntnis-, Fertigkeits- und Fähigkeitspaketen erforderlich, die den nachfolgend genannten entspezialisierten und berufsunabhängigen Teilkompetenzklassen dienen sollen (vgl. Dubs 2006, 196):

- Interdisziplinär überlappendes Wissen (z.b. Grundkenntnisse zur Arbeitsorganisation),
- Methodisches, verfahrens- und verhaltenstechnisches Können (z.B. Bedienung eines Computers),
- Persönlichkeitsbezogene Fähigkeiten und Bereitschaften (z.b. Urteilsfähigkeit).

Die Unterschiedlichkeit des Begriffs der Schlüsselkompetenzen wird in ihrer konkreten Ausgestaltung deutlich. In der Berufspädagogik sollte jede einzelne Teilkompetenz, die Bestandteil eines Schlüsselkompetenzmodells wird, auf jeden Beruf anwendbar sein und darf deshalb nicht zu eng gefasst werden, damit für jedes Berufsbild, in dem die jeweiligen Teilkompetenzen in unterschiedlichen Ausprägungen vorkommen, eine entsprechende Konkretisierung vorgenommen werden kann. Fraglich ist für die Zusammenstellung der Teilkompetenzen für das Schlüsselkompetenzmodell dieser Arbeit, was am Ende einer Berufsausbildung zertifiziert werden soll. Diesbezüglich besteht weitgehende Einigkeit darin, dass die Fach- und Sozialkompetenz Bestandteil eines Schlüsselkompetenzmodells ist. Gleicht man die Ausführungen der hier angeführten Autoren zur Personalkompetenz (oder auch anders genannt Individual- oder Humankompetenz) mit den noch folgenden Ausführungen zur reflexiven Handlungsfähigkeit ab, so stellt man fest, dass diese in gewisser Weise miteinander korrespondieren. Insofern ist die Aufnahme der Personalkompetenz sinnvoll. Auch die Methodenkompetenz sollte in dem hier zugrunde zu legenden Schlüsselkompetenzmodell Platz finden, da es bei einer Ergebniszertifizierung letztlich nicht darauf ankommt, wie genau die Anordnung der Teilkompetenzen zueinander gestaltet ist, also beispielsweise nach Dehnbostel quer liegend oder auch nicht. Allerdings wird dies bei der Ausgestaltung des Zertifizierungsvorganges wichtig werden.

- Die Gemeinsamkeiten der oben referierten erziehungswissenschaftlichen Auffassungen aufgreifend, gilt in dieser Arbeit für den Begriff der Schlüsselkompetenzen folgende Definition:

Schlüsselkompetenzen sind eine Vereinigung aus Fach-, Methoden-, Sozial- und Personalkompetenz, und zwar in sinnvoller Anordnung zueinander.

Nachfolgend werden die einzelnen Teilkompetenzen begrifflich gefasst, wobei der Hinweis zu beachten ist, dass die jeweiligen Erklärungen möglichst auf der Metaebene der Berufsbilder verbleiben sollen, um in der konkreten Ausgestaltung in jedem einzelnen Berufsbild die Möglichkeit zu bieten, diese an dessen individuellen Charakter auszurichten. Diese Möglichkeit sollte sich auch auf die Anordnung der Teilkompetenzen zueinander im konkreten Berufsbild beziehen, weshalb an dieser Stelle auf die Modellierung verzichtet und sie bei der Beschreibung des der Untersuchung dienlichen Berufsbildes verortet wird. Es sei auch darauf hingewiesen, dass die bereits erfolgte Definition des Kompetenzbegriffes automatisch die Grundlage einer jeden Teilkompetenz ist, sodass die im Begriff der Kompetenz enthaltenen Aspekte bei der einzelnen Teilkompetenz nicht zu wiederholen sind. Auch die berufsspezifische Ausprägung ergibt sich bereits, und zwar aus der Verortung innerhalb der beruflichen Handlungskompetenz.

Fachkompetenz meint eine Ausrichtung der Kompetenz auf Expertise, zu inhaltlich-sachlichen Aufgaben- oder Problembearbeitungen sowie deren Ergebnisbegutachtung.

Methodenkompetenz umschreibt eine Ausrichtung auf die Auswahl und Anordnung von Verfahren, Techniken, Instrumenten und Werkzeugen zur Gestaltung eines adäquaten Lösungsweges in den Prozessen der Planung, Durchführung und Kontrolle einer Aufgaben- oder Problembearbeitung.

Sozialkompetenz meint die verantwortungsbewusste Auseinandersetzung und Verständigung mit sowie das Erfassen und Verstehen der Handlungen und Interessen von anderen, auch bei unterschiedlichen sozialen Strukturen, um sich so in sozialen Beziehungen zielorientiert auf andere einzustellen und somit eine möglichst rationale Aufgaben- oder Problembearbeitung erreichen zu können.

Personalkompetenz bezeichnet die reflexive Auseinandersetzung und den bewussten Umgang mit sich selbst, das Bewusstwerden, die Überprüfung und gegebenenfalls Korrektur des Selbstbildes sowie das darauf gerichtete Ableiten und Verfolgen von Zielvorstellungen zur Entfaltung und Weiterentwicklung des eigenen Lebensplans, der beispielsweise Begabungen, Bildung, Interessen, Einstellungen, Haltungen, Werte und Motive enthält. Die Personalkompetenz umfasst auch die Lernfähigkeit und korrespondiert eng mit der reflexiven Handlungsfähigkeit.

Nachfolgend werden die Begriffe der *beruflichen Bildung* und *reflexiven Handlungsfähigkeit* geklärt: Der Bildungsbegriff ist keineswegs ein Synonym für die ansonsten hier behandelten Begriffe (vgl. Arnold/ Münk 2006, 22). Bildung ist nach Arnold die „Bezeichnung für einen Reifegrad der Persönlichkeit des Menschen, welcher ihn in die Lage versetzt, selbstbestimmt und verantwortlich zu handeln und die kulturell-gesellschaftliche Entwicklung mitzugestalten" (Arnold 1998, Kap. 8). Dabei handelt es sich um eine mögliche Begriffserklärung auf dem Feld der Berufspädagogik. Für den Untersuchungsgegenstand dieser Arbeit erscheint folgender Erklärungsansatz besonders interessant: Mathematisch ausgedrückt fasst Dehnbostel den Begriff der beruflichen Bildung, indem er sie als die Summe beruflicher Handlungskompetenz und reflexiver Handlungsfähigkeit darstellt (vgl. Dehnbostel 2006, 141). Wenn dies der Teil ist, der von Dehnbostel reflexive Handlungsfähigkeit genannt wird, also genau das, was den Unterschied zwischen beruflicher Bildung und beruflicher Handlungskompetenz ausmacht, scheint es interessant, sich mit dem Begriff der reflexiven Handlungsfähigkeit näher auseinander zu setzen: Offensichtlich ist bereits, dass die reflexive Handlungsfähigkeit über die berufliche Handlungskompetenz hinausgehen muss (vgl. Dehnbostel 2010, 21). Die reflexive Handlungsfähigkeit

> „... ermöglicht die individuelle, selbstgesteuerte Anwendung erworbener Kompetenzen reflexiv auf Handlungen und Verhaltensweisen sowie auf die damit verbundene Arbeits- und Sozialstruktur zu beziehen. Mit der ‚reflexiven‘ Handlungsfähigkeit sind also Qualität und Souveränität des realen Handlungsvermögens angesprochen." (Dehnbostel 2010, 21f.; vgl. auch: Dehnbostel/Meister 2002, 12)

Dabei geht die reflexive Handlungsfähigkeit „... von individuellen Dispositionen wie Persönlichkeitseigenschaften, Wertehaltungen und Emotionen aus ..." (Dehnbostel 2006, 141). „In der Arbeit bedeutet dies zunächst ein Abrücken vom unmittelbaren Arbeitsgeschehen, um Ablauforganisation, Handlungsabläufe und Handlungsalternativen zu hinterfragen und in Beziehung zu eigenen Erfahrungen und zum eigenen Handlungswissen zu setzen" (Dehnbostel 2010, 22).

> „Reflexive Handlungsfähigkeit in der Arbeit heißt, sowohl über die Struktur als auch über sich selbst im Prozess der Vorbereitung, Durchführung und Kontrolle von Arbeitsaufgaben zu reflektieren. Reflexivität meint die bewusste, kritische und verantwortliche Einschätzung und Bewertung von Handlungen auf der Basis eigener Erfahrungen und verfügbarem Wissen. Dabei geht es gleichermaßen um eine auf die Umgebung gerichtete strukturelle Reflexivität als auch um eine auf das Subjekt gerichtete Selbst-Reflexivität. In prinzipieller Erweiterung der beruflichen Handlungskompetenz stellt die reflexive Handlungsfähigkeit ein Handlungsvermögen dar, das sich prinzipiell aus den sich wechselseitig bedingenden Faktoren einer umfassenden beruflichen Handlungskompetenz, aus Arbeits- und Lernbedingungen und das aus individuellen Dispositionen zusammensetzt." (Dehnbostel 2010, 25; vgl. auch: Elsholz 2002, 39)

Die Abbildung 5 macht den Zusammenhang und die Abgrenzung der Begriffe der beruflichen Bildung, beruflichen Handlungskompetenz sowie der reflexiven Handlungsfähigkeit deutlich.

In der vorstehenden Abbildung steht das unmittelbare Arbeitsgeschehen als Ausgangspunkt für die zusammenhängende Betrachtung, woraus sich der Dreiklang von Vorbereitung, Durchführung und Kontrolle ergibt. Dieser Dreiklang bildet sich durch die Arbeitsorganisation, die Handlungsabläufe sowie die auftretenden Handlungsalternativen in vielen Arbeitspraxen heraus. Er dient als Basis für die Ebene des Hinterfragens des handelnden Individuums, die sich in die Selbstreflexivität und in die strukturelle Reflexivität unterscheiden lässt. Während bei der strukturellen Reflexivität vor allem die Ablauforganisation als Vorgaben und sich die daraus ergebenden Handlungsabläufe hinterfragt werden, beschäftigt sich das Individuum im Rahmen der Selbstreflexivität mit den von ihm ergriffenen oder ergreifbaren Handlungsalternativen. Auf der Ebene des Hinterfragens kann eine Beziehung zu eigenen Erfahrungen und eigenem Handlungswissen hergestellt werden, sodass, beeinflusst durch individuelle Dispositionen, wie Persönlichkeitseigenschaften, Emotionen oder Werthaltungen, eine bewusste, kritische und verantwortliche Einschätzung und Bewertung des Erlebens in der Arbeit möglich ist. Diese Einschätzung und Bewertung wirken wiederum auf die individuellen Dispositionen des Individuums, die letztlich die Grundlage für die Entwicklung von Qualität

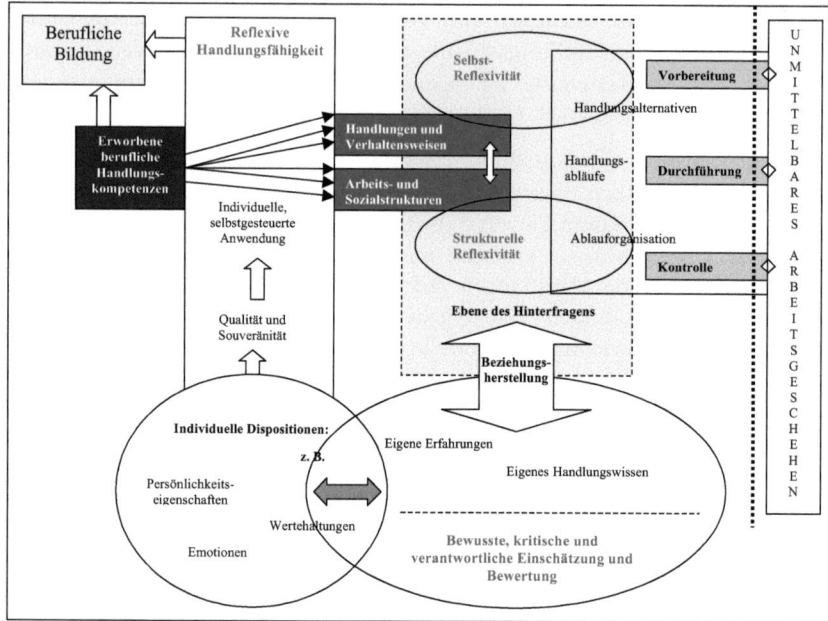

Abbildung 5:   Reflexive Handlungsfähigkeit und berufliche Handlungskompetenz
(eigene Darstellung)

und Souveränität sowie deren individuelle, selbstgesteuerte Anwendungen bilden, was als reflexive Handlungsfähigkeit bezeichnet wird. Diese äußert sich auch in erworbenen beruflichen Handlungskompetenzen, die über die Prägung von Handlungen und Arbeitsweisen sowie die Beeinflussung von Arbeits- und Sozialstrukturen auf die Ebene des Hinterfragens wirken, sodass ein iterativer Entwicklungsprozess entsteht. Durch die erworbene berufliche Handlungskompetenz, ergänzt um die entwickelte reflexive Handlungsfähigkeit, entsteht in ihrem Zusammenwirken die berufliche Bildung.

Die berufliche Bildung eines Individuums ist, genauso wie die anderen bisher erläuterten Begriffe, nicht direkt sichtbar. Das, was sich zwar durch die berufliche Bildung beeinflusst als Handlungsergebnis äußerst, ist durch weitere Faktoren beeinflusst und wird durch den weiteren Begriff der *Performanz* beschrieben, der folglich zu klären ist: „Die Kompetenz unterscheidet sich von der Performanz, die das aktuelle und beobachtbare Tun beschreibt. Bei der Überprüfung von Kompetenzen kann also nur die Performanz beurteilt werden." (Brinker 2009, 148)

‚Performanz' meint hier die

> „... tatsächliche Wirkung, der Erfolg von Kompetenz im Sinne des Zusammenspiels von Ressourcen und Technologie (z.b. Kontrolltechniken), Qualifikationen, und Zielfaktoren (z.b. Effizienz), zeigt sich in der Performanz, der tatsächlichen und messbaren Leistung eines Individuums bzw. einer Organisation" (Becker 2005, 11).

Becker (vgl. 2005, 11) führt hierzu weiter aus: Soll die Performanz gemessen werden (Ist-Leistung), sind Kenntnisse über die Soll-Leistung zwingend erforderlich. Dabei sollte die Soll-Beschreibung spezifische Geschäftsziele berücksichtigen. Wichtig ist, dass die Performanz nicht nur von den Kompetenzen, sondern auch von weiteren Umwelteinflüssen beeinflusst wird.

Somit lehnt sich der Begriff der Performanz im hier verwendeten Verständnis den grundlegenden Auffassungen von Noam Chomsky an, umfasst jedoch über die Spiegelung der sprachlichen Kompetenz hinaus (vgl. Wulf/Zirfas 2007, 13) die gesamte Handlung.

Schließlich wird der Performanzbegriff (in Anlehnung an Becker 2005, 11) für seine Verwendung in dieser Arbeit wie folgt verstanden:

Performanz ist das durch die Umwelt beeinflusste Ergebnis einer Handlung.

Der *Performanzbegriff* wird von dem Begriff der *reflexiven Handlungsfähigkeit* wie folgt abgegrenzt: Bei der bisher erläuterten Performanz handelt es sich um die zeitpunktorientierte Betrachtung eines Handlungsergebnisses; sie ist also die Sichtbarkeit von Kompetenzen auf der Basis des zeitpunktbezogenen Ergebnisses einer Handlung in ihrem Status quo. Auf die reflexive Handlungsfähigkeit kann auf diese Weise noch nicht geschlossen werden. Aufgrund der Natur der reflexiven Handlungsfähigkeit ist eine längere Beobachtung von Handlungen ähnlicher Art notwendig, um im Ergebnis eine auf der Basis von Reflexivität entstandene Handlungsveränderung und deren Intensität erkennen, erfassen und bewerten zu können. Das Ergebnis der reflexiven Handlungsfähigkeit ist folglich zu erkennen, indem die Performanzen ähnlicher Handlungen mit einem gewissen zeitlichen Abstand zunächst für sich erfasst und dann vergleichend übereinander gelegt werden. Die so erkennbare Abweichung stellt die Messung der Entwicklung der reflexiven Handlungsfähigkeit dar. Hierbei tritt die Schwierigkeit auf, dass auch die auf die Performanz wirkenden Umwelteinflüsse nicht zeitüberdauernd konstant sind.

Die nachfolgend aufgeführten Begriffe werden in der Berufspädagogik weitgehend mit dem gleichen oder zumindest ähnlichen Verständnis verwendet. Verständnisunterschiede zu diskutieren erscheint hier nicht zielführend, weshalb auf eine genaue Ausdifferenzierung verzichtet wird. Der Vollständigkeit halber seien exemplarisch einige Definitionen genannt. Die Begriffe *Kenntnisse* und *Wissen* werden hierbei synonym verwendet.

Kenntnisse „... umfassen explizites und implizites Wissen ..." (Becker 2005, 5)

Fähigkeiten „... bezeichnen verfestigte Systeme verallgemeinerter psychophysischer Handlungsprozesse [...], einschließlich der zur Ausführung einer Tätigkeit oder Handlung erforderlichen inneren psychischen Bedingungen und der lebensgeschichtlich unter bestimmten Anlagevoraussetzungen erworbenen Eigenschaften, die den Tätigkeits- und Handlungsvollzug steuern" (Erpenbeck/Rosenstiel 2007, XXXV).

Fähigkeiten „... stellen die kognitive sowie psychische und physische Basis für Handlungen dar und sind somit Grundlage für die Herausbildung von Fertigkeiten." (Becker 2005, 6)

Fertigkeiten „... beschreiben das erlernbare sowie anwendungs- und funktionsbereite Können einer Person. Das Erlernen von Fertigkeiten wird beeinflusst durch die Fähigkeiten einer Person, bereits erlerntes Wissen, schon vorhandene Fertigkeiten (Erfahrung) sowie Motivation und Wille als innere Voraussetzung." (Becker 2005, 6)

Fertigkeiten „... bezeichnen durch Übung automatisierte Komponenten von Tätigkeiten, meist auf sensumotorischem Gebiet, unter geringer Bewusstseinskontrolle, in stereotypen beruflichen Anforderungsbereichen, auch in kognitiven Bereichen, wie beim Multiplizieren oder Auswendiglernen." (Erpenbeck/Rosenstiel 2007, XXXV)

Zur Verwendung und Systematik der diskutierten Begrifflichkeiten in dieser Arbeit gibt die nachstehende Übersicht Auskunft:

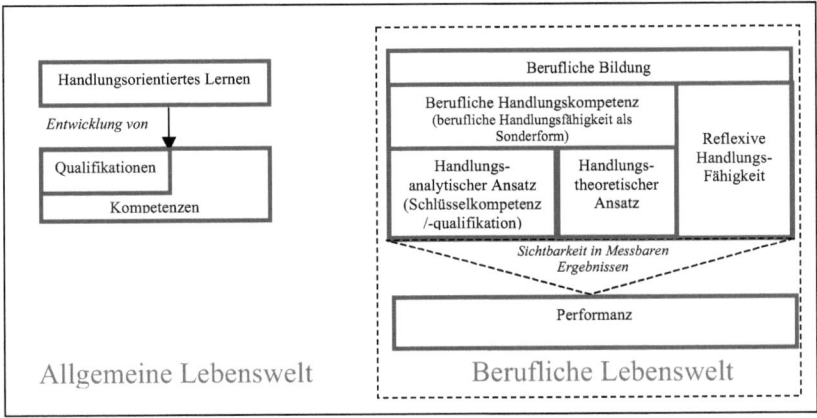

Abbildung 6: Systematik begrifflicher Zusammenhänge innerhalb des Sammelbegriffs „Handlungsorientierung" (eigene Darstellung)

2.2.3 Entwicklung der Handlungsorientierung

Cycholl/Ebner geben einen anschaulichen Überblick über die Entstehung und Entwicklung der Handlungsorientierung bis in die Gegenwart (vgl. Czycholl/Ebner 2006, 46ff.): Bereits 1775 beschreibt Georg Heinrich Martini die Ausbildung von Kaufleuten:

> „Indessen werden sich sämmtliche Lehrer bey diesem Institut möglichst befleißigen, lauter Sachen vorzutragen und zu üben, welche unmittelbar zum Wesen der Handlung gehört. Eine Art von erdichteter Handlung wird man gleichsam zum Grunde legen, und solche wechselweise unter den Jünglingen selbst führen lassen." (Martini 1775 in: Pott 1977, S. 145)

Vital Roux (1760–1846) stellt die Details dar, wie anhand der erdichteten Handlung in der Stadt Gent die Ausbildung durch die dort angesehensten Kaufleute beaufsichtigt und geleitet wurde (vgl. Pott 1977, 190ff.). Daraufhin wurde von ihm ein kompletter Ausbildungsgang modelliert, der in einer aus heutiger Sicht als Lern-/Übungsfirma bezeichneten Umgebung durchgeführt wurde (vgl. ebd.). Seubert gibt einen weiteren Überblick (vgl. Seubert 1993, 166f.): Im Nationalsozialismus wurden reformpädagogische Ansätze zerschlagen. Nach dem Zweiten Weltkrieg wurde in Westdeutschland ein pädagogischer und bildungspolitischer Neuaufbau betrieben, und zwar in Form einer Restauration. Die Praxis des Unterrichts in der Schule bestand wieder aus reformpädagogisch stark kritisierten Organisationsformen. Das Schulwesen erfuhr durch die Schulreform in den 1960er- und 1970er-Jahren eine Theoretisierung. Ab den 1070er-Jahren lebte der Projektgedanke im Schulunterricht wieder auf. Diese Renaissance kann so gedeutet werden, dass sie eine Rückwirkung der gescheiterten, bis dahin betriebenen Bemühungen zur Schulreform darstellt. Auch nach dem Zweiten Weltkrieg schrieb man die betriebliche Ausbildung die Grundlehrgänge aus dem Nationalsozialismus zunächst fort.

Czycholl/Ebner (vgl. 2006, 46ff.) führen weiter aus: Es entstehen weitere Lehrgänge des planmäßigen Trainings von Einzelfertigkeiten. So orientiert sich das 1969 in Kraft getretene Berufsbildungsgesetz noch am Vorbild des Facharbeiters, der spezialisierte Teilarbeiten von sich in gleicher Form wiederholender Art nach Anweisung ausführt. Damalige funktionale Abschlussprüfungen, oft in programmierter Form, spiegelten das Bild vom Facharbeiter wider. Somit standen sie in unübersehbarer Weise handlungsorientierten Ausbildungsansätzen, die das höherstehende Ziel der Entwicklung beruflicher Handlungsfähigkeit implizieren, entgegen. Seit dem Beginn der 1970er-Jahre erfolgten dann mannigfaltige Modellversuche (vgl. beispielsweise Halfpap 1988; Kaiser 1987; Achtenhagen u.a. 1992; Reetz u.a. 1987; Schelten u.a. 1992; Heimerer u.a. 1996), die eine Reihe von Reformen sowohl in der betrieblichen als auch berufsschulischen Bildungsarbeit auslösen und diese sich der beruflichen Handlungskompetenz zuwenden lässt.

Es sei erwähnt, dass Fachwissen eine zwingende Voraussetzung für alle Lern- und Denkprozesse und somit auch für die Entwicklung jeglicher Kompetenz ist. Insbesondere fungiert das Fachwissen als Erschließungs- und Generierungswissen (vgl. Dubs 1996, 51; Döring 1996, 86). Um eine umfassende Handlungskompetenz und die reflexive Handlungsfähigkeit zu erreichen, ist eine darauf gerichtete Anwendung von Lerntheorien erforderlich. Die Theorien zur Instruktion und Konstruktion unterscheiden sich bipolar (vgl. Käppeli 2001, 136), vor allem in der Aktivität des Lernenden. Beim Lernen durch Instruktion fungiert der Lernende eher als passives Objekt (vgl. Mertens 2008, 103), beim konstruktivistischen Lernen hingegen wird er als aktiv lernendes Subjekt aufgefasst (vgl. ebd.). Für die Entwicklung der Handlungsorientierung könnte man versucht sein, ausschließlich konstruktivistisch ausgestaltete Lernprozesse zu arrangieren; dabei würde jedoch das Wissen, die Basis für die Entwicklung von Kompetenzen, fehlen (vgl. Bergmann 2000, 21). Insbesondere für das Lernen durch Instruktion ist empirisch belegt, dass es sich gut für die Vermittlung von Faktenwissen eignet (vgl. Käppeli 2001, 136ff.; vgl. Bergmann 2000, 23). Als Vorbereitung auf einen konstruktivistischen Lernansatz sollte es deshalb berücksichtigt werden; konstruktivistisch geprägte Lernprozesse sind dann für die eigentliche Kompetenzförderung sinnvoll (vgl. ebd.). Es bildet sich also heraus, dass weder das Lernen durch Instruktion noch der Konstruktivismus allein, sondern eine gelungene Kombination hieraus angebracht ist, um das Ziel einer umfassenden Handlungskompetenz zu erreichen (vgl. Buckert/Kluge 2006, 13).

Ruschel legt verschiedene Ansätze zum Erwerb der Handlungskompetenz dar (vgl. Ruschel 2008, 271ff.): Dabei handelt es sich um

- die Handlungsregulationstheorie,
- das Modell der vollständigen Handlung,
- die Merkmale des Handlungslernens, sowie das
- selbstgesteuerte, offene Lernen und Erfahrungslernen.

Nachfolgend werden diese vier verschiedenen Ansätze dargestellt:

Handlungsregulationstheorie (vgl. Ruschel 2008, 271ff.):
Die in der ehemaligen DDR entwickelte Handlungsregulationstheorie „… eignet sich als theoretische Grundlage berufspädagogischer Konzepte insofern gut, als ihr Gegenstand die Entwicklung von Handlungskompetenz und ihr Ausgangspunkt die einzelne praktische Handlung selbst ist" (Ruschel 2008, 271). Während der Handlungsdurchführung erfolgt eine dauernde Zielüberprüfung. Das Ergebnis der Handlung muss bei ihrem Beginn noch nicht klar sein, sodass die Arbeit als Denkaufgabe verstanden werden kann. Die Handlung verschmilzt mit dem dazugehörigen Denken bei der Arbeitsausführung. Eine Kritik an der Handlungsregulationstheorie äußert sich darin, dass sie die Voraussetzungen des Lernens vernachlässigt, keine individuellen Lernvoraussetzungen berücksichtigt, auf festgesetzte Lernziele aufbaut, anstatt deren Bildung zu hinterfragen, und keine Erklärung für die Entwicklung fach- und funktionsübergreifender Kompetenzen liefert.

Modell der vollständigen Handlung:
Das Modell der vollständigen Handlung basiert auf einer vollständig handlungs- und prozessorientierten Didaktik, die eine Aufgabenbearbeitung im betrieblichen Ablauf zentriert (vgl. Thillose 2005). Der Verlauf wird vielfach beschrieben (vgl. Ruschel 2008, 459; Stender 2006, 195; Holthausen 2006, 86f.; Junge/Reglin 2005, 27f.; Hensge u.a. 2000, 40): Ein Lernender beschafft sich zuerst alle Informationen, die für die Aufgabenbearbeitung bedeutsam sind. Danach plant er sein Vorgehen, indem er sich verschiedene Handlungsalternativen erschließt. In der Entscheidungsphase werden die Vor- und Nachteile der verschiedenen Handlungsalternativen abgewogen, worauf die eigentliche Entscheidung für eine alternative

Vorgehensweise gefällt wird. Sodann erfolgt die tatsächliche Durchführung der Aufgabe durch eine selbstständige Bearbeitung. Anschließend erfolgt eine Kontrolle der Arbeit, um letztlich deren Ergebnis und das eigene Zutun zu reflektieren. Dies bildet die Grundlage für die Ableitung eines weiteren individuellen Entwicklungsziels. Die nachstehende Abbildung bietet eine graphische Übersicht:

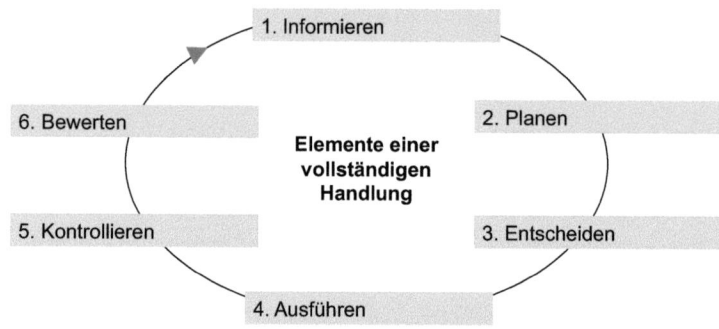

Abbildung 7:   Modell der vollständigen Handlung (Holthausen 2006, 86)

Merkmale des Handlungslernens:
„Handlungsorientiertes Lernen baut zwar auf der Handlungsregulationstheorie und dem Konzept vollständiger Handlung auf, geht aber über diese noch hinaus" (Ruschel 2008, 274). Dies entwickelt sich durch die Kriterien der Handlungsorientierung des Aktivitäts- und Dispositionsspielraumes sowie des Entscheidungs- und Interaktionsspielraumes (vgl. Ruschel 2008, 275). Hierbei handelt es sich also um die Kombination unterschiedlicher Methoden zum Erwerb beruflicher Handlungsfähigkeit, stellt auf eine wachsende Autonomie der Lernenden abstellt (vgl. ebd.). Dies geht mit einer Ablösung der Fachsystematik durch Problemorientierung einher, sodass die Kenntnisse und Fertigkeiten kontextualisiert mit der Aufgabenlösung angeeignet werden (vgl. Junge Reglin 2005, 26f.). Diese Lernform findet nicht in der Arbeit statt, sondern bildet „… die betriebliche Arbeitswirklichkeit, getrennt von den wirklichen Abläufen, mehr oder minder realistisch …" (Junge/Reglin 2005, 27) ab.

Selbstgesteuertes, offenes Lernen und Erfahrungslernen:
Ruschel (2008, 235f.) führt hierzu aus: Das Selbstlernen findet in der aktiven Auseinandersetzung mit einem Lerngegenstand statt. Der Lernende bestimmt dabei den Umfang und die Geschwindigkeit sowie das Vorgehen unter automatischer Würdigung seines eigenen Lerntyps selbst, sodass kein Lehrender benötigt wird. Es handelt sich also um eine Form des aktiven Wissens- und Könnenserwerbs. Als Erfolgsfaktoren hierfür benennt Ruschel folgende Voraussetzungen: Lernende müssen zum selbstständigen Lernen fähig und motiviert sein; sie verfügen über geeignete und Erfolg versprechende Lerntechniken; erforderliche Lernmittel und Lerngelegenheiten sind gegeben; der Selbstlerner muss bewusst gesteuert, kontrolliert und bewertet werden.

Mit der letzten Voraussetzung wird klargestellt, dass mit dem Selbstlernen kein völlig autonomes Lernen gemeint ist, sondern vielmehr die klassische Rolle des Lehrenden durch eine neu definierte Rolle ersetzt wird. Das selbstgesteuerte Lernen bietet sich als eine Sonderform des Selbstlernens als Oberbegriff dar. Essentielle Entscheidungen hinsichtlich des Zweckes, des Gegenstands und des Verlaufs sowie auch der Reflexion des Lernens werden davon eingeschlossen sowie gelenkt; dies beinhaltet auch Methoden und Utensilien zur Steuerung des Lernens.

Strukturell wird die Lernsituation gleichwohl durch einen Handlungsrahmen eingeordnet, der nicht durch den Lernenden definiert und organisiert wird. Es findet also ein formell akzentuiertes, selbst gesteuertes Lernen statt (vgl. Dehnbostel 2007, 155f.; vgl. Dehnbostel 2010, 50). Nach dem Postulat von Lindemann ist die Selbstständigkeit im Lernprozess der Berufsausbildung nur unter der Voraussetzung zu verantworten, wenn das Selbstlernen durch ein korrektes Expertenwissen kontrolliert wird (vgl. Lindemann 2007, 24). Gudjons ergänzt die Voraussetzungen des selbstgesteuerten Lernens damit, dass der Lernende über eine Basis an Lernstrategien und -techniken verfügt (vgl. Gudjons 2008, 30f.). Mandel belegt empirisch, dass eine Begleitung beim Lernen im Sinne von Unterstützungsmaßnahmen, die eine Überforderung der Lernenden vermeiden, sinnvoll ist (vgl. Bontrup/Pulte 2001, 219).

Der Erfolg des selbstgesteuerten Lernens ist stark vom Entwicklungsstand des Einzelnen abhängig (vgl. Kraft 2002, 204; vgl. Dehnbostel 2008, 7). Es ist also sinnvoll, durch einen subjektzentrierten Abgleich bereits vorhandener und zu erzielender Kompetenzen zunächst den individuellen Entwicklungsbedarf zu bestimmen (vgl. Kadishi 2008, 188), aus dem sodann konkrete Maßnahmen abgeleitet werden können (vgl. ebd.). Auf dieser Grundlage kann danach ein Erfahrungslernen stattfinden, denn

„Erfahrung bezeichnet Wissen, das durch Menschen in ihrem eigenen [...] Handeln selbst gewonnen wurde und unmittelbar auf einzelne emotional-motivational bewertete Erlebnisse [...] zurückgeht. Damit erfasst Erfahrung auch das Vertrautsein mit Handlungs- und Denkzusammenhängen ohne Rückgriff auf ein davon unabhängiges theoretisches Wissen. Wichtig ist das selbst Gewonnene- und unmittelbar Erlebtsein des Wissens. Erfahrungen lassen sich nur in Form von Wissen und Kenntnissen weitergeben, nicht als Erfahrungen desjenigen, der sie gewann. [...] Der Erfahrungsbegriff schließt Einstellungen und Überzeugungen als besondere Erfahrungsformen ein. Wichtig ist in diesem Zusammenhang, dass Erfahrungen auch ohne eine nachfolgende theoretische Diskussion und Reflexion gemacht, bewertet, in ihren Wissens- und Wertaspekten abgespeichert und kommuniziert werden können. Erfahrungslernen heißt, dass Menschen selbst handelnd mit echten Entscheidungssituationen konfrontiert werden und dabei unmittelbar eigene Werthaltungen entwickeln." (Heyse/Erpenbeck 2009, XXV)

Ruschel führt hingegen verschiedene Methoden des Erfahrungslernens an: Realbegegnungen (z.B. Betriebsbesichtigungen, Expertenbefragungen), Realitätssimulationen (z.B. Rollenspiele, Planspiele) und produktives Lernen (z.B. Produkt erstellen, Dienstleistung erbringen) (vgl. Ruschel 2008, 280).

Es lassen sich folgende berufspädagogische Entwicklungs- und Orientierungspunkte der heutigen Zeit im Kontext der Entwicklung von Handlungskompetenz vorstellen (vgl. Junge/ Reglin 2005, 25; Dehnbostel 2007, 156; Ruschel 2008, 275; Dehnbostel 2010, 121):

- Orientierung an realen Arbeits- und Geschäftsprozessen,
- selbstgesteuerte Handlungsfähigkeit im Lernprozess/selbstgesteuerte Lernfähigkeit,
- Outcome-Orientierung,
- Ganzheitlichkeit.

Orientierung an realen Arbeits- und Geschäftsprozessen:
Der Prozessbegriff wird innerhalb der Dualen Ausbildung mit unterschiedlichen Bedeutungen verwendet. Eine Prozessbeschreibung fehlt bisher in den Ausbildungsordnungen, wenngleich der § 3 der Ausbildungsordnungen bestimmt, dass die Ausbildung prozessbezogen erfolgen soll, was sich in der Forderung nach selbstständigem Planen, Durchführen und Kontrollieren manifestiert. Hierdurch wird das Prinzip der vollständigen Handlung in das Zentrum von Ausbildungsarrangements gerückt und somit die Handlung in den betrieblichen Gesamtzusammenhang der

Geschäftsprozesse gestellt (vgl. Koch 2005, 35; Czycholl/Ebner 2006, 45f.). Die letztendlichen Lerninhalte der Ausbildungsdurchführung müssen aus den tatsächlichen betrieblichen Prozessen abgeleitet werden (vgl. Koch 2005, 36). Orientierungspunkte sind die von betrieblichen Fachkräften tatsächlich praktisch ausgeführten Tätigkeiten (vgl. ebd.). Dabei kann folgende Prozesslandschaft als Ableitungshilfe dienen:

Tabelle 5:   Prozesslandschaft (in Anlehnung an Koch 2005, 37)

Geschäftsprozess	Alle Aktivitäten eines Betriebes zwischen In- und Output	Handlung im betrieblichen Gesamtzusammenhang (Geschäftsprozessorientierung)
Leistungsprozess	Alle Aktivitäten in einer betrieblichen Einheit	Ausbildung in der betrieblichen Praxis (Prozessorientierung)
Arbeitsprozess	Arbeitstätigkeit der Mitarbeiter	Referenz für die Konstruierung der Ausbildungsinhalte (Prozessbezogenheit)

Insofern kann von einer Präsenz der Handlungsorientierung innerhalb der Ausbildungsordnungen gesprochen werden (vgl. Czycholl/Ebner 2006, 46).

Nach der Auffassung von Junge/Reglin handelt es hierbei um das Lernen in und an Realprozessen, was sie als zwingende, aber nicht ausreichende Voraussetzung für ein prozessorientiertes Lernen deklarieren (vgl. Junge/Reglin 2005, 27). Sie führen aus, dass beim Lernen in der oder durch die Arbeit an echten Aufträgen von Kunden kein Selbstanspruch gegeben ist, sodass das Lernen in und an Realprozessen beispielsweise auch durch die Vier-Stufen-Methode oder gar die Beistellmethode erfüllt wird (vgl. ebd.). Bei einer echten Orientierung an realen Arbeits- und Geschäftsprozessen bedarf es der „… Berücksichtigung aller Phasen des Geschäftsprozesses bei Erwerb und Entwicklung beruflicher Kompetenzen" (Junge/Reglin 2005, 29). Dies meint auch einen Einbezug von vor- und nachgelagerten Prozessen in die Ausbildung, um die Fähigkeit des Denkens und Agierens in betrieblichen Zusammenhängen auszubilden (vgl. ebd.). Dies realisiert sich zum Beispiel dann, wenn Auszubildende betriebliche Prozesse erkunden und beschreiben oder tatsächlich unterschiedliche Funktionen innerhalb der Prozesse übernehmen (vgl. ebd.).

Selbstgesteuerte Handlungsfähigkeit im Lernprozess/selbstgesteuerte Lernfähigkeit:
Die Handlungsorientierung im Arbeitsprozess stellt die Fähigkeit zur Selbststeuerung einer Handlung her (vgl. Dehnbostel 2007, 156). Die Handlung selbst zerlegt sich in ihre Bedeutungsbestandteile des Tun oder

Unterlassens und die Frage danach, was eigentlich zu tun oder zu unterlassen ist, und rekurriert auf den konkreten Arbeitskontext sowie auf Erfahrungsbasen. Dabei entstehen verschiedene Möglichkeitswelten im Hinblick auf den Sinn- und Zweckgedanken sowie auf den Inhalt (vgl. Dehnbostel 2007, 156). In als Lernprozess adaptierter Arbeit oder sonstigen Lernprozessen durchkreuzt der Lernende mithilfe selbst gefällter Entscheidungen als Navigator diese beschriebenen Möglichkeitswelten und kreiert somit ein reales Arbeits- und folglich Lernergebnis. Diese Arbeits- und Lernergebnisschöpfung kann in reflexiver Weise für den Ausbau und die Verbesserung selbstgesteuerter Lernfähigkeit verwendet werden. Bei diesem Konzept steht also die Entscheidungsfähigkeit des Lernenden in Lernsituationen im Zentrum und zielt auf die Fähigkeit des selbstständigen Lernens ab.

Outcome-Orientierung:
Die Outcome-Orientierung drückt sich in der Maßgeblichkeit der Lernergebnisse, unabhängig davon, wie sie entstanden sind, aus (vgl. Dehnbostel 2010, 121). Das heißt, dass die Outcome-Orientierung nicht didaktisch-methodische Lehr-Lern-Konzepte in den Mittelpunkt stellt und somit bewusst vernachlässigt, wie es zu einem bestimmten Lernergebnis gekommen ist. Entscheidend ist, dass das Lernergebnis vorhanden ist. Folglich stellt sich im Rahmen der Outcome-Orientierung eben gerade nicht die Frage, was einem Lernenden beigebracht werden sollte, sondern vielmehr, was dieser am Ende des Lernprozesses tatsächlich zu vollbringen in der Lage sein soll. Insofern findet hier eine Verschiebung weg von einer lehrplanmäßigen Lehrendenperspektive hin zu einer Zentrierung des Lernenden im Sinne einer curricularen Kompetenzentwicklung statt.

Ganzheitlichkeit:
Sowohl die Lernziele als auch die Lerninhalte und -methoden werden vom Begriff der Ganzheitlichkeit umfasst, wobei der Lerninhalt und das Lernziel von den zu erwerbenden Kompetenzen abgebildet werden; im Mittelpunkt der aktuellen Diskussion steht die Methodik (vgl. Ruschel 2008, 276; vgl. Dehnbostel 2007, 158). Hierbei steht „… nicht die Vermittlung von isolierten Fakten, Regeln und Begriffen im Vordergrund, sondern das Verstehen von Systemen, Strukturen und Prozessen" (Ruschel 2008, 276). Die dafür notwendige Erfahrungsmöglichkeit kann durch die selbstständige Bearbeitung von Problemstellungen bereitgestellt werden, sodass der Lernende allein oder in Gruppen Lösungen hierzu generiert, wobei sämtliche imponderablen Situationen sozialer oder arbeitsbezogener Art bewältigt werden (vgl. Dehnbostel 2007, 158)

Offensichtlich bestehen zu den einzelnen Ansätzen Interdependenzen und Überschneidungen. So lässt sich eine Ganzheitlichkeit im pädagogischen Prozess wohl kaum ohne eine Orientierung an Arbeits- und Geschäftsprozessen realisieren. Bei der selbstgesteuerten Lernfähigkeit zeigt sich bei der Frage danach, was eigentlich zu tun oder unterlassen ist, durch den Rückgriff auf den konkreten Arbeitskontext ebenfalls die Verbindung zur Orientierung an Arbeits- und Geschäftsprozessen. Versteht man die Outcome-Orientierung als Ausgangspunkt für die Frage, was ein Lernender tatsächlich zu vollbringen in der Lage sein soll, so beschreiben reale Arbeits- und Geschäftsprozesse die Handlungsdispositionen, die notwendig sind, um diese zu verstehen, durchzuführen oder gar zu verbessern. Eine selbstständige Bearbeitung von Problemstellungen, wie sie im Ganzheitlichkeitsansatz gefordert wird, bedingt eine gewisse selbstgesteuerte Handlungsfähigkeit im Lernprozess. Die Maßgeblichkeit des Lernergebnisses im Rahmen der Outcome-Orientierung steht im engen Zusammenhang mit der Arbeits- und Lernergebnisschöpfung als Voraussetzung zur Reflexion und somit dem Ausbau oder der Verbesserung der selbstgesteuerten Lernfähigkeit. Die Outcome-Orientierung schafft durch die Dezentrierung didaktisch-methodischer Lehr-Lern-Konzeptionen die Freiheit für den Gewinn an Erfahrungen für ein Ganzheitlichkeitserleben.

Durch die Berücksichtigung dieser Entwicklungs- und Orientierungspunkte sowie ihres Zusammenwirkens lässt sich in der Abbildung 8 ein moderner Handlungskompetenzentwicklungsraum beschreiben:

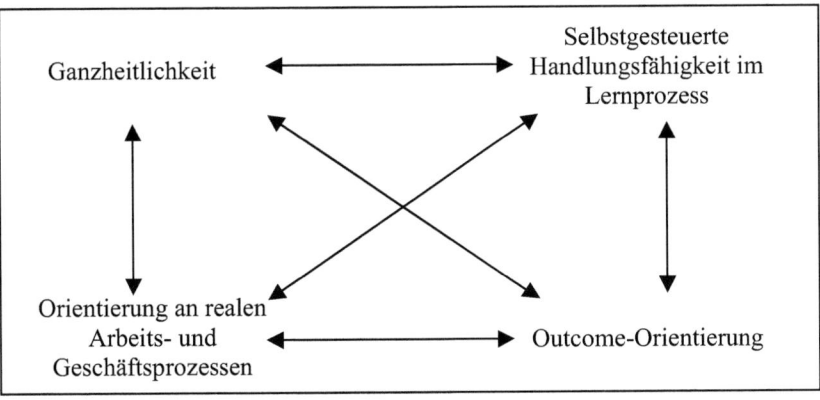

Abbildung 8:   Interdependenz der Handlungskompetenzentwicklung (eigene Darstellung)

Diese Trends werden maßgeblich durch die Entwicklung der europäischen Bildungslandschaft im Rahmen des EQR beeinflusst (vgl. hierzu Dehnbostel 2010, 118ff.). In der Berufsbildungslandschaft der BRD regeln Ausbildungsordnungen die Umsetzung derartiger beruflicher Bildungsziele, die folglich einer kontextualisierten Anpassung bedürfen. Das BIBB arbeitet an der Weiterentwicklung von auf Kompetenzstandards fußenden Ausbildungsordnungen auf der Basis des Berufsprinzips. Hierfür erarbeitet es ein Konzept nach folgenden Leitprinzipien (vgl. Hensge u.a. 2010, 47f.):

Orientierung an Kompetenzen: Ausbildungsordnungen sollen verbindlich festlegen, welche Kompetenzen zu erwerben sind, und dabei sowohl die Fach-, Methoden-, Sozial- als auch Personalkompetenz berücksichtigen.

Lernergebnisorientierte Beschreibung der Kompetenzen: Darunter werden Lernergebnisse verstanden als „... Aussagen darüber, was ein Lernender nach Abschluss eines Lernprozesses weiß, versteht und in der Lage ist zu tun" (Hensge u.a. 2010, 47).

Orientierung an Arbeits- und Geschäftsprozessen: Diese soll als „Ausgangspunkt für die inhaltliche Strukturierung und Bündelung der zu erwerbenden Kompetenzen" (Hensge u.a. 2010, 47) dienen.

2.3 Berufsbild Kaufmann/Kauffrau für Versicherungen und Finanzen

Da die Handlungsorientierung in Prüfungen in der vorliegenden Arbeit am Beispiel der kaufmännischen Abschlussprüfung betrachtet wird, ist die bis hierher geleistete Klärung der Handlungsorientierung im Allgemeinen nun durch die Behandlung des kaufmännischen Berufsbildes im Speziellen zu ergänzen.

Die Ausbildungsordnung[4] für ‚Kaufleute für Versicherungen und Finanzen' wurde am 17. Mai 2006 erlassen und löste das Berufsbild ‚Versicherungskaufmann/-frau' ab. Holthausen (vgl. 2006, 1f.) führt hierzu aus: Die Ausbildungsordnung der Kaufleute für Versicherungen und Finanzen fußt auf der Basis der Untersuchungsergebnisse der ‚Zukunftswerkstatt Versicherung', die durch das BWV aufgesetzt wurde und Auskunft über den zukünftige Qualifikationsbedarf der Versicherungswirtschaft gab. Durch das KWB wurden die Untersuchungsergebnisse der Zukunftswerkstatt überprüft und weitgehend verifiziert. Unabhängig davon unter-

---

4 Als Rechtsverordnung mit Gesetzescharakter sind Ausbildungsordnungen für die betriebliche Ausbildung in der gesamten Bundesrepublik Deutschland verbindlich (vgl. Küppers u.a. 2001, 70).

suchte das BIBB durch die Befragung von Unternehmen und Ausbildern die Erfahrungen mit dem bis dahin gültigen Berufsbild auf der Grundlage der teilnovellierten Ausbildungsordnung der Versicherungskaufleute aus dem Jahr 2002.

Neben einer verbreiterten Fachlichkeit fokussieren neue AO immer mehr auf die Entwicklung beruflicher Handlungskompetenz, weshalb sie zunehmend freier gestaltet sind (vgl. Dostal 2002, 185). Auch bei der Schöpfung des Ausbildungsberufes ‚Kaufmann/Kauffrau für Versicherungen und Finanzen‘ nahm die Entwicklung der beruflichen Handlungskompetenz eine zentrale Rolle ein (vgl. Hennecke 2008, 108), sodass dieses Berufsbild der universellen Tendenz des Umbaus von Ausbildungsordnungen als kompetenzbeschreibende Konstrukte mit einer betonteren Zentrierung von Aufgaben-, Geschäftsprozess- und Handlungsorientierung folgt (vgl. Zimmer 2009, 32; vgl. Dehnbostel/Lindemann 2007, 182). Der Ausbildungsberuf ‚Kaufmann/Kauffrau für Versicherungen und Finanzen‘ ist als Monoberuf mit Binnendifferenzierung angelegt (vgl. Holthausen 2006, 2). Eine von zwei Fachrichtungen setzt den Spezialisierungsschwerpunkt entweder in der Fachrichtung ‚Finanzen‘ oder ‚Versicherung‘. In Letzterer ist ein Pflichtmodul vorgegeben; darüber hinaus wählen Ausbildender und Auszubildender gemeinsam aus sieben Modulen zwei aus. Dies erlaubt sowohl eine unternehmensindividuelle Ausrichtung des Ausbildungsberufes nach dessen Bedarf und Möglichkeiten als auch die Berücksichtigung von Präferenzen des Auszubildenden (vgl. Becker 2005, 171ff.; vgl. §§ 3 Abs. 2, 4 Abs. 2 Nr. 2 und Abs. 4 AO-KVF 2006). Diese Vorteile können in der Fachrichtung ‚Finanzberatung‘ aufgrund der drei vorgeschriebenen Pflichtmodule ohne Wahlalternativen nicht realisiert werden, wie auch nachstehendes Schaubild eröffnet, das einen allgemein-strukturellen Überblick über das Berufsbild ‚Kaufmann/Kauffrau für Versicherungen und Finanzen‘ bietet:

Prüfungsform			Fachrichtung Versicherung			Fachrichtung Finanzberatung	
mündliche Prüfung	Wahlbereich	2 aus 7	Kundengewinnung und Kundenbindung	Vertrieb von Produkten der betrieblichen Altersvorsorge*		Vertrieb von Produkten der betrieblichen Altersvorsorge*	Pflichtbereich
			Vertrieb von Versicherungsprodukten für gewerbliche Kunden*	Vertrieb von Versicherungsprodukten für private Kunden*		Vertrieb von Finanzprodukten	
			Agenturbetrieb	Risikomanagement	Marketing		
	Pflichtbereich		Schaden- und Leistungsmanagement			Private Immobilienfinanzierung und Versicherungen	
schriftliche Prüfung	Kernqualifikation		Bestandskundenmanagement				Kernqualifikation
			Versicherungs- und Finanzprodukte				
			Kundenberatung und Verkauf				
			Arbeitsgestaltung, kaufmännische Steuerung und Kontrolle				
			Der Ausbildungsbetrieb				

* anhand von Produkten des Ausbildungsunternehmens

Abbildung 9: Struktur der Ausbildung KVF (BWV 2006, 3)

Auf der Ebene der Geschäftsprozessorientierung (s. Kapitel 2.2.3) erlaubt die Struktur des Berufsbildes in der Fachrichtung ‚Versicherung' die Abbildung aller wesentlichen Geschäftsprozesse eines Versicherungsunternehmens. Diese bestehen nach Schmalohr aus

• der Kundenakquise/dem Verkauf und der Beratung,
• dem Zustandekommen und der Änderung von Versicherungsverträgen, sowie
• dem Versicherungsfall (vgl. Schmalohr 2008, 68-74).

Dies zeigt sich durch folgende Entsprechungsübersicht:

Tabelle 6: Entsprechungen von Geschäftsprozessen und Qualifikationsbereichen nach Ausbildungsordnung (eigene Darstellung)

Geschäftsprozess	Kernqualifikation (K) /Pflichtbereich (P)/Wahlbereich (W)
Kundenakquise/Verkauf und Beratung	Kundenberatung und Verkauf (K)
	Versicherungs- und Finanzprodukte (K)
	Kundengewinnung und Kundenbindung (W)
	Vertrieb von Produkten der betrieblichen Altersvorsorge (W)
	Vertrieb von Versicherungsprodukten für gewerbliche Kunden (W)
	Vertrieb von Versicherungsprodukten für private Kunden (W)
	Marketing (W)
	Agenturbetrieb (W)
Zustandekommen und Änderung von Versicherungsverträgen	Versicherungs- und Finanzprodukte (K)
	Bestandskundenmanagement (K)
	Risikomanagement (W)
Versicherungsfall	Schaden- und Leistungsmanagement (P)

Auffallend ist, wie stark betont der Geschäftsprozess ‚Kundenakquise/ Verkauf und Beratung' in der Ausbildungsordnung ist. Dies begründet sich darin, dass die Verkaufskompetenz in der Zukunftswerkstatt ‚Versicherung', die im Jahr 2004 als Grundlage für die Neuordnung des Berufsbildes diente, als eine eigenständige Kernkompetenz für Kaufleute für Versicherungen und Finanzen definiert wurde (vgl. BWV/f-bb 2011, 8ff.). Die Beimessung dieser hohen Bedeutung der Verkaufskompetenz wird durch die Ergebnisse der im Jahr 2011 abgeschlossenen Evaluation des Berufsbildes bestätigt und gestärkt (vgl. ebd.).

Am Ende der regelmäßig drei Jahre dauernden Berufsausbildung (vgl. § 2 AO-KVF) findet die Abschlussprüfung statt (vgl. § 9 AO-KVF), mit deren Bestehen die Ausbildung gem. § 21 Abs. 2 BBiG beendet wird. Eine Stufenprüfung gem. § 37 Abs. 1 Satz 2 BBiG ist nicht vorgesehen, sodass nach § 48 BBiG eine Zwischenprüfung abzulegen ist (vgl. § 8 AO-KVF). Auf der Basis der §§ 8 Abs. 1 bis 3 und 45 Abs. 1 BBiG i. V. m. einer der Empfehlung Nr. 129/2008 des Hauptausschusses des BIBB (vom 27.06.2008) folgenden IHK-Richtlinie zur Abkürzung und Verlängerung der Ausbildungszeit (Abschnitt D) muss die tatsächliche Ausbildungsdauer mindestens 18 Monate betragen, während eine verlängerte Ausbildungsdauer individuell zu bemessen ist (vgl. Spillner 2008, 58f., Beilage). Folglich gelten für die Duale Ausbildung der Kaufleute für Versicherungen und Finanzen zwar keine allgemeingültigen Zugangsvoraussetzungen, jedoch kann die Ausbildungsdauer von zuvor erbrachten formalen Schulabschlüssen tangiert werden. Die Zugangsvoraussetzungen werden unternehmensindividuell festgelegt und somit letztlich durch den Markt geregelt. Das folgende Schaubild gibt einen Überblick über die schulische Vorbildung von auszubildenden Kaufleuten für Versicherungen und Finanzen:

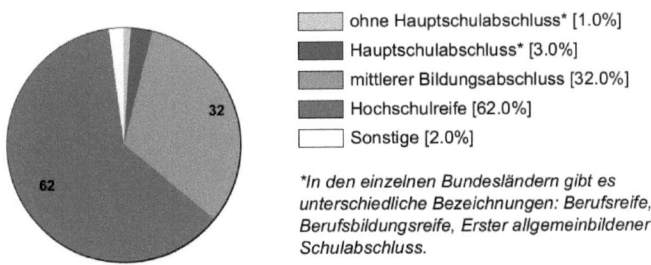

ohne Hauptschulabschluss* [1.0%]
Hauptschulabschluss* [3.0%]
mittlerer Bildungsabschluss [32.0%]
Hochschulreife [62.0%]
Sonstige [2.0%]

*In den einzelnen Bundesländern gibt es unterschiedliche Bezeichnungen: Berufsreife, Berufsbildungsreife, Erster allgemeinbildener Schulabschluss.

Abbildung 10: Schulbildung von Ausbildungsanfängern Fachrichtung Versicherung (BERUFENET, 29.01.2012)

Die folgende Tabelle gibt Auskunft über die Absolventen des Berufsbildes:

Tabelle 7: Absolventenanzahl des Berufsbildes (in Anlehnung an Prüfungsstatistik, 29.01.2012 und 30.06.2013)

Prüfungs-zeitpunkt	Fachrichtung ‚Versicherung'		Fachrichtung ‚Finanzen'		Gesamt
	Absolventen	Bestehensquote	Absolventen	Bestehensquote	Absolventen
Winter 12/13	1872	98,6 %	195	95,9 %	2067
Sommer 12	2904	96,5 %	207	89,4 %	3111
Winter 11/12	2048	97,0 %	198	93,4 %	2246
Sommer 11	2566	96,4 %	184	91,1 %	2750
Winter 10/11	1909	97,8 %	205	92,8 %	2114
Sommer 10	2459	97,5 %	185	86,4 %	2644
Winter 09/10	1662	97,4 %	172	92,0 %	1834
Sommer 09	2140	96,6 %	124	91,9 %	2264

In Relation betrachtet kann die Fachrichtung ‚Finanzberatung' mit ihrem Anteil von ca. 7,7 % an der Gesamtzahl der Absolventen als eher unbedeutend betrachtet werden; dies gilt allerdings lediglich für die Binnenbetrachtung dieses Berufsbildes. Im Außenvergleich, beispielsweise mit dem Beruf ‚Investmentfondkaufmann/-frau', der der Fachrichtung ‚Finanzen der Kaufleute für Versicherungen und Finanzen' nicht gerade artfremd ist, bekommen die absoluten Absolventenzahlen durch den Vergleich ein anderes Schwergewicht. So werden im selben Betrachtungszeitraum lediglich 191 Absolventen im Berufsbild der Investmentfondkaufleute zur Abschlussprüfung zugelassen, der eine Vergleichszahl von 1470 aus der Fachrichtung ‚Finanzen der Kaufleute für Versicherungen und Finanzen' entgegensteht. Diese Fachrichtung hat also etwa knapp acht Mal so viele Absolventen wie ein ganzes anderes Berufsbild. Insofern scheinen auch Diskussionen darüber, die Fachrichtung ‚Finanzen der Kaufleute für Versicherungen und Finanzen' aufgrund ihres geringen relativen Binnenanteils wieder aufzugeben, als unangemessen.

Die Übernahmequote der Branche liegt seit 2003 leicht volatil zwischen 70 und 80 % der Absolventen. Die Bereiche der Weiterbeschäftigung gliedern sich, wie nachfolgend demonstriert, in den Innen- und Außendienst (vgl. agv/BWV 2008, 7; agv/BWV 2009, 6; agv/BWV 2010, 6; agv/BWV 2011, 6):

Tabelle 8:   Innendienstanteile bei der Übernahme

Übernahmejahr	Innendienstanteil
2007	64,9 %
2008	69,0 %
2009	65,3 %
2010	63,6 %
Durchschnitt:	**65,7 %**

Das Pendant zur Innendienstübernahme bildet die Außendienstübernahme, die folglich bei einem durchschnittlichen relativen Anteil von 34,3 % liegt. Gerade bei diesen Absolventen dürfte es aufgrund der im Außendienst herrschenden provisionsbasierten Vergütungssysteme entscheidend sein, wie gut es gelungen ist, während der Berufsausbildung die Teilkompetenz ‚Verkaufsorientierung‘ zu erwerben.

Das zum 1. August 2006 in Kraft getretene Berufsbild der Kaufleute für Versicherungen und Finanzen wurde im Auftrag des BWV durch das f-bb evaluiert. Dabei wurden vier zentrale Optimierungspotenziale identifiziert, und zwar (vgl. BWV/f-bb 2011):

• Weiterentwicklungsbedarf der Fachrichtung ‚Finanzberatung‘,
• Verbesserung der Passung der Wahlbausteine in der Fachrichtung ‚Versicherung‘,
• Etablierung des Verständnisses von komplexen Aufgaben und Förderung der Wahrnehmungsmöglichkeiten,
• Optimierung der Prüfungspraxis zum fallbezogenen Fachgespräch.

Da die beiden erstgenannten Punkte verordnungsrelevant sind, wurde am 1. Dezember 2011 auf der Basis der Evaluationsergebnisse eine Teilnovellierung durch ein Vorgespräch der Sozialpartner ver.di und BWV eingeleitet. Das Antragsgespräch beim Bundesministerium für Wirtschaft, wodurch der Teilnovellierungsprozess in Gang gesetzt wurde, erfolgte im Umlaufverfahren, sodass die Weisung an das BIBB erging, die Sachverständigenarbeit zu moderieren. Nach dem Abschluss der Sachverständigensitzungen am BIBB erfolgte die Rahmenlehrplansitzung bei der Ständigen Vertretung der KMK, sodass es im Juni 2013 zur gemeinsamen Sitzung beim BMBF kam. Hier wurden lediglich zwei Zustimmungsvorbehalte hinsichtlich einer juristisch-textuellen Anpassung für das Prüfungsverfahren der fallbezogenen Fachgespräche formuliert, die zwischenzeitlich ausgeräumt wurden. Folglich ist zu erwarten, dass das Berufsbild in der verabredeten Form zum 1. August 2014 in Kraft treten wird. Insofern kann festgehalten werden, dass es keine Veränderung des Kundenberatungsgespräches durch die Teilnovellierung geben wird.

„Ein [...] Kernbestandteil der Ausbildungsordnungen betrifft die Prüfungsanforderungen [...]. Geregelt wird, wie (schriftlich, mündlich, praktisch) welche Ausbildungsinhalte wann [...] und wie lange zu prüfen sind" (Stender 2006a, 98). Hiermit setzt sich das Kapitel 2.4 explizit, zunächst allgemein, dann im Speziellen mit dem in dieser Arbeit behandelten Ausbildungsberuf auseinander.

2.4 Verkaufsorientierung im Kontext der beruflichen Kompetenz im Rahmen der Handlungsorientierung

Zur Einordnung der Verkaufskompetenz (ausgedrückt durch die Performanz der Verkaufsorientierung) als beruflicher Kompetenz im Rahmen der Handlungsorientierung scheint es zunächst erforderlich, den Begriff der Verkaufsorientierung zu klären.

Verkaufsorientierung meint den Umstand, dass „... die Kunden nicht von selbst zum Kauf bereit sind, sondern es einer besonderen Verkaufsanstrengung bedarf, sie zur Geldausgabe zu motivieren. Ein Produkt wird nicht gekauft, sondern muß aktiv verkauft werden" (Berghoff 2004, 321). Dabei fußt die Verkaufsorientierung auf einem Käufermarkt oder auf stark latenten Bedürfnissen, welche die Verkaufsorientierung überhaupt erst erforderlich machen (vgl. Michel/Pifko 2011, 10; vgl. Kolter u.a. 2011, 57). Die Verkaufsorientierung ist ein ausschließlich auf einen Abschluss ausgerichtetes Verhalten (vgl. Nerdinger 2001, 207). Dies drückt sich beispielsweise darin aus, dass dem Kunden der Kauf erleichtert oder verlockender gemacht wird (vgl. Söllner 2008, 240; vgl. Kleinaltenkamp/ Plinke 2000, 109). Gleichzeitig ist die Verkaufsorientierung auf kurzfristige Absatzsteigerungen ausgerichtet (vgl. Kolter u.a. 2011, 58; vgl. Kistner/ Steven 2002, 162).

Hieraus abgeleitet gilt für die vorliegende Arbeit folgende Definition:

Die Verkaufsorientierung ist ausschließlich auf den Abschluss ausgerichtet, um kurzfristige Absatzsteigerungen zu erreichen. Das Verhaltensziel des Verkäufers ist es, dem Kunden den Kauf zu erleichtern oder verlockender zu machen.

In dieser Begriffsfassung wird das Verhaltensziel des Verkäufers angesprochen. Das dementsprechende verkaufsorientierte Verhalten des Verkäufers, welches als Performanz sichtbar wird, ist nun in den Kontext beruflicher Kompetenzen und der Handlungsorientierung einzuordnen.

Unter Punkt. 2.2.2 wird ausgeführt, dass die Handlungsorientierung als jegliches didaktisch-methodisches Konstrukt verstanden wird, das der Entwicklung von Handlungskompetenz dient. Dabei nimmt die Verkaufsorientierung die Position des Konstruktes ein, das über bestimmte Verhaltensweisen oder sonstige messbare Umstände in der Empirie sichtbar gemacht wird. Verkaufsorientierung stellt somit als konstruktives Bündel von verschiedenen Verhaltensweisen und sonst erschließbaren Anzeigern die Performanz einer Einzelkompetenz der beruflichen Handlungskompetenz von Kaufleuten für Versicherungen und Finanzen (Verkaufskompetenz) dar, die als didaktisch-methodischer Bearbeitungsgegenstand verschiedenen Teilkompetenzklassen zugeordnet werden kann.

Als Basis der beruflichen Handlungskompetenz dient der Kompetenzbegriff (vgl. Punkt 2.2.2), der auf die Verkaufsorientierung von Kaufleuten für Versicherungen und Finanzen fokussiert und wie folgt betrachtet werden kann:

Kompetenz ist die subjektbezogene Fähigkeit *[Verkaufsorientierung bedingt bestimmte Fähigkeiten eines Menschen]*, auch in nicht vorhersehbaren *[Aktionen und Reaktionen von Kunden sind nicht im Voraus sicher vorherzusagen]* oder komplexen Situationen *[ein Verkaufsprozess umfasst zahlreiche Facetten und Schnittstellen, beispielsweise die Anwendung verschiedener methodischer und technischer Strategien und Handhabungen, wie die Bedienung von Computerprogrammen, Gesprächsführungstechniken etc.]*, auf der Basis von durch Erfahrungen, Regeln, Werte und Normen begründeten Einstellungen *[ausgedrückt durch die individuelle Haltung des handelnden Subjektes im Verkaufsprozess]*, selbstorganisiert *[der konkreten Situation im Verkaufsprozess folgende Interaktion des agierenden Individuum]*, unter der Nutzung menschlicher Ressourcen, wie Fähigkeiten, Kenntnissen oder Fertigkeiten *[beispielsweise Tarifwissen, Umgang mit Verkaufsunterlagen, Anwendung verkaufspsychologischer Strategien, Einsatz der eigenen Persönlichkeit etc.]*, angemessene Handlungsdispositionen zu ergreifen *[Nutzung von Aktionsmöglichkeiten im Hinblick auf den Verkaufserfolg]*.

Somit ist dargelegt, dass die Performanz der Verkaufsorientierung als Indikator Rückschlüsse auf die vorhandene Verkaufskompetenz gestattet. Die Verkaufskompetenz kann deshalb als berufliche Handlungskompetenz bezeichnet werden, weil sie im beruflichen Kontext von Kaufleuten für Versicherungen und Finanzen Anwendung findet und durch das konkrete Handeln *[äußert sich beispielsweise im Führen eines Verkaufsgespräches]* eines Individuums *[des Verkäufers / Kaufmann/-frau für Versicherungen und Finanzen]* die Bereitschaft zur Verantwortungsübernahme im Verkaufsprozess ausgedrückt wird.

Sowohl der handlungstheoretische als auch der handlungsanalytische Ansatz der beruflichen Handlungskompetenz realisieren sich im Rahmen der Verkaufskompetenz und der dazugehörigen performanten Verkaufsorientierung. Dem handlungstheoretischen Ansatz liegt die Fähigkeit zur selbstständigen Planung, Durchführung und Kontrolle zugrunde. Bei der Verwirklichung des Verkaufs bildet sich genau diese prozesshafte Darstellung heraus, was wie folgt dargestellt wird:

- *Planung* = Vorbereitung auf ein Verkaufsgespräch, etwa durch Auswertung vorhandener Kundendaten und -informationen, Zusammenstellung von Verkaufsunterlagen, Schaffung eines Gesprächsleitfadens usw.
- *Durchführung* = das Verkaufsgespräch selbst
- *Kontrolle* = Soll-Ist-Abgleich während und im Anschluss an das Verkaufsgespräch hinsichtlich der Deckung des Gesprächsziels und dessen Realisationsgrades mithilfe faktenbewertender und reflexiver Ansätze

Auch der handlungsanalytische Ansatz der beruflichen Handlungskompetenz realisiert sich vorwiegend durch die Zuordnungsmöglichkeit der Einzelkompetenz ‚Verkaufskompetenz' zu verschiedenen Teilkompetenzklassen der Schlüsselkompetenzen, die sich im Verständnis dieser Arbeit (vgl. Punkt 2.2.2) in der Vereinigung von Fach-, Methoden-, Sozial- und Personalkompetenz ausdrücken. Inwiefern sich die Verkaufskompetenz in den einzelnen Teilkompetenzklassen der Fach-, Methoden-, Sozial- und Personal-Kompetenz widerspiegelt, wird in der Tabelle 9 aufgezeigt.

Bei der Verkaufskompetenz handelt es sich also um eine berufliche Kompetenz von Kaufleuten für Versicherungen und Finanzen, die durch die Performanz der Verkaufsorientierung sichtbar wird. Sie äußert sich einerseits in einem bestimmten Verhalten, andererseits in dessen messbaren Folgen, wenngleich diese auch durch andere Faktoren beeinflusst sind. So existiert in der Praxis von Versicherungsunternehmen das Provisionseinkommen als Vergütungssystem für Außendienstmitarbeiter. Der Verkauf und die Kundenakquise werden in einem Versicherungsunternehmen vorwiegend im Außendienst umgesetzt (vgl. Schmalohr 2008, 68ff.), sodass lediglich diesem eine Provisionsvergütung zugeschrieben wird. Es handelt sich um eine klar messbare Größe als Erfolgsmaß der Verkaufsorientierung von Außendienstmitarbeitern (vgl. Rindone 2011, 133; vgl. Hümmerich u.a. 2008, 3160; vgl. Emde 2009, 643).

Tabelle 9: Zurechnung der Verkaufskompetenz in Teilkompetenzklassen (eigene Darstellung)

Teilkompetenzklasse der Schlüsselkompetenzen	Begriffmerkmale (vgl. Punkt 2.2.2)	Beispielhafte Erscheinung bei Verkaufsorientierung als Performanz
Fachkompetenz	▪ Expertise ▪ Inhaltlich-sachliche Aufgaben- und Problembearbeitung ▪ Ergebnisbegutachtung	= Produktwissen = Produktverkauf = Zielerfüllungsabgleich
Methodenkompetenz	▪ Auswahl und Anordnung von Verfahren/Techniken/ Instrumenten/ Werkzeugen ▪ Lösungsweggestaltung	= Fragetechniken, Verkaufsunterlagen = Gesprächsleitfaden
Sozialkompetenz	▪ Erfassen und Verstehen von Handlungen und Interessen anderer ▪ Verantwortungsbewusste Auseinandersetzung damit ▪ Verständigung mit anderen ▪ Unterschiedliche soziale Strukturen ▪ Zielorientierte Einstellung auf andere	= Bedarfsanalyse, Nachvollziehen der Kundensituation = Abwägung Kunden-/ Unternehmensnutzen = Art der Ansprache = Verschiedene Kundenmilieus = Aufbau von Empathie
Personalkompetenz	▪ Reflexive Auseinandersetzung und bewusster Umgang mit sich selbst ▪ Bewusstwerden, Überprüfung und ggf. Korrektur des Selbstbildes ▪ Ableiten und Verfolgen von Zielvorstellungen ▪ Entfaltung und Weiterentwicklung des eigenen Lebensplans	= Einsatz eigener Stärken im Verkaufsgespräch = Nutzung der Kundenreaktion zur Selbstreflexion = Entwicklung von Frustrationstoleranz = Ableitung von Konsequenzen aus der reflexiven Auseinandersetzung mit der Art des Verkäufserfolges im Abgleich mit Selbstverwirklichungskriterien

Welche Verhaltensdimensionen hinsichtlich der Verkaufsorientierung von Kaufleuten für Versicherungen und Finanzen erwartet wird, ist naturgemäß in der Ausbildungsordnung verankert, deren aktuelle Ausbildungsordnung klassisch gestaltet ist. Im Forschungsprojekt „Kompetenzstandards in der Berufsausbildung" des BIBB (Forschungsprojekt 4.3.201 (JFP2006)) wurde ein Analyseverfahren für Ausbildungsordnungen entwickelt (vgl. Hensge 2009, 8f.). Sein Ziel war es festzustellen, inwieweit in bestehenden

Ausbildungsordnungen schon eine Kompetenzorientierung vorliegt; diese strukturierte Analyse filtert auf der Basis zunächst bestimmter Ordnungskriterien fokussierte Gesichtspunkte aus der jeweiligen AO heraus (vgl. ebd.). Das entsprechende Verfahren wird in der Abbildung 11 skizziert.

Vorwiegend geht es darum festzustellen, inwieweit die Performanz ‚Verkaufsorientierung' der Verkaufskompetenz als berufsspezifische Kompetenz in der Ausbildungsordnung der Kaufleute für Versicherungen und Finanzen verankert ist. In einem mit dem zuvor genannten Forschungsprojekt kooperierenden Entwicklungsprojekt zur „Umsetzung des Konzepts zur Gestaltung kompetenzbasierter Ausbildungsordnungen in zwei ausgewählten Berufen" des BIBB (Entwicklungsprojekt 7.8.059) stand das Berufsbild der Kaufleute für Versicherungen und Finanzen für die kaufmännischen Berufe Modell. Hierin wurde der Versuch unternommen, die vorhandene Ausbildungsordnung der Kaufleute für Versicherungen und Finanzen in eine kompetenzbasierte Ausbildungsordnung zu überführen. Nicht veröffentlicht ist die Überführung der Lernziele aus der Kernqualifikation ‚Kundenberatung und Verkauf', der die Verkaufskompetenz zuzuordnen ist, sondern lediglich exemplarisch die Kernqualifikation ‚Bestandskundenmanagement'. Dennoch kann festgestellt werden, dass die Verkaufskompetenz als berufliche Kompetenz abgebildet werden konnte, was sich aus den Ausführungen zur Zielerreichung im Abschlussbericht des BIBB ergibt, in dem es heißt, dass „… es gelungen ist, […] einen exemplarischen Verordnungsentwurf für den kaufmännisch-verwaltenden […] Bereich in Expertensitzungen zu erarbeiten…" (BIBB Abschlussbericht zum Erarbeitungsprojekt 7.8.059, 11), und zwar in Verbindung mit den Ausführungen zur methodischen Vorgehensweise in der Erarbeitungsphase, in denen es heißt, dass die Basis des Erarbeitungsprozesses die bestehenden Ausbildungsordnungen und die in ihnen festgeschriebenen Inhalte waren (vgl. BIBB Abschlussbericht zum Erarbeitungsprojekt 7.8.059, 5).

Die bereits im Kapitel 2.3 angesprochene Evaluation des Berufsbildes der Kaufleute für Versicherungen und Finanzen bestärkt die Bedeutsamkeit der Verkaufskompetenz für den Status quo und prognostiziert eine weiter wachsende Relevanz der Verkaufskompetenz als eine von fünf Kernkompetenzen (vgl. BWV/f-bb 2011, 9ff.). Der in der Evaluation verwendete Begriff der Verkaufskompetenz geht über den der Verkaufsorientierung hinaus, beinhaltet diesen jedoch, wie die Tabelle 10 anzeigt.

Bestimmung des Gegenstands der Analyse: Lernziele im Ausbildungsrahmenplan (ARP)
Festlegung der Fragestellung: Welchen Kompetenzdimensionen lassen sich die einzelnen Lernziele des ARP zuordnen?

Definition des Kategoriensystems: Operationalisierung von Fach-, Methoden-, Sozial- und personaler Kompetenz

Entwicklung eines Leitfadens zur Zuordnung der Lernziele zu den Kompetenzdimensionen (Regelhandbuch)

Schrittweiser Durchgang der Lernziele

Überprüfung der Kategorien nach 50% des Materials

Endgültiger Durchgang der Lernziele

Interpretation, Auswertung

Abbildung 11: Verfahren zur Ausbildungsordnungsanalyse (Hensge 2009, 9)

Tabelle 10: Unterscheidung Verkaufskompetenz und -orientierung (eigene Darstellung)

	Verhaltensanker	
	Verkaufskompetenz (vgl. BWV/f-bb 2011, 14)	Verkaufsorientierung (s. o.)
Schnittmenge	Abschlussorientiertes Handeln im direkten Kundenkontakt	
	Strukturierte und argumentative Gesprächsführung	
	Erkennen und Nutzen von Vertriebschancen	
	Systematische Analyse der Kundensituation und -bedarfe	
Teilmenge der Verkaufskompetenz, die über die Verkaufsorientierung hinaus geht	Bedarfsorientierte Beratung des Kunden	–

Hier wird noch einmal deutlich, dass die Verkaufsorientierung als Teilmenge der Verkaufskompetenz genau die performanten Verhaltensanker beinhaltet, dass hingegen die Teilmenge der Verkaufskompetenz, die bedarfsorientierte Beratung des Kunden, die über die Verkaufsorientierung hinausgeht, nicht direkt beobachtbar, sondern nur indirekt erschließbar ist.

Die Evaluationsergebnisse prognostizieren, betrachtet an den zugrundeliegenden Verhaltensankern, sowohl für die Verkaufsorientierung als auch für die Verkaufskompetenz eine wichtige bis sehr wichtige und tendenziell steigende Bedeutung für das Berufsbild (vgl. BWV/f-bb 2011, 13ff.).

Inwiefern die Performanz ‚Verkaufsorientierung' in der Abschlussprüfung der Kaufleute für Versicherungen und Finanzen abgebildet wird, wird unter anderem im Kapitel 2.6 behandelt.

2.5 Messung von beruflichen Kompetenzen

In diesem Kapitel geht es hinsichtlich beruflicher Kompetenzen, die „... inzwischen praktikabel und auch weitgehend messbar erfasst werden...“ (Erpenbeck 2004, 43) können, um deren Erfassung und Bewertung (vgl. Dehnbostel 2010, 109). Hierzu wurden verschiedenste Verfahren hervorgebracht (vgl. ebd.). Einen Eindruck über deren Vielschichtigkeit bietet beispielsweise das knapp 800 Seiten starke Handbuch der Kompetenzmessung von Erpenbeck/ Rosenstiel 2007. Aus diesem Grund gilt es in dieser Arbeit nicht, sämtliche oder das vermeintlich beste Verfahren, sondern deren zugrundeliegende Systematik vorzustellen:

Die Kompetenzmessung gliedert sich in zwei Hauptphasen: die Analyse und die Einschätzung, wobei die Einschätzung auf der Analyse aufbaut und sie beide als komplementäres Ergebnis die Messung der Kompetenz ausmachen.

In der *Analysephase*, die nachfolgend nach Dehnbostel dargestellt wird, erfolgen eine Identifizierung und Erfassung von Kompetenzen (vgl. Dehnbostel 2010, 110ff.) aus vergangenen und gegenwärtigen Kompetenzentwicklungsprozessen. Bei der Kompetenzanalyse ist der entwicklungs- oder anforderungsorientierte Ansatz unterscheidbar: Die entwicklungsorientierte Kompetenzanalyse geht von einer gegenwärtigen Standortbestimmung des Individuums aus, deckt Entwicklungsfelder auf und begleitet Entwicklungsprozesse. Bei der anforderungsorientierten Kompetenzanalyse werden vornehmlich erwartete Anforderungen in und für betriebliche Umgebungen entwickelt. In der Tabelle 11 wird die entwicklungsorientierte von der anforderungsorientierten Kompetenzanalyse anhand dreier bedeutender Merkmale unterschieden. In diesem Kontext sind also der Einsatz- und Verwendungszweck der Kompetenzanalyse entscheidend (vgl. Dehnbostel 2010, 113).

Bevor nun die Kompetenzen bewertet werden können, sind diese zunächst einzeln zu erfassen, was die Grundlage für eine hinreichende Operationalisierung bietet. Kadishi (2008, 179) stellt hierfür folgendes Vorgehen mit Leitfragen auf)

- *Differenzierung* – Welche Schlüsselkompetenzen sind notwendig, um eine Arbeit mit Erfolg verrichten zu können?
- *Spezifizierung* – Wie drücken sich diese Schlüsselkompetenzen im evidenten Tun aus?
- *Definition* – Welche Stellung nimmt diese Schlüsselkompetenz exakt in diesem Zusammenhang ein?

Tabelle 11: Unterscheidungsmerkmale einer entwicklungs- und anforderungsorientierten Kompetenzanalyse (in Anlehnung an Dehnbostel 2010, 112)

| Merkmal | Kompetenzanalyse | |
	entwicklungsorientiert	anforderungsorientiert
Zielsetzung	Reflexion und Einschätzung der Tätigkeiten und Kompetenzen des Individuums	Verbesserung des Arbeitsprozesses durch Arbeitsplatzanalysen und Einschätzung der Kompetenzen des Individuums
Methode	Subjektiv orientierte Kompetenzeinschätzungen durch Selbsteinschätzung und Dialog	Eher objektive Kompetenzmessung und -beobachtung durch Fremdeinschätzung
Ergebnis	Einschätzung der individuellen Kompetenzbestände im Hinblick auf Weiterentwicklung und -bildung	Beschreibung und Einordnung der Kompetenzen, die zur Erfüllung von Arbeitsaufgaben notwendig sind, bzw. Beurteilung und Einordnung nach festgelegten Standards

In der sich anschließenden *Einschätzungsphase* erfolgt eine Beurteilung des Ausmaßes der jeweiligen Kompetenz durch ein objektives Messverfahren oder ein subjektives Kompetenzverstehen (vgl. Dehnbostel 2010, 110). Diese bipolare Aufgliederung der Kompetenzmessung nehmen auch Erpenbeck/Rosenstiel vor. In der Kompetenzmessung des ersten Pols gehen sie davon aus, dass sich „… Kompetenzen wie naturwissenschaftliche Größen definieren und messen …" (Erpenbeck/Rosenstiel 2007, XXVI) lassen. Nach dem Verständnis zur Kompetenzmessung nach dem zweiten Pol steht das Verstehen im Rahmen einer Sinnanalyse im Vordergrund (vgl. Erpenbeck/Rosenstiel 2007, XXVII). Die meisten Verfahren zur Kompetenzmessung sind jedoch nicht eindeutig einem der beiden Pole zuzuordnen (vgl. ebd.). Spezifische Stärken- und Schwächenanalysen vorhandener Kompetenzen sind nach Gillen mithilfe der psychologischen

Potenzialanalyse in Verbindung mit pädagogischen Zielsetzungen möglich (vgl. Gillen 2004, 76).

Für die Messung „… von Kompetenzen sind kompetenzbasierte Bildungsstandards als Referenzsystem vorgesehen" (Dehnbostel/Lindemann 2007, 187). Es lassen sich zwei differierende Grundverständnisse von Bildungsstandards vorstellen: Zum einen bezwecken Bildungsstandards die Vereinheitlichung, Normierung, Vergleichbarkeit und Überprüfbarkeit von Kompetenzen, die beim Lernenden entwickelt wurden (vgl. Dehnbostel 2009, 204f.), zum anderen sollen Bildungsstandards die Überprüfbarkeit sowie die Mess- und Bewertbarkeit der Kompetenzentwicklung ermöglichen, und zwar anhand von Leistung, Erfolgen und Misserfolgen der Lernenden (vgl. ebd.).

Fraglich ist, wie derartige Standards zu formulieren sind, etwa als Mindest-, Mittel-/Regel- oder Höchststandards des Leistungsniveaus (vgl. Dehnbostel 2010, 113). Für die Standards der Allgemeinbildung hat die KMK diese Frage mit der Ausrichtung auf den Durchschnitt, also mit Regelstandards, beantwortet, was jedoch die Gefahr birgt, dass Bildungsferne oder Geringqualifizierte dem normativen Blick entzogen werden (vgl. ebd.).

Fraglich ist auch, wann eigentlich beurteilt werden soll, wozu Ott Folgendes ausführt (vgl. Ott 2007, 241): Die Beantwortung dieser Frage steht im direkten Zusammenhang mit dem Zweck der Beurteilung. Dient die Beurteilung einem Entwicklungszweck, empfiehlt sich immer eine zeitraumbezogene Beurteilung. Soll eine Leistung festgestellt werden, kommt auch eine zeitpunktbezogene Beurteilung in Betracht.

Der Nachteil der punktuellen Beurteilung liegt darin, dass so nicht alle relevanten Kompetenzen erfasst werden können, wie etwa die Teamfähigkeit (vgl. Reisse 1996, 116f.; vgl. Seyfried 1997, 352). Eine ähnliche Unterscheidung treffen die formative Kompetenzmessung, die zur Unterstützung von Lern- und Entwicklungsprozessen eingesetzt wird, sowie die summative Kompetenzmessung, die nach Abschluss von Kompetenzentwicklungsprozessen zur Anwendung kommt (vgl. Dehnbostel 2010, 115).

Auch nach der Art der Erhebung beruflicher Kompetenzen und deren Bewertung kann unterschieden werden, wozu Dubs und Dehnbostel weiter ausführen (vgl. Dubs 1996, 54; vgl. Dehnbostel 2010, 110): Hier steht im Wesentlichen die Fremd- und die Selbstevaluation nebeneinander. Die Fremdevaluation drückt sich zum Beispiel in Noten, Zeugnissen und Prüfungen aus, während die Selbstevaluation von der Beurteilung des eigenen Lernprozesses und -ergebnisses geprägt ist. Sinnvoll erscheint die gegenseitige Ergänzung beider Ansätze, um ein möglichst vollständiges

Bild zu erhalten. Diese Unterscheidung lässt sich auch in das Methodensystem der pädagogischen Erfolgskontrolle einordnen (vgl. Junge 2008, 305). Severing betont (vgl. 2009, 48ff.), dass eine Infrastruktur zur Erfassung informell erworbener Kompetenzen erforderlich ist, weshalb er ein Abrücken von der Differenzierung der Erfassungsmethoden unter Berücksichtigung davon fordert, ob Kompetenzen formell oder informell erworben wurden. Es kommt in diesem Zusammenhang nicht darauf an, wie eine Kompetenz erworben wurde, sondern einzig das Resultat ist bedeutend. Insofern stellt er die Anforderung an Zertifizierungsinstrumente, dass sie in der Lage sein müssen, informelle genauso wie formell erworbene Kompetenzen erfassen zu können.

Eine Frage der Praxiszertifizierung ist, wie der betriebsspezifische Kompetenzerwerb allgemeinverwendlich ausgedrückt werden kann (vgl. Severing 2004, 114). In diesem Kontext stehen die Entwicklungstendenzen in der Berufsausbildung, innerhalb derer sich Zertifizierungen durch den Betrieb einer starken Bedeutungszunahme erfreuen, während solche durch die Kammern einen geringen Bedeutungsverlust hinnehmen müssen (vgl. Becker 2005, 567).

Gillen (2009, 114f.) führt an, dass insgesamt eine bessere Aussagekraft dann erreichbar ist, wenn unterschiedliche der zuvor erläuterten Zugänge und Methoden miteinander sinnvoll verbunden werden, sodass ihre jeweiligen Vorteile bei gleichzeitiger Minimierung der jeweiligen Nachteile ausgenutzt werden können (vgl. auch Dietz 2003, 191). So führt beispielshalber die isolierte Selbsteinschätzung zu sehr subjektiven Ergebnissen, die jedoch durch Fremdeinschätzungen so flankiert werden können, dass auf der Basis multipler Perspektiven eine realitätsnähere und reflektiertere Darstellung getroffen werden kann; methodisch können so eine kommunikative Validierung und somit eine Intersubjektivität erreicht werden (vgl. ebd.). Bauer-Klebl (2009, 162ff.) zeigt am Beispiel der Sozialkompetenz ein mögliches Kombinationsmodell verschiedener methodischer Zugänge zu deren Messung, was sowohl kognitive Leistungstests, Verhaltensbeobachtungen und -befragungen als auch komplexe Kompetenzindikatoren berücksichtigt. Dietz (2003, 191) weist darauf hin, dass es bei der Kompetenzmessung für eine möglichst objektive Erfassung grundlegend ist, verhaltensnahe Items zu definieren und diese durch Partizipation und Information den zu Bewertenden gegenüber transparent zu machen.

Prüfungen beziehungsweise die auf ihrer Basis erstellten Zeugnisse sollen über die berufliche Handlungskompetenz des Absolventen Auskunft geben (vgl. Kapitel 2.4.1). Daraus folgt, dass die Kompetenzmessung im Rahmen von Abschlussprüfungen eine wesentliche Rolle spielen sollte (vgl.

Reisse 1996, 114). Inwieweit dies der Fall ist, wird auf der Grundlage der vorstehenden Ausführungen im Kapitel 2.7 diskutiert.

2.6 Abschlussprüfung

Mit der folgenden Abbildung wird kurz angezeigt, wie sich die Abschlussprüfung in die duale Ausbildung und somit in die betrieblichen Bildungsarbeit einordnet:

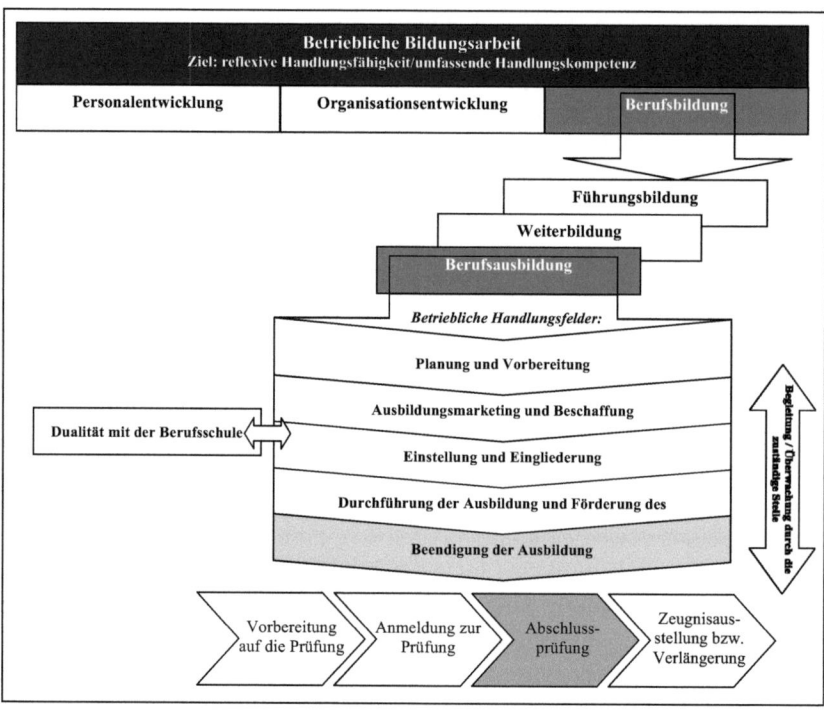

Abbildung 12:   Abschlussprüfung im System der betrieblichen Bildungsarbeit (eigene Darstellung in Anlehnung an Dehnbostel 2008, 5 und Ruschel 2008, 7ff.)

2.6.1 Grundlegendes zu Abschlussprüfungen

Eine Abschlussprüfung ist die die Berufsausbildung innerhalb eines anerkannten Ausbildungsberufes abschließende Prüfung und trägt je nach Branche unterschiedliche Bezeichnungen, so beispielsweise Facharbeiter-, Gesellen- oder Kaufmannsgehilfenprüfung (vgl. Küppers 2001, 214). Sie soll überprüfen, ob die Berufsausbildung für den Prüfling erfolgreich war, damit er in der Lage ist, im erlernten Beruf zu arbeiten (vgl. Bontrup/Pulte 2001, 141; vgl. Ruschel 2008, 305f. und 460, vgl. Seyfried 1997, 356f.; vgl. Hoch 2003, 149; vgl. Schierz 2003, 180; vgl. Badura/Müller 2003, 17; vgl. Münch/Reglin 2009, 8; vgl. Hoch 2003, 149).

Die bestandene Abschlussprüfung berechtigt zum Führen der Berufsbezeichnung (vgl. Bontrup/Pulte 2001, 312; vgl. Kastner 2007, 12; vgl. Busch/Kastner 2008, 21). Insofern stellt sie eine Berufseingangsprüfung dar (vgl. ebd.) und bildet in der Regel den Schlusspunkt der Berufsausbildung (vgl. § 21 Abs. 2 BBiG; vgl. Seyfried 1997, 346).

Ausschließlich die bestandene Abschlussprüfung bescheinigt mit dem Kaufmannsgehilfenbrief die Arbeitsmarktbefähigung und berechtigt den Absolventen zu Aufstiegsfortbildungen (vgl. Severing 2006, 30; vgl. Stender 2006a, 188). Weder das im Rahmen des Drei-Zertifikate-Modells auszustellende Berufsschulzeugnis noch das betriebliche Ausbildungszeugnis spielen hierbei eine Rolle (vgl. Stender 2006, 188; vgl. Ruschel 2008, 480f.). Dabei ist kritisch anzumerken, dass zur Prognose beruflicher Leistungen punktuelle Lernerfolgskontrollen, wie etwa Abschlussprüfungen, stets hinter der Güte von Zeitraumkontrollen, wie etwa der beiden anderen Zertifikate, zurückstehen (vgl. Ruschel 2008, 456; vgl. Krug 2006, 63; vgl. Seyfried 1997, 351; vgl. Hoch 2003, 149). Dies begründet sich darin, dass beispielshalber eine Schlüsselkompetenz wie die Teamfähigkeit nicht im Rahmen einer Abschlussprüfung bewertet werden kann, gleichwohl aber in der Praxis bedeutsam ist (vgl. Schmidt 2005, 16; vgl. BIBB 1999, 21; vgl. Dietz 2003, 192). Auch wenn eine Langzeitbewertung durch Ausbilder und Lehrer als Durchführungsform von Abschlussprüfungen, zumindest ergänzend als gewissermaßen kompetenzbasierte Zertifizierung beruflicher Bildung, denkbar ist, hat sich die einmalige, punktuelle Form der Abschlussprüfung in Deutschland nach dem Richtsatz »Wer lehrt, prüft nicht« kulturell etabliert (vgl. Ruschel 2008, 458; vgl. Lacher/Clement 2006, 194). Auch der Grundsatz der Prüfungseinheit schließt die Einbeziehung anderer Prüfungsleistungen aus (vgl. Henkert/Töltl 2010, Rn. 12 zu § 38 BBiG).

Ruschel übt an der Abschlussprüfung weitere Kritik, da gewisse Unwägbarkeiten, wie die Tagesform des Prüflings oder die Intensität der Vorbereitung, das Ergebnis verzerren (vgl. Ruschel 2008, 456). Die

Abschlussprüfung soll einen unparteiischen Soll-Ist-Abgleich darstellen, der von der zuständigen Stelle durchgeführt wird (vgl. Ruschel 2008, 456; vgl. Seyfried 1997, 346). Dies gestattet eine statistische Vergleichbarkeit von Ausbildungsergebnissen, und zwar in verschiedenen Perspektiven, so etwa zwischen einzelnen Auszubildenden oder Gesamtheiten in unterschiedlichen Konstellationen, wie beispielsweise Auszubildende der Klasse X im Vergleich mit Auszubildenden der Klasse Y oder Absolventen, die im Prüfungsausschuss A im Vergleich zum Prüfungsausschuss B geprüft wurden (vgl.ebd.). Sowohl zwischen einzelnen Absolventen als auch zwischen weiteren Beteiligten an der Berufsausbildung, wie Organisationen und Institutionen, wird somit ein Qualitätsvergleich ermöglicht (vgl. ebd.).

Bedenklich ist bei diesen Vergleichsansätzen mit den Abschlussprüfungsergebnissen als Kontrollwerten jedoch deren Interpretierbarkeit, da weder Norm- noch Kriterienbezug über alle Prüfungsinstrumente einer Abschlussprüfung hinweg verbindlich für die Prüfungsausschüsse geregelt sind, sodass das individuelle Prüfungsergebnis im Vergleich mit einem anderen Prüfungsergebnis eher wenig über die unterschiedliche Ausprägung der Berufsfähigkeit aussagt (vgl. Ruschel 2008, 357).

Die Funktionen von Abschlussprüfungen lassen sich nach Ruschel in zwei Hauptkategorien, die sich durch ihre unterschiedlichen Perspektiven abgrenzen, unterteilen: die bildungspolitische und die allgemeine Betrachtung (vgl. Ruschel 2008, 456ff.; vgl. auch Dietz 2003, 183; vgl. auch Schmidt 2005, 1; vgl. auch Zimmer/Dippl 2003, 17; vgl. auch Bohnert 2006, 3): Der bildungspolitischen Perspektive werden folgende Funktionen zugeordnet:

• Feststellung der Berufsfähigkeit,
• Rückmeldung über den Ausbildungsstand,
• Sicherung der Ausbildungsstandards,
• Vergleich einzelner Ausbildungsergebnisse,
• Vergleichbarkeit beruflicher Qualifikationen,
• Neutraler Soll-Ist-Vergleich.

Aus dem allgemeinen Betrachtungswinkel heraus nennt Ruschel diese Aufgaben:

• Motivationsfunktion,
• Diagnosefunktion,
• Informationsfunktion,
• Prognosefunktion.

Seyfried stellt die Möglichkeit heraus, über die Abschlussprüfung das Anspruchsniveau über Betriebe und Branchen hinweg zu harmonisieren (vgl. Seyfried 1997, 346). Reetz (2008, 12) benennt die pädagogischen Aufträge von Prüfungen, teilweise in Doppelung zu den Ausführungen von Ruschel, nämlich:

- Rückmelde- und Berichtsfunktion,
- Evaluationsfunktion,
- Lernsteuerungsfunktion,
- Chancenausgleichsfunktion,
- Motivationsfunktion,
- Funktion der individuellen beruflichen Sozialisation (berufliche Identität).

Neben diesen Funktionen, welche die Abschlussprüfungen erfüllen, haben unterschiedliche Akteure auch unterschiedliche Erwartungen an sie. Ruschel (2008, 461) führt hierzu aus, dass die Prüfungsteilnehmer eine angemessene Aufgabenstellung, eine gerechte Beurteilung und auch einen hohen Arbeitsmarktwert erwarten sowie sich ein gutes Ergebnis erhoffen und weiter (vgl. Ruschel 2008, 461): Die Ausbildungsbetriebe wünschen eine Ausrichtung der Abschlussprüfung an der Ausbildung am Arbeitsplatz, eine Beschreibung des Leistungsspektrums, eine Differenzierung der Ergebnisse, geringe Kosten und eine hohe Aussagekraft für ihre Beschäftigungsentscheidung. Währenddessen sieht die Berufsschule ihre Motivation für den Berufsschulunterricht in der Abschlussprüfung und fordert die Berücksichtigung ihrer Lerninhalte. Schließlich verlangt die zuständige Stelle, dass die Abschlussprüfung möglichst leicht zu organisieren ist, die Ergebnisse juristisch haltbar sind, geringe Kosten entstehen und die Prüfung Nachwuchssicherung beiträgt.

Das BBiG spricht in seinem § 38 der Abschlussprüfung die zentrale Aufgabe zu, auf der Basis der anzuwendenden Ausbildungsordnung festzustellen, ob die nötige berufliche Handlungsfähigkeit errungen wurde. Dies umfasst substanziell die Darlegung, dass der für die Berufsausbildung wesentliche, in der Berufsschule vermittelte Lehrstoff die notwendigen theoretischen und praktischen beruflichen Kenntnisse und beruflichen Fertigkeiten besessen werden (vgl. § 38 BBiG; vgl. Kastner 2007, 12; vgl. Busch/Kastner 2008, 21; vgl. Ott 2007, 236; vgl. Kastner 2007, 12; vgl. Breuer/Tauschek 2008, 127; vgl. Herkert/Töltl 2010 zu § 38 BBiG). Herkert/Töltl stellen in ihrem Kommentar zu § 38 BBiG klar, dass der lehrplanmäßige Stoff der Berufsschule nach dem Rahmenlehrplan gemeint ist und nicht der im Einzelfall in der Berufsschule tatsächlich unterrichtete Stoff (vgl. Henkert/Töltl 2010, Rn. 1 und 8 zu § 38 BBiG). Es gilt das Prinzip der Handlungsorientierung und Praxisnähe für die Durchführung und Abnahme der Prüfung, um eine angemessene Aussagekraft der Ergebnisse zu erreichen (vgl. Bontrup/Pulte 2001, 316; vgl. Schmidt 2005, 1; vgl. Bader 1994, 24); dies wird von einem Konsens der bildungspolitischen Akteure getragen wird (vgl. Stender 2006a, 194).

Die genau zum Tragen kommenden Prüfungsinhalte, -formen und -anforderungen legt die jeweilige Ausbildungsordnung fest, so auch die Art, das Gebiet und die Dauer der Prüfung (vgl. Bontrup/Pulte 2001, 141; vgl. Küppers 2001, 70; vgl. Ruschel 2008, 37). Dabei sollen fachliche Ausbildungsziele mit überfachlichen Kompetenzen verknüpft werden (vgl. Bontrup/ Pulte 2001, 143; vgl. Brinker 2009, 148; vgl. Hoch 2003, 149); dem rechnen Bontrup/Pulte (vgl. ebd.) beispielsweise zu, Gespräche kundenorientiert zu führen. Um Kompetenzen entsprechend prüfen zu können, sind diese zu konkretisieren und zu operationalisieren (vgl. Reisse 1996, 116)

In Abgrenzung zur Ausbildungsordnung regelt die Prüfungsordnung der jeweiligen Kammer das Prüfungsverfahren gem. § 47 BBiG, nämlich Zulassung, Durchführung und Zertifizierung (vgl. Bontrup/Pulte 2001, 315; vgl. Ruschel 2008, 37). Nach § 39 BBiG ist durch die zuständige Stelle ein Prüfungsausschuss für die Abnahme der Abschlussprüfung einzurichten (vgl. Bontrup/Pulte 2001, 317). Dabei schreibt § 40 Abs. 1 Satz 2 BBiG vor, dass die Mitglieder des Prüfungsausschusses zum einen sachkundig auf dem Prüfungsgebiet und zum anderen für den Einsatz im Prüfungswesen tauglich sein müssen (vgl. ebd.). Fraglich ist an dieser Stelle, wann eine solche Eignung vorliegt. Für die Bestellung zum verantwortlichen Ausbilder sind die Voraussetzungen hinsichtlich persönlicher und fachlicher Eignung gem. §§ 14, 28 und 29 BBiG, § 30 BBiG i. V. m. § 2 AEVO geregelt. Seit dem 1. August 2009 ist die von der fachlichen Eignung umfasste arbeits- und berufspädagogische Eignung wieder verbindlich nachzuweisen. Hierzu existieren jedoch zahlreiche Ausnahmen, die dazu führen, dass die Prüfung über berufs- und arbeitspädagogische Kenntnisse nicht abgelegt werden muss (vgl. §§ 6 und 7 AEVO). Auch wenn sicherlich einige verantwortliche Ausbilder als Prüfer bestellt sind, ist folglich nicht sichergestellt – zumindest nicht durch eine Prüfung nachgewiesen –, dass diese tatsächlich über berufs- und arbeitspädagogische Kenntnisse verfügen. Noch problematischer erscheint der Umstand, dass es sich beim Großteil der Arbeitgeber und -nehmervertreter in den Prüfungsausschüssen gerade nicht um Ausbilder i. S. d. BBiG handelt und diese somit auch nicht den Nachweis berufs- und arbeitspädagogischer Kenntnisse führen müssen (vgl. Becker 2005, 181). Den Lehrervertretern sei aufgrund ihres Berufes eine entsprechende prüfungspädagogische Eignung unterstellt. Prüfer sind durch ihre eigene Bildungsbiographie geprägt. Diese repräsentiert, je länger sie zurückreicht, immer weniger die pädagogischen Rahmenbedingungen, welche die Grundlage für handlungsorientierte Prüfungen und deren Durchführungen sein sollten (vgl. in Analogie zu Käppeli 2001, 30f.). Insofern sind die Bemühungen des DIHK sowie der einzelnen örtlichen Kammern zu begrüßen, die in diesem Sinne an der Entwicklung von Standards für das Prüfungspersonal arbeiten (in Analogie: vgl. Zimmer 2009, 30; vgl. Severing 2004, 110f.; vgl. Dehnbostel 2008, 7f.; vgl. Becker 2005, 180f.; vgl. Noß 2000, 79f.; vgl. Straka 1996, 61). Dies lässt hoffen, dass der täglich durch jeden Menschen ausgeführte, meist unterbewusst ablaufende Beurteilungsprozess hinsichtlich seiner Fehleranfälligkeit bei Prüfern verbessert wird (vgl. Crisand/Stephan 1999, 11; vgl. Müller/Brenner 2006, 11). Zu einer verbesserten Bewertungspraxis kann auch die Möglichkeit des Prüfungsausschusses zur Anforderung von Gutachten zu nicht mündlichen Prüfungsleistungen gem. § 39 Abs. 2 BBiG beitragen.

Traditionell ging es, insbesondere in kaufmännischen Abschlussprüfungen, hauptsächlich um eine Wissensabfrage, die auf § 35 BBiG 1969 basierte, da dort ausschließlich die Diagnose von Fertigkeiten und Kenntnissen für die Abschlussprüfung begründet wurde.

Die nachstehende Grafik gibt einen Überblick über die herkömmliche Struktur kaufmännischer Abschlussprüfungen:

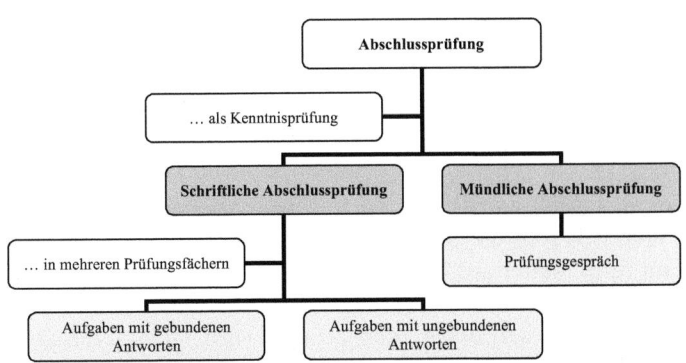

Abbildung 13: Herkömmliche Struktur kaufmännischer Abschlussprüfungen (in Anlehnung an Reetz 2008, 84)

Da das Handeln von Ausbildungsakteuren wesentlich von der Prüfungsqualität beeinflusst ist, muss, wenn es das Ziel der Ausbildung sein soll, berufliche Handlungskompetenz zu vermitteln, diese auch geprüft werden (vgl. Brötz 1997, 17).

Programmierte Prüfungen/gebundene Aufgaben sowie enge behavioristische und kognitivistische Lernvorstellungen werden dabei für die

Erfassung von Schlüssel- und Handlungskompetenz schon seit Langem als ungeeignet propagiert; stattdessen wird ein Wandel hin zu modernen Abschlussprüfungsformen gefordert (vgl. Wolff 1993, 293; vgl. Ott 2007, 239; vgl. Cycholl/Ebner 2006, 49). In diesem Sinne wurde ein Reformprozess angestoßen, der durch die bildungspolitischen Akteure auf einer konsensorientierten Basis mit folgendem Postulat getragen wurde: Abschlussprüfungen sollten praxisorientierter und betriebsnäher, jedoch ohne Schädigung des Berufsbezuges kreiert werden (vgl. Stender 2006, 191ff.). Außerdem sollte nicht ausschließlich Faktenwissen getestet, sondern stattdessen die Darlegung beruflicher Handlungskompetenz gewährleistet werden (vgl. ebd.). Hierzu passt die Forderung von Severin, dass Prüfungsstellen Betriebsspezifika und Prüfungserfordernisse „... in arbeitsplatznah ausgerichteten Prüfungsformen miteinander verbinden ..." (Severin 2009, 51) müssen. Inwieweit das Ziel der Darlegung von Kompetenzen gelingt, scheint umstritten. So bringen Berger/Saniter deutlich zum Ausdruck, dass eine bestandene Kammerprüfung die Frage, über welche Kompetenzen der Absolvent verfügt, nicht beantwortet (vgl. Burger/ Gillen 2009, 172).

Heute lösen neue Prüfungsformen mit handlungsbezogenen Aufgaben mit einer stärkeren Orientierung am Arbeitsprozess und an beruflichen Tätigkeitsfeldern diese nicht mehr zeitgemäße fachsystematische Abschlussprüfungstradition ab; das Fachwissen dient bei modernen Prüfungsformen als nötige Basis (vgl. Breuer/Tauschek 2008, 127; vgl. Achtenhagen 2004, 17; vgl. Stender 2006, 191ff.; vgl. Küppers et al. 2001, 146; vgl. Ott 2007, 239f.). Eine Gesamtschau möglicher Prüfungsformen bietet die Tabelle 12.

Küppers et al. führen an, dass es wichtig ist, dass das Verfahren, das zum Einsatz kommen soll, die reale Anforderung im jeweiligen Beruf widerspiegelt und führt weiter aus (vgl. Küppers et al. 2001, 148): So ist beispielsweise die betriebliche Projektarbeit als Prüfungsverfahren dann tauglich, wenn es für den Beruf, der geprüft wird, alltagstypisch ist, projektorientiert zu arbeiten. Es stellt ein Indiz dafür dar, dass ein Prüfungsverfahren nicht geeignet ist, wenn gemeinhin extra für die Prüfung geübt werden muss.

Tabelle 12: Moderne Prüfungsverfahren (in Anlehnung an: Ebbinghaus 1999, 15ff.; Reetz 2010, 114; Euler/Severing 2007, 55; Münch/Reglin 2009, 8; Schmidt 2005, 7f.)

Kategorien von Prüfungsverfahren	Einzelne Prüfungsverfahren
mündlich	▪ Mündliche Befragung (standardisiert, halbstandardisiert, unstrukturiert) ▪ Prüfungs-/Fachgespräch - situatives Fachgespräch bei Auftragsdurchführung - Fachgespräch nach Projektarbeit oder betrieblichem Auftrag - Fallbezogenes Fachgespräch ▪ Mündliche Gruppenprüfung ▪ Gruppendiskussion ▪ Präsentation ▪ Rollengespräche/Rollenspiele/Gesprächssimulation
schriftlich	▪ Gebundene schriftliche Alternativantwort-Aufgabe ▪ Gebundene schriftliche Mehrfachwahl-Aufgabe ▪ Schriftliche Umordnungsaufgabe ▪ Halboffene schriftliche Aufgabe ▪ Offene schriftliche Aufgabe (als Erarbeitungsaufgabe, mit Kurzantwort oder mit Antwortfreiheit) ▪ Schriftliche Hausarbeit/Dokumentation
praktisch	▪ Arbeitsprobe ▪ Prüfungsstück
ganzheitlich	▪ Praktische Übungen/Arbeitsaufgabe/betrieblicher Auftrag ▪ Integrierte Prüfung/(Prüfungsaufgabe) ▪ Projektaufgabe ▪ Assessment Center ▪ Computersimuliertes Szenario ▪ Planspiel

Zur weiteren Betrachtung seien noch einige Begriffe zur Prüfung erläutert:

Ein *Prüfungsinstrument* „... beschreibt das Vorgehen des Prüfens und den Gegenstand der Bewertung. Für jeden Prüfungsbereich sind die Prüfungsinstrumente festzulegen, wobei auch Kombinationen möglich sind" (Bähr 2007, 7). In diesem Sinne handelt es sich bei dem von Ebbinghaus verwendeten Begriff der Prüfungsverfahren um ein Synonym.

Prüfungsmethoden „... sind die Wege, die der Prüfungsausschuss beim Einsatz der Prüfungsinstrumente einschlägt. Beim gleichen Prüfungsinstrument können die Wege in unterschiedlichen Schritten zurückgelegt werden und dabei unterschiedliche Aktivitäten von Prüfern und Prüflingen gefordert werden." (Bähr 2007, 7)

Schmidt bezeichnet als Prüfungsmethode „... ein diagnostisches Verfahren für Prüfungssimulationen ..." (Schmidt 2005, 6).

Als *Prüfungsform* hingegen definiert Schmidt „… die sprachliche Umschreibung des in einer Ausbildungsordnung vorgeschriebenen Vorgehens in der Prüfung […], wobei diese nicht mit dem Begriff einer Prüfungsmethode übereinstimmen muss, aber kann" (Schmidt 2005, 6). Er stellt selbst bereits das Überschneidungspotenzial zu seiner eigenen Begriffsfassung zur Prüfungsmethode dar. Außerdem werden, rekurrierend auf das Element der Vorgehensweise, wiederum Übereinstimmungen mit dem Begriff des Prüfungsinstruments nach Bähr sichtbar. Dies macht deutlich, dass diesen Begriffen kein einheitliches Verständnis zugrunde liegt und sie teilweise synonym verwendet werden.

Die AKA Nürnberg als zentral zuständige Stelle für die Erstellung bundeseinheitlicher kaufmännischer Abschlussprüfungen pflegt ein Verständnis von beruflicher Handlungsfähigkeit, das aus der Fach-, Methoden- und Sozialkompetenz schöpft und worauf sich die Poiesis der einzelnen Prüfungen stützt (vgl. Kastner 2007, 36; vgl. Busch/Kastner 2008, 9; vgl. Holthausen 2006, 195). Für die Bildung handlungsorientierter Abschlussprüfungen kommen grundsätzlich die im Kapitel 2.2.2 erläuterten Ansätze der beruflichen Handlungskompetenz – die handlungstheoretische und -analytische Ausprägung – infrage (vgl. Ruschel 2008, 459; vgl. Stender 2006, 195).

Wichtige Ziele handlungsorientierter Abschlussprüfungen sind die Erfassung und Bewertung beruflicher Handlungskompetenzen (vgl. Bohnert 2006, 4). Hinsichtlich des dieser Arbeit zugrundeliegenden Verständnisses von beruflicher Handlungskompetenz wird also unter Berücksichtigung der Auffassung der AKA deutlich, dass personale Kompetenzen offensichtlich nicht in schriftlichen Prüfungen zu erfassen versucht werden. Inwieweit eine schriftliche Prüfung geeignet ist, soziale Kompetenzen abzuprüfen, erscheint äußerst fragwürdig. Insgesamt müssten praktische und mündliche Prüfungen insbesondere die Teilkompetenzklassen abdecken, die nicht durch schriftliche Prüfungen abgedeckt werden können oder dort schlicht nicht vorgesehen sind. Insofern müssten die praktischen beziehungsweise mündlichen Prüfungen insbesondere die sozialen und personalen Kompetenzen zum Gegenstand haben.

Welche Ansprüche an Abschlussprüfungen ansonsten zu stellen sind, beleuchtet Kapitel 2.6.2, bevor im Kapitel 2.6.3 konkrete Möglichkeiten der Messung von beruflicher Handlungskompetenz in Abschlussprüfungen aufgezeigt werden. Im Kapitel 2.6.4 werden unter anderem die für die Prüfung der Kaufleute für Versicherungen und Finanzen und somit für diese Arbeit relevanten Prüfungsinstrumente, -verfahren, -formen und -strukturen genauer vorgestellt und beleuchtet sowie hinsichtlich der im nächsten

Kapitel zunächst allgemein im Kontext mit Abschlussprüfungen erörterten Gütekriterien diskutiert.

2.6.2 Gütekriterien von Abschlussprüfungen

Abschlussprüfungen unterliegen bestimmten Gütekriterien der pädagogischen Diagnostik, die sich gemeinhin in der Validität, der Reliabilität und der Objektivität als Qualitätsmaß ausdrücken (vgl. Frank 2011, 432f.; vgl. Ott 2007, 234; vgl. Stender 2006a 197; vgl. Höhn 2002, 20).

Höhn weist darauf hin, dass bei den klassischen Gütekriterien zu beachten ist, dass die Abschlussprüfungen im Vergleich zu ihrem Ursprung, den psychologischen Testverfahren, in Bezug auf Standardisierung/Eichung unterschieden werden müssen, da aufgrund spezieller Anforderungen an Abschlussprüfungen gerade ausgeschlossen ist, zeitintensive Untersuchungen und Entwicklungen unter wissenschaftlichen Kriterien vorzunehmen (vgl. Höhn 2002, 104). Bei diesen speziellen Anforderungen handelt es sich um Aspekte wie (vgl. ebd.):

• Erfordernis, für jeden Prüfungstermin aufgrund der Veröffentlichung vergangener Prüfungen neue Aufgabensätze zusammenzustellen.
• Geheimhaltungserfordernis noch einzusetzender Aufgaben.
• Vorgaben von Merkmalsmessungen als Prüfungsgegenstand durch Verordnung.
• Je nach Ausbildungsordnung können Wahlmöglichkeiten zur Verfügung stehen. Demzufolge ist es zwingend, die klassischen Gütekriterien auf die Parameter von Abschlussprüfungen zuzuschneiden.

Ott (2007, 233) führt aus: Es geht im Rahmen von Abschlussprüfungen um die Diagnose des Standes des Prüflings, sodass die Notenfindung hier im Vordergrund steht. Diese beinhaltet verschiedene Funktionen: Den Noten kommt zum einen ein informativer Wert zu, zum anderen erfüllen sie auch nicht-pädagogische Funktionen. Zu Ersterem gehören Rückmeldefunktionen für den Lernenden und Lehrenden, eine Motivationsfunktion sowie eine Mitteilungsfunktion für außenstehende Dritte. Zu den nicht-pädagogischen Funktionen gehören solche wie die Disziplinierungs-, Klassifikations-, Selektions- und Sozialisationsfunktion.

In diesem Zusammenhang werden zunächst die Begriffe der Objektivität, Reliabilität und Validität geklärt:

Die *Objektivität* ist dann gegeben, „wenn die Messergebnisse möglichst unabhängig vom Untersucher sind ..." (Ingenkamp/Lissmann 2008, 51).

Man unterscheidet die Messobjektivität, die sich noch genauer in die Durchführungs- und Auswertungsobjektivität untergliedern lässt, von der Interpretationsobjektivität (vgl. Stender 2006a 198; vgl. Höhn 2002, 105; vgl. Bauer-Klebl u.a. 2009, 154).

Auf die Messobjektivität wirken vielgestaltige, nicht standardisierbare Faktoren ein, da beispielsweise selbst die Gestik und die Mimik des Prüfers im Rahmen einer mündlichen Prüfungsdurchführung Einfluss auf die Prüfungsbedingungen nimmt, oder eben klar bestimmte Regeln und Kriterien für eine Auswertung (vgl. Stender 2006a, 198; vgl. Bauer-Klebl u.a. 2009, 154).

In Anbetracht der Interpretationsobjektivität, welche die Unabhängigkeit der Interpretation von Testergebnissen von der interpretierenden Person darstellt (vgl. Bauer-Klebl u.a. 2009, 154), stehen drei verschiedene Bezugsnormen bereit, und zwar die sachliche Norm, der Sozialbezug als Norm sowie die individuelle Norm (vgl. Stender 2006a, 198). Stender führt weiter aus (vgl. ebd.): Bei der sachbezogenen Norm kommt es darauf an, ob die klar definierten Lernziele des Berufsbildes erfüllt sind. Dabei ist es wichtig, dass die Lernziele für die Prüfungsdurchführung hinreichend operationalisiert sind; beim Sozialbezug wird hingegen als Norm die Leistung eines Prüflings im Vergleich zum Mittelwert anderer Prüflinge bewertet, was eine Normalverteilung der Prüfungsleistungen unterstellt. Die Anwendung dieser Bezugsnorm ist deshalb äußerst prekär, weil ein und dieselbe Prüfungsleistung unterschiedlich bewertet wird, und zwar in Abhängigkeit davon, in welchem Leistungsumfeld sie erbracht wird. Letztlich scheidet die individuelle Norm im Wesentlichen für die Abschlussprüfung aus, weil sie die aktuelle Leistung eines Prüflings in Relation zu dessen Leistungsniveau aus der Vergangenheit setzt, Letzteres jedoch in aller Regel bei Abschlussprüfungen nicht bekannt ist.

Die Auswertungsobjektivität ist dann gegeben, wenn dieselbe Prüfungsleistung von unterschiedlichen Prüfern mit der gleichen Punktzahl bewertet wird (vgl. Höhn 2002, 105f.; vgl. auch Ott 2007, 234). Um sich diesem Idealzustand anzunähern, schlägt Höhn die Entwicklung von Bewertungsvorgaben vor (vgl. ebd.).

Die *Reliabilität* (Zuverlässigkeit) einer Prüfung ist dann gegeben, „… wenn man der Aussage des Messergebnisses trauen kann und nicht davon ausgehen muss, dass es das Resultat zufälliger Schwankungen ist, die auf Messfehlern beruhen" (Höhn 2001, 106). Zur Feststellung der Reliabilität kommen, wie Bauer-Klebel und andere ausführen, prinzipiell verschiedene Vorgehen infrage: das Modell der Halbierungsreliabilität, das der Retest-Reliabilität oder das der Paralleltestreliabilität (vgl. Bauer-Klebl u.a. 2009, 154). Bauer-Klebl und andere führen weiter aus (vgl. ebd.):

Bei der Halbierungsreliabilität wird ein Test in möglichst zwei gleiche Hälften geteilt, die dann miteinander korreliert werden, während bei der Retest-Reliabilität eine Korrelation zweier Tests zur selben Stichprobe zu verschiedenen Zeitpunkten erfolgt. Die Paralleltestreliabilität hingegen arbeitet mit zwei Testversionen, die dasselbe Konstrukt abbilden und auf dieselbe Stichprobe in kurz aufeinanderfolgenden Zeitpunkten angewandt und korreliert werden.

Für die Reliabilität ist nach Stender (2006a, 198) die Auswirkung der Befindlichkeit eines Prüflings auf das Prüfungsergebnis problematisch. Aufgrund mannigfaltiger Fehlerursachen kann bei geringer Messobjektivität kein verlässliches Ergebnis erzielt werden (vgl. ebd.). Gemäß Höhn (vgl. 2002, 108) sind dies im Wesentlichen eine geringe Auswertungsobjektivität, die zur Ungenauigkeit des Messinstruments führt, oder die durch Instabilität der Durchführungsbedingungen (z.B. Prüferverhalten) beeinträchtigte Durchführungsobjektivität. Hierbei ist die Autonomie der Prüfungsausschüsse ein besonderes Problem. Höhn (vgl. 2002, 108) kommt so zum Schluss, dass im Rahmen von Abschlussprüfungen die Reliabilität nur eine nachrangige Rolle spielen kann, und begründet dies damit, dass die bedeutenden Methoden zur Bestimmung der Reliabilität, etwa die Paralleltest- oder Wiederholungsmethode, aufgrund der Natur von Abschlussprüfungen nicht ausreichend angewandt werden können.

Die *Validität* „… bezieht sich auf die Aussagekraft der Prüfung. Eine Prüfung ist dann gültig und hat eine hohe Aussagekraft, wenn mit ihr das gemessen wird, was auch Gegenstand der Prüfung sein soll. Dieser Gesichtspunkt […] spielt […] bei der Bewertung der Leistung (Kriteriumsgültigkeit) eine große Rolle" (Frank 2011, 433; vgl. auch Bertram/ Borch 1999, 25). Stender führt aus, dass die Frage dessen, was genau geprüft werden soll und welches Ziel damit verfolgt wird, Grundlage für die Beurteilung der Validität von Prüfungen ist (vgl. Stender 2006a 198).

Das Messergebnis einer Abschlussprüfung drückt sich in einer Note oder einer Punktzahl aus, die auf die berufliche Handlungskompetenz schließen lassen soll (vgl. Höhn 2002, 109). Man müsste folglich darauf vertrauen können, dass Absolventen mit tendenziell besseren Prüfungsergebnissen auch bessere Leistungen in Tätigkeitsfeldern, die den Prüfungsgegenständen entsprechen, erzielen als diejenigen mit schlechteren Prüfungsergebnissen (vgl. ebd.).

Der Validitätsbegriff wird in der Systematik nach Lienert in verschiedene Spezialformen, nämlich in die Inhalts-, Konstrukt- und Kriteriumsvalidität, zerlegt (vgl. Pelz 2012, 30f.).

Die inhaltliche Validität gibt an, wie gut die mit der Prüfung erfassten Indikatoren die tatsächlichen Leistungsfaktoren für das Berufsbild oder den einer Teilprüfung zugeordneten Berufsbildausschnitt verkörpern (vgl. Pelz 2012, 32; vgl. Bauer-Klebl u.a. 2009, 153). Dabei umfasst die Inhaltsvalidität die sogenannte curriculare Validität, die angibt, inwieweit die Passung der konkreten Aufgabe mit den vorgegebenen Lernzielen gegeben ist (vgl. Höhn 2002, 110). Weiter weist Höhn daraufhin, dass eine bestmögliche Deckung kein zwingender Garant dafür ist, dass hierdurch die tatsächlichen Erfolgsfaktoren abverlangt werden (vgl. ebd.). Die Inhaltsvalidität entzieht sich aufgrund ihres Mangels an Quantifizierbarkeit eines numerischen Ausdrucks, da sie auf Plausibilitätsüberlegungen und subjektiven Einschätzungen beruht (vgl. Pelz 2012, 32f.). Sie bildet in der Regel die Basis von Zielvorgaben bei der Konstruktion eines Validierungsarrangements (vgl. ebd.). Eine Überprüfung der Inhaltsvalidität ist beispielsweise durch die Abfrage der Realitätsnähe des Untersuchungsdesigns möglich (vgl. ebd.).

Die „… Konstruktvalidität bezieht sich auf den Schluss von einem Test auf ein theoretisches Konstrukt, das nicht direkt beobachtbar ist" (Vogel 2006, 38). Hierzu werden sowohl eine theoretische als auch eine empirische Begründung vorausgesetzt (vgl. Vogel 2006, 39). Nach Lienert kann die Konstruktvalidierung alle denkbaren Vorgehensvarianten der Inhalts- und Kriteriumsvalidierung umfassen, wie etwa die Korrelation eines Testes mit einem Außenkriterium (vgl. ebd.).

Bei der Kriteriumsvaldität wird generell geprüft, „… ob die Prüfungsleistung im Zusammenhang mit einem anderen Kriterium, z.B. dem späteren beruflichen Erfolg steht" (Breuer/Höhn 1996, 53; vgl. Hensgen 2000, 201). „Bei der Kriteriumsvalidität gibt es Uebereinstimmung [sic!] eines Messinstruments mit anderen relevanten Merkmalen, sogenannten Aussenkriterien [sic!]" (Vogel 2006, 38). Dabei bildet ein Korrelationsschluss den Ausgangspunkt (vgl. Bortz/Döring 2009, 202; vgl. Vogel 2006, 38). Dies bedeutet, dass von einem Test auf das Kriterium geschlossen werden kann, und zwar auch dann, wenn die Korrelation theoretisch nicht erklärt werden kann, vorausgesetzt, dass sie empirisch gesichert ist (vgl. ebd.). Korrelationskoeffizienten auf der Gesamtebene zwischen .4 und .6 gelten in der Quantifizierung des Zusammenhangs mit dem Kriterium als mittelmäßig, während solche über .6 als hoch betrachtet werden (vgl. ebd.). Die Kriteriumsvalidität spiegelt so die Vorhersage des Kriteriums durch die Messleistung eines Testes (hier Vorhersage des Provisionseinkommens als Kriterium der Verkaufsorientierung durch das Punktergebnis des Kundenberatungsgespräches als Abschlussprüfungsinstrument) wider (vgl. Pelz 2012, 33; vgl. Bauer-Klebl u.a. 2009, 153).

In handlungsorientierten Abschlussprüfungen müssen, um den Zustand der Handlungsorientierung zu erreichen, aufwendige Aufgabenstellungen (z.B. mit Situationsvorgaben, Tarife, Bedingungswerke etc.) konstruiert werden (vgl. Badura/Müller 2003, 55f.). Dies führt dazu, dass aufgrund des erhöhten Lese- und Bearbeitungsaufwandes in einer vorgegebenen Zeit weniger Aufgaben gestellt werden können als in traditionellen Prüfungen (vgl. ebd.). Daraus folgt eine Einschränkung der Reliabilität und damit folglich eine geminderte Validität (vgl. ebd.). Dies begründet sich dadurch, „… dass die Kriteriumsvalidität maximal nur den Wert des geometrischen Mittels […] aus der Reliabilität des Testes und der Reliabilität des Kriteriums erreichen kann (vgl. Bortz/Döring 2006, 202; zur Begründung vgl. Rost 2004, 390).

Neben den vorstehend abgehandelten Gütekriterien von Abschlussprüfungen benennt Kastner des Weiteren die Ökonomie wie die Justiziabilität als wichtige Qualitätskriterien (vgl. Kastner 2007, 37). Ferner führt Höhn zusätzlich die Vergleichbarkeit und Nützlichkeit an (vgl. Höhn 2002, 103).

Münck/Reglin weisen darauf hin, dass die drei essenziellen Gütekriterien (Validität, Reliabilität und Objektivität) insbesondere bei der Prüfung von Schlüsselkompetenzen ungeklärt bleiben, da es hier an einer notwendigen Operationalisierbarkeit scheitere. (vgl. Münck/Reglin 2009, 8) Konkreter konstatiert Reiss diesbezüglich, dass sich die berufliche Handlungskompetenz nicht alleine durch eine Abschlussprüfung erfassen lässt, sondern dass allgemeine Klassen von Schlüsselkompetenzen unter Zugrundelegung des spezifischen Berufsbildes abgeleitet werden müssen (vgl. Reiss 1996b, 869ff.).

Ropert empfiehlt für die Optimierung der Objektivität und Reliabilität in mündlichen oder praktischen Abschlussprüfungen den verbindlichen Einsatz von standardisierten Bewertungsbögen, so dass ein systematisches Vorgehen sowie eine verbesserte Vergleichbarkeit gewährleistet werden können (vgl. Ropert 2004, 20). Ein solcher Bogen drückt gleichzeitig die Sollerwartungen aus, so dass klare und maßgebliche Beurteilungskriterien geschaffen sind; dies führt zur Transparenz und Nachvollziehbarkeit des Beurteilungsvorganges (vgl. ebd.).

Reetz führt in Abgrenzung zu den zuvor aufgezeigten klassischen Gütekriterien konzeptionelle Qualitätskriterien an, denen eine Fokussierung auf berufliche Handlungskompetenzen innewohnt (vgl. Reetz 2010, 110ff.; vgl. Reetz 2008, 43): Diese ergänzen ihm zufolge die klassischen Gütekriterien um folgende Punkte:

* Grundsatz der Handlungsorientierung
  (Leitfunktion des Modells der vollständigen Handlung),
* Grundsatz der Praxisnähe,
* Grundsatz der Prozessorientierung,

- Grundsatz der Flexibilisierung
  (Berücksichtigung branchenspezifischer Geschäfts- und Arbeitsfelder),
- Grundsatz der Individualisierung
  (Berücksichtigung von speziellen Arbeits- und Lernerfahrungen in den Betrieben),
- Grundsatz der Authentizität
  (durch reale Arbeit).

Reetz weist darauf hin, dass es teils entgegengerichtete Interdependenzen zwischen konventionellen und konzeptionellen Gütekriterien zu harmonisieren gilt, so beispielsweise die Problematik, dass eine möglichst hohe Genauigkeit sich nicht mit schwer messbaren Anforderungen verträgt.

Der Großteil der zuvor aufgezeigten Gütekriterien wird durch die IHK-Qualitätsstandards als Anforderung an Abschlussprüfungen zugrunde gelegt (vgl. Schmidt 2005, 17):

- Objektivität,
- Reliabilität,
- Validität,
- Verständlichkeit und Eindeutigkeit,
- Vermeidung von einseitiger Schwerpunktbildung und Spitzfindigkeit,
- Überprüfung beruflicher Handlungskompetenz,
- Trennung zwischen Leistungsstarken und Leistungsschwachen,
- wirtschaftliche Durchführbarkeit.

Kompetenzmessende Prüfungsinstrumente sollten allen diesen Anforderungen gerecht werden (vgl. Münck/Reglin 2009, 9), Fraglich ist also, ob und in welchem Ausmaß dies gegeben ist.

2.6.3 Abschlussprüfungen und berufliche Handlungskompetenz

Eine auf den Kompetenzerwerb ausgerichtete Berufsausbildung sollte selbstredend in ihrer Abschlussprüfung diesen Duktus fortsetzen. Die Kompetenz als Orientierungsrahmen ist mittlerweile zur Basis des gesamten Bildungssystems und somit auch Grundlage von pädagogischer Diagnostik, wie Prüfungen, geworden (vgl. Münck/Reglin 2009, 10).

Folglich müssen die Prüfungsformen und -methoden der Abschlussprüfung in der Lage sein, die beruflichen Kompetenzen des jeweiligen Ausbildungsberufsbildes auch zu messen und damit die jeweilige Berufspraxis ganzheitlich[5] und praxisgerecht abzubilden (vgl. Euler/ Severing 2007, 55; vgl. Ruschel 2008, 461; vgl. Krug 2006, 63; vgl. Balzhun 2003, 169f.; vgl. Dietz 2003, 183f.; vgl. Pabst 2009, 166; vgl. Ebbinghaus u.a. 2001, 7).

Dehnbostel/Lindemann führen aus, dass die Qualifikations- und Kompetenzbilanzierung und -bewertung an sich noch keine Neuerung in der beruflichen Bildung darstellen (vgl. Dehnbostel/Lindemann 2007, 184). Die eigentliche Neuheit liegt darin, dass – dem Anspruch der Kompetenzmessung folgend – auch die formalen Zeugnisse anstatt über Qualifikationen über die gesamte berufliche Handlungskompetenz Auskunft geben sollte (vgl. ebd.).

Severing stellt ebenfalls heraus, dass die Prüfung auf die Dokumentation der in der Ausbildung erworbenen beruflichen Handlungskompetenz gerichtet sein sollte und begründet die Herausforderungen der Harmonisierung dieses Zieles mit Anforderungen der Prüfungsökonomie und der Vergleichbarkeit von Prüfungsleistungen damit, dass die erworbene berufliche Handlungskompetenz nicht in jedem Fall sichtbar wird (vgl. Severing 2009, 49).

Ott führt an, dass für die Realisierung der Messung beruflicher Handlungskompetenz durch die Abschlussprüfung noch keine erprobten und validen Instrumente vorliegen (vgl. Ott 2007, 238).

„Grundvoraussetzung für eine ganzheitliche Abschlussprüfung ist die Neufassung des Berufsbildungsgesetzes (§ 35), wie es die Kultusministerkonferenz bereits 1992 initiiert hat. Die Ausbildungszertifizierung könnte sich dann sinnvoller Weise aus drei gleichwertigen Teilen zusammensetzen: dem Ausbildungsabschlusszeugnis, […] den Berufsschulzeugnissen, […] der öffentlichen Abschlussprüfung." (Ott 2007, 249; vgl. Küppers u.a. 2001, 93)

Ob und vor allem wann eine solche Änderung des Berufsbildungsgesetzes vorgenommen wird, ist fraglich. Solange die Rechtslage wie gegenwärtig ausgestaltet ist, scheint es von Interesse zu sein, wie man mit der Abschlussprüfung in diesem Rahmen möglichst nahe an die Messung beruflicher Handlungskompetenz rücken kann.

Dementsprechend spielt in der folgenden Betrachtung auch die Diskussion um ein einheitliches Kompetenzmodell über die Partner der dualen Ausbildung hinweg keine bedeutende Rolle, zumal dem bereits vorhandenen Kompetenzmodell nach den KMK-Richtlinien für

---

5   Zum Begriff der Ganzheitlichkeit: „Programmbegriff für Aus- und Weiterbildungskonzeptionen, die eine einseitig fachliche oder kognitive Berufsbildung durch die Einbeziehung außerfachlicher Komponenten überwinden möchte." (Arnold u.a. 1998, Kap. 8)

den schulischen Teil der Berufsausbildung der Kompetenzbegriff nach Klieme zugrunde liegt, welcher zu stark kognitive Kompetenzen in den Vordergrund stellt und somit als Maßstab nicht infrage kommt, da somit dem Konzept der beruflichen Handlungskompetenz nicht ausreichend Rechnung getragen würde (vgl. Dehnbostel/Lindemann 2007, 190 und 195; vgl. Dehnbostel 2009, 207).

Die zeitliche Anordnung der Abschlussprüfung ist nach dem jetzigen Berufsbildungsrecht bereits als gestreckte Abschlussprüfung zu zwei Zeitpunkten möglich (vgl. § 37 Abs. 1 Satz 3 BBiG), sodass somit zwar keine echte zeitraumbezogene, aber zumindest mehr als eine zeitpunktbezogene Bewertung erfolgen kann. Damit ist der Vorteil der Lernerfolgsrückmeldung noch während der Ausbildung verbunden, was ein individualisiertes, regulierendes Lehr-Lern-Management in der Ausbildung in Ansätzen ermöglicht (vgl. Euler/Severing 2007, 51), zumindest hinsichtlich des ersten Prüfungsteils.

Die Darstellung der beruflichen Handlungskompetenz in Prüfungen illustriert Ruschel in der Abbildung 14:

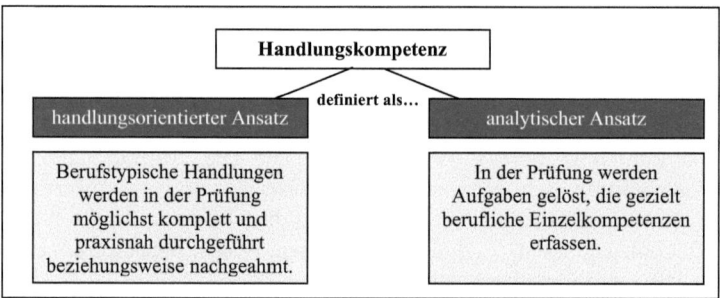

Abbildung 14: Prüfung der beruflichen Handlungskompetenz (in Anlehnung an Ruschel 2008, 459)

Dabei darf die modellhafte Trennung dieser Ansätze sowie deren unterschiedliche theoretische Begründung nicht dazu führen, dass das Prüfen der beruflichen Handlungskompetenz auf konservenartig verfügbare Handlungsschemata begrenzt wird (vgl. Reetz 2010, 104).

Badura/Müller nennen folgende Merkmale für handlungsorientierte Prüfungsaufgaben (vgl. Badura/Müller 2003, 23f.):
• Situationsbezug,
• Praxisbezug,
• Verständnisaufgaben,
• Anreicherung mit Unterlagen,

- Adressatenorientierung,
- Aktivitätsorientierung,
- Prozessorientierung oder Einzelhandlung.

Zulässig sollten auch unvollständige Handlungen sein, da diese in der kaufmännischen Praxis tatsächlich vorkommen (vgl. Badura/Müller 2003, 22).

Als beispielhafte Zuordnung zu den Elementen der Triade »Planung, Durchführung und Kontrolle« zählen Badura/Müller folgende Tätigkeiten auf (vgl. Badura/Müller 2003, 26ff.):

Tabelle 13: Triadenzuordnung (in Anlehnung an Badura/Müller 2003, 26ff.)

Planung	Durchführung	Kontrolle	Sonstige Handlungselemente
• Ablaufplanung • Analyse von Abfolgen • Mitteleinsatzplanung • Ziel-Mittel-Beurteilung • Zeit- und Terminplanung • Gewinnplanung • Absatzplanung • Beschaffungsplanung • Produktionsplanung • Personalplanung • Finanzplanung • Investitionsplanung • Kostenplanung • Kapazitätsplanung	• Rechnen/Kalkulieren • Buchführung • Ausfüllen von Belegen • Erstellen von Texten • Erstellen von Zeichnungen • Lösung einfacher Beratungssituationen • Erstellung von Plänen (z.B. Balkendiagramme)	Soll-Ist-Vergleich hinsichtlich: • Funktionstüchtigkeit • rechnerischer Richtigkeit (z.B. Rechnung) • logische Folgerichtigkeit • Richtigkeit von Texten • korrekte Terminierung	• Zielfixierung • Zielanalyse • Situationsanalyse • Situationsbeurteilung • Suche nach Handlungsalternativen • Beurteilung von Handlungen • Entscheidungsaspekte

Bereits mit dem Fokus auf die Abschlussprüfung der Kaufleute für Versicherungen und Finanzen werden nachfolgend ausgewählte Aspekte für die Messung der beruflichen Handlungskompetenz durch Abschlussprüfungen vorgestellt.

Eine inhaltsunabhängige Prüfung überfachlicher Kompetenzen scheint nicht möglich (vgl. Obrist/Städeli 2010, 57), was die Einbettung in möglichst reale Situationen erfordert.

Stender nennt folgende Realisierungsmöglichkeiten für praxisnahe Abschlussprüfungen (vgl. Stender 2006a, 194f.; vgl. BIBB 1999, 20; vgl. Breuer/Höhn 1997, 85; vgl. Reisse 1995, 48):

a) Der Frageteil einer schriftlichen Aufgabe sollte immer auf der Basis einer konkreten beruflichen Situation ansetzen, sodass praxisbezogene Fälle, wenn auch fiktiver Art, zu bearbeiten sind. Das hierfür nach wie vor notwendige Wissen ist so praxisbezogen anzuwenden. Mit diesem Grundstein allein kann jedoch noch nicht eine gewisse Handlungsorientierung begründet werden.

b) Damit sich eine solche Aufgabe nun handlungsorientiert darstellt, muss sie vom Prüfling die Anwendung von Handlungselementen verlangen. Hierfür kommen sowohl der kompetenzanalytische Ansatz als auch das Modell der vollständigen Handlung in Betracht, und zwar als Komplementäre.

Die konkrete berufliche Situation, die einer Abschlussprüfungsaufgabe vorausgehen sollte, sollte wiederum folgende drei Anforderungen erfüllen (vgl. BIBB 1999, 44):

1. Knapper Abriss des Unternehmens sowie der dortigen gedachten Stellung des Prüfungsteilnehmers.
2. Schilderung der zu bewältigenden Arbeit.
3. Nötigenfalls zusätzliche Angaben, die zur Bearbeitung erforderlich sind, wie beispielsweise Schriftstücke oder Tarife.

Kloft (1996, 897) stellt an den Aufbau einer handlungsbezogenen schriftlichen Aufgabe unter anderem folgende Anforderungen:

I. Situationsbeschreibung inkl. Arbeitsunterlagen.
II. Mehrere Fragen/Gestaltung der Gesamthandlung. Hierbei sollte sich jede Frage auf eine bestimmte Phase des Modells der vollständigen Handlung beziehen; alternativ kann als eine Aufgabe die Gestaltung der Gesamthandlung gefordert sein.

Ferner weist er darauf hin, dass die Aufgaben aus Arbeitshandlungen unterschiedlicher Komplexitätsstufen kreiert werden müssen, um eine gewisse Trennschärfe im Leistungsniveau zu erreichen, und schlägt folgende Differenzierung vor:

1) Einfach strukturierte Handlungen = Fordert die Anwendung von Handlungswissen in konkreten Situationen.
2) Komplexere Handlungen = Erfordernis von Planungs-, Koordinierungs- und Problemlösungskompetenz.
3) Handlungsgestaltungen = Organisation einer Handlung mit selbstständiger Ablaufgestaltung.

Reetz führt aus (vgl. 2010, 105f.; vgl. 2008, 49), dass sich Aufgaben, auf die es ausschließlich falsche oder richtige Lösungen gibt, nicht zur Prüfung der beruflichen Handlungskompetenz eignen, und zwar auch dann nicht, wenn sie mit Situationen kontextualisiert werden, zu deren Bewältigung es einer bloßen Wissensrepetition bedarf. Bei solchen unechten Situationsaufgaben wäre nämlich keine Situationsvorgabe erforderlich. Hierdurch wird ein situiertes Prüfen lediglich vorgetäuscht. Ähnliches gilt für die Zerlegung komplexer Handlungssituationen in mehrere kleinteilige Aufgabenstellungen, da hier keine ganzheitliche Problemlösungsfähigkeit sichtbar werden kann.

Für die Entwicklung von Situationsaufgaben kann das Modell inferenzieller Grundformen als substanzielle Komponente von Kompetenzen von Minnameier/Berg (2010, 178) wie folgt herangezogen werden: In einem in sich geschlossenen Denkverlauf soll relevantes Wissen in einer konkreten Situation aktiviert werden, das für eine bestimmte Problemstellung durch einen logischen Schluss alternative Lösungen generiert (Abduktion). Die Abduktion unterscheidet sich folglich klar von der Deduktion und der Induktion und bildet mit ihnen gemeinsam, in sinnvoller Anordnung (s. Abb. 15) zueinander, die sogenannte Inferenz.

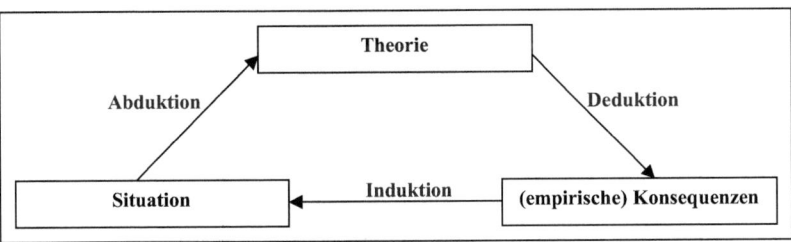

Abbildung 15: Anordnung inferenzieller Grundformen (in Anlehnung an Minnameier/Berg 2010, 177)

Der Abduktion folgend führen nun gegebene Bedingungen zu sich aus ihnen ergebenden Konsequenzen, anhand derer die konkrete Problemsituation hinsichtlich abduktiver Lösungen/Erklärungen durchleuchtet wird (Deduktion). Alternative Lösungsmöglichkeiten werden dann auf der Basis der deduktiv erfassten Folgen endgültig beurteilt, sodass nachfolgend eine alternative Lösungsmöglichkeit zur Realisierung ausgewählt wird (Induktion).

Haasler/Rauner fordern neben vielen anderen Autoren, dass Prüfungsaufgaben so offen formuliert sind, dass ein Gleichnis zur Fülle von Lösungswegen in der Wirklichkeit entsteht (vgl. Haasler/Rauner 2010, 93f.; vgl. Dubs 2006, 193; vgl. Schmidt 2005, 2ff.; vgl. Breuer/ Tauschek 2008, 131; vgl. Achtenhagen 2004, 25; vgl. Zimmer/Dippl 2003, 9; vgl. Brötz 1997, 17; vgl. Küppers u.a. 2001, 148; vgl. Seyfried 1997, 349). Dabei sollte die Ausschöpfung von Spielräumen in der Gestaltung die berufliche Kompetenz anzeigen. Voraussetzung dafür ist eine Situationsbeschreibung, welche die Basis für das Erkennen adäquater Lösungen darstellt. Damit ist die Ablösung von Musterlösungen, nach denen Prüfer Antworten bewerten, durch möglichst vollständige Skizzen eines Lösungsraums in Form von denkbaren Ansätzen und Varianten verbunden, sodass nach wie vor eine Standardisierung erreicht werden kann. Ein Zusammenhangsverständnis ist nur durch komplexe Aufgaben messbar, da ansonsten bei kleinteiligen Aufgaben eine Zerschlagung in abstrakte Kenntnisse und Fertigkeiten, die in ihrer Summe aber noch keine berufliche Handlungskompetenz ausmachen, droht. Für die Konstruktion von Aufgaben sollten berufscharakteristische Arbeitsaufgaben als Bezugspunkt dienen.

Brinker (2009, 150) weist darauf hin, dass die Abprüfung von Kompetenzen anhand mehrerer Situationen und nicht nur in einer einzelnen Situation erfolgen sollte. Damit korrespondiert das Postulat von Küppers et al. nach der Darstellung eines typischen Querschnitts der faktischen beruflichen Ansprüche, um ihre Zuverlässigkeit zu gewährleisten (vgl. Küppers u.a. 2001, 149).

Bei der konkreten Bewertung können Kriterienverzeichnisse, welche die bedeutsamen Einzelkompetenz in der relevanten Situation kontextualisieren, helfen (vgl. Brinker 2009, 150f.)

Seyfried propagiert die Prüfung der Sozialkompetenz in Gruppen durch eine gemeinsame Aufgabenbearbeitung (vgl. Seyfried 1997, 349). Dies konkretisiert Dietz hinsichtlich der Teamarbeit, durch die die Kommunikations-, Team- und Kooperationsfähigkeit geprüft werden könne, wobei er eine Arbeitsprobe als Gruppenprüfung vorschlägt, bei der die Prüfer das Teamverhalten beobachten (vgl. Dietz 2003, 188 und 192).

Hoch beschreibt als eine Möglichkeit einer prozessorientierten Prüfung den »betrieblichen Auftrag« (vgl. Hoch 2003, 154f.; vgl. auch Scheib 2005, 56): Hierbei führt der Prüfling in seinem Ausbildungsbetrieb einen realen Arbeitsauftrag durch und dokumentiert dies. Die Dokumentation dient dem Prüfungsausschuss als Information und Grundlage für die Durchführung eines Fachgespräches. Bei dieser Gelegenheit soll der Prüfling beweisen, dass er den fachlichen Hintergrund aufzeigen und seine Vorgehensweise begründen kann.

Mit dem enormen Bedeutungsgewinn der Prozessorientierung innerhalb der Berufsausbildung werden passende Prüfungsformen und -instrumente erforderlich (vgl. Krug 2007, 131f.). Ott führt aus, dass sich zur inhaltlich-prozessualen Beschreibung Arbeitsprozessberichte eignen (vgl. Ott 2007, 240). Hier werden der Lernweg prozessual und inhaltlich sowie das Handlungsergebnis beschrieben. Umfasst sind beispielsweise die Zeitplanung, die Arbeitsschritte und der Zielerreichungsgrad. Durch eine naturgetreue Vorstellung des Lern- und Arbeitsprozesses, der sodann kritisch reflektiert wird, erfolgt die Bewertung; Stichworte wie Schwierigkeiten, Erfolge, Selbsteinschätzung, Alternativen etc. spielen dabei eine Rolle.

Stender äußert sich kritisch zum Prüfungsinstrument des fallbezogenen Fachgespräches und begründet dies damit, dass die Prüfer auf der Basis eines Reports etwas bewerten sollen, das sich ihrer Beobachtung entzieht (vgl. Stender 2006a, 203; ähnlich auch Scheib 2005, 281). Hierbei wird verkannt, dass es nicht um die sachlich-inhaltliche Bewertung der Richtigkeit einer geschehenen Handlung gehen sollte, sondern vielmehr um die Reflexivitätsbewertung des Prüflings im Nachhinein. Und genau bei dieser Reflexion sind die Prüfer anwesend, da diese den Gegenstand des Prüfungsgespräches bildet, was man aus den oben genannten Stichworten von Ott entnehmen kann. Dahingehend äußern sich auch Breuer/Tauschek, die alternativ zu einer Beobachtung durch Prüfer für die Beurteilung von Arbeitsprozessen die Reflexion von Vorgehensweisen und Entscheidungen innerhalb eines situativen Gespräches vorschlagen (vgl. Breuer/Tauschek 2008, 131 und 142f.). Auch Gudjons führt an, dass sich nicht nur die Kontrolle von Lernergebnissen, sondern vielmehr die Reflexion des Abgelaufenen als kritische Auswertung des Handlungsprozesses, der zu dem erzielten Ergebnis geführt hat, zur Analyse und Bewertung von Handlungsorientierung anbietet (vgl. Gudjons 2008, 137f.; vgl. Brinker 2009, 150).

Nach der Definition von Schmidt ist ein Fachgespräch

> „… dadurch gekennzeichnet, dass über fachliche Fragen, Arbeitsaufgaben, betriebliche Prozesse, Arbeitsplanungen etc. gesprochen wird. [...] Prüfungsmethodisch spielt der Gegenstand des Fachgesprächs keine Rolle. Gegenstände können somit allgemeine Themen aus dem beruflichen Alltag, Fachwissen, eine oder mehrere konkrete Arbeitsaufgaben oder Projekte sein." (Schmidt 2005, 66)

Die qualitativen Evaluationsergebnisse von Ebbinghaus et al. zur Untersuchung der Abbildung der beruflichen Handlungskompetenz in den Prüfungsinstrumenten der IT-Berufe zeigen, dass der Durchführung, der Dokumentation, der Präsentation und dem Fachgespräch als Vierklang von Ausbildern, Ausbildungsleitern und Prüfern eine hohe Aussagekraft beigemessen sowie attestiert wird, dass er realen betrieblichen Aufgabenstellungen und -abläufen entspricht, wenngleich die Spannweite der Haltungen zu dieser Prüfungsform bis in beide möglichen Extrempositionen reicht (vgl. Ebbinghaus u.a. 2001, 26ff.). Des Weiteren wird deutlich, dass klare, einheitliche und objektive Bewertungskriterien notwendig sind. Quantitativ ergründen Ebbinghaus u.a. eine durchschnittliche Zustimmung von 75,5 % zu diesem Vierklang im Bereich einer guten bis eher guten Aussagekraft mit einer Skala von 1 bis 4 (1 = gut, 4 = schlecht). Über die einzelnen Bestandteile dieses Vierklangs hinweg ergibt sich zur Aussagekraft und Praxisnähe folgende Verteilung auf der vorgenannten Skala:

Tabelle 14: Aussagekraft und Praxisnähe zur betrieblichen Projektarbeit als Prüfungsinstrument in den IT-Berufen (in Anlehnung an Ebbinghaus u.a. 2001, 42ff.)

Skala:	Projektarbeit	Dokumentation	Präsentation	Fachgespräch
gut	36,0 %	23,5 %	38,7 %	34,6 %
eher gut	49,6 %	49,8 %	47,2 %	51,6 %
eher schlecht	12,5 %	23,2 %	12,5 %	12,5 %
schlecht	1,9 %	3,6 %	1,6 %	1,6 %

Eine weitere Prüfungsform ist das Rollenspiel (Gesprächssimulation), das beispielsweise aktiv in einer Verkaufssituation und somit als praktisches Element zur Bewertung von Fachkenntnissen und Verhaltensweisen in der kundenorientierten Beratung eingesetzt wird (vgl. Bontrup/Pulte 2001, 228f.). Der BIBB-Hauptausschuss definiert die Gesprächssimulation als „... ein mündliches Rollenspiel" (Bähr 2007, 9). Dem Prüfer kommt hierbei die Rolle eines hypothetischen Gesprächspartners und dem Prüfling die einer möglichen Ausprägung seiner auf der Basis des Berufsbildes denkbaren beruflichen Funktionen zu (vgl. Schmidt 2005, 79; vgl. Bähr 2007, 9). Der Prüfling erhält für das Gespräch notwendige Unterlagen, anhand derer er sich in einer zur Verfügung gestellten Zeit vorbereiten und die er im Gespräch nutzen kann (vgl. ebd.).

> „Das in der Versicherungswirtschaft erstmalig eingeführte Kundengespräch wurde nicht nur für weitere kaufmännische Berufe übernommen, sondern bietet auch die Basis für das »gastorientierte Gespräch« in den Gastgewerbeberufen ..." (Scheib 2005, 38)

Stender führt hierzu aus (vgl. 2006a, 201), dass das Kundenberatungsgespräch als Rollenspiel durchgeführt wird und sich insbesondere zur Bewertung der Sozial- und Methodenkompetenz eignet. Kritisch äußert sich Stender hinsichtlich der Interpretationsobjektivität und eines geringen Maßes an Validität des Prüfungsinstruments. Um die Interpretationsobjektivität zu erhöhen, schlägt er vor, die Prüfungssituation durch mehrere Prüfer bewerten zu lassen, Beurteilungsbögen mit klaren Bewertungskriterien zu verwenden und Prüferschulungen durchzuführen. Es bleibt die Behauptung der geringen Validität, zu der er lapidar darauf verweist, dass es aber auf die verfolgten Ziele ankomme. Ein empirischer Nachweis wird nicht angeführt.

Die Ausführungen decken sich jedoch zu einem großen Teil mit den Ergebnissen eines Modellversuches zum neu eingeführten Kundenberatungsgespräch als Prüfungsinstrument, der nach dem Inkrafttreten der Ausbildungsordnung der Versicherungskaufleute von 1996 stattfand. Dort wurden positive Erfahrungen hinsichtlich der Zusammenstellung von Fallvorgaben und detaillierter Ausgestaltungshinweise sowie mit Beobachtungs-, Protokoll- und Bewertungsbögen für eine objektive Leistungsbeurteilung verzeichnet (vgl. Küppers u.a. 2001, 150).

Inwieweit für das Kundenberatungsgespräch als Prüfungsinstrument in der Abschlussprüfung der Kaufleute für Versicherungen und Finanzen eine geringe Validität zu erwarten ist, klärt das Kapitel 2.7, während das Kapitel 3 auf der Basis der quantitativ und qualitativ angelegten Forschung tatsächlich die Frage nach dem Ausmaß der Validität beantwortet.

2.6.4 Abschlussprüfung im Berufsbild ,Kaufmann/Kauffrau für Versicherungen und Finanzen'

Am Ende der Ausbildung findet gem. § 9 der Ausbildungsordnung die Abschlussprüfung statt. Die Möglichkeit einer Stufenausbildung nach § 37 Abs. 1 Satz 2 BBiG wird nicht genutzt.

Nareuisch propagiert, dass die anspruchsvolle Abschlussprüfung der KVF auf das übergreifende Wissen und die Handlungsorientierung fokussiert (vgl. Nareuisch 2008, 5; vgl. Nareuisch 2009, 3). „Durch die Abschlussprüfung werden die Kompetenzbereiche Fach-, Methoden- und Sozialkompetenz in Bezug auf die vermittelten Lernziele der Ausbildungsordnung geprüft." (Holthausen 2006, 102)

Nach § 3 Abs. 1 der Ausbildungsordnung für den Ausbildungsberuf der Kaufleute für Versicherungen und Finanzen hat der Prüfling in der Abschlussprüfung nachzuweisen, dass er selbstständig planen, durchführen und kontrollieren kann, also weitgehend eigenständig in der Lage ist, berufliche Aufgabenlösungen herbeizuführen. Dafür, so Kastner, „… erhalten die Teilnehmer Aufgabenstellungen, die berufliches Wissen und Können sowie berufspraktisches Handeln und berufliche Erfahrung sinnvoll miteinander verbinden" (Kastner 2007, 5). Dies erfordert entscheidungs-, problem- und handlungsorientierte Aufgaben (vgl. ebd.).

Die Gliederung der Abschlussprüfung stellt sich in folgenden Bestandteilen dar:

Tabelle 15: Abschlussprüfungsgliederung der KVF (in Anlehnung an: Nareuisch 2009, 8; Holthausen 2006, 102)

Prüfungsteil	Versicherungs- wirtschaft und Leistungs- management	Wirtschafts- und Sozial- kunde	Kunden- beratungs- gespräch	Fallbezogenes Fachgespräch
Gewichtung	40 %	10 %	25 %	25 %
Prüfungsform	schriftlich, ungebunden	schriftlich, gebunden	mündlich	

Grundsätzlich bestimmt der zuständige Prüfungsausschuss die Aufgaben der Abschlussprüfung (vgl. Stender 2006a, 98). Um sowohl zu einem homogenen Niveau als auch zu einem identischen Anspruch der schriftlichen Abschlussprüfung zu gelangen, werden die Prüfungsaufgaben durch die AKA-Nürnberg bundeseinheitlich erstellt (vgl. Bontrup/Pulte 2001, 312).

Nach Auffassung der AKA lassen sich Sozialkompetenzen nicht schriftlich prüfen, weshalb in den schriftlichen Prüfungsteilen lediglich die Fach- und Methodenkompetenz zum Gegenstand wird (vgl. Holthausen 2006, 102; vgl. Kastner 2007, 36; vgl. Busch/Kastner 2008, 9).

Bis auf den Bereich ‚Kundenberatung und Verkauf‘ werden alle Kernqualifikationen, genauso wie der Baustein ‚Schaden- und Leistungsmanagement der Fachrichtung Versicherung‘ beziehungsweise der Teil ‚Private Immobilienfinanzierung und Versicherungen der Fachrichtung Finanzen‘ (s. Abb. 9: Struktur der Ausbildung KVF (BWV 2006, 3)) schriftlich geprüft (vgl. § 9 Abs. 1 und 2 AO-KVF 2006).

Die nachfolgenden Ausführungen bieten einen Überblick über die einzelnen Prüfungsteile der Abschlussprüfung für Kaufleute für Versicherungen und Finanzen:

Versicherungswirtschaft und Leistungsmanagement:
In diesem Prüfungsteil sind gem. § 9 Abs. 3 Ziff. 1 der Ausbildungsordnung der KVF Versicherungs- und Finanzprodukte, Vertragserhaltung und -service, Rechnungswesen und Controlling sowie Leistungsfeststellung und Schadenregulierung zu prüfen. Dafür soll der Prüfling zeigen, dass er bei Privatkunden Bedarfssituationen analysieren und Vorschläge zur Lösung machen kann, die Antragsprüfung sowie die bestands- und serviceorientierte Vertragsbearbeitung beherrscht sowie Erträge und Kosten von

Versicherungsprodukten ermitteln und den wirtschaftlichen Erfolg anhand von Statistiken und Kennziffern bewerten kann (vgl. Kastner 2007, 13).

Für die Durchführung dieses Prüfungsteils wurde ein Musterunternehmen, die Proximus Versicherungsgruppe, samt den dazugehörigen Bedingungen, Tarifen, Vertragsspiegel, Antragsformularen etc. geschaffen, anhand dessen die theoretische Ausbildung sowie der Prüfungsteil ‚Versicherungswirtschaft' durchgeführt wird (vgl. Kastner 2007, 26; vgl. Holthausen 2006, 36ff. und 104).

Im Situationsteil wird die Rolle des Prüflings, zum Beispiel als Mitarbeiter einer Agentur oder Abteilung innerhalb der Proximus Versicherungsgruppe, beschrieben, aus deren Sicht die gestellte Aufgabe zu bearbeiten ist (vgl. Kastner 2007, 13). Kastner führt weiter aus (vgl. Kastner 2007, 34): Neben der Rollenbeschreibung ist noch eine konkrete (praxisübliche) Situationsbeschreibung vorgegeben, wobei es sich häufig um Kundenanfragen handelt. Dabei kann es erforderlich sein, sich aus den zuvor beispielhaft aufgezählten Arbeitsunterlagen der Proximus Versicherungsgruppe, Informationen zu beschaffen. Die Aufgabe des Prüflings ist es in der Regel, den Kunden zu beraten, was häufig durch eine Antwort auf eine vom Kunden gestellte Frage oder Problemschilderung geschehen kann. Dabei soll der Prüfling die Interessen des Versicherungsunternehmens berücksichtigen, aber auch auf die Kundenbedürfnisse eingehen. Lösungshinweise werden den Korrektoren zur Antwortbewertung zur Verfügung gestellt. Hier wird eine Punkteverteilung auf einzelne Teillösungen vorgenommen. „Die Bewertung erstreckt sich vor allem auf die sachliche Richtigkeit der Lösungen" (Kastner 2007, 34). Dies deutet darauf hin, dass überfachliche Kompetenzen – zumindest in diesem Prüfungsteil – keine Rolle spielen.

Auch Kastners Anmerkung, dass in einer Arbeitsanweisung den Prüfern gegenüber extra herausgestellt wird, wenn es einer besonderen Lösungsform bedarf, wie beispielsweise Antworten in ganzen Sätzen (vgl. Kastner 2007, 34), lässt bereits vermuten, dass es nicht regelmäßig um die ganzheitliche Prüfung beruflicher Handlungskompetenzen geht. Kastner stellt klar, dass die Lösungshinweise nicht dem Anspruch der Vollständigkeit gerecht werden, sodass die Prüfer angehalten sind, auch andere richtige Lösungsmöglichkeiten anzuerkennen (vgl. Kastner 2007, 34f.).

Zu erwähnen ist, dass zur Erlangung der vollen Punktzahl zu einer Aufgabe nicht unbedingt alle in den Lösungshinweisen enthaltenen Aspekte in der Lösung aufgeführt sein müssen, sodass oft die Summe der Einzelpunkte einer Aufgabe die Höchstpunktzahl übersteigt, Letztere jedoch gleichzeitig die maximal erreichbare Punktzahl für eine Aufgabe darstellt (vgl. ebd.). Kastner erläutert, dass der Bezug zur Praxis in den

Prüfungsaufgaben dadurch erhöht wird, dass betriebliche Handlungen im Sinne praktischer Tätigkeiten simuliert würden, die dem betrieblichen Alltag von Auszubildenden gleich kommen, sowie verstärkt praxisrelevante Unterlagen zum Einsatz kommen, sodass die Aufgabenerledigung geforderte Kompetenzen impliziert (vgl. Kastner 2007, 37f.).

Für die Aufgabenentwicklung ist nach der Ausbildungsordnung die Handlungsorientierung im Sinne von Planung, Durchführung und Kontrolle die Grundlage (vgl. Kastner 2007, 37f.); dabei werden im engeren Sinne als ‚Planung' die gedankliche Vorbereitung des künftigen Handelns, unter ‚Durchführung' die Erfüllung von Aufgaben im Rahmen eines Arbeitssystems sowie unter ‚Kontrolle' die Prüfvorgänge verstanden (vgl. ebd.).

Ähnlich wie Badura/Müller 2003, letztlich nur etwas schlanker dargestellt, erläutert Kastner die Merkmale der handlungsorientierten Prüfungsaufgaben für den Ausbildungsberuf der Kaufleute für Versicherungen und Finanzen (vgl. Kastner 2007, 39; vgl. Busch/Kastner 2008, 12):

Situationsvorgabe: Der Aufgabe geht eine betriebliche Situation voraus, die alle notwendigen Informationen zur Lösung einer nachfolgenden Aufgabe beinhaltet und eine berufliche Handlung erfordert.

Praxisorientierung: Es wird ein konkreter Sachverhalt aus der Praxis vorgegeben, der meist durch praxisübliche Unterlagen komplementiert wird.

Adressatenorientierung: Der Prüfling wird grundsätzlich als handelnde Person direkt angesprochen. Ist eine bestimmte Situation nicht dazu geeignet, können fiktive Personen hinzutreten.

Aktivitätsorientierung: Der Prüfling erhält einen Handlungsauftrag, wie etwa die Beantwortung einer Kundenanfrage oder eine Angebotsunterbreitung. Dabei erfolgt die Aufgabenstellung so, dass damit die Handlungskompetenz im Sinne von etwas planen, durchführen und kontrollieren, aber auch beispielsweise etwas vorschlagen, entscheiden oder beurteilen geprüft wird.

Dieses Modell scheint an die Konzeption handlungsorientierter Abschlussprüfungsaufgaben für die Versicherungskaufleute von Höhn anzuschließen, sodass sie sich bei den Kaufleuten für Versicherungen und Finanzen fortsetzt:

Situationsteil	Sachverhalt aus dem Handlungsfeld von KVF
Frageteil	Fragestellung zum Sachverhalt
Antwortteil	Antwortmöglichkeiten
Lösung	Richtige Antwortelemente für objektive Bewertungsvorgaben (und Begründung/ Bewertungsvorschriften)

Abbildung 16: Konzeption handlungsorientierter Abschlussprüfungsaufgaben (in Anlehnung an: Höhn 2002, 115f.; Breuer/Höhn 1996, 20; Badura/Müller 2003, 22f.)

Hinsichtlich der Selbstständigkeit als Anforderung der beruflichen Handlungskompetenz erscheint es zweifelhaft, wozu es eines Frageteils bedarf.

Zum Situationsteil als zentrales Element fallorientierter Aufgaben führt Höhn aus, dass dieser lediglich die Funktion einer thematischen Einbettung oder einer Einführung in die eigentliche Frage übernimmt, und argumentiert, dass dies zwar einen motivierenden Effekt hervorrufen kann, indes allerdings aufgrund des zusätzlichen Leseaufwandes die notwendige Bearbeitungszeit für die Aufgabe steigert (vgl. Höhn 2002, 116). Dies allein würde noch nicht reichen, um von einer handlungsorientierten Prüfungsaufgabe zu sprechen. Höhn erläutert jedoch weiter, dass der Situationsteil einen Fall aus dem Aufgabenfeld von Versicherungskaufleuten beinhaltet, zu dessen Lösung die Beschaffung erforderlicher Angaben aus Unterlagen wie Briefen, Gesprächsnotizen, Vertragsspiegeln, Tarifbüchern, Formularen oder sonstigen Belegen notwendig macht (vgl. ebd.).

Nachfolgend wird eine Übersicht zur Aufgliederung des Prüfungsteils ‚Versicherungswirtschaft und Leistungsmanagement‘ gegeben:

Tabelle 16: Gliederung des Prüfungsteils Versicherungswirtschaft und Leistungsmanagement (in Anlehnung an: Nareuisch 2008, 77; Kastner 2007, 12ff.; AKA 2007, 5; Nareuisch 2009, 7; Holthausen 2006, 104)

	Allgemeiner Teil			**Besonderer Teil**
Untergliederung	Kaufmännische Steuerung und Kontrolle, Arbeitsgestaltung	Bestandskundenmanagement	Versicherungs- und Finanzprodukte	Schaden- und Leistungsmanagement bzw. Private Immobilienfinanzierung und Versicherungen
Zeitanteil von 180 Minuten	35 Minuten	35 Minuten	75 Minuten	35 Minuten
Gewichtung am Gesamtergebnis	32 Prozent			8 Prozent

Für den Teil ‚Schaden- und Leistungsmanagement' ist vom Prüfling gem. § 9 Abs. 1, Anlage 2 A.1 der Ausbildungsordnung eine einzige Sparte zu wählen, zu der Prüfungsaufgaben zu bearbeiten sind.

Wirtschafts- und Sozialkunde:
Der Prüfungsteil ‚Wirtschafts- und Sozialkunde' beinhaltet unterschiedliche Themenfelder mit wiederum verschiedener Gewichtung, welche in der Tabelle 17 dargestellt sind. Er wird, wie im Folgenden dargestellt, programmiert durchgeführt (vgl. Kastner 2007, 15 und 22; vgl. Busch/Kastner 2008, 16; vgl. AKA 2007, 6; vgl. Nareuisch 2008, 79): Die 33 Aufgaben des Prüfungsteils bestehen ihrer Art nach aus Reihenfolgen-, Rechen-, Zuordnungs- und Mehrfachantwortaufgaben. Zur Bearbeitung stehen 60 Minuten Zeit zur Verfügung. Die Bepunktung der Aufgaben ist gleich gewichtet, sodass sich aus ihrer Anzahl ein Punktwert pro Aufgabe von 3,0303 ergibt.

Tabelle 17: Aufgaben- und Themenanteile WISO-Prüfung (in Anlehnung an: Kastner 2007, 15 und 22; Busch/Kastner 2008, 16; AKA 2007, 6; Nareuisch 2008, 79)

WISO-Prüfungsthemen	Anzahl Aufgaben
Grundlagen des Wirtschaftens	1–2 Aufgaben
Rechtliche Rahmenbedingungen des Wirtschaftens	6–7 Aufgaben
Menschliche Arbeit im Betrieb	9–10 Aufgaben
Steuern	1–2 Aufgaben
Markt und Preis/Wirtschaftsordnung	6–7 Aufgaben
Grundzüge der Wirtschaftspolitik in der sozialen Marktwirtschaft	6–7 Aufgaben
Summe Anzahl der Aufgaben	*33 Aufgaben*

Fallbezogenes Fachgespräch:
„Das fallbezogene Fachgespräch ist für den Ausbildungsberuf [...] als neue Prüfungsmethode ..." (Nareuisch 2008, 205) eingeführt worden. Es handelt sich um ein etabliertes diagnostisches Prüfungsinstrument, mit dem die berufliche Handlungskompetenz geprüft werden soll (vgl. BWV 2010, 61).
Auf der Grundlage eines Reports über eine betriebliche Fachaufgabe, die der Prüfling selbstständig durchzuführen hat, soll er zeigen, „... dass er komplexe Aufgaben bearbeiten, seine Vorgehensweise begründen, Problemlösungen in der Praxis erarbeiten, Hintergründe und Schnittstellen erläutern und Ergebnisse bewerten kann" (§ 9 Abs. 3 Nr. 4 AO-KVF 2006; vgl. Becker 2005, 177). Dafür erstellt der Auszubildende während seiner Ausbildung einen schriftlichen Report, der maxi-

mal drei Seiten umfassen soll, in dem er über eine komplexe, selbstständig durchgeführte Fachaufgabe berichtet, und zwar für jede seiner
beiden Wahlqualifikationseinheiten. Für die Abnahme des Prüfungsteils
wählt der Ausschuss einen der beiden Reporte aus, der sodann als
Gesprächsgrundlage dient (vgl. Nareuisch 2008, 205).

Der Report soll „… eine Beschreibung der Aufgabenstellung, der
Planungs- und Durchführungsphase sowie der Auswertung beinhal-
ten" (§ 9 Abs. 3 Nr. 4 AO-KVF 2006). Diese Gliederung entspricht aus-
gewählten Phasen des Modells der vollständigen Handlung sowie den
Elementen einer Arbeits- und Lernaufgabe und repräsentiert somit das
Verständnis des selbst gesteuerten Lernens (vgl. Thillosen 2005). Die
Prüfung fußt somit auf einer gewissen Prozessorientierung, die auch der
Unternehmensindividualität und -realität Rechnung trägt (vgl. Holthausen
2006, 107; vgl. Nareuisch 2008, 205; vgl. BWV 2010, 61).

> „Der Report muss nicht alle Lernziele einer Wahlqualifikationseinheit
> (Wahlbaustein) abdecken" (BWV 2010, 63); allerdings muss der
> Reportinhalt grundsätzlich eine Lernzielpassung zu dem Wahlbaustein,
> zu dem er geschrieben wurde, aufweisen (vgl. BWV 2010, 63f. und
> 68f.). Wenn dies nicht gegeben ist, können die Prüfer im Gespräch auf
> alle Lernziele, und nicht nur auf die vermeintlich durch den Report an-
> gesprochenen, zurückgreifen. Weitere Konsequenzen hat ein durch den
> Prüfungsausschuss als mangelhaft empfundener Report nicht. Wird hin-
> gegen kein Report eingereicht, ist das fallbezogene Fachgespräch mit
> der Note ‚ungenügend' zu bewerten.

Ausschließlich das Gespräch, das höchstens 15 Minuten betragen soll und
dem keine Vorbereitungszeit vorausgeht, wird bewertet, nicht hingegen
der Report, auf dem das Gespräch basiert (vgl. § 9 Abs. 3 Nr. 4 AO-KVF
2006; vgl. Holthausen 2006, 108; vgl. BWV 2010, 62 und 67). Dies ist ein
Anzeichen dafür, dass nicht die Qualität der damaligen Aufgabenerledigung, sondern eine gewisse Reflexivität im Kontext der beruflichen
Handlungskompetenz zu prüfen beabsichtigt wird. Dies verfestigt sich auch
in den Gesichtspunkten, die Gegenstand der Bewertung des FFG sein sollen.

Das Gespräch muss sich nicht auf den gesamten Prozess beziehen, der
im Report beschrieben wird, sondern kann sich auch lediglich auf durch
den Prüfer ausgewählte Teile beziehen (vgl. BWV 2010, 66). Das Gespräch
wird durch den Prüfer geführt (vgl. ebd.). Es sind alle Hilfsmittel zugelassen, die im Report erwähnt werden, zum Beispiel auch ein selbst entwi-
ckelter Serienbrief (vgl. BWV 2010, 68).

Das FFG verknüpft die Abschlussprüfung so mit echten Aufgaben innerhalb betrieblicher Prozesse (vgl. Schlaf/Polifka 2007, 135; vgl. Biebl 2007, 148; vgl. BWV 2010, 61); hierdurch kann ein Lernen für die Prüfung zumindest reduziert werden (vgl. ebd.). Die Ausbildung zum selbstständigen Planen, Durchführen und Kontrollieren ist notwendige Bedingung für diese Anforderung in der Abschlussprüfung zu den Wahlqualifikationseinheiten nach der AO-KVF 2006 (vgl. Noß 2000, 14). Dies bildet im Rahmen betrieblicher Besonderheiten die Grundlage für die Realisierung des Erwerbs einer umfassenden Handlungskompetenz (vgl. Pabst 2009, 171ff.). Der Einzug in die Abschlussprüfung stellt ein Novum dar, das sicherstellt, dass die Anforderung an die Ausbildung hin zur Vermittlung einer umfassenden Handlungskompetenz kein bloßer Appell des BBiG bleibt (vgl. Becker 2005, 183).

Der unbestimmte Rechtsbegriff der Komplexität ist auch in der Ausbildungsordnung nicht weiter definiert, sodass „… den Prüfungsausschüssen und Aufgabenstellern eine klare Orientierung fehlt, wie konkret zu prüfen ist" (Schmidt 2005, 5). Breuer/Tauschek versuchen sich an einer Definition, indem sie auf die Kombination von unterschiedlichen Parts einer Arbeitsaufgabe zu einer verbundenen Einheit abstellen (vgl. Breuer/Tauschek 2008, 130; vgl. auch BWV 2010, 62). Sie grenzen die komplexe von einer komplizierten Aufgabe durch die Zusammensetzung verschiedener, gehaltlich dependenter Anteile zu einer geschlossenen Gesamtaufgabe ab (vgl. ebd.). Das BWV führt hierzu aus (vgl. BWV 2010, 62): Routineaufgaben sollen hierbei ausscheiden, wobei die Grenzen zur Komplexität durchaus schwimmend sein können. Dabei, ob es sich um eine komplexe Aufgabe handelt, kommt es auf den Auszubildenden, der diese zu bewältigen hatte, als Gradmesser an. Kehren Aufgaben für den Auszubildenden also öfters wieder, die nach einem festgelegten Ablauf zu bearbeiten sind, spricht dies für eine Standard- und Routineaufgabe, die den Komplexitätsbegriff nicht erfüllt. Als Kennzeichen einer komplexen Aufgabe versteht das BWV die Neuartigkeit der Aufgabenstellung, den herausfordernden Charakter sowie die Erfordernis zur Entwicklung und Reflexion eigener Lösungswege.

Aufgrund der Konstruktion des Prüfungsverfahrens zum FFG, in dem der Report nicht zu bewerten ist, scheidet hierzu auch die Möglichkeit zur Anforderung von Gutachten aus, welche allerdings hinsichtlich betriebsspezifischer Besonderheiten, naheliegender Weise gerade von Ausbildern (vgl. Stender 2006a, 206), sinnvoll erscheinen würden.

Kundenberatungsgespräch:

„In einem Beratungsgespräch von höchstens 20 Minuten Dauer soll der Prüfling auf der Grundlage einer von zwei ihm zur Wahl gestellten Aufgaben zeigen, dass er Gespräche mit Kunden situationsbezogen vorbereiten, verkaufsorientiert führen und auf Kundenargumente angemessen reagieren kann. Bei der Aufgabenstellung sind die produktbezogenen betrieblichen Ausbildungsschwerpunkte des Auszubildenden zugrunde zu legen. Dem Prüfungsteilnehmer ist nach der Wahl der Aufgabe eine Vorbereitungszeit von höchstens 15 Minuten einzuräumen." (§ 9 (3) Nr. 3 der Ausbildungsordnung)

Bereits zur Novelle der Ausbildungsordnung der Versicherungskaufleute von 1996 erklärte Euler, dass die Sozialkompetenz nun viel deutlicher betont wird als in der vorherigen Ausbildungsordnung (vgl. Euler 1997, 270f.). Besonders das Prüfungsinstrument ‚Kundenberatungsgespräch' berücksichtige diese Kompetenzdimension (vgl. ebd.).

Das BWV erläutert (vgl. BWV 2010, 32f.): Dem Prüfer kommt die Rolle des Kunden und dem Prüfling die des Kundenberaters zu. Das Gespräch bezieht sich auf Beratungssituationen zu bestehenden oder neu abzuschließenden Verträgen. Es sind nach Wahl des Prüflings alle von ihm mitgebrachten Hilfsmittel zugelassen, welche die tatsächliche Praxis abbilden.

Der Prüfer, der den Kunden spielt, bereitet sich in besonderer Weise auf das Rollenspiel vor, indem er eine individuelle Legende (s. Abb. 20) ausgestaltet oder aktualisiert, um sie dann zu den Besonderheiten des Ausbildungsunternehmens sowie zu aktuellen, praktischen Lösungswegen der Wettbewerber einzusetzen, da die Produkte und Arbeitsmittel des ausbildenden Unternehmens zugunsten einer hohen Praxisorientierung sinnvoll sind (vgl. BWV 2010, 33, 37).

Zu den Fallvorgaben und Legenden:
Das BWV führt hierzu aus (vgl. BWV 2010, 35ff.): Die Fallvorgaben bilden einen Rahmen und sind so zu gestalten, dass weder der zu beschreitende Lösungsweg noch das Ziel des Kundenberatungsgespräches von vornherein feststehen, sondern einen gewissen Handlungsspielraum für Prüfling und Prüfer ermöglichen, was eine offene Fallformulierung erfordert. Dabei soll der Fall so aufgebaut sein, dass der Prüfling durch eine angemessene Fragetechnik beim Kunden dessen eigentliches Anliegen herausarbeiten muss. Alle Vorgaben rekurrieren innerhalb der vom Prüfling im Vorfeld ausgewählten Sparte auf ein kundenorientiertes Verkaufsgespräch. Der Prüfer muss die zugrundeliegende Legende abbilden, weshalb angeraten ist, möglichst echte Angaben des Prüfers zu hinterlegen. Die Praxis der

Kundenberatung soll durch die Offenheit des Kundenberatungsgespräches simuliert werden. Es können vier Arten der Fallvorgaben zum Tragen kommen, und zwar aus der Kombination Neu- oder Bestands- mit Privat- oder Gewerbekundenfall. Da es sich um ein auf den Vertrieb ausgerichtetes Gespräch handelt, scheiden Gesprächsgegenstände zu Schaden- und Leistungsfällen sowie zu Vertragsangelegenheiten aus. Das Ziel ist es, berufliche Alltagssituationen abzubilden, sodass besonders anspruchsvolle Fälle keine Grundlage sein sollen. Es erscheint ratsam, die Legende für den Prüfer mit Zusatzinformationen zu versehen, um ihm das Einnehmen der Kundenrolle zu erleichtern.

Über den Ablauf des Kundenberatungsgespräches als Prüfungsteil gibt die Abbildung 17 Auskunft.

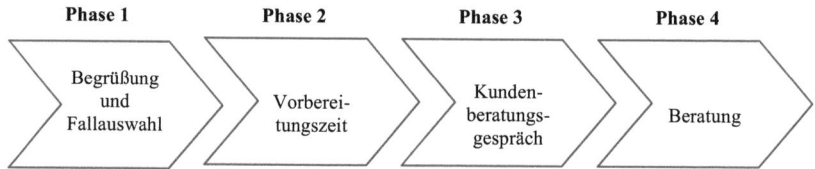

Phase 1   **Phase 2**   **Phase 3**   **Phase 4**

Begrüßung und Fallauswahl   Vorbereitungszeit   Kundenberatungsgespräch   Beratung

Abbildung 17: Ablauf des Prüfungsteils „Kundenberatungsgespräch" (BWV 2010, 33)

Begrüßung und Fallauswahl (Phase 1) (vgl. BWV 2010, 33f.):
Zum Kennenlernen der Prüfer, insbesondere desjenigen, der die Kundenrolle einnimmt, und des Prüflings finden neben der Begrüßung die gegenseitige Vorstellung sowie die Abhandlung formal-juristischer Notwendigkeiten, wie etwa die Gesundheitsfrage, statt. Dann erfolgt die Präsentation der nach Angabe des Prüflings aus dem Spartenbereich zur Wahl stehenden beiden Prüfungsfälle. Der Prüfling entscheidet sich in Anwesenheit der Prüfer für einen Fall, nachdem er die Gelegenheit hatte, sich beide anzusehen. Erst danach soll die Vorbereitungszeit beginnen.

Vorbereitungszeit (Phase 2) (vgl. BWV 2010, 34):
Die Ausgestaltung der Vorbereitungszeit von höchstens 15 Minuten obliegt dem Prüfling. Gleichzeitig kann der Prüfungsausschuss weitere Vorbereitungen, wie die Einweisung der beobachtenden Prüfer in die Legende oder die Vorbereitung der Prüfungsunterlagen, zum Beispiel in Gestalt des Bewertungsbogens, vornehmen.

Kundenberatungsgespräch (Phase 3) (vgl. BWV 2010, 34f.):
In dieser, der eigentlichen Prüfungsphase läuft zwischen dem Prüfling und dem Kunden das verkaufsorientierte Beratungsgespräch ab, während sich die beobachtenden Prüfer neben der Verlaufsprotokollierung zusätzliche Beobachtungsvermerke anfertigen können und die Einhaltung der Prüfungszeit von höchstens 20 Minuten überwachen. Innerhalb dieser 20 Minuten kommt es üblicherweise nicht zum Gesprächsabschluss, sodass lediglich ein partielles Gespräch beobachtet wird, das jedoch stets mit dem Aufeinandertreffen zwischen Kunden und Prüfling beginnt und dann einen logisch-chronologen Gesprächsverlauf einschlägt, bis die Prüfungszeit abgelaufen oder tatsächlich die Beratungssituation abgeschlossen ist. Letzteres ist nicht erforderlich. Der Prüfling führt das Gespräch. Gegenstand der Bewertung sind nur jene Teile, die auch tatsächlich in der Prüfungszeit vorgekommen sind; das heißt, dass die Prüfungsleistung mit der vollen Punktzahl bewertet werden kann, auch wenn die Prüfungszeit vor dem Gesprächsabschluss endete. Der Vorsitzende beendet die Prüfung.

Beratung (Phase 4) (vgl. BWV 2010, 35):
Nach Beendigung der Prüfung bittet der Ausschussvorsitzende den Prüfling aus dem Prüfungsraum hinaus, sodass die Beratung des Ausschusses beginnen kann. Dabei soll der Prüfer, der den Kunden mimte, zunächst seine Eindrücke, ohne Austausch mit dem Gesamtausschuss, schriftlich festhalten. Dann reflektiert jeder Prüfer seine Beobachtungen und Eindrücke, um so zu einer prüferindividuellen Punktzahl zu gelangen. Anschließend erfolgen ein Austausch der Prüfer sowie die Diskussion möglicherweise unterschiedlich erlebter Situationen. Auf dieser Basis werden eine gemeinsame Punktzahl und somit die Note festgelegt, indem der Beobachtungs- und Bewertungsbogen gemeinsam ausgefüllt wird. Dieser wird von allen Prüfern unterzeichnet; danach wird er als Protokoll in der Prüfungsakte abgelegt. Sodann wird der Prüfling wieder in den Prüfungsraum gebeten, wo er über das Prüfungsergebnis unterrichtet wird. Dabei soll das Ergebnis kurz erläutert werden.
   Der dabei zugrundeliegende Beobachtungs- und Bewertungsbogen ist im Praxishandbuch für die Abschlussprüfung veröffentlicht (s. BWV 2010). Auf der Basis eines analytischen Bewertungsvorgehens soll er eine Vergleichbarkeit mit den Kriterien, die den Lernzielen der Ausbildungsordnung entsprechen, ermöglichen und ist wie folgt zu handhaben (vgl. BWV 2010, 54ff.): Ein nicht gezeigtes und im Gesprächskontext nicht erforderliches Verhalten ist auch nicht zu bewerten, weshalb der Bogen neben der bewertenden Skalierung »++, +, -, --« auch die Ankreuzmöglichkeit »nicht verlangt« vorsieht. Beobachtungen, die über die vorgesehenen Kriterien hinausge-

hen, können in den dafür abgedruckten Zeilen festgehalten werden. Mit der Viererskalierung soll die Tendenz zur Mitte vermieden werden. Sie ist weder einem Punkte- noch einem Notensystem gleichbedeutend, sondern erfüllt nur den Zweck, angestellte Beobachtungen leicht durch Ankreuzen zu erfassen. Erst wenn der Bogen komplett ausgefüllt ist, erfolgt eine Übersetzung in Punkte, woraus sich eine Note ergibt. Durch die Gliederung des Bogens sowie der zugewiesenen möglichen Maximalpunktzahlen erfolgt eine Bewertung der Methoden- und Sozialkompetenz mit 60 von 100 Punkten für den Teil der Gesprächsführung, während der Fachkompetenz lediglich 40 von 100 Punkten für die Verkaufsorientierung und fachliche Logik zugemessen werden.

Küppers fordert, dass die Ausrichtung, Entwicklung und Erprobung von Prüfungsmethoden nach den Besonderheiten des zu prüfenden Berufes unter Einbezug aller am Prüfungswesen Beteiligter erfolgen (vgl. Küppers u.a. 2001, 150f.). Fraglich ist insofern zunächst, eine Frage, welche eigentlich die Besonderheiten des Berufsbildes der Kaufleute für Versicherungen und Finanzen sind, was die eingangs erwähnte Zukunftswerkstatt beantwortete. Hier wurde eine deutlich stärkere Forcierung der Kaufleute für Versicherungen und Finanzen auf den Verkauf als Kernkompetenz identifiziert und durch die Evaluation des Berufsbildes bestätigt (vgl. BWV 2006, 2f.; vgl. BWV/f-bb 2011, 9). Der Feststellung der Verkaufskompetenz wird das Kundenberatungsgespräch als Prüfungsinstrument zugewiesen (vgl. BWV/f-bb 2011, 47), weshalb eine „… Fokussierung des Kundenberatungsgespräches auf Beratung und Verkauf …" (BWV/f-bb 2011, 40) vorgenommen wurde. Validitätskriterium für Prüfungen, welche die berufliche Handlungskompetenz der angehenden Absolventen messen sollen, kann nur die Praxisorientierung der Prüfung sein (vgl. Ott 2007, 248). Insofern bietet sich, wie später noch ausführlich dargelegt wird, für die Validierung des Kundenberatungsgespräches als Prüfungsinstrument die Provision als Kriterium an, da diese in der Praxis das verkaufsorientierte Verhalten quantifiziert.

Hinsichtlich der in der Abschlussprüfung der Kaufleute für Versicherungen und Finanzen verwendeten Prüfungsformen sei die Bewertung der Gütekriterien von Schmidt in der Tabelle 18 dargestellt. Die Ausführungen von Schmidt hinsichtlich der Validität des Kundenberatungsgespräches als Prüfungsinstrument lassen diese als gut prognostizieren, was er wie folgt ausdrückt: „Ob sich künftiges Verhalten in vergleichbaren Echtsituationen vorhersagen lässt, wurde empirisch nicht geprüft, ist aber wahrscheinlich" (Schmidt 2005, 84). Auch hieran anknüpfend, ist eine empirische Überprüfung dieser Vermutung angeraten; dies beleuchtet Kapitel 2.7 intensiver.

Tabelle 18: Gütekriterien der Prüfungsformen der KVF (in Anlehnung an Schmidt 2005, 26ff.)

Prüfungsform	Schriftliche Aufgaben mit		Fachgespräch	Gesprächssimulation
	gebundenen Antworten	ungebundenen Antworten		
Abschlussprüfungsteil	WiSo	VW mit Rewe	FFG	KBG
Objektivität	• Hohe Durchführungsobjektivität • Hohe Auswertungsobjektivität • Weitgehende Ergebnisunabhängigkeit vom Prüfer	• Hohe Durchführungsobjektivität • Ausreichende Auswertungsobjektivität • Notwendigkeit fachlicher Interpretation, weshalb sich Auswerter exakt auf differenzierte Bewertungshinweise beziehen müssen.	• Sehr schwer zu gewährleistende Durchführungsobjektivität, insbesondere bei betrieblichen Aufträgen. • Prüferverhalten sollte anhand festgelegter Kriterien trainiert werden. • Differenzierter Bewertungsbogen für Mindestmaß an Auswertungs- und Interpretationsobjektivität nötig.	• Schwere Gesprächsvergleichbarkeit wegen individueller Verläufe. • Für Mindestmaß an Durchführungsobjektivität sind ähnliche Situationen (hinsichtlich Inhalt, Komplexität usw.) und ein möglichst gleiches Prüferverhalten nötig. • Prüfer darf Gespräch nicht zu sehr lenken. • Für Mindestmaß an Auswertungs- und Interpretationsobjektivität ist differenzierter Protokoll- und Bewertungsbogen nötig, für den die Prüfer intensiv geschult werden müssen.
Reliabilität	• i. d. R. hohe Zuverlässigkeit der Ergebnisse. • relativ hohe Messgenauigkeit durch vergleichsweise hohe Aufgabenzahl.	• Ausreichend vergleichbare Ergebnisse bei maximaler Auswertungsobjektivität • Geringere Messgenauigkeit als bei gebundenen Aufgaben, da nur wenige Aufgaben möglich.	• Abhängig von möglichst hoch standardisierten Abläufen bei Durchführung, Registrierung und Beurteilung von Leistung • Kann nicht so hoch sein wie bei Aufgaben, die in gleicher Form allen Prüflinge vorgelegt werden.	• Abhängig von möglichst stark standardisiertem Ablauf bei Durchführung und Registrierung von Leistung. • Kann nicht so hoch sein wie bei Aufgaben, die für alle Prüflinge gleich sind.

| Prüfungs-form | Schriftliche Aufgaben mit | | Fachgespräch | Gesprächssimulation |
	gebundenen Antworten	ungebundenen Antworten		
Validität	▪ Gute Eignung zur Erfassung eines breiten Wissensspektrums ▪ Bei entsprechender Aufgabengestaltung Verständnis für Sachverhalte und Zusammenhänge erfassbar. ▪ Transformierbarkeit einzelner beruflicher Handlungsschritte ▪ Zur Erfassung beruflicher Handlungskompetenz sollten mehrere Aufgaben als jeweilige Schritte von Arbeitsabläufen auf eine gemeinsame Ausgangsbasis zurückgreifen.	▪ Abdeckung eines repräsentativen Spektrums beruflicher Anforderungen möglich, da keine Formvorgaben. ▪ Komplexe Zusammenhänge, Aspekte beruflicher Handlungskompetenz und Verständnis berufsspezifischer Situationen erfassbar. ▪ Sprachliches Ausdrucksvermögen und Kreativität erfassbar. ▪ Starke Abhängigkeit der Aussagefähigkeit von der Gewährleistung des Ausmaßes an Objektivität und Reliabilität – überprüfbar, indem unterschiedliche Prüfer dieselbe Lösung zur selben Aufgabe bewerten, wobei sie zu übereinstimmenden Ergebnissen kommen sollten.	▪ Stark von konkreter Intendierung im Einzelfall abhängig. ▪ Notwendig ist in jedem Fall die Methode durch Standardisierung der Durchführung so objektiv wie möglich zu gestalten.	▪ Große Nähe zu berufsspezifischem Verhalten ▪ „Ob sich künftiges Verhalten in vergleichbaren Echtsituationen vorhersagen lässt, wurde empirisch nicht geprüft, ist aber wahrscheinlich.“ (Schmidt 2005, 84) ▪ Geeignet, um Fähigkeit zur Bewältigung anspruchsvoller beruflicher Situationen zu erfassen. ▪ Vielfältige Aspekte der Fach-, Methoden- und kommunikativen Kompetenz prüfbar.

2.7 Kritische Reflexion des Status quo zur Erfüllung der Anforderungen an handlungsorientierte Abschlussprüfungen bei der Prüfung der Verkaufsorientierung als Kompetenz im Rahmen der Handlungsorientierung

Hoch (2003, 150) ist der Ansicht, dass sich die Handlungsorientierung in Abschlussprüfungen zwischen Wirklichkeit und Anspruch bewege. Ob dies auch für die Abschlussprüfung der Kaufleute für Versicherungen und Finanzen gilt wird nachfolgend am Beispiel der Verkaufsorientierung zunächst theoretisch geklärt.

Nach Bauer-Klebl kann das künstliche Setting des Kundenberatungsgespräches als ein duales Prüfungsinstrument mit Anteilen eines informellen kognitiven Leistungstests einerseits und einer Verhaltensbeobachtung in einer konkreten sozialen Situation andererseits verstanden werden (vgl. Bauer-Klebl 2009, 163ff.): Hierbei wird situatives Wissen durch die Einbettung in Problemsituationen geprüft und nicht die bloße allgemeine Kognition. Hinsichtlich der Verhaltensbeobachtung ist zu kritisieren, dass hier lediglich eine einzelne Messung vorgenommen wird, die zwar eine Performanzdiagnose, jedoch keine Aussage über die zu prüfende Kompetenz zulässt. Zwar wird der Vorteil der unmittelbaren Beobachtung und Erfassung von Verhalten realisiert, wobei allerdings aufgrund der angekündigt künstlichen Situation das Risiko der sozialen Selbstdarstellung gegeben ist. Die Einhaltung von Gütekriterien erscheint hierbei schwierig. Allerdings sind klare Bewertungskriterien vorgegeben, was eine Annäherung an die Gütekriterien begünstigt. Inwiefern jedoch Chancen der Validitätsverbesserung, wie die Aufteilung und Zuordnung konkreter Beobachtungsdimensionen zu konkreten Prüfern oder bei Mehrfachbeobachtung derselben Kriterien die statistische Bewertungsmittelung, genutzt werden, ist den einzelnen Prüfungsausschüssen überlassen und somit nicht sichergestellt.

Das Kundenberatungsgespräch soll als Rollenspiel in diesem Kontext vornehmlich den Grad der Verkaufs- und Servicekompetenz beurteilen (vgl. BWV/f-bb 2011, 47). Inwiefern es als Prüfungsinstrument in der Lage ist, die Verkaufsorientierung zu prüfen, wird von verschiedenen Befragtengruppen (s. Abb. 18) eingeschätzt. Es zeigt sich, dass das Kundenberatungsgespräch als Prüfungsinstrument in der Evaluation des BWV/f-bb zum neuen Berufsbild von den drei Befragtengruppen ‚Leiter Erstausbildung/Personal', ‚Ausbilder' und ‚Berufsschullehrer' unisono als sehr geeignet zur Messung der Verkaufsorientierung beurteilt wird.

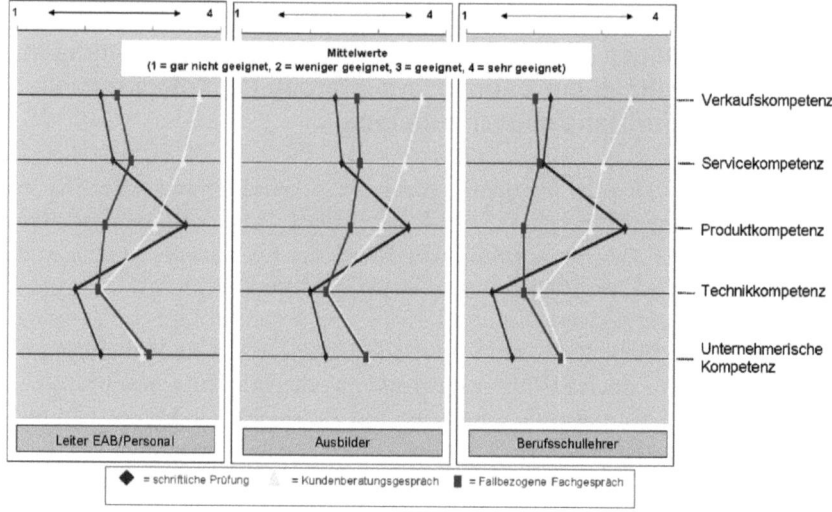

Abbildung 18: Eignung der Prüfungsinstrumente zur Messung der Kernkompetenzen von
KVF (BWV/f-bb 2011, 48)

In der zugrundliegenden Studie wurde die Eignung der Prüfungsinstrumente des Berufsbildes der Kaufleute für Versicherungen und Finanzen, also auch das Kundenberatungsgespräch, als Prüfungsinstrument (in vorstehender Abbildung durch den gelben Balken dargestellt), von drei Personengruppen, und zwar 133 Leitern Erstausbildung/Personal, 366 Ausbildern und 168 Berufsschullehrern, eingeschätzt, indem diese auf einer Skala von 1 (gar nicht geeignet) bis 4 (sehr geeignet) angaben, welches Prüfungsinstrument welche Einzelkompetenz (Verkaufskompetenz, Servicekompetenz, Produktkompetenz, Technikkompetenz, unternehmerische Kompetenz) wie gut misst (vgl. BWV/f-bb 2011, 48 und 5ff.). Hierbei handelt es sich letztlich um ein abgefragtes Meinungsbild von Experten, aus dem in dieser Studie abgeleitet wird, ob ein Prüfungsinstrument geeignet ist (vgl. BWV/f-bb 2011, 48). Dieser pauschale Schluss ist jedoch nicht zulässig, weil ein Meinungsbild nicht die tatsächliche Wirksamkeit eines Prüfungsinstrumentes belegen kann. Genau hier setzt die Untersuchung der vorliegenden Arbeit an, um die Forschungslücke zwischen einem Meinungsbild zur Eignung des Kundenberatungsgespräches als Prüfungsinstrument zur Messung der Verkaufskompetenz und einem belegbaren Nachweis über die Validität zu erbringen.

2.7.1 Artefaktenanalyse

Im Hinblick auf das Kundenberatungsgespräch als Prüfungsinstrument in der Abschlussprüfung der Kaufleute für Versicherungen und Finanzen existieren vor allem folgende Artefakte:

a) Rahmenbedingungen der Ausbildungsordnung (vgl. § 9 Abs. 3 Nr. 3)
   → Dauer höchstens 20 Minuten
   → Aufgabenwahl des Prüflings 1 aus 2
   → Vorbereitungszeit höchstens 15 Minuten
   → Grundlage des Gespräches ist die betriebliche Praxis (Hilfsmittel, Produkte etc.)
b) Erläuterungen zur Ausbildungsordnung
   → Spartenauswahl als Interpretation der Ausbildungsordnung (vgl. BWV 2006, 106)
c) Lernziele zu Nr. 3 des Ausbildungsrahmenplans
d) Praxishandbuch für die Abschlussprüfung
   → Legenden für den Prüfer (s. Abb. 20)
   → Fallvorgaben (s. Abb. 21)
   → Beobachtungs- und Bewertungsbogen (s. Abb. 22)
e) Anmeldung zur Abschlussprüfung (Spartenauswahl, s. Abb. 19)

Nachdem im Kapitel 2.4 festgestellt wurde, dass die Verkaufsorientierung eine berufliche Kompetenz ist, wird anhand der zuvor aufgezeigten Artefakte überprüft, inwieweit diese vermuten lassen, die Verkaufsorientierung als Kompetenz tatsächlich zu erfassen und zu messen. Dazu dienen die Ausführungen aus den Kapiteln 2.5 zur Messung der beruflichen Kompetenzen, aus Kapitel 2.6.2 zu Gütekriterien von Abschlussprüfungen sowie aus Kapitel 2.6.3 zur Abbildung der beruflichen Handlungskompetenz in Abschlussprüfungen als Grundlage.

Im Kapitel 2.5 wurden zur Kompetenzmessung Punkte herausgearbeitet, die nachfolgend anhand der Artefakte zum Kundenberatungsgespräch im Rahmen der Abschlussprüfung kontextualisiert werden, um zu überprüfen, ob das Kundenberatungsgespräch als Prüfungsinstrument diesen Rechnung trägt:

 Industrie- und Handelskammer zu Dortmund

Anmeldung zur Abschlussprüfung
Sommer/Winter 20xx
Zusatzblatt
Kauffrau für Versicherungen und Finanzen
Fachrichtung: Versicherung

278836

Frau
Maria Mustermann
Musterstr. 25
12345 Musterstadt

273709

Musterbetrieb
Musterstr. 120
12345 Musterstadt

Ansprechpartner	Unser Zeichen	Telefon	E-Mail	Datum
		/		XXXX

1. Schriftliche Prüfung / Festlegung des fachrichtungsspezifischen Prüfungsteiles

Bitte kreuzen Sie die für den Prüfungsbereich
Schadens- und Leistungsmanagement gewünschte Sparte an:

☐ Lebensversicherung ☐ Rechtsschutzversicherung

☐ Unfallversicherung ☐ Kraftfahrtversicherung

☐ Krankenversicherung ☐ Sachversicherung

☐ Haftpflichtversicherung

2. Mündliche Prüfung / Spartenfestlegung für das Kundenberatungsgespräch

Zur Prüfung werden zwei Aufgaben zur Wahl gestellt. Grundlage sind die produktbezogenen
betrieblichen Ausbildungsschwerpunkte des Auszubildenden. Bitte kreuzen Sie den
entsprechenden Spartenbereich an, in dem der Schwerpunkt der Prüfung liegen soll:

☐ Lebensversicherung ☐ Rechtsschutzversicherung

☐ Unfallversicherung ☐ Kraftfahrtversicherung

☐ Krankenversicherung ☐ Sachversicherung

☐ Haftpflichtversicherung ☐ Finanzprodukte

☐ _____ *) *) Ein weiterer Spartenbereich, z. B. Transportversicherung, Rückversicherung

3. Mündliche Prüfung / Festlegung des Fallbezogenen Fachgespräches

Für jede der beiden Wahlqualifikationseinheiten wird ein maximal dreiseitiger Report als Grundlage für
das Prüfungsgespräch eingereicht. Bitte markieren Sie die ausgebildeten Wahlqualifikationseinheiten.

Wahlqualifikationseinheit

☐ Kundengewinnung und Kundenbindung	☐ Vertrieb von Produkten der betrieblichen Altersvorsorge
☐ Agenturbetrieb	☐ Vertrieb von Versicherungsprodukten für Gewerbekunden
☐ Marketing	☐ Vertrieb von Versicherungsprodukten für Privatkunden
☐ Risikomanagement	

Die Reporte sind eine Woche vor der schriftlichen Prüfung mit dem beiliegenden Deckblatt bei der IHK zu Dortmund einzureichen.

Formular vollständig ausfüllen und mit der Prüfungsanmeldung an die Industrie- und Handelskammer zurücksenden.

Abbildung 19: Anmeldung zur Abschlussprüfung

126

Elemente der Legende	Details
Beruf (mittelfristige Aussichten)	Sachbearbeiter Einkauf (Aussichten positiv, in einem Jahr möglicherweise Abteilungsleiter).
Einkommen (Perspektiven)	13,5 Gehälter, (Perspektive steigend), Mitglied GKV (freiwillig versichert) bei BKK Mobil Oil.
Besitz-/Eigentumsverhältnisse	Finanziertes Reihenhaus (7 Jahre alt). 2 PKW vorhanden (Audi A4 und Golf), weitere Vermögenswerte sind nicht vorhanden.
Hobbys/Freizeit	Spielt in einer Band Gitarre. Gelegentliche Auftritte auf Partys und bei Festlichkeiten. Nur so zum Spaß.
Anliegen des Kunden	Vorsorge für das Alter (Reicht das Haus als Altersvorsorge?) und Absicherung der Arbeitskraft (Ansprüche nicht bekannt).

Abbildung 20: Legende für den Prüfer Kundenberatungsgespräch (BWV 2010, 43)

Fallvorgabe Neukunde/Privat	
Gesprächsanlass:	Kunde wünscht Beratung über eine Hausratversicherung
Ausgangssituation:	Umzug in eine neue Wohnung
Name, Vorname:	Schlegel, Norbert
Straße:	Zollhausstraße 85
Wohnort:	90469 Nürnberg
Telefonnummer:	0911/440425

Notizen:

Im Terminierungstelefonat teilt der Kunde mit, dass er in eine größere Wohnung umgezogen ist und bisher keine Hausratversicherung abgeschlossen hat.

Abbildung 21: Fallvorgabe Kundenberatungsgespräch (BWV 2010, 37)

Abschlussprüfung

Beobachtungs- und Bewertungsbogen zum Kundenberatungsgespräch
Kaufmann/-frau für Versicherungen und Finanzen

Beginn: _____	Ende: _____	Sparte: _____	Fall: _____

Prüfling _____ Prüflingsnummer _____

Verkaufsorientierung/Fachliche Logik	++	+	-	--	Nicht verlangt	Anmerkungen
Bedarfssituation des Kunden						
nimmt Kundendaten auf und überprüft sie	☐	☐	☐	☐	☐	_____
nimmt bestehende Versicherungen auf	☐	☐	☐	☐	☐	_____
erkennt und benennt Zusatzbedarf	☐	☐	☐	☐	☐	_____
vereinbart den Gesprächsgegenstand	☐	☐	☐	☐	☐	_____
analysiert Kundensituation	☐	☐	☐	☐	☐	_____
nimmt Kundenwünsche auf	☐	☐	☐	☐	☐	_____
ermittelt Versorgungslücken und zeigt diese auf	☐	☐	☐	☐	☐	_____
zeigt Auswirkungen auf	☐	☐	☐	☐	☐	_____
Zusätzliche Beobachtungen:						
_____	☐	☐	☐	☐		_____
_____	☐	☐	☐	☐		_____
Lösung für den Kunden						
erstellt situationsgerechte Lösungsvorschläge	☐	☐	☐	☐	☐	_____
präsentiert Lösungsvorschläge kundengerecht	☐	☐	☐	☐	☐	_____
stellt Kundennutzen dar	☐	☐	☐	☐	☐	_____
zeigt mögliche Einschränkungen auf und wägt mit Kundennutzen ab	☐	☐	☐	☐	☐	_____
erarbeitet bedarfsgerechtes Angebot	☐	☐	☐	☐	☐	_____
nimmt Antragsdaten auf und ergänzt sie	☐	☐	☐	☐	☐	_____
bespricht "Erläuterungen zum Antrag"	☐	☐	☐	☐	☐	_____
holt Unterschrift(en) ein	☐	☐	☐	☐	☐	_____
Zusätzliche Beobachtungen:						
_____	☐	☐	☐	☐		_____
_____	☐	☐	☐	☐		_____

Gesamtpunkte Teil 1

(max. 40 Punkte)

Abbildung 22: Beobachtungs- und Bewertungsbogen zum Kundenberatungsgespräch
Seite 1 von 2 (BWV 2010, 112)

Operationalisierung nach Kadishi:
Die Differenzierung kann den beschriebenen Lernziele aus Nr. 3 des Ausbildungsrahmenplans entnommen werden, woraus sich die konkreten Verhaltensanker des Beobachtungs- und Bewertungsbogens ableiten lassen, die das konkrete Tun als Spezifizierung ausdrücken. Die Stellungen der Schlüsselkompetenzen untereinander werden durch die Aufteilung der Spezifizierungen mit dem Verhältnis 40 : 60 im Bewertungsbogen nur sehr grob definiert.

Insgesamt kann auf der Basis der Artefakte davon ausgegangen werden, dass eine überwiegend hinreichende Operationalisierung gegeben ist.

Summative Fremdeinschätzung:
Eindeutig handelt es sich beim Kundenberatungsgespräch als Prüfungsinstrument um eine summative Kompetenzmessung als Fremdeinschätzung; der Empfehlung von Gillen zur Wahl unterschiedlicher Methoden und Zugänge (siehe Kapitel 2.5) wird nicht Rechnung getragen. Somit werden Kombinationsgelegenheiten und Chancen zur Zeitraumbeobachtung nicht genutzt.

Verhaltensnahe Items nach Dietz:
Der Beobachtungs- und Bewertungsbogen verwendet klar formulierte Verhaltensbeschreibungen als Grundlage einer objektiven Erfassung.

Im Kapitel 2.6.2 wurden die Gütekriterien für Abschlussprüfungen beleuchtet und analysiert, was diesbezüglich zu beachten ist. Inwiefern die Artefakte zum Kundenberatungsgespräch auf die Erfüllung der Gütekriterien schließen lassen, wird nachfolgend dargestellt:

Objektivität:
Aufgrund der Tatsache, dass die Prüflinge von verschiedenen Prüfern in unterschiedlichen Ausschüssen geprüft werden, entstehen höchst heterogene Ausprägungen der Kundenrollen, was einer hohen Messobjektivität entgegensteht. Die Verwendung von Legenden bleibt deshalb weitgehend wirkungslos, da sie von Prüfer zu Prüfer, bestenfalls von Ausschuss zu Ausschuss, individuell angefertigt werden.

Der Beobachtungs- und Bewertungsbogen begünstigt die Interpretationsobjektivität hinsichtlich der sachbezogenen Bezugsnorm; bei seiner strikten Anwendung dürfte die soziale Bezugsnorm eine stark nachgelagerte Rolle spielen, während die individuelle Bezugsnorm aufgrund der zeitpunktbezogenen Prüfungsdurchführung ausscheidet. Es ist also zu vermuten, dass die Interpretationsobjektivität eher hoch ausgeprägt ist.

Der Beobachtungs- und Bewertungsbogen wirkt sich auch auf die Auswertungsobjektivität positiv aus. Dennoch bleibt ein gewisser Spielraum je nach Geschmack des Prüfers, inwieweit ein konkretes Verhalten nun positiv oder negativ zu bewerten ist. Dies zeigt sich beispielhaft anhand eines ausgewählten Verhaltensankers des Beobachtungs- und Bewertungsbogens:

Beim Verhaltensanker »geht auf Einwände des Kunden ein« bleibt situativ offen, wie die Einwandbehandlung ausgeprägt sein sollte. Ist es zum Beispiel besonders positiv, wenn Kundeneinwände so lange und hartnäckig behandelt werden, bis der Kunde seine Sichtweise gewechselt hat? Oder ist es eher positiv, wenn Kundeneinwände nach einem oder zwei Versuchen im Zweifel nicht ausgeräumt werden, weil sich der Kunde sonst zu sehr unter Druck gesetzt fühlt? Solche Positiv-Negativ-Vergleiche werden beispielhaft im Praxishandbuch für die Abschlussprüfung aufgezeigt. Dieses erscheint jedoch als Standardwerkzeug für den Einsatz in der Prüfung nicht sehr praktikabel zu sein. Insofern kann festgehalten werden, dass der Beobachtungs- und Bewertungsbogen lediglich eine positive Beeinflussung der Auswertungsobjektivität bewirken kann, aber keine Kalibrierung zum Verständnis, was positives und was negatives Verhalten darstellt, bewirkt. Hinsichtlich der Auswertungsobjektivität stellt die Verwendung der betrieblichen Praxis als Gesprächsgrundlage eine Schwierigkeit dar, da der gleiche Sachverhalt in verschiedenen Versicherungsunternehmen unterschiedlich gelöst werden kann, sodass beispielsweise der Verhaltensanker »erstellt situationsgerechte Lösungsvorschläge« nur in Abhängigkeit zum individuellen Unternehmensportfolio, das den Prüfern aber nicht zu jeder Gesellschaft umfassend bekannt ist, richtig eingestuft werden kann.

Insgesamt kann zur Objektivität also festgehalten werden, dass insbesondere die Artefakte »Legende« und »Beobachtungs- und Bewertungsbogen« positive Auswirkungen entfalten können, sie jedoch nicht reichen, um eine hohe Objektivität zu erlangen.

Reliabilität:

Da die zuvor abgehandelte Objektivität die Voraussetzung der Reliabilität ist, ist diese also nicht in einem hohen Bereich zu vermuten. Maßnahmen zur Reliabilität, wie die Halbierungsreliabilität, die Paralleltestreliabilität oder die Retest-Reliabilität, sind Höhn zufolge aufgrund der Natur der Abschlussprüfungen nicht in den Artefakten zu finden (siehe Kapitel 2.6.2).

Validität:

Die Kriteriums- und Konstruktvalidität kann nicht auf der Basis der vorhandenen Artefakte hinterfragt werden, da zum einen die Artefakte kein Außenkriterium beinhalten, und zum anderen das Konstrukt auf der Annahme basiert, dass die Lernziele die richtigen sind. Lediglich die Inhaltsvalidität kann anhand der vorhandenen Artefakte näher betrachtet werden. In der Abbildung 18 wird unter Punkt 2.7 deutlich, dass das Kundenberatungsgespräch als Prüfungsinstrument für die Messung der Verkaufskompetenz als sehr geeignet eingeschätzt wird, was vermuten lässt, dass die Inhaltsvalidität hoch ausgeprägt ist. Allerdings gibt es aus dem Kreise der Prüfer Hinweise darauf, dass das Kundenberatungsgespräch in der Abschlussprüfung nicht die übliche Praxis widerspiegelt und auch angenommen wird, dass aufgrund der ausschnittsartigen Prüfung nicht immer der Beratungserfolg erfasst wird (vgl. vertrauliche Quelle zu überregionalen Erfahrungsaustauschen für Prüfer 2010, 9 und 2011, 5 – bei Bedarf durch die Gutachter einsehbar). Die curriculare Validität, die der Inhaltsvalidität zuzurechnen ist, beschäftigt sich mit der Deckung der Aufgabe zum Lernziel. Die durch das Kundenberatungsgespräch zu erfassenden Lernziele sind der Nr. 3 des Ausbildungsrahmenplans zu entnehmen. Inwieweit diese durch die Aufgabe im Kundenberatungsgespräch als Prüfungsinstrument angesprochen werden und inwieweit sie auch bei der Bewertung der Leistung eine Rolle spielen, kann durch einen Abgleich mit den vorhandenen Artefakten überprüft werden. Dies erfolgt in der Tabelle 19. Dort wird ersichtlich, dass von den insgesamt 16 Lernzielen 10 durch Verhaltensanker im Beobachtungs- und Bewertungsbogen angesprochen werden, während zwei Verhaltensanker aus dem Beobachtungs- und Bewertungsbogen keinem Lernziel zugeordnet werden können. Ein direkter Schluss auf die Güte des Prüfungsinstruments sei hieraus jedoch nicht empfohlen, da dies voraussetzen würde, dass sichergestellt ist, dass die Lernziele auch tatsächlich geeignet sind, die Verkaufskompetenz zu beschreiben. Lernziele werden jedoch vor dem Hintergrund der Ordnungspolitik der Ausbildungsordnung oft ausgehandelt anstatt sachlich ergründet.

Tabelle 19: Abgleich Verhaltensanker des Beobachtungs- und Bewertungsbogens mit den Lernzielen des Ausbildungsrahmenplans

Lernziel aus Nr. 3 des Ausbildungsrahmenplans »Kundenberatung und Verkauf«	Abdeckung durch die Aufgabe	Erfassung im Beobachtungs- und Bewertungsbogen durch Verhaltensanker:
3.1 Vorbereitung von Beratungs- und Verkaufsprozessen		
a) vorhandene Kundenbeziehungen auf Verkaufschancen prüfen und Kundendatenbanken nutzen.	Keine Nutzung von Kundendatenbanken möglich, aber in der Vorbereitungszeit kann vorhandene Kundenbeziehung anhand ausgegebener Kundenspiegel auf Verkaufschancen geprüft werden.	Keine
b) fehlende Kundendaten erheben und in Kundendatenbanken einpflegen.	Fehlende Kundendaten können bei der Gesprächsdurchführung erhoben, jedoch nicht in die Kundendatenbank eingepflegt werden.	›nimmt Kundendaten auf und überprüft sie‹
c) Kundenkontakte herstellen.	Die Herstellung des Kundenkontakts geschieht in der Prüfung naturgemäß, erfasst werden kann die Art und Weise.	›gestaltet Gesprächseröffnung‹ ›greift Gesprächsanlass auf‹
d) Kundenbesuche unter Nutzung von Kundendatenbanken vorbereiten.	Die Vorbereitung des Kundenbesuches ist möglich, wofür auch eine Vorbereitungszeit zur Verfügung steht. Dabei kann jedoch keine Kundendatenbank genutzt werden.	Keine
3.2 Durchführung von Beratungs- und Verkaufsgesprächen		
a) Rechtsgrundlagen für Beratungs- und Verkaufsgespräche beachten.	Kann bei der Durchführung des Kundenberatungsgespräches umgesetzt werden.	›stellt sich und seine Gesellschaft vor‹ ›stellt eigenen Vermittlerstatus dar‹

Lernziel aus Nr. 3 des Ausbildungsrahmenplans »Kundenberatung und Verkauf«	Abdeckung durch die Aufgabe	Erfassung im Beobachtungs- und Bewertungsbogen durch Verhaltensanker:
b) Regeln für kundenorientierte Kommunikation anwenden.	Kann bei der Durchführung des Kundenberatungsgespräches umgesetzt werden.	›vereinbart Gesprächsgegenstand‹ ›präsentiert Lösungsvorschläge kundengerecht‹ ›bespricht „Erläuterungen zum Antrag"‹ ›schafft angenehme Atmosphäre‹ ›hat positive Körpersprache‹ ›hält Blickkontakt‹ ›hört konzentriert und aktiv zu‹ ›lässt Kunden ausreden‹ ›drückt sich verständlich aus‹ ›greift Argumente des Kunden auf und fasst sinnvoll zusammen‹ ›strukturiert das Gespräch‹ ›führt das Gespräch aktiv voran‹ ›verliert Ziel nicht aus den Augen‹ ›bestätigt die Kaufentscheidung‹ ›vereinbart weitere Vorgehensweise‹
c) Berechnungs- und Beratungsprogramme kundenorientiert einsetzen.	Kann bei der Durchführung des Kundenberatungsgespräches umgesetzt werden.	›verwendet Hilfsmittel zielgerichtet und visualisiert‹
d) Kundensituation analysieren und Bedarf feststellen, über Schadenursachen und -verhütung informieren.	Kann bei der Durchführung des Kundenberatungs- gespräches umgesetzt werden.	›nimmt bestehende Versicherungen auf‹ ›erkennt und benennt Zusatzbedarf‹ ›analysiert Kundensituation‹ ›nimmt Kundenwünsche auf‹ ›ermittelt Versorgungslücken und zeigt diese auf‹ ›zeigt Auswirkungen auf‹ ›stellt situationsgerechte Fragen‹
e) Einwände behandeln und Argumentations- techniken anwenden.	Kann bei der Durchführung des Kundenberatungs- gespräches umgesetzt werden.	›geht auf Einwände des Kunden ein‹
f) Unternehmens- und Produktratings berücksichtigen.	Kann bei der Durchführung des Kundenberatungs- gespräches umgesetzt werden.	Keine

Lernziel aus Nr. 3 des Ausbildungsrahmenplans »Kundenberatung und Verkauf«	Abdeckung durch die Aufgabe	Erfassung im Beobachtungs- und Bewertungsbogen durch Verhaltensanker:
g) kundengerechte Lösungsvorschläge entwickeln und erläutern, Angebote unterbreiten.		›erstellt kundengerechte Lösungsvorschläge‹ ›stellt Kundennutzen dar‹ ›zeigt mögliche Einschränkungen auf und wägt mit Kundennutzen ab‹ ›erarbeitet bedarfsgerechtes Angebot‹
h) Kundenzufriedenheit feststellen.	Kann bei der Durchführung des Kundenberatungs- gespräches umgesetzt werden.	Keine
i) Empfehlungsadressen ermitteln.	Kann bei der Durchführung des Kundenberatungs- gespräches umgesetzt werden.	›erfragt Empfehlungsadressen‹
3.3 Nachbereitung von Beratungs- und Verkaufsgesprächen		
a) Gesprächsergebnisse dokumentieren.	Kann bei der Durchführung des Kundenberatungs- gespräches umgesetzt werden.	›nimmt Antragsdaten auf und ergänzt sie‹ ›holt Unterschrift ein‹
b) Empfehlungsadressen nutzen.	Ist nicht in der Prüfung berücksichtigt, da gem. § 9 Abs. 3 Nr. 3 der AO nicht gefordert.	Keine
c) Folgeaktivitäten von Gesprächen einleiten.	Ist nicht in der Prüfung berücksichtigt, da gem. § 9 Abs. 3 Nr. 3 der AO nicht gefordert.	Keine
Nicht zuzuordnende Verhaltensanker aus dem Beobachtungs- und Bewertungsbogen		
›greift Zusatzbedarf auf‹ ›vereinbart Folgetremin‹		

Im Kapitel 2.6.3 wurde erörtert, welchen Anforderungen handlungsorientierte Prüfungen über die Gütekriterien hinaus genügen sollten, was nachfolgend anhand der Artefakte zum Kundenberatungsgespräch abgewogen
wird:

Merkmale des Handlungsbezuges nach Badura/Müller:
Aus der Abbildung 21 als Beispiel zur Fallvorgabe im Kundenberatungsgespräch geht hervor, dass ein klarer Situationsbezug geschaffen wird. Dass
ein gewisser Praxisbezug erreicht werden soll, wird durch die Prüfungsform
als Rollenspiel selbst zum Ausdruck gebracht. Der Grad der Realitätsnähe
hängt von der konkreten Ausgestaltung der Situation und des Rollenspiels
selbst, insbesondere durch den Prüfer in der Kundenrolle, ab. Dies diffe-
riert je nach Ausschuss und Prüfer, sodass eine Bandbreite von ‚realitäts-
fern‘ bis ‚realitätsnah‘ entstehen wird. Eine Einschränkung der Praxis- und
Realitätsnähe ist in den Rahmenbedingungen der Prüfung auf der Basis
der Ausbildungsordnung selbst hinsichtlich der Zeitbegrenzung auf 20
Minuten sowie der Aufgabenwahl 1 aus 2 des Prüflings zu sehen. Eine weitere Beschneidung der Praxis- und Realitätsnähe nehmen die Interpretation
in der Erläuterung zur Ausbildungsordnung sowie die Anmeldeformulare
zur Prüfung (s. Abb. 35), bezüglich der vorherigen Spartenfestlegung vor.

Das Kriterium der sogenannten Verständnisaufgabe stellt die Anforderung, dass die Situationsbeschreibung keine Alibifunktion übernimmt,
um Wissensabfragen durchzuführen, sondern vielmehr als Ausgangspunkt für die Problemstellung und die zu erarbeitende Lösung fungiert (vgl. Badura/Müller 2003, 23). Hierbei wirkt der Beobachtungs- und
Bewertungsbogen durch die in ihm platzierten Verhaltensanker steu-
ernd, da kein direkter Verhaltensanker für fachliche Wissensabfragen berücksichtigt ist. Dennoch besteht die Gefahr der Verzerrung durch die
Interpretation der Verhaltensanker durch die Prüfer; so könnte argumentiert werden, dass die beiden Verhaltensanker »greift Argumente des
Kunden auf und fasst sinnvoll zusammen« sowie »geht auf Einwände
des Kunden ein« durchaus Spielraum für die Platzierung verdeckter
Wissensfragen bietet, und die Möglichkeit, die Alternative »nicht verlangt«
bei den anderen Verhaltensankern anzukreuzen, sehr wohl eine Betonung
von Wissenprüfungen herbeiführt.

Die Anreicherung mit Unterlagen aus der Praxis wird durch die
Ausbildungsordnung klargestellt, indem ausdrücklich angeführt wird, dass
die betriebliche Praxis die Grundlage des Gespräches bildet, was eben
auch Hilfsmittel, wie etwa Tarifrechner, Broschüren usw., umfasst. Auch
für die Prüferseite wird klargestellt, dass echte Unterlagen verwendet werden sollen, wie zum Beispiel einen wirklicher Fahrzeugschein in einem
Kundenberatungsgespräch zur Kfz-Versicherung.

Die Adressaten- und Aktivitätsorientierung ist aufgrund der Natur des
Kundenberatungsgespräches als Rollenspiel sichergestellt.

Die Prozessorientierung wird hinsichtlich der Teile ‚Planung in der
Vorbereitungszeit‘ und ‚Durchführung in der Prüfungszeit‘ abgebildet,

wenngleich im Beobachtungs- und Bewertungsbogen hauptsächlich die Durchführungsphase gewürdigt wird. Die Zeitbegrenzungen engen den Vollzug der vollständigen Handlung, insbesondere in der Durchführung, ein.

Insgesamt sind die einzelnen Merkmale des Handlungsbezuges also weitgehend erfüllt, auch wenn an einigen Stellen noch gewisse Verzerrungen und Einengungen vorkommen.

Ganzheitliche Problemlösefähigkeit nach Reetz:
Da die Lösung einer Problemstellung eines Kunden im Kundenberatungsgespräch viele und unternehmens- und kundenindividuelle Lösungswege und -möglichkeiten erlaubt, besteht grundsätzlich keine ausschließlich richtige Lösungsmöglichkeit, was die ganzheitliche Problemlösefähigkeit des Prüflings auch tatsächlich fordert.

Mehfachsituationen und Kriterienverzeichnis nach Brinkner:
Die Ausbildungsordnung sieht lediglich die Durchführung eines einzigen Kundenberatungsgespräches auf der Basis von einer aus zwei zur Wahl gestellten Situationen vor. In diesem Auswahlangebot aus zwei Situationen ist jedoch nicht die Anforderung nach mehreren Situationen im Sinne Brikners erfüllt. Diese wäre erst gegeben, wenn verschiedene Rollenspiele zu unterschiedlichen Situationen durchgeführt würden. Dies ist jedoch nicht der Fall, sodass die Forderung nach Mehrfachsituationen nicht erfüllt wird.

Das Kriteriumsverzeichnis zur konkreten Bewertung des Kundenberatungsgespräches bildet der Beobachtungs- und Bewertungsbogen hingegen ab.

Anforderungen an Rollenspiele nach Stender:
Eine Bewertung durch mehrere Prüfer ist grundsätzlich durch die paritätische Besetzung der Prüfungsausschüsse gegeben, vorausgesetzt, dass auch jeder anwesende Prüfer eine Bewertung vornimmt. Ein Beurteilungsbogen mit klaren Bewertungskriterien liegt mit dem Beobachtungs- und Bewertungsbogen grundsätzlich vor, wobei jedoch an der Klarheit einiger Verhaltensanker, wie bereits aufgezeigt, Verbesserungen vorgenommen werden können.

Prüferschulungen werden von manchen IHK im Allgemeinen sowie durch das BWV im Besonderen für Prüfer des Berufsbildes der Kaufleute für Versicherungen und Finanzen angeboten (vgl. BWV/f-bb 2011, 3; vgl. vertrauliche Quelle zu überregionalen Erfahrungsaustauschen für Prüfer 2009, 7 – bei Bedarf durch die Gutachter einsehbar). Da sich jedoch in der

Regel keine Verpflichtung zur Teilnahme für die einzelnen Prüfer durch die IHK ergibt, nehmen viele Prüfer das Kundenberatungsgespräch auch ohne Schulung ab.

Zusammenfassend kann festgehalten werden, dass durch das Kundenberatungsgespräch als Prüfungsinstrument

- die Anforderungen an die Kompetenzmessung aus Kapitel 2.5
  → zur Operationalisierung nach Kadishi überwiegend hinreichend erfüllt,
  → zu Kombinationsgelegenheiten und Chancen zur Zeitraumbeobachtung nicht nutzt,
  → hinsichtlich der verhaltensnahen Items nach Dietz verwendet.
- die Anforderungen an die Gütekriterien für Abschlussprüfungen aus Kapitel 2.6.2
  → zur Objektivität nicht in Gänze erfüllt, aber einige gute Ansatzpunkte umgesetzt,
  → bezüglich der Reliabilität aufgrund der Natur von Abschlussprüfungen nicht berücksichtigt,
  → hinsichtlich der Inhaltsvalidität vermutlich weitgehend erfüllt werden.
- die Anforderungen an handlungsorientierte Prüfungen aus Kapitel 2.6.3
  → hinsichtlich der Merkmale des Handlungsbezuges nach Badura/ Müller größtenteils erfüllt,
  → zur ganzheitlichen Problemlösefähigkeit nach Reetz erfüllt,
  → zur Mehrfachsituation nach Brinkner nicht erfüllt,
  → zum Kriterienverzeichnis nach Brinkner erfüllt,
  → hinsichtlich der Rollenspiele nach Stender weitgehend erfüllt werden.

2.7.2 Bewertung der Ergebnisse der Artefaktenanalyse und Ableitung von Thesen zur Validität des Kundenberatungsgespräches als Prüfungsinstrument

Im Kundenberatungsgespräch

„… wird zumindest eine reale Arbeitssituation simuliert. Das betriebliche Umfeld bildet zwar teilweise den Rahmen, es ist aber bei den entwickelten Aufgaben nur von untergeordneter Bedeutung. Im Mittelpunkt steht die Berater-Kunden-Beziehung. Die für die Bewältigung dieser Arbeitssituation notwendigen Kompetenzen werden von der Prüfungsform weitgehend gefordert. […] Die Aufgaben beinhalten berufstypische Problemstellungen, erfordern fachübergreifende

Kompetenzen und umfassen vollständige Handlungen." (Scheib 2005, 55f.)

Hieran anknüpfend seien die Ergebnisse der Artefaktenanalyse aus dem vorangegangenen Kapitel bewertet:

Das Kundenberatungsgespräch als Prüfungsinstrument erfüllt die Anforderungen

- an Kompetenzmessungen aus Kapitel 2.5 nur teilweise. Es ist zu vermuten, dass eine Zeitraumbeobachtung eine Verbesserung bewirken würde, was jedoch der Natur der Abschlussprüfung widerspricht;
- an handlungsorientierte Prüfungen überwiegend. Die Zeitbegrenzung der Prüfungsdurchführung, die Aufgabenauswahl 1 aus 2 durch den Prüfling, die Ausgestaltung der Kundenrolle durch den Prüfer, verbunden mit dessen nicht gegebener Schulungspflicht, sowie die Option, das Kundenberatungsgespräch im Rahmen der Abschlussprüfung mehrfach durchzuführen, sind Faktoren, die verändert werden können, um zu einer noch handlungsorientierteren Gestaltung beizutragen;
- an die Gütekriterien von Abschlussprüfungen bezüglich der Objektivität nur teilweise, während die Voraussetzungen der Validität, soweit an dieser Stelle feststellbar, weitgehend erfüllt sind.

Daraus ergeben sich folgende Schlussfolgerungen für die Validität des Kundenberatungsgespräches als Prüfungsinstrument:

These 1: Die Validität ist mittelmäßig bis eher stark ausgeprägt.

These 2: Es bestehen Optimierungspotenziale zur Verbesserung der Validität.

Ob diese Thesen zutreffen und welche Optimierungspotenziale genau bestehen, wird im folgenden Kapitel 3 empirisch untersucht.

3. Untersuchung zur Validierung des Kundenberatungsgespräches als Ausgangspunkt zur Erhebung von Verbesserungspotenzialen bei der Messung von Verkaufsorientierung als Kompetenz im Rahmen der Handlungsorientierung in der Abschlussprüfung

3.1 Methodische Grundlagen

3.1.1 Berufsbildungsforschung

Wenngleich die Frage der Handlungsorientierung in Prüfungen, wie angedeutet, auch allgemeinpädagogische und allgemeindidaktische Aspekte umfasst, ist die vorliegende Arbeit primär der Berufspädagogik zuzuordnen (vgl. Kapitel 2.1). Insbesondere die nachfolgend dargestellte empirische Studie ist in die Berufsbildungsforschung einzuordnen.

Die Berufsbildungsforschung „... wird als eine Sammelbezeichnung für alle Forschungen betrachtet, die sich auf das Feld der beruflichen Erst- und Weiterbildung beziehen. [...] [Sie] [...] stellt sich [...] als eine [...] interdisziplinäre, aber gleichwohl pädagogisch orientierte Aufgabe dar" (Arnold u.a. 1998, Kap. 15). Die empirische Forschung ist unter anderem, wie auch in der vorliegenden Arbeit, darauf gerichtet, Hypothesen und Theorien zu überprüfen (vgl. Wellenreuther 2000, 36). Insofern ist es erforderlich, den Begriff der Theorie weiter zu klären.

„Theorien [...] sind [...] sprachliche Produkte und können im Hinblick auf den Gegenstand – hier: Berufsbildung – beschreibend (deskriptiv) und vorschreibend (präskriptiv) sein" (Sloane 2006, 613). Dabei bezeichnet die Theorie eine Erkenntnis, ein Bewusstsein, eine reflexive Idee, ein entwerfendes Bild von der vorzunehmenden Konstruktion des Realen oder der Empfindung einer Zweckmäßigkeit (vgl. Becker 2006, 577f.; vgl. Becker 2005, 70ff.; vgl. Ott 2007, 22f.). Hierbei kommen zwei grobe Klassen von Theorieverständnissen zum Tragen. Die erste Klasse ist aus der geisteswissenschaftlichen Pädagogik entstanden, die sich in verschiedene Ausprägungen einteilen lässt und der die vorstehende auffassende Erläuterung des Theorieverständnisses zuzuordnen ist (vgl. ebd.).

Tabelle 20: Ausprägungen des Theoriebegriffes in der geisteswissenschaftlichen Pädagogik (in Anlehnung an: Becker 2006, 577f.; Becker 2005, 70ff.; Ott 2007, 22f.)

	kritisch-emanzipatorische bzw. kritisch-konstruktive Pädagogik	phänomenologische Pädagogik	(radikal-) konstruktivistische Pädagogik
Bestreben	progressives Bewusstsein	Strikt beschreibende Orientierung	Nutzenbewertung
Subjektive Verdichtung	*Konsensorientierung:* Übereinkommen über die Tatsächlichkeit des kollektiv Ergründeten	*Evidenzorientierung:* Intrinsische Wirklichkeits-erfahrung hinsichtlich des durch die Theorie Gedachten	*Viabilitätsorientierung:* Umfang des persönlich gefühlten Grades der Bewährung

Becker (vgl. 2006, 578ff.) führt aus: Die zweite Theoriebegriffsklasse meint erfassbare Darlegungen / Darlegungsgebilde zur Realität. Diese Ausgangspunkte geben sachlich beschreibend Subjunktionen an, die eine durchgängige Gültigkeitszuweisung begründen. Die sich daraus ergebenden, erfahrungsgemäß bedeutsamen Bekundungen, sind gemeinhin von jedem hinsichtlich ihrer Geltung überprüfbar und im Aktionszusammenhang verwendbar. Hier positionieren sich manche Versionen sowohl der systemtheoretischen und der analytisch-empirischen als auch der kritisch-rationalen Pädagogik.

Die Bedeutungsauffassung von Wissenschaft basiert auf ante-wissenschaftlichen Annahmen sowie auf Ansprüchen zu den Eventualitäten und auch dem Zweck

- des Menschendaseins in der Welt (Menschenbild der Anthropologie),
- der Gestaltung der sozialen Gemeinschaft (Gesellschaftsbild der Sozialphilosophie),
- Aussagen dazu zu treffen, welche Gegebenheiten in den Welten anzutreffen sind (Seinslehre der Ontologie).

Die Bindung an einen dieser Bereiche bildet den Sockel des Ansatzes zur Forschung und die sinnmäßig ausgerichtete Zentrierung eines Theoriebegriffes. Nachstehend erfolgt eine kurze Erläuterung der daraus entstandenen Hauptausprägungen der Berufsbildungsforschung:

1. Ausprägung der Geisteswissenschaften:

Das Hauptmerkmal ist die Erforschung der bildungs- und erziehungswissenschaftlich verantworteten Balance von Forderungen der Arbeitswelt und des Individuums.

2. *Ausprägung basierend auf der kritischen Theorie/emanzipatorische Ausprägung:*
Diese Ausprägung hat keine praktische Relevanz mehr. Dies liegt wahrscheinlich an der starken Betonung der Konvergenzkausalität und der dieser innewohnenden Kontradiktion von Beruflichkeit und Egalité.

3. *Kritisch-rationale Ausprägung:*
Etappenweise werden immer brauchbarere Bewältigungsmöglichkeiten für Probleme geschaffen, und zwar mittels Gestaltung und Kritik bei einer Anbindung an die für den persönlichen Lebensentwurf höchsterreichbare Autarkie sowie die Grundsätze der Offenheit für Kritik.

Auf die Rationalitätsmodelle der Berufsbildungsforschung fokussierend folgen wiederum drei bedeutende Ausprägungen (vgl. Sloane 2006, 616):

Tabelle 21: Ausprägungen der Rationalitätsmodelle der Berufsbildungsforschung (in Anlehnung an Sloane 2006, 616)

Modell rationaler Forschung	Modell rationaler Praxis	Modell reflexiver Praxis
Dem kritisch-rationalen Paradigma folgend, soll das wissenschaftliche Handeln auf die Erzeugung von Theorien mittels der Widerlegung von Hypothesen gerichtet sein oder in abgewandeltem Einsatz vom Wahrscheinlichkeitsausmaß der Hypothesenprüfung ausgehen. Hierfür werden quantitative Forschungsverfahren eingesetzt.	Die Praxis soll mittels Schaffung einer gesellschaftlichen Ordnung optimiert werden. Diesem Modell liegt der kulturkritische Ansatz zugrunde und begründet sich durch das Konzept der kritischen Theorie.	Selbstreflexionsfähigkeit interreaktionärer sozialer Systeme, vorwiegend die zwischen Wissenschaft/ Berufsbildungsforschung und Berufsbildung / Berufsbildungspraxis / Berufsbildungssystem als Form der Feldforschung.

Während die Lehr-Lern-Forschung Lösungsalternativen für zentrale Probleme der Schule erschaffen soll (vgl. Achtenhagen 2006, 586), ist die Berufsbildungsforschung als intensivierende Betrachtung einzelner Gesichtspunkte des didaktischen Plateaus zu verstehen (vgl. Sloane 2006, 613). Dabei sind sowohl die empirische Öffnung zum Berufsbildungssystem als auch die Feldentwicklungsarbeit der Berufsbildung als Modellversuch Sache der Berufsbildungsforschung (vgl. Sloane 2006, 611).

Ferner kann die Berufsbildungsforschung in ihre drei Teildisziplinen aufgegliedert werden:

Tabelle 22: Gliederung der Berufsbildungsforschung (in Anlehnung an Sloane 2006, 617f.)

Berufspädagogische Forschung	Sozialökonomische Forschung	Didaktische Forschung
Hat die berufliche Professionalisierung des Menschen hinsichtlich ökonomischer, biographischer und institutioneller Aspekte zum Gegenstand. Betrachtet werden die Abgleiche von Beschäftigungssystemen mit der Berufsbildung und die daraus erwachsenden Ordnungsmodalitäten in vergleichender sowie historisch-systematischer Weise.	Anliegen der Personalentwicklung, des Personalmanagements, des informellen und organisationalen Lernens etc. ergänzen den Fokus der Berufsbildung.	Die in der beruflichen Professionalisierung begründeten und ihnen dienlichen Lehr- und Lernprozesse werden über den berufsschulischen Sektor hinaus erforscht. Sowohl schulische als auch betriebliche Lernumgebungen sind umfasst und werden untersucht.

Letztlich lässt sich das Erkenntnis- und Handlungsinteresse der Berufsbildungsforschung hinsichtlich des Habitus des Forschers klassifizieren:

Tabelle 23: Erkenntnis- und Handlungsinteressenarten der Berufsbildungsforschung (in Anlehnung an Sloane 2006, 622)

Distanzierte Forschung	Intervenierende Forschung	Responsive Forschung
Äußert sich in phänomenologisch-textwissenschaftlichen sowie in empirisch-analytischen Ansätzen. In der empirisch-analytischen Ausprägung ist es Ziel, durch Befragungen und Beobachtungen erklärende Theorien zu generieren. Der textwissenschaftlich-phänomenologische Ansatz versucht, mithilfe interpretativer Auswertungen der Gesamtheit aller vorliegenden Forschungstexte Alltagserfahrungen systematisch zu erfassen und so zu reflektiert.	Der Handlungsforschung folgend, wird auf der Basis von Diskursen der Beteiligten versucht, eine Übereinstimmung über die notwendigen Aktivitäten zu erreichen, um so die Praxis zu optimieren.	Vereinigt Evaluierungsarbeiten mit Empfehlungen zur Gestaltung und ggf. mit der Gestaltung selbst. Hierbei soll die Evaluation stets das Akteursinteresse der Forschungsbeteiligten beachten sowie sich sozial verantwortlich gestalten. Evaluationsergebnisse dienen als Reflektor in das Feld.

Wellenreuther führt aus (vgl. Wellenreuther 2000, 17ff.), dass die pädagogische Anwendung sowie die Einstellungen, Beweggründe und Verhaltensweisen von Personen und Personenmehrheiten Gegenstände der empirischen Forschung sind. Die Gültigkeit von Hypothesen wird methodologisch kategorisch überprüft. Das Ziel der empirischem Forschung ist die Ergründung der Wahrheit durch die Überprüfung der Annahmen der pädagogischen Praxis.

Die empirische Forschung teilt sich in zwei Hauptausprägungen, und zwar in die qualitative und die quantitative Forschung.

3.1.2 Qualitative und quantitative Forschung

Raithel und Seibold erläutern zur quantitativen Forschung Folgendes (vgl. Raithel 2008, 7f.; vgl. Seibold 2007, 5): Bei der quantitativen Forschung wird eine Fülle von Beobachtungsgegenständen sowie der zwischen ihnen existierenden Beziehungen hinsichtlich eines Merkmals (empirisches Relativ) auf eine relationsdefinierte Anzahl von Numeri (numerisches Relativ) dargestellt. Dabei erfolgt eine Komplexitätsreduzierung von Auskünften auf essentielle Kennzeichen. Hierfür werden mathematisch-statistisch taugliche Verfahren angewandt. Insbesondere verfolgt die quantitative Forschung die Hypothesenüberprüfung mittels Verbindungen unterschiedlicher veränderlicher Größen in der Faktizität. Dabei sind Zählen, Wiegen und Messen quantitative Verfahren, um als Resultat Zahlen vorlegen zu können.

Der qualitativen Forschung hingegen geht es vielmehr um ein Verstehen der Geschehnisse in ihrem Objektbereich, weshalb sie die spezifischen Charakteristika und Aspekte so gegenstandsnah, detailliert und präzise wie möglich erfasst (vgl. Raithel 2008, 8; vgl. Strauss/Corbin 1996, 3; vgl. Seibold 2007, 5)

Durch die Verbindung von qualitativen und quantitativen Forschungsmethoden kann eine komplementäre Nutzenstiftung wie folgt erreicht werden (vgl. Strauss/Corbin 1996, 4; vgl. Flick 2007, 40 und 53; vgl. Flick 2008, 75f.; vgl. Seibold 2007, 18f.; vgl. Bortz/Döring 2009, 297; vgl. Kuckartz 2008, 12; vgl. Breuer 2009, 43): Dies geschieht, indem sich sowohl ergänzende Erkenntnismöglichkeiten als auch eine reziproke Resultatkontrolle auf verschiedene Arten von Informationen und Daten beziehen; ferner können partiell Substitute von Mängeln eines Forschungsansatzes durch die Vorzüge des jeweils anderen gebildet werden.

Das Zusammenspiel der qualitativen und quantitativen Forschung löst so diverse Unklarheiten und beantwortet Problemstellungen, wozu ein Forschungsansatz allein nicht in der Lage wäre, was eine klare Verbesserung für die Erkenntnisgewinnung darstellt (vgl. Kuckartz 2008, 12).

Der Zugewinn durch den Anschluss eines qualitativen an einen quantitativen Forschungsansatz entsteht dadurch, dass umfassende und vielschichtige Wirkungssysteme (in der vorliegenden Arbeit der Zusammenhang von

Punktzahl im Kundenberatungsgespräch als Prüfungsinstrument und der damit beabsichtigten Messung der Verkaufsorientierung, ausgedrückt in Provisionseinkommen in der Empirie) mit Standardinstrumenten nicht ganz erfasst werden kann und wie folgt gelingt (vgl. Kuckartz 2008, 12ff. und 70f.; vgl. Strauss/Corbin 1996, 4; vgl. Helfferich 2009, 21; vgl. Seibold 2007, 7ff.; vgl. Flick 2008, 76; vgl. Meyering 2008, 21): Durch den qualitativen Ansatz wird eine Zutrittsmöglichkeit zu quantitativen Feststellungen geschaffen, sodass diese anschaulich gemacht, geklärt und letztlich leichter begriffen werden können. Dieser Prozess kann einen quantitativen Befund auch relativieren. Mithin sind qualitative Ergänzungen zu quantitativen Methoden erforderlich, weil so überhaupt erst Forschungskonzepte entstehen, die als Gesamtgefüge in der Lage sind, Sachverhalte zu ergründen, die der quantitative respektive andersherum der qualitative Ansatz allein nicht entdeckt hätten. Ferner wird die Interpretationsnotwendigkeit und somit die Gefahr der Fehldeutung durch die Ergänzung mit qualitativen Verfahren eingeschränkt, was auch einer irrtümlichen Generalisierung vorbaut.

Die Verbindung der qualitativen mit der quantitativen Forschung ist auch ein Bestandteil der Triangulation, die sich allerdings noch umfassender und differenzierter darstellt (vgl. Lamnek 2010, 248). Auf die Triangulation wird im folgenden Kapitel 3.1.3 näher eingegangen.

3.1.3 Triangulation

Unter Triangulation versteht man nach Flick (2008, 12) die Betrachtung des Forschungsgegenstandes aus verschiedenen Blickwinkeln, was sich durch die Wahl verschiedener theoretischer Zugänge oder angewandter Methoden, aber auch durch die Verbindung verschiedener Sorten von Daten ausdrückt und wodurch ein Zuwachs an Erkenntnissen ermöglicht wird.

Nach Denzin werden verschiedene Formen der Triangulation unterschieden, und zwar (vgl. Lamnek 2010, 142; vgl. Flick 2008, 13ff.):

1. *Datentriangulation:* „Hierbei werden Daten zu einem Phänomen kombiniert, die unterschiedlichen Quellen entstammen und zu verschiedenen Zeitpunkten, an unterschiedlichen Orten oder Personen erhoben werden." (Lamnek 2010, 142)
2. *Forschertriangulation:* Es werden unterschiedliche Forscher eingesetzt, um deren subjektiv verschiedene Perspektiven zu nutzen (vgl. Lamnek 2010, 142; vgl. Flick 2008, 14).

3. *Theorientriangulation:* Es erfolgen eine Durchleuchtung der Forschungs-gegenstände durch unterschiedliche Hypothesen und Perspektiven sowie eine Interpretation zu Daten, die zu einem Phänomen gehö-ren, unter Einbeziehung unterschiedlicher theoretischer Modelle (vgl. Lamnek 2010, 142, vgl. Flick 2008, 14f.).

4. *Methodentriangulation:* „Verschiedene Methoden [...] werden kombi-niert oder es werden innerhalb einer Methode Variationen eingeführt [...]" (Lamnek 2010, 142).
   Es sei ausdrücklich betont, dass hierbei auch die Kombination von qualitativen und quantitativen Methoden sinnvoll sein kann (vgl. Mayring 2002, 148). Die im Kapitel 3.1.2 dargestellten Vorteile bei der Verbindung von quantitativer und qualitativer Forschung ist der Methodentriangulation zuzuschreiben.

Gemeinsam ist den unterschiedlichen Ausprägungen das grundlegende Ziel der Triangulation, nämlich der zusätzliche Erkenntnisgewinn (vgl. Flick 2008, 26).

Lamnek zeigt auf, dass es durch die Triangulation zur Konvergenz oder Divergenz auf unterschiedliche Art gewonnener Ergebnisse kommen kann (vgl. Lamnek 2010, 258f.): Die Ergebnisse können kongruent, komple-mentär oder divergent zueinander stehen (vgl. ebd.). Sind die Ergebnisse kongruent, also übereinstimmend, sind sie mit sehr hoher Wahrschein-lichkeit zutreffend, was sich „[...] aufgrund der wahrscheinlichkeitsthe-oretisch geforderten multiplikativen Verknüpfung [...]" (Lamnek 2010, 258) ergibt; allerdings ist es nicht vorrangiges Ziel der Triangulation, zu einer völligen Übereinstimmung zu kommen (vgl. Mayring 2002, 147f.). Komplementarität bedeutet, dass „[...] sich die Erkenntnisse ineinander fügen, sich ergänzen, auf einer Ebene liegen, aber nicht kongruent sein müssen" (Lamnek 2010, 258). Bei einer Divergenz von Ergebnissen „[...] besteht der denkbare Erkenntnisfortschritt [...] darin, dass möglicherwei-se komplexere, der sozialen Realität angemessenere Erklärungen gefunden werden" (Lamnek 2010, 259).

3.1.4 Auswahl der Forschungsmethoden

Die konkrete Auswahl der einzelnen Methode muss natürlich in enger Korrespondenz mit der eigentlichen Forschungsfrage stehen.

Vorliegend soll ergründet werden, ob 1) das Kundenberatungsgespräch als Prüfungsinstrument seinen in der Ausbildungsordnung der Kaufleute für Versicherungen und Finanzen festgeschriebenen Anspruch erfüllt, die Verkaufsorientierung zu messen, und 2) für den Fall, dass dies nicht festgestellt werden kann, zu ergründen, welche Ursachen hierfür infrage kommen, um 3) schließlich Vorschläge zu generieren, die eine Entwicklung des Kundenberatungsgespräches als Prüfungsinstrument bewirken können, damit dieses künftig seine Anforderung, die Verkaufsorientierung zu messen, erfüllt beziehungsweise besser erfüllen kann (vgl. Münk/Reglin, 2009, 8; vgl. BWV/f-bb 2011, 47).

Um die Beantwortung der Forschungsfrage systematisch anzugehen, erscheint es sinnvoll, zunächst deren einzelne Aspekte einzeln zu betrachten:

Fragestellung 1:
In welchem Ausmaß misst das Kundenberatungsgespräch als Prüfungsinstrument die Verkaufsorientierung?
Wenn also letztlich die Frage beantwortet werden soll, ob das Kundenberatungsgespräch das misst, was es zu messen verspricht (die Verkaufsorientierung), handelt es sich um eine durchzuführende Validierung (vgl. Botz/Döring 2006, 200; vgl. Diekmann 2009, 257; vgl. Raithel 2008, 47; vgl. Wellenreuther 2000, 401). Bei diesem quantitativen Ansatz ist zu ergründen, wie eine Validierung des Kundenberatungsgespräches als Prüfungsinstrument erfolgen kann. Als eine Variable ist vom Prüfungsinstrument ‚Kundenberatungsgespräch‘ selbst die Punktzahl (Note), die quasi auf der Grundlage der abgenommenen Prüfung die theoretische Güte der Verkaufsorientierung des Absolventen ausdrückt, gegeben. Das Kriterium ‚Provisionseinkommen‘ liegt in der Versicherungswirtschaft, aber auch in anderen Branchen, in denen Provisionen gezahlt werden, als Ausdruck der Verkaufsorientierung in der Empirie sehr nahe (s. Punkt 2.4). Eine Provision stellt die leistungsbezogene Vergütung, hauptsächlich für Vermittlungen oder Abschlüsse von Versicherungsverträgen und auch für Bestandspflegemaßnahmen eines Außendienstmitarbeiters dar und ist im Versicherungswesen hinsichtlich des in dieser Arbeit vorliegenden Untersuchungsinteresses mit der Courtage von Maklern identisch (vgl. Fürstenwerth/Weiß 1997, 327; vgl. Schmidt 1976, 213; vgl. Koch/Holthausen 2006, 37; vgl. Farny 1995, 123 und 482). Die Verkaufsorientierung drückt sich in der Praxis demzufolge in einem ho-

hen Grad im Provisionseinkommen eines Außendienstmitarbeiters aus. Wenn also das Kundenberatungsgespräch als Prüfungsinstrument tatsächlich die Verkaufsorientierung misst, so müsste eine hohe Korrelation der Punktzahl aus dem Kundenberatungsgespräch mit dem späteren Provisionseinkommen des Kandidaten gegeben sein. Bei dieser Kriteriumsvalidierung wird die prognostische Validität erhoben, da die beiden Zeitpunkte, zu denen das Prüfungsergebnis festgestellt und zu dem das Provisionseinkommen generiert wird, auseinander fallen (vgl. Botz/Döring 2006, 200f.; vgl. Diekmann 2009, 258; vgl. Raithel 2008, 49; vgl. Wellenreuther 2000, 273f.).

Zur Datensammlung bietet sich in der vorliegenden Arbeit eine quantitative Befragung im Rahmen einer Querschnittsstudie[6] an (vgl. Raithel 2008, 66). Als Befragungszielgruppe kommen diejenigen infrage, die Kenntnis von den beiden zu erhebenden Hauptkriterien, der Bewertung des Kundenberatungsgespräches und des Provisionseinkommens, haben. Dies sind zum einen die Absolventen selbst und zum anderen die Unternehmen, für welche die Absolventen arbeiten. Es kommen also eine Absolventen- oder eine Unternehmensbefragung in Betracht. Allein bereits aufgrund der Menge der zu erhebenden Daten und hinsichtlich der Absolventenbefragung der Sensibilität der zu erhebenden Kriterien (z.B. Provisionseinkommen), bietet sich eine schriftliche Befragung in stark strukturiert-standardisierter Form aufgrund der mit ihr zu ermöglichenden Anonymität und zu erhebenden Menge an (vgl. Bortz/Döring 2006, 237; vgl. Raithel 2008, 66f.; vgl. Diekmann 2009, 514). Bei der Unternehmensbefragung liefert ein Unternehmen die Mehrheit von Datensätzen, was bei der Befragung der Absolventen gerade nicht der Fall ist, sodass mit sehr viel mehr Personen Kontakt aufzunehmen ist. Daher scheint hinsichtlich der Absolventen eine Online-Befragung die geeignete Befragungsform zu sein, während die Unternehmensbefragung schriftlich oder per Mail durchgeführt werden kann (vgl. Raithel 2008, 66f.; vgl. Bortz/Döring 2006, 261). Als Befragungsform werden aufgrund der in den Ansätzen beinhalteten Vor- und Nachteile der Unternehmens- und der Absolventenbefragung beide Ansätze ausgewählt.

---

6 Bei einer einmaligen Datenerhebungsphase spricht man von einer Querschnittsstudie (vgl. Raithel 2008, 50)

Fragestellung 2 und 3:
Wie lässt sich klären, in welchem Ausmaß das Kundenberatungsgespräch als
Prüfungsinstrument die Verkaufsorientierung misst?
Wie lässt sich das Ausmaß der Messung von Verkaufsorientierung durch das
Kundenberatungsgespräch als Prüfungsinstrument verbessern?
Fragestellung 2 und 3 werden gemeinsam erläutert, da ihnen dieselben
Forschungsmethoden mit gleicher Begründung zugrundegelegt werden.

Vorliegend geht es nicht, wie in der ersten Fragestellung, um eine
Hypothesenüberprüfung, die man mit quantitativen Methoden vornehmen kann, sondern um die Generierung von Hypothesen über die
Frage, wieso das Kundenberatungsgespräch als Prüfungsinstrument sein
Versprechen der Messung von Verkaufsorientierung einlöst oder eben
nicht, und im zweiten Fall, welche Handlungsoptionen zur Verbesserung
gewählt werden können und wozu sich qualitative Methoden eignen (vgl. Lamnek 2010, 20 und 220ff.). Der sich unter der ersten Fragestellung ergebende Validitätskoeffizient ist einerseits von der Punktzahl
im Kundenberatungsgespräch der Abschlussprüfung und andererseits
vom erzielten Provisionseinkommen abhängig. Im Kapitel 2.7 ist auf der
Basis der Artefaktenanalyse dargestellt, wie das Kundenberatungsgespräch
als Prüfungsinstrument zu einem Ergebnis gelangt. Dafür, inwiefern dies
dem in Kapitel 2.6.3 erläuterten Anspruch der Praxisnähe gerecht wird,
steht das Provisionseinkommen als externes Kriterium zum Vergleich. Für
eine Ergründung des Abgleichs des Ausdruckes der Verkaufsorientierung
in der Theorie (Punktzahl) und der Praxis (Provisionseinkommen)
sind die Erfahrungsräume der betroffenen Menschen maßgeblich (vgl.
Lamnek 2010, 231), anhand derer die entsprechenden Hypothesen entwickelt werden müssen, die erklären, wieso das Ausmaß der Messung der
Verkaufsorientierung im Kundenberatungsgespräch der Abschlussprüfung
in einer bestimmten Modalität ausfällt (vgl. Lamnek 2010, 28 und 229f.).
Hierfür sind ermittelnde Interviews in informatorischer Ausprägung geeignet, da Informationen vom Befragten erhoben werden sollen, die dieser aus
dem Bestand seines Wissens über seine erlebte Wirklichkeit abgreift (vgl.
Lamnek 2010, 304f.). Dafür kommt ein qualitatives Leitfaden-Interview
in persönlicher Form infrage, um die Erfahrung des Interviewten hinsichtlich der erlebten Praxis von Verkaufsorientierung im Außendienst
und der von ihnen erlebten Situation im Kundenberatungsgespräch vergleichend erfassen zu können (vgl. Flick 2007, 194), und so Erklärungen
für den Validitätskoeffizienten des Kundenberatungsgespräches als
Prüfungsinstrument aus der quantitativen Untersuchung heraus zu ergründen und mögliche Handlungsoptionen zur Verbesserung zu generieren. Gemäß diesem Ziel sind problemzentrierte Interviews anzulegen. Die

Problemzentrierung steht deshalb im Vordergrund, weil die Entwicklung am Forschungsgegenstand ausgerichtet werden soll, nämlich am Kundenberatungsgespräch als Prüfungsinstrument und der damit zu messenden Verkaufsorientierung in der Empirie (Gegenstandsorientierung) und weil dabei die mögliche Problemstellung abgebildet werden kann, dass der quantitative Befund zur Messung der Verkaufsorientierung durch das Kundenberatungsgespräch den zu erwartenden Zusammenhang nicht oder nur im geringen Ausmaß ausweist (Problemzentrierung), sodass eine Ergründung der Gemeinsamkeiten und Unterschiede des Erlebens von Verkaufsorientierung in der Praxis und in der simulierten Prüfungssituation gewährleistet werden kann (vgl. Flick 2007, 210; vgl. Mayring 2002, 67f.; vgl. Lamnek 2005, 364; vgl. Helfferich 2009, 36).

3.1.5 Gütekriterien der empirischen Forschung

Wenngleich die Gütekriterien bereits im Kapitel 2.6.2 behandelt wurden, geschah dies dort mit Blick auf die Abschlussprüfung; in diesem Kapitel werden sie mit dem Bezug auf die dieser Arbeit zugrundeliegenden Forschung aufgegriffen.

Die zentralen Gütekriterien, zumindest der quantitativen Forschung, stammen aus der Testtheorie, wobei es sich um die Validität, die Reliabilität und die Objektivität handelt (vgl. Diekmann 2009, 247ff.). Daneben benennt Raithel (2008, 45) mit der Normierung, der Nützlichkeit und der Vergleichbarkeit sowie der Ökonomie weitere Nebenkriterien.

Bortz/Döring propagieren, dass die Entwürfe von Reliabilität, Objektivität und Validität lediglich einer Modifikation bedürfen, um sie auch auf die qualitative Forschung anzuwenden (vgl. Bortz/Döring 2006, 326), während beispielsweise Helfferich darlegt, dass dieses Arrangement von Gütekriterien in der qualitativen Forschung nicht anwendbar sei, da der Kern der qualitativen Forschung, die Verstehensleistungen und Sinnergründungen, treffende eigene Gütekriterien erforderten (vgl. Helfferich 2009, 155; vgl. Bortz/Döring 2006, 327). Eine abschließende Klärung der Gültigkeit dieser Gütekriterien für die qualitative Forschung wurde bisher nicht vorgenommen (vgl. Flick 2007, 487).

Im Folgenden werden zuerst die Gütekriterien der quantitativen Forschung näher beleuchtet und mit einer kurzen Begriffserklärung eingeleitet (vgl. Diekmann 2009, 249ff.; vgl. Raithel 2008, 45ff.; vgl. Bortz/Döring 2006, 195ff.):

- Die *Objektivität* gibt das Maß der Ungebundenheit der Forschung vom Forscher an.

- Die *Reliabilität* gibt die Fehlerfreiheit, die Zuverlässigkeit sowie Genauigkeit der Messung des Instruments, mit dem geforscht wird, an und ist dann gegeben, wenn Ergebnisse reproduzierbar sind.
- Die *Validität* drückt den Genauigkeitsgrad darüber aus, inwiefern das Instrument, mit dem geforscht wird, das misst, was es zu messen vorgibt.

In Abgrenzung der Gütekriterien untereinander ist herauszustellen, dass die Erzielung einer möglichst hohen Validität im Vordergrund steht und dafür ein Mindestmaß an Objektivität und Reliabilität gegeben sein muss (vgl. Diekmann 2009, 250, 256). Angestrebt wird eine möglichst fehlerfreie und genaue Produktion von Messwerten, die in der Praxis der Forschung eher nicht in Gänze gelingt (vgl. Raithel 2008, 44); insofern muss es das Ziel der Bemühungen sein, sich anzunähern. Da letztlich nicht geklärt ist, ob diese klassischen Gütekriterien nun in der qualitativen Forschung Anwendung finden sollten, wird die Diskussion hierüber ausgeschlossen und davon unbeeinflusst versucht, eine Anwendbarkeit von Validität, Reliabilität und Objektivität in der qualitativen Forschung darzustellen.

Die *Objektivität* spielt insbesondere bei den Forschungsprozessschritten der Durchführung, Auswertung und Ergebnisdeutung eine Rolle, wobei am ehesten bei der Durchführungsobjektivität Schwierigkeiten auftreten (vgl. Diekmann 2009, 249; vgl. Raithel 2008, 45; vgl. Bortz/Döring 2006, 195). Die Objektivität kann in gewissem Maße anhand eines interpersonalen Konsenses sichergestellt werden, und zwar, wenn zum selben Untersuchungsgegenstand mithilfe derselben Methode von unterschiedlichen Forschern analoge Befunde erzielt werden (vgl. Bortz/Döring 2006, 326). Die Voraussetzung hierfür sind eine bestimmte Normierung sowie Transparenz; ergo ist eine exakte Schilderung der Vorgehensmethodik erforderlich (vgl. ebd.).

Die *Reliabilität* kann anhand unterschiedlicher Methoden ermittelt werden (vgl. Raithel 2008, 46; vgl. Bortz/Döring 2006, 196ff.; vgl. Diekmann 2009, 250). Bei der *Paralleltest-Methode* wird mit zwei vergleichbaren Instrumenten gemessen, bei der *Test-Retest-Methode* wird eine wiederholende Anwendung des Messinstruments nach einer bestimmten Zeit vorgenommen, während bei der *Methode der Testhalbierung* ein Messinstrument in zwei Hälften aufgespalten wird, und zwar anhand von multiplen Indikatoren (vgl. ebd.). Um eine tatsächliche Reliabilität zu bewirken, bieten sich Optionen wie Transkriptionsregeln, Leitfadenüberprüfungen in oder Interviewerschulungen an (vgl. Flick 2007, 490ff.).

Bei der *Validität* unterscheidet man die Inhaltsvalidität, die Kriteriumsvalidität und die Konstruktvalidität (vgl. Diekmann 2009, 257; vgl. Bortz/

Döring 2006, 258; vgl. Raithel 2008, 47ff.): Die *Inhaltsvalidität* ist dann gegeben, wenn die zu messenden Eigenschaften in einem hohen Ausmaß durch eine repräsentative Item-Auswahl abgebildet sind. Die *Kriteriumsvalidität* drückt aus, inwiefern ein relevantes Merkmal der Empirie mit den Ergebnissen des Forschungsinstrumentes korreliert. Die *Konstruktvalidität* gibt letztlich an, wie brauchbar die Forschungsinstrumente für die Theorieentwicklung sind, indem das erfasste Konstrukt mit möglichst vielen weiteren Größen in einer theoretisch erklärbaren Beziehung steht, sodass daraus empirisch überprüfbare Hypothesen generiert werden können. Entscheidend ist, dass ein Forschungsinstrument zumindest eine der Arten von Validität erfüllt (vgl. Diekmann 2009, 261).

Die Validität wird auch in der qualitativen Forschung als bedeutendstes Gütekriterium angesehen (vgl. Bortz/Döring 2006, 327). Ein Betrachtungswinkel der Validität in der qualitativen Forschung ist zum Beispiel die Frage nach der Authentizität und Ehrlichkeit der Ausführungen im Interview (vgl. ebd.). Auch ist von Interesse, ob das für den Forscher Offensichtliche auch dem Tatsächlichen entspricht. Abweichungen hierbei lassen sich in drei Typen von Fehlern einteilen (vgl. Flick 2007, 492f.):

- Beim Fehlertyp 1 wird eine Beziehung, Regel etc. angenommen, obwohl diese falsch ist.
- Beim Fehlertyp 2 wird die Annahme einer Beziehung, Regel etc. abgelehnt, obwohl sie wirklich existiert.
- Beim Fehlertyp 3 werden unpassende Fragen verwendet.

Für die Überprüfung der Validität gibt es mehrere Möglichkeiten (vgl. Bortz/Döring 2006, 327 f.):

- verschiedene Passagen desselben Materials werden abgeglichen,
- ein interpersonaler Abgleich wird vorgenommen,
- es erfolgt ein Vergleich mit Erläuterungen des Schrifttums oder mit Expertisen.

Bortz/Döring (2006, 327f.) führen weiter aus, dass dabei wieder die Bildung eines Konsenses interpersonaler Art am wichtigsten ist. Man spricht in diesem Zusammenhang von konsensueller Validität. Hierbei ergeben sich Anzeichen für die Validität des Materials, indem sich eine Personengesamtheit über dessen Wahrhaftigkeit und Sinnaussage einig ist. Diese interpersonale Konsensbildung erscheint nach Bortz/Döring (2006, 327f.) in drei Formen:

- Die Mitarbeiter eines Forschungsvorhabens bilden eine übereinstimmende Meinung.

- Durch dialogische/kommunikative Validierung stellt der Forscher zwischen sich und denjenigen, die er beforscht, Einigkeit her.
- Mittels der argumentativen Validierung wird eine Übereinstimmung mit Berufsgenossen oder mit unbeteiligten Fachfremden erzielt.

Scheitert der Versuch zur Bildung eines Konsenses, wird das Material nicht weiter untersucht (vgl. Bortz/Döring 2006, 328; vgl. Flick 2007, 494ff.). Bei einem absenten Konsens wird die zur Debatte stehende Deutung überarbeitet und gegebenenfalls verändert (vgl. ebd.).

So viel an Ausführungen zu den auf die qualitative Forschung angepassten Entwürfen von Validität, Reliabilität und Objektivität. Es sei konstatiert, dass diese Anpassung so weitgehend erscheint, dass die Begriffe nun tatsächlich inhaltlich anders gefüllt sind. Darüber hinaus stellen insbesondere sowohl die analytische Induktion als auch die Triangulation zusätzliche Konzepte zur Qualitätssicherung in der qualitativen Forschung dar (vgl. Flick 2007, 519, 521). Die Triangulation wurde im Kapitel 3.1.3 bereits ausführlich dargestellt.

> „Analytische Induktion ist eine Methode systematischer Ereignisinterpretation, die sowohl den Prozess der Genese wie auch der Prüfung von Hypothesen umfaßt. Ihr entscheidendes Instrument ist die Analyse der Ausnahme, des von der Hypothese abweichenden Falls." (Flick 2007, 521)

Sie kann nach folgendem charakteristischem Schema angewandt werden (vgl. Flick 2008, 521):

a) Abfassung einer Bestimmung des Untersuchungsgegenstandes.
b) Entwurf einer angenommenen Aufklärung des Vorkommnisses.
c) Analyse eines Falles auf der Basis der angenommenen Aufklärung, um ergründen zu können, ob die Annahme zu den Gegebenheiten dieses Falles passt.
d) Ist die Annahme unzutreffend, ist der Untersuchungsgegenstand neu abzufassen oder die Annahme umzuformulieren, sodass der analysierte Fall nicht mehr erfasst wird.
e) Im Anschluss an die Analyse einer überschaubaren Fallzahl und den Ausschluss eines jeden widersprechenden Befundes aus dem Untersuchungsgegenstand beziehungsweise der Annahme wird eine verwendbare Sicherheit erlangt.
f) Diese Schritte werden immer wieder durchlaufen, bis ein allumfassender Ausdruck begründet ist.

Eine Bezugnahme auf die in diesem Kapitel dargestellten Gütekriterien wird im praktischen Forschungsteil dieser Arbeit dann vorgenommen, wenn eine entsprechende Maßnahme zur Gütesicherung ergriffen wurde.

3.2 Entwicklung und Fortgang des Forschungsvorhabens

3.2.1 Planung und Durchführung des Forschungsvorhabens

Vorwiegend auf das Berufsbild der Kaufleute für Versicherungen und Finanzen und auf das Prüfungsinstrument des Kundenberatungsgespräches fokussiert, soll ergründet werden, inwieweit dieses seinen Anforderungen gerecht wird (vgl. Münk/Reglin, 2009, 8). Wie bereits dargelegt, soll das Kundenberatungsgespräch in der Abschlussprüfung die Verkaufsorientierung messen (vgl. BWV/f-bb 2011, 47). Hierzu wurden im Kapitel 3.1.4 die Auswahl der entsprechenden Forschungsmethoden begründet sowie im Kapitel 3.1.5 die dafür geltenden Gütekriterien dargestellt. Auf dieser Basis ist nun die konkrete Ausgestaltung der ausgewählten Forschungsmethoden für die Forschungspraxis zu planen und durchzuführen:

Um die vorher im Kapitel 3.1.4 geschilderte Kriteriumsvalidierung durchzuführen, wurden als Zugang zur Empirie zwei quantitative Erhebungsmethoden gewählt: die Online-Umfrage und die Unternehmensbefragung.

Beide Ansätze erheben als Schnittmenge dieselben Parameter, und zwar hinsichtlich der beiden zentralen Variablen ‚Provisionseinkommen' und ‚Punktzahl im Kundenberatungsgespräch als Prüfungsinstrument', die für die eigentliche Validierung entscheidend sind. So kann eine gegenseitige Absicherung der Korrelationen, zumindest tendenziell, sichergestellt werden. Dies erscheint deshalb sinnvoll, da bei der Online-Umfrage Aspekte der sozialen Erwünschtheit, gerade beim Antwortverhalten zu Fragen nach Noten oder Einkommen, eine Rolle spielen können, was bei der Unternehmensbefragung ausgeschlossen ist (vgl. Raithel 2008, 81; vgl. Eid/Gollwitzer/Schmitt 2011, 29; vgl. Bortz/Döring 2006, 232ff.). Die Unternehmensbefragung trägt folglich die zuverlässigeren Daten bei, da sie von nicht Betroffenen, bei denen Aspekte der sozialen Erwünschtheit keine Rolle spielen, geliefert werden. Dennoch ist die Online-Umfrage absolut notwendig, da dadurch einerseits weitergehende Fragen gestellt werden können, wie beispielsweise nach subjektiven Einschätzungen zum Prüfungsverfahren, und andererseits der ganz entscheidend wichtige

Zugang zu möglichen Interviewpartnern für die qualitative Untersuchung erschlossen wird.

3.2.1.1 Unternehmensbefragung

Wie bereits dargestellt, soll die Befragung der Unternehmen in erster Linie die Erhebung von Datensätzen zu den beiden Hauptvariablen ‚Provisionseinkommen‘ und ‚Punktzahl im Kundenberatungsgespräch der Abschlussprüfung‘ frei von Einflüssen der sozialen Erwünschtheit sicherstellen. Dementsprechend wurden diese beiden Variablen in den Unternehmensfragebogen aufgenommen. Des Weiteren wurde auch das Gesamtergebnis der Abschlussprüfung abgefragt, um eine vergleichende Korrelation errechnen zu können. Der Zeitpunkt der Abschlussprüfung soll angegeben werden, um prüfen zu können, ob sich die Korrelation mit zunehmender Erfahrung im Außendienst verändert, was aufgrund der dadurch ermöglichten impliziten, informellen Lerneffekte aus der praktischen Berufsausübung heraus zu erwarten wäre (vgl. Dehnbostel 2007a, 46f. und 49ff.). Ferner wurde nach der Beschäftigungsform gefragt, damit mögliche Präferenzen der Absolventen hin zur Selbstständigkeit oder zum Angestelltenverhältnis in Abhängigkeit zu anderen Faktoren ermittelt werden können. Letztlich wurde erfasst, ob der Absolvent zwischenzeitlich aus dem Unternehmen ausgeschieden ist, und wenn ja, ob dies aufgrund von Schlechtleistungen des Absolventen oder aus sonstigen Gründen geschah.

Um diese Datensätze bei den Unternehmen zu erheben, wurde eine ausfüllbare Word-Tabelle als Unternehmensfragebogen geschaffen. Seine erste Version wurde am 18. Oktober 2011 an 13 Pretestkandidaten per Mail versendet. Diese wurden gebeten, Rückmeldungen zu seiner Funktionalität und Verständlichkeit zu geben. Während der Wartezeit wurde der Unternehmensfragebogen im Rahmen des Doktorandenkolloquiums am 7. November 2011 vorgestellt und sowohl inhaltlich als auch fokussiert auf die Verständlichkeit und Handhabbarkeit diskutiert. Nachdem auch die Pretestkandidaten ihr Feedback gegeben hatten, kristallisierten sich zwei Verbesserungsvorschläge heraus:

a) Gestaltung des Unternehmensfragebogens besser mit Excel anstatt mit Word, da dies eine unproblematischere Darstellung bei verschiedenen Programmversionen gewährleistet.

b) Vorschlag zur Umgestaltung bei der Frage nach der Beschäftigungsform, um eine bessere Verständlichkeit zu erreichen.

Am 27. November 2011 wurde der auf der Basis der Rückmeldungen überarbeitete Unternehmensfragebogen erneut an die Pretestkandidaten versandt. Dieses Mal wurden einige redaktionelle Hinweise gegeben. Die Funktionalität und Verständlichkeit wurde als einwandfrei eingeschätzt.

In einem Gespräch mit einem möglichen Empfänger der Unternehmensbefragung kristallisierten sich hinsichtlich des Rückmeldeprozesses bei der Datenerhebung, neben der im Unternehmensfragebogen bereits berücksichtigten Anonymisierung der personenbezogenen Daten des Absolventen Schwierigkeiten im Hinblick auf das Datenschutzinteresse der Unternehmen heraus. Um dieser Thematik gerecht zu werden, wurde der Rückmeldeprozess so gestaltet, dass die Unternehmen die ausgefüllten Bögen nicht direkt an den Verfasser dieser Arbeit zurücksenden sollten, sondern an eine neutrale Stelle, bei der vor der Weiterleitung diesen eine Anonymisierung der Unternehmensdaten erfolgte. Als neutrale Stelle erklärte sich Professor Dr. Rolf Arnold von der Fachhochschule Köln, Institut für Versicherungswesen, bereit. Er versicherte, dass er die Daten zu keinem anderen Zweck als dem der Anonymisierung und Weiterleitung an den Autor dieser Arbeit nutzen und nach erfolgter Weiterleitung unverzüglich bei sich löschen würde. Die Anonymisierung über Herrn Professor Dr. Arnold war deshalb sehr von Vorteil, da dieser in der Versicherungsbranche einen hohen Bekanntheits- und Vertrauensgrad besitzt.

Die Empfänger der Unternehmensbefragung wurden anhand ihrer Funktion in den verschiedenen Versicherungsunternehmen ausgewählt; vornehmlich handelte es sich um unternehmens- oder konzernweite Ausbildungsverantwortliche. Schließlich wurde noch ein Mailentwurf zum Versand der Unternehmensbefragungsbogen gestaltet. Hierin wurden das Anliegen sowie das Rückmeldeprocedere ausführlich beschrieben. Nach einem kurzen Pretest zur Verständlichkeit dieser Mail, bei dem es keine kritischen Rückmeldungen gab, konnte die Mail sodann versendet werden.

Unter der Voraussetzung, dass die beteiligten Unternehmen tatsächlich alle ihre Absolventen der Kaufleute für Versicherungen und Finanzen, die in den Außendienst übernommen wurden, erfassen, wird innerhalb eines Unternehmens, für sich isoliert betrachtet, eine Vollerhebung vorgenommen, sodass die jeweiligen Unternehmen zu vollerhobenen Repräsentanten (Klumpen) der Gesamtheit der ausbildenden Versicherungsunternehmen werden, weshalb man hier von einer sogenannte Klumpenstichprobe spricht (vgl. Eid/Gollwitzer/Schmitt 2011, 261),

Die anonymisierten Datentabellen wurden von Herrn Professor Dr. Arnold an den Verfasser dieser Arbeit zugeliefert. Die Auswertung wurde, wie auch bei der nachfolgend erläuterten Online-Umfrage, mittels SPSS vorgenommen.

3.2.1.2 Online-Umfrage

Bei der Online-Befragung sollte neben den beiden Hauptvariablen ‚Provisionseinkommen' und ‚Punktzahl im Kundenberatungsgespräch in der Abschlussprüfung' eine Reihe weiterer Merkmale erhoben werden. Die Abhängigkeit der Fragen an die Teilnehmer der Online-Befragung ist untereinander dynamisch, das heißt, dass es von der Antwort auf die letzte Frage abhängig war, welche Frage als Nächstes gestellt wurde (vgl. Raithel 2008, 71f.). Die Merkmale/Fragen sowie deren Abhängigkeiten sind in der nachfolgenden Tabelle 24 dargelegt und begründet. Bei der Fragenformulierung wurde darauf geachtet, dass die Fragen „… kurz, einfach, präzise, direkt und eindimensional formuliert …" (Raithel 2008, 73) wurden.

Die inhaltlichen Vorgaben für die Erstellung des Online-Fragebogens wurden durch den Verfasser dieser Arbeit am 11. September 2011 an einen Wirtschaftsinformatiker zur Programmierung übergeben. Nach einigen Rücksprachen war die erste Version der Online-Umfrage rechtzeitig zum Doktorandenkolloquium am 7. November 2011 fertiggestellt, bei denen eine Demoversion präsentiert und anschließend reflektiert wurde.

Folgende Anpassungen konnten auf der Basis der Diskussion im Doktorandenkolloquium, wie in der Tabelle 24 umgesetzt, vorgenommen werden:

- Die gleichbleibende Überschrift auf jeder Seite der Online-Umfrage wurde festgelegt auf: »Online-Umfrage zum Kundenberatungsgespräch als Abschlussprüfungsinstrument«.
- Es wurde ein optischer Fortschrittsbalken eingeführt.
- Die in der Tabelle 24 dargestellte Einführungsseite trat erst jetzt hinzu.
- In der Frage 4 wurde die Reihenfolge der Listenauswahl geändert, sodass mit dem jüngsten Prüfungsdurchgang begonnen wird; außerdem wurde aufgrund des Zeitfortschrittes der Prüfungsdurchgang Winter 2011/2012 mit aufgenommen.
- In der Frage 5 wurden die Ankreuzalternativen als Einfachauswahl verständlicher umgestaltet.
- Die Frage 11 wurde konkretisiert.
- Die Frage 12 wurde, insbesondere hinsichtlich der Antwortalternativen weniger interpretationsbedürftig gefasst.
- Der in der Tabelle 24 unter der Abschlussseite 1 angeführte Sternchenhinweis zur Verlosung wurde unmissverständlicher gefasst.
- Die bis dahin in der Demoversion sichtbare Fragennummerierung wurde für die Teilnehmer unsichtbar gemacht.

Der Änderungsauftrag erging im Nachgang zum Doktorandenkolloquium an den beauftragten Wirtschaftsinformatiker, der die inhaltlichen Änderungsvorgaben technisch am 19. Dezember 2011 fertiggestellt hatte, sodass der Versand der Online-Umfrage zum Pretest an 13 Kandidaten erfolgen konnte.

Auf der Grundlage der Rückmeldungen der Pretest-Teilnehmer wurden folgende Änderungen im Online-Fragebogen (wie in der Tabelle 24 enthalten) vorgenommen oder weitere Erfordernisse erfasst:

- In der Frage 10a und 10b wurde das Wort »brutto« in Klammern hinter den Begriff »Provisionseinkommen« gesetzt, um an dieser Stelle ein sehr wichtiges einheitliches Verständnis sicher zu stellen.
- In der Abschlussseite 2 der Tabelle 24 wurde hinter die Eingabefelder für Name, E-Mail-Adresse und Handynummer jeweils ein Formatbeispiel in Klammern gesetzt, um die Benutzerfreundlichkeit zu erhöhen.
- Bei der Durchführung der Online-Befragung mit Firefox als Internetbrowser wurden die Umlaute nicht richtig angezeigt, was technisch zu beheben war.
- Bei der Antwortauswahl c) oder d) der Frage 1 aus der Tabelle 24 wurde die Filterung zum Ende der Umfrage konkretisiert, und zwar zur Abschlussseite 3 anstatt wie bisher zur Abschlussseite 1.
- Eine technische Überprüfung der Laufstabilität in anderen Browsern als dem Internetexplorer und bei verschiedenen PC-Einstellungen.

Diese Punkte wurden am 4. Februar 2012 mit dem beauftragten Wirtschaftsinformatiker besprochen, der die gewünschten Änderungen durchführte. Außerdem erfolgte eine Reihe von Tests und daraus resultierenden technischen Anpassungen zur Laufstabilität bei verschiedenen Browsern und unterschiedlichen PC-Einstellungen, sodass eine hohe Performance sichergestellt war.

Das zugrundeliegende Regelwerk der Online-Umfrage sowie die dazugehörigen Begründungen befinden sind in der Tabelle 24.

Tabelle 24: Begründung der Merkmalsauswahl zur Online-Befragung (eigene Darstellung)

Nr.	Inhalt:	Begründung:
Einführungs-seite	Sehr geehrte(r) Befragungsteilnehmer(in), herzlichen Dank, dass Sie an dieser Online-Umfrage teilnehmen! Das Kundenberatungsgespräch als Rollenspiel wird als Abschlussprüfungsinstrument eingesetzt. Damit soll die Verkaufsorientierung der Prüfungskandidaten Kauffrau/Kaufmann für Versicherungen und Finanzen festgestellt werden. Mit den Daten, die durch diese Erhebung gesammelt werden, überprüfe ich, ob bzw. wie sehr das Kundenberatungsgespräch tatsächlich Verkaufsorientierung erfasst. Dies geschieht im Rahmen meiner Doktorarbeit an der Friedrich-Alexander Universität Erlangen-Nürnberg. Die Teilnahme an der Befragung ist anonym möglich. Die Angabe von Namen und Kontaktdaten erfolgt auf freiwilliger Basis. Die Teilnahme an der Befragung ist unabhängig von diesen Angaben möglich. Selbstverständlich darf ich Ihnen versichern, dass alle Ihre Daten streng vertraulich behandelt werden. Insbesondere für Veröffentlichungen jeglicher Art werden sämtliche personenbezogenen Daten anonymisiert. Bei Fragen im Vorfeld lade ich Sie gerne ein, mir eine Mail an onlineumfrage@sascha-fauler.de zu senden. Ich beantworte Ihre Fragen gerne! Für die Beantwortung der Fragen brauchen Sie sich nur ca. 5 Minuten Zeit zu nehmen. Sie unterstützen mich damit sehr. Vielen Dank! Beste Grüße Ihr Sascha Fauler Einverständnis zur Datenverarbeitung ❑ Ich bin damit einverstanden, dass die in dieser Online-Befragung gemachten Angaben im Rahmen der Doktorarbeit von Sascha Fauler erhoben, verarbeitet und gespeichert werden. → Ankreuzmöglichkeit *Abhängigkeit: Ohne angekreuzte Einverständniserklärung kann die Online-Umfrage nicht starten.*	Durch den einleitenden Text soll nach Raithel die Bereitschaft zur Teilnahme wie folgt erhöht werden (vgl. Raithel 2008, 77f.); deshalb sind besonders Aspekte, wie die Möglichkeit zur anonymen Teilnahme und die Zusicherung des streng vertraulichen Umganges mit persönlichen Daten, wenn sie angegeben werden, förderlich. Aber auch der gelieferte Sinn der Umfrage, also was genau damit in welchem Rahmen bezweckt wird, soll die Teilnahmebereitschaft begünstigen. Den selben Zweck verfolgt die Möglichkeit, Vorabfragen per Mail zu stellen und natürlich die Angabe des recht kurzen Zeitaufwandes, der für die Teilnahme benötigt wird, genauso wie der Hinweis, dass durch die Teilnahme eine große Unterstützung für den Verfasser dieser Arbeit persönlich erfolgt sowie die Bekundung des Dankes hierfür. Das Einverständnis zur Datenverarbeitung ist aufgrund §§ 4 und 4a BDSG erforderlich. Die Einwilligung kann aufgrund des § 4a Abs. 2 i. V. m. Abs. 1 Satz 3 BDSG vorliegend online eingeholt werden, da ansonsten durch die Schriftform der Zweck der Online-Befragung als wissenschaftliche Erhebungsmethode erheblich beeinträchtigt würde.

Nr.	Merkmal/Frage/Abhängigkeiten:	Begründung:
1	Welche Berufsbezeichnung tragen Sie? a) Kaufrau/-mann für Versicherungen und Finanzen b) Versicherungskauffrau/-mann c) Versicherumgsfachfrau/-mann d) Sonstige → Ankreuzalternativen als Einfachauswahl *Abhängigkeit:* *→ wenn c) oder d), dann Ende der Umfrage mit Abschlussseite 3, sonst weiter mit Nr. 2*	Im Vertrieb von Versicherungen sind unterschiedliche Qualifikationsprofile für die notwendige IHK-Registrierung als Voraussetzung zur Aufnahme der Vermittlertätigkeit möglich (vgl. §§ 1 und 4 VersVermV). Auf das in dieser Arbeit vorliegende Untersuchungsinteresse passen allerdings nur die beiden Auswahlalternativen a) und b), um die Vergleichbarkeit des Anspruchsniveaus auf der Ebene der Berufsausbildung zu behalten. Außerdem kommt in anderen Qualifikationsprüfungen das Kundenberatungsgespräch gar nicht oder in stark abgewandelter Form vor. So ist beispielsweise im Rahmen der Sachkundeprüfung nach der VersVermV die Verkaufsorientierung nicht zentraler Prüfungsgegenstand (vgl. § 3 Abs. 4 Satz 2 VersVermV). Dies ist zwar beim Kundenberatungsgespräch der Versicherungskaufleute dar Fall (vgl. § 8 Abs. 3 Nr. 4 AO-VK); allerdings handelt es sich hier um den direkten Vorgängerberuf der Kaufleute für Versicherungen und Finanzen, sodass eine vergleichende Analyse sinnvoll erscheint.
2	Bei welcher IHK haben Sie Ihre Abschlussprüfung abgelegt? → Liste aller IHK als Einfachauswahl Keine Abhängigkeit	Dient vor allem dazu, um später im Rahmen der qualitativen Untersuchung ein Bild davon zu bekommen, inwieweit eine gewisse regionale Streuung Eingang in die Erhebung findet.
3	Mit wie vielen Punkten wurde Ihr Kundenberatungsgespräch (Rollenspiel) bewertet? → Liste 30 bis 100 je einschließlich als Einfachauswahl *Keine Abhängigkeit*	Dient zur Erhebung eines der beiden Hauptkriterien. 100 ist die maximal mögliche Punktzahl. (vgl. § 8 Abs. 5 Satz 3 AO-VK und § 9 Abs. 6 Satz 2 AO-KVF i. V. m. der Prüfungsordnung der jeweils zuständigen IHK nach § 47 BBiG, § 24 der Musterprüfungsordnung des Hauptausschusses des BIBB). Mit unter 30 Punkten kann die Gesamtprüfung nicht bestanden und somit der Berufsabschluss nicht verliehen werden, sodass auch nicht die Voraussetzung zur Zulassung als Mitarbeiter im Versicherungsvertrieb seitens der IHK erteilt würde (vgl. ebd.). Insofern kann niemand, der angibt, dass er eine der beiden Berufsbezeichnungen a) oder b) aus der Frage 1 trägt, weniger als 30 Punkte im Kundenberatungsgespräch erzielt haben (vgl. ebd.).

Nr.	Merkmal/Frage/Abhängigkeiten:	Begründung:
4	Wann haben Sie Ihre Abschlussprüfung abgelegt? → Liste als Einfachauswahl mit: Winter 2011/2012, Sommer 2011, Winter 2010/2011, Sommer 2010, Winter 2009/2010, Sommer 2009, Winter 2008/2009, Sommer 2008, früher *Keine Abhängigkeit*	Dient zur Eröffnung der Möglichkeit der Differenzierung in der statistischen Auswertung der seit der Abschlussprüfung vergangenen Zeit, da zu vermuten ist, dass mit zunehmender Verweildauer im Vertrieb implizite, informelle Lerneffekte aus der praktischen Berufsausübung heraus (vgl. Dehnbostel 2007a, 46f. und 49ff.) einen Einfluss auf das Provisionseinkommen haben dürften und somit eine Verzerrung des Validitätskoeffizienten, im Vergleich zu denjenigen, die noch nicht über eine gewisse Dauer an Berufspraxis verfügen, bewirken müsste.
5	Wie haben Sie die Prüfungsform des Kundenberatungsgespräches im Hinblick auf die Messung von Verkaufsorientierung empfunden? Es wurde … a) ausschließlich, b) überwiegend, c) teilweise, d) kaum, e) keine … Verkaufsorientierung geprüft. → Ankreuzalternativen als Einfachauswahl *Keine Abhängigkeit*	Hierdurch kann ausgewertet werden, inwieweit die Praktiker die Messung der Verkaufsorientierung durch das Kundenberatungsgespräch als Prüfungsinstrument empfinden. In Kombination mit Angaben aus anderen Fragen wird auch eine Differenzierung nach Tätigkeitsfeldern und innerhalb der im Vertrieb tätigen Befragten nach deren dortigem monetärem Erfolg möglich.

Nr.	Merkmal/Frage/Abhängigkeiten:	Begründung:
6	Sind Sie als Außendienstmitarbeiter beschäftigt? a) ja b) nebenberuflich c) nein → Ankreuzalternative als Einfachauswahl *Abhängigkeiten:* → *wenn c), dann Ende der Befragung* → *wenn b), dann weiter mit 8* → *wenn a), dann weiter mit 7*	Da die Berufsbilder Kauffrau/-mann für Versicherungen und Finanzen und Versicherungskauffrau/-mann sowohl für eine Tätigkeit im Innen- als auch im Außendienst qualifizieren (vgl. BWV 2006, 7), muss abgefragt werden, ob der Befragungsteilnehmer im Innen- oder Außendienst beschäftigt ist. Innendienstbeschäftigte brauchen an der weiteren Erhebung nicht teilzunehmen, da sie keine erfolgsabhängige Vergütung im Hinblick auf ihre Verkaufsorientierung erhalten (vgl. Farny 1995, 481). Möglicherweise sind Innendienstmitarbeiter, da sie ja ohnehin über die notwendige Qualifikation verfügen, nebenberuflich als Vermittler tätig (vgl. Koch/Holthausen 2006, 36). Dann ist ihre dort erzielte Provision auswertbar, jedoch innerhalb einer von den hauptberuflichen Außendienstmitarbeitern getrennten Gruppe, da bei einer nebenberuflichen Tätigkeit ein bestimmtes Provisionsvolumen eine völlig andere Aussage trifft als das gleiche Provisionsvolumen bei einem hauptberuflichen Außendienstmitarbeiter. Für hauptberufliche Außendienstmitarbeiter existieren unterschiedliche Vermittlerstati, die in der Frage 7 erfasst werden, sodass sich die entsprechenden Abhängigkeiten ergeben (vgl. Schmalohr 2008, 68ff. und 72ff.).

Nr.	Merkmal/Frage/Abhängigkeiten:	Begründung:
7	Welchen Vermittlerstatus bekleiden Sie? a) Ausschließlichkeitsvermittler b) Mehrfachvermittler c) Makler → Ankreuzalternative als Einfachauswahl *Abhängigkeiten:* → *wenn a), dann weiter mit 8, sonst weiter mit 10*	Nur beim Vermittlerstatus der Ausschließlichkeit stellt sich die Frage nach der Zuordnung zu einer konkreten Versicherungsgesellschaft, da Mehrfachvertreter und Makler naturgemäß an verschiedene Versicherungsgesellschaften vermitteln (vgl. Schmalohr 2008, 68ff. und 72ff.); daher brauchen Befragungsteilnehmer, die die Antwortalternative b) oder c) wählen, nicht zur Frage 8 geleitet zu werden. Ebenso ist auch nur bei einem Ausschließlichkeitsvermittler das Angestelltenverhältnis als Beschäftigungsform alternativ zur Selbstständigkeit möglich (vgl. Farny 1995, 627ff.). Makler oder Mehrfachvertreter sind immer selbstständig tätig (vgl. ebd.); daher brauchen Befragungsteilnehmer, die die Antwortalternative b) oder c) wählen, auch nicht zur Frage 9 geleitet zu werden.
8	Für welche Versicherungsgesellschaft sind Sie tätig? → Liste als Einfachauswahl mit allen Versicherungsgesellschaften und die Möglichkeit zur Angabe ‚sonstige' → wenn ‚sonstige', dann Freitextfeld *Keine Abhängigkeit*	Die Angabe der Versicherungsgesellschaft dient dazu, bei der qualitativen Untersuchung auch eine gewisse Streuung der Interviewpartner überprüfen zu können.
9	Welche Beschäftigungsform trifft auf Sie zu? a) Ich bin selbstständig tätig (§84 HGB) b) Ich bin angestellt tätig → Ankreuzalternative als Einfachauswahl *Keine Abhängigkeit*	Es kann ein möglicher Zusammenhang sowohl zwischen der Punktzahl im Kundenberatungsgespräch und der Neigung zur Selbstständigkeit als auch zwischen der Höhe des Provisionseinkommens und der Beschäftigungsform festgestellt werden.

Nr.	Merkmal/Frage/Abhängigkeiten:	Begründung:
10a	Wie hoch war Ihr durchschnittliches, monatliches Provisionseinkommen (brutto), seit Sie die Abschlussprüfung abgelegt haben? → Freitextantwort, nur Zahlen zugelassen *Abhängigkeit:* *Diese Frage nur einblenden, wenn bei der Frage 4 ausgewählt: Winter 2010/2011 oder Sommer 2011, dann nach Beantwortung weiter mit der Frage 11, sonst die Frage 10b einblenden.*	Mit dieser Frage wird die zweite zentrale Variable zur Validierung erhoben, nämlich das externe Kriterium des Provisionseinkommens als Ausdruck der Verkaufsorientierung in der Empirie. Die Differenzierung der Fragestellung resultiert aus der Abhängigkeit des Befragungszeitpunktes zu dem Termin, an dem die Abschlussprüfung abgelegt wurde. Im Falle der Frage 10a ist dies noch kein ganzes Jahr her, sodass nicht, wie im Falle von Frage 10b, nach dem durchschnittlichen monatlichen Provisionseinkommen im letzten Jahr gefragt werden kann, sondern eben nur nach dem Durchschnitt seit der abgelegten Abschlussprüfung.
10b	Wie hoch war Ihr durchschnittliches, monatliches Provisionseinkommen (brutto) im letzten Jahr? → Freitextantwort, nur Zahlen zugelassen *Keine Abhängigkeit*	
11	Haben Sie während Ihrer Ausbildung an einer Vorbereitung auf den Abschlussprüfungsteil des Kundenberatungsgespräches (Rollenspiel) in Ihrem Ausbildungsbetrieb oder bei einem externen Anbieter teilgenommen? a) ja b) nein → Ankreuzalternative als Einfachauswahl *Keine Abhängigkeit*	Hierdurch soll ein möglicher Einfluss einer vorbereitenden Maßnahme auf das Kundenberatungsgespräch als Prüfungsinstrument auf das Prüfungsergebnis berücksichtigt werden, um hierdurch denkbare mögliche Verzerrungen in den Korrelationen zwischen der Punktzahl im Kundenberatungsgespräch und dem Provisionseinkommen sichtbar zu machen.
12	Waren Sie während Ihrer Ausbildung im Außendienst eingesetzt? a) ja, die komplette praktische Ausbildungszeit b) ja, mindestens die Hälfte der praktischen Ausbildungszeit c) ja, aber weniger als die Hälfte der praktischen Ausbildungszeit d) ja, aber weniger als 10 % der praktischen Ausbildungszeit e) nein, gar nicht → Ankreuzalternative als Einfachauswahl *Keine Abhängigkeit*	Hierdurch kann ein möglicher Zusammenhang zwischen der Einsatzdauer im Außendienst während der Ausbildung und dem Ergebnis im Kundenberatungsgespräch festgestellt werden.

Nr.	Merkmal/Frage/ Abhängigkeiten:	Begründung:
Abschlussseite 1	Ich stehe auch für ein persönliches Interview zur Verfügung* a) ja b) nein * Alle Befragungsteilnehmer, die sich für ein persönliches Interview zur Verfügung stellen und hierfür ausgewählt werden, nehmen automatisch an der Verlosung eines Tankgutscheines im Wert von 250,00 Euro teil. Der Rechtsweg ist ausgeschlossen. → Ankreuzalternative als Einfachauswahl *Abhängigkeit:* *Wenn a), dann weiter mit Abschlussseite 2, sonst direkt zu Abschlussseite 3*	Hierdurch wird der Zugang zu Interviewpartnern für die qualitative Untersuchung erschlossen. Die Verlosung des Tankgutscheines dient als monetärer Anreiz für den Befragungsteilnehmer, sich für ein persönliches Interview zur Verfügung zu stellen (vgl. Diekmann 2009, 516f.). Um nicht ausschließlich die Aussicht auf die Verlosung für die Entscheidung, ob der Befragungsteilnehmer ja oder nein ankreuzt, in den Vordergrund zu stellen, wird direkt herausgestellt, dass an der Verlosung nur diejenigen teilnehmen, die auch tatsächlich für ein persönliches Interview ausgewählt werden. Dies soll die Ernsthaftigkeit der bekundeten Bereitschaft, auch tatsächlich an einem persönlichen Interview teilzunehmen, fördern.
Abschlussseite 2	Bitte tragen Sie Ihre Kontaktdaten ein: Name: E-Mail-Adresse: Handynummer:	
Abschlussseite 3	Vielen Dank für Ihre Teilnahme! Ihr Sascha Fauler	

Für die Verbreitung der Online-Umfrage wurde ein Kommunikationsplan mit verschiedenen zielgruppenorientierten Mail-Verteilern und auf diese Zielgruppe angepassten Mail-Textentwürfen erstellt. Der Kommunikationsplan beinhaltet auch den Textentwurf für die Mail, die sich final an den eigentlichen Absolventen wendet. Auch hierzu wurde ein kurzer Pretest durchgeführt.

Angelehnt an Diekmann lässt sich zur Population der ausgelernten Kaufleute für Versicherungen und Finanzen, die in den Außendienst übernommen wurden, keine geplante Stichprobe ziehen, da die Population nicht bekannt ist, sodass sich eine am Schneeballprinzip orientierte Stichprobenerhebung anbot (vgl. Diekmann 2009, 399f.).

Der technische Zugang zur Online-Umfrage wurde so geplant, dass ein Link, der per Mail versendet werden konnte, zu jener Internetseite führte, auf der die Online-Umfrage gehostet war. Um an der Online-Befragung teilnehmen zu können, war als Zwischenschritt von der Mail zum tatsächlichen Befragungszugang ein Benutzername und Passwort einzugeben, die in der Mail genannt wurden, um sicherzustellen, dass tatsächlich ein Mensch die Eingaben vornimmt. Sodann wurde die Online-Umfrage verschickt und durch die Empfänger multipliziert.

Während der Zeit, in der die Umfrage online war, konnte die Auswertungsplanung erfolgen: Die Planung, mit welchem Verfahren die Datenauswertung erfolgen sollte, begründete sich wie folgt: Es ist ein bivariates Verfahren auszuwählen, da untersucht werden soll, inwieweit zwei Variablen – in der vorliegenden Arbeit die Punktzahl im Kundenberatungsgespräch und das Provisionseinkommen – miteinander im Zusammenhang stehen (vgl. Eid/Gollwitzer/ Schmitt 2011, 265). Mithilfe eines ungerichteten Verfahrens ist zu prüfen, ob zwischen der Punktzahl im Kundenberatungsgespräch und dem Provisionseinkommen als gleichberechtigt nebeneinander stehenden Variablen ein Zusammenhang besteht, wozu ein Korrelations- oder Assoziationsmaß infrage kommt (vgl. Eid/Gollwitzer/Schmitt 2011, 266ff.). Beide Variablen sind metrisch skaliert, da sie erlauben, sowohl die Verschiedenheit als auch deren Art auszudrücken und zusätzlich ihre Größe benennen (vgl. Eid/Gollwitzer/Schmitt 2011, 76f.). Nach ihrer Überführung in Noten oder Einkommensklassen liegen ordinalskalierte Variablen vor (vgl. ebd.); demzufolge erscheint eine Rangkorrelation als angemessenes inferenzstatistisches Verfahren (vgl. Eid/ Gollwitzer/Schmitt 2011, 520; vgl. Rasch u.a. 2010, 142; vgl. Bortz/Döring 2006, 508).

Fraglich war noch, wie lange die Umfrage online bleiben musste. Dies ergab sich nach der erreichten Stichprobengröße. Die Bestimmung des optimalen Stichprobenumfanges richtet sich nach Bortz/Döring neben dem gewünschten Signifikanzniveau und der Testart nach der Effektgröße (vgl. Bortz/Döring 2006, 627f.). Vorliegend soll als Testart eine Korrelation durchgeführt werden (s.o.). Das Signifikanzniveau wird nach der Konvention nach Fisher auf 0,95 bestimmt, da α, also die Wahrscheinlichkeit, eine gültige Nullhypothese abzulehnen, gemeinhin mit 5 % toleriert wird (vgl. Eid/Gollwitzer/Schmitt 2011, 197). Da die Effektgröße nicht im Voraus bestimmbar ist, wird in der vorliegenden Arbeit, gemäß den Ausführungen von Brotz/Döring, mit der weitgehend akzeptierten Klassifikation nach Cohen anhand eines vermuteten Effektes gearbeitet. Unter Würdigung der Artefaktenanalyse (s. Kapitel 2.7) ist zumindest mit einem mittleren Effekt zu rechnen; demzufolge ergibt sich eine notwendige Stichprobengröße von n = 64 (vgl. Bortz/Döring 2006, 628). Um auch für Abweichungen hin zu einer etwas schwächeren Effektstärke gewappnet zu sein, wurde festgelegt, dass die Online-Umfrage erst dann abgeschaltet werden sollte, wenn mindestens 128 verwertbare Datensätze für die Korrelation vorliegen.

Betrachtet man ergänzend die von Raithel vorgeschlagene Formel zur Ermittlung der notwendigen Stichprobengröße $n = 10 \cdot K^V$, wobei K für die durchschnittliche Merkmalsausprägung und V für die Anzahl der Variablen steht (vgl. Raithel 2008, 62), so ergeben sich vorwiegend unter Betrachtung der vorgenommenen Klassierungen im Kapitel 3.2.2.1 für die Rangkorrelation folgende Werte:

Es werden zwei zentrale Variablen erhoben: das Provisionseinkommen und das Ergebnis im Kundenberatungsgespräch als Prüfungsinstrument, sodass V = 2 ist. Für das Provisionseinkommen werden zwei Merkmalsausprägungen (tendenziell hoch und tendenziell gering) und für das Prüfungsergebnis drei Merkmalsausprägungen (sehr gut, gut und schlechter) klassiert, sodass sich K = (3+2)/2 = 2,5 ergibt. Als nötiger Stichprobenumfang ergibt sich somit $n = 10 \cdot 2,5^2 = 62,5$. Dieser Wert liegt nahe dem zuvor von einer anderen theoretischen Basis hergeleiteten notwendigen Stichprobenumfang, sodass deutlich wird, dass bei einer Abschaltgrenze von 128 ein ausreichend großer Stichprobenumfang vorliegen dürfte.

Nachdem die Anzahl von 128 verwertbaren Datensätzen überschritten wurde (konkret bei 131, s. Kapitel 3.2.2), konnte die Online-Umfrage offline gehen. Die Daten wurden sodann durch den beauftragten Wirtschaftsinformatiker an den Verfasser dieser Arbeit übertragen und anschließend gelöscht, um dem Datenschutz gerecht zu werden.

Danach begann die Auswertung mittels SPSS, auf die sich der Verfasser dieser Arbeit noch einmal durch den Besuch eines SPSS-Kurses des RRZE der FAU am 12. und 13. Mai 2012 in Nürnberg vorbereitete.

3.2.1.3 Interviews

Auf der Basis der statistischen Auswertung der Online-Befragung wurden Gruppierungen der Stichprobe gebildet, um in der qualitativen Untersuchung sowohl diejenigen Kandidaten zu berücksichtigen, bei denen das Kundenberatungsgespräch augenscheinlich tendenziell richtig gemessen hat, als auch diejenigen, bei denen es eine von der Messung des

Kundenberatungsgespräches abweichende Entwicklung in der Praxis gab. So kommt man zu folgenden Gruppeneinteilungen:

I. Gleichrichtung:

1. Gruppe: Bei tendenziell hoher Punktzahl liegt auch ein tendenziell hohes Provisionseinkommen vor.
2. Gruppe: Bei tendenziell geringer Punktzahl liegt auch ein tendenziell geringes Provisionseinkommen vor.

II. Entgegenrichtung:

3. Gruppe: Bei tendenziell geringer Punktzahl liegt ein tendenziell hohes Provisionseinkommen vor.
4. Gruppe: Bei tendenziell hoher Punktzahl liegt ein tendenziell geringes Provisionseinkommen vor.

Zur Einteilung der Gruppen wurde jeweils der Median der Punktzahl (89) sowie des Provisionseinkommens (3500) zugrunde gelegt. Bei der Gruppeneinteilung wurden jene Kandidaten außer Acht gelassen, die entweder mit ihrer Punktzahl oder mit ihrem Provisionseinkommen genau auf dem Median lagen, da es sich hierbei nicht um die typischen Fälle handelt, die Interessensgegenstand einer qualitativen Untersuchung sind (vgl. Lamnek 2005, 385). Ferner wurden diejenigen nicht berücksichtigt, die nicht oder nur nebenberuflich im Außendienst beschäftigt waren oder angeben, dass sie kein persönliches Interview wünschten. Somit standen als potenzielle Interviewpartner 65 Kandidaten zur Verfügung. Die Gruppeneinteilung geht aus der Tabelle 25 hervor:

Tabelle 25: Anteile potenzieller Interviewpartner und durchgeführter Interviews

	Anzahl potenzieller Interviewpartner	Relativer Anteil	Durchgeführte Interviews	Relativer Anteil
Gruppe 1	14	~21,5 %	4	25 %
Gruppe 2	18	~27,7 %	5	31,25 %
Gruppe 3	13	~20,0 %	2	12,5 %
Gruppe 4	20	~30,8 %	5	31,25 %
Gesamt	65	100 %	16	100 %

Die 65 potenziellen Interviewpartner hatten einer nicht anonymen Teilnahme an der Onlinebefragung zugestimmt und sich bereit erklärt, an einem persönlichen Interview teilzunehmen. Aufgrund der in diesem Fall nicht anonymisierten Datensätze konnte die Zuteilung der Interviewpartner zu den verschiedenen Gruppen erfolgen.

Aus den selektierten Datensätzen derjenigen, die sich für ein persönliches Interview bereit erklärt hatten, erfolgte innerhalb der jeweiligen Gruppen eine sukzessive Auswahl der Kandidaten (vgl. Lamnek 2005, 384ff.). Dabei sollte in etwa der relative Anteil der potenziellen Interviewpartner dem relativen Anteil der durchgeführten Interviews entsprechen. In absoluten Zahlen ausgedrückt ergaben sich folgende Abweichungen bei den durchgeführten Interviews nach Gruppen:

Gruppe 1: $4 - 16 \cdot 0{,}215 = +0{,}56$ Gruppe 2: $5 - 16 \cdot 0{,}277 = +0{,}568$
Gruppe 3: $2 - 16 \cdot 0{,}200 = -1{,}2$ Gruppe 4: $5 - 16 \cdot 0{,}308 = +0{,}072$

Die Abweichungen innerhalb der Gruppen 1, 2 und 4 waren nicht vermeidbar, da ja immer nur ganze Personen interviewt werden konnten. Die Abweichung in der Gruppe 3 ergab sich daraus, dass sich im Rahmen der Terminvereinbarung eine schwierige Erreichbarkeit abzeichnete und einige Kandidaten dieser Gruppe, anders als in den anderen Gruppen, beispielsweise mit dem Verweis auf einen Mangel an Zeit doch nicht für ein persönliches Interview zur Verfügung standen.

Im Hinblick auf die Überkategorien der Gleichrichtung und Entgegenrichtung ergaben sich folgende Abweichungen:

I. Gleichrichtung (Gruppe 1 und 2): $0{,}56 + 0{,}568 = +1{,}128$
II. Entgegenrichtung (Gruppe 3 und 4): $0{,}072 - 1{,}2 = -1{,}128$

Eine Abweichung von ungefähr einem Kandidaten in den Überkategorien scheint hinsichtlich des Untersuchungszieles vertretbar.

Es ergab sich folgende Datenlage:

Tabelle 26: Probandenmerkmale und Gruppenbildung für Interviews

Gruppe 1 (Punktzahl hoch/Provision hoch)

Proband	Punkte KBG	Provision	Prüfende IHK	Gesellschaft
1B	92	5500	Dillenburg	G
1C	91	8000	Frankfurt a. M.	H
1D	95	5200	Berlin	F
1E	95	4000	Berlin	F

Gruppe 2 (Punktzahl gering/Provision gering)

Proband	Punkte KBG	Provision	Prüfende IHK	Gesellschaft
2A	82	2000	Hannover	A
2B	88	2500	Berlin	B
2C	86	3000	Mainz	C
2D	78	2000	Coburg	D
2E	72	1500	Düsseldorf	E

Gruppe 3 (Punktzahl gering/Provision hoch)

Proband	Punkte KBG	Provision	Prüfende IHK	Gesellschaft
3A	75	5000	Regensburg	I
3C	77	4000	Wuppertal	F

Gruppe 4 (Punktzahl hoch/Provision gering)

Proband	Punkte KBG	Provision	Prüfende IHK	Gesellschaft
4A	92	1000	Chemnitz	B
4B	92	1500	Mainz	J
4C	100	600	Krefeld	B
4D	100	1843	Köln	F
4E	100	1865	Köln	F

Mit den ausgewählten Probanden sollte, wie im Kapitel 3.1.4 erläutert, ein qualitatives Leitfaden-Interview in persönlicher Form durchgeführt werden, um deren Erfahrung hinsichtlich der erlebten Praxis von Verkaufsorientierung im Außendienst und der von ihnen erlebten Situation im Kundenberatungsgespräch vergleichend erfassen zu können (vgl. Flick 2007, 194), und dadurch Erklärungen für die schlechte

Validität des Kundenberatungsgespräches als Prüfungsinstrument aus der quantitativen Untersuchung heraus zu ergründen und mögliche Handlungsoptionen zur Verbesserung zu generieren. Diesem Aspekt widmen sich die ersten beiden von drei Teilen des Interviewleitfadens. Der dritte Teil des Interviewleitfadens wurde so konzipiert, dass der Befragte die wesentlichen Befunde der vorausgegangenen quantitativen Untersuchung vorgestellt bekommt und diese auf der Basis seines praktischen Erfahrungsschatzes begründen soll. Um hierbei das Forschungsziel hinreichend zu würdigen, erscheint ein eher offenes Interview angemessen, da so genügend Antwortfreiheit beim Befragten gegeben ist, die benötigt wird, um Gründe für den quantitativen Befund zu erheben sowie mögliche Handlungsalternativen zur bisherigen Prüfungsanlage des Kundenberatungsgespräches zu identifizieren (vgl. Mayring 2002, 66). Bezüglich der Strukturiertheit und des Standardisierungsgrades steht dem Interviewer in den ersten beiden Interviewteilen ein vorgegebener Leitfaden mit klar formulierten Fragen zur Verfügung, innerhalb dessen er jedoch situationsangemessen ergänzend nachfragen sowie Fragen auslassen oder sie je nach Passung zum Erzählfluss des Befragten vertauschen kann, sodass man von einer halbstrukturierten/-standardisierten Interviewform sprechen kann (vgl. Mayring 2002, 66; vgl. Diekmann 2009, 542; vgl. Helfferich 2009, 36). Der dritte Interviewteil ist sowohl strukturiert als auch standardisiert (vgl. ebd.).

Wie im Kapitel 3.1.4 dargelegt, ist ein problemzentriertes Interview anzulegen. Die Problemzentrierung steht deshalb im Vordergrund, weil die Entwicklung der ersten beiden Interviewteile am Forschungsgegenstand, nämlich am Kundenberatungsgespräch als Prüfungsinstrument und der damit vermeintlich zu messenden Verkaufsorientierung in der Empirie (Gegenstandsorientierung) ausgerichtet werden soll. Sie stellt sich dabei auf die Problemstellung ein, dass der quantitative Befund zur Messung der Verkaufsorientierung durch das Kundenberatungsgespräch, validiert anhand des Kriteriums ‚Provisionseinkommen‘, eine Zusammenhanglosigkeit ausweist (Problemzentrierung), sodass eine Ergründung von Gemeinsamkeiten und Unterschieden des Erlebens der Verkaufsorientierung in der Praxis und in der simulierten Prüfungssituation angeraten ist (vgl. Flick 2007, 210; vgl. Mayring 2002, 67f.; vgl. Lamnek 2005, 364; vgl. Helfferich 2009, 36). Dabei geht der Leitfaden in den ersten beiden Interviewteilen jeweils zunächst von sehr offen gehaltenen, erzählanreizenden Fragen aus und widmet sich in seinem Verlauf etwaigen Spezialisierungen im Hinblick auf die Gegenstandsorientrierung und Problemzentrierung (vgl. Flick 2007, 211; vgl. Lamnek 2005, 364ff.). Die Fragen zielen insbesondere auf das Erfahrungswissen der Befragten bezüglich der erlebten Praxis im Vertrieb zur Verkaufsorientierung und zu deren Abbildung im Kundenberatungsgespräch als Prüfungsinstrument ab (vgl. Flick 2011, 2013).

Der Leitfaden zum problemzentrierten Interview selbst ist zunächst auf der Basis eines Brainstorming vor dem Hintergrund der Befunde aus der quantitativen Untersuchung entstanden und wurde in seiner ersten Version mit dem Betreuer reflektiert und inhaltlich ergänzt. In der zweiten Version wurden am 12. und 14.9.2012 zwei erste Pretests durchgeführt. Auf dieser Basis wurden einige Formulierungen im Leitfaden geändert, um eine bessere Verständlichkeit zu bewirken. Diese dritte Version wurde sodann am 19.9.2012 in einem weiteren Pretest erprobt und am 21.09.2012 im Rahmen eines Doktorandenkolloquiums vorgestellt. Auf der Basis dieser Ergebnisse wurde eine vierte Version des Leitfadens angefertigt, der schließlich, nachdem ein letzter Pretest am 15.10.2012 durchgeführt wurde, bei den Interviews zum Einsatz kam.

Um mit den Probanden in Kontakt zu treten, wurde ein Telefonleitfaden erarbeitet, anhand dessen die Terminvereinbarung für das persönliche Interview erfolgte (s. Anlage I). Die Terminvereinbarung verlief, mit Ausnahme der bereits beschriebenen Schwierigkeiten innerhalb von Gruppe 3, sehr reibungslos.

Nachdem die Termine vereinbart waren, konnten die Reisen zu den Interviewpartnern geplant werden und die Vorbereitung für die Interviews beginnen. Hierzu erfolgte eine ausführliche Auseinandersetzung mit nachfolgend genannten Fragen (vgl. Dresing 2012, 10ff.; vgl. Froschauer/Lueger 2003, 58ff.; vgl. Helfferich 2009, 55ff.):

- Wie kann eine gewisse Sicherheit bei der Interviewdurchführung erreicht werden?
- Wie kann und sollte die Atmosphäre im Interview positiv gestaltet werden?
- Welche Haltung sollte der Interviewer an den Tag legen?
- Was ist zu tun, um die Technik (Transkriptionsgerät) zu beherrschen?
- Wie sollte mit auftretenden Problemen (z.B. Störungen) im Interviewverlauf umgegangen werden?

Dazu wurden einschlägige Werke, insbesondere von Dresing (2012), Helfferich (2009) und Froschauer/Lueger (2003), studiert.

Die Durchführung der Interviews funktionierte weitgehend reibungslos. Kleinere Hürden, wie die Gesprächsannahme eines Interviewpartners bei einem eingehenden Anruf (s. auch Dresing 2012, 18), konnten dank der zuvor erfolgten und oben angedeuteten Auseinandersetzung mit der entsprechenden Literatur souverän gemeistert werden.

Nachdem die Interviews durchgeführt waren, stand noch die Verlosung des im Rahmen der Online-Umfrage ausgeschriebenen Tankgutscheines aus. Die Ziehung erfolgte am 23. Januar 2013. Die Übergabe des Tankgutscheines erfolgte am 13. Februar 2013.

Des Weiteren waren die Regeln auszuwählen, nach denen die Transkription der auditiv aufgezeichneten Interviews erfolgen sollte (vgl. Lamnek 2005, 403). Dabei ist die Komplexität des Transkriptionssystems im Kontext mit dem Untersuchungsziel abzuwägen, um ein so einfaches System wie möglich zugrunde zu legen, aber dennoch so komplex wie nötig zu transkribieren (vgl. Flick 2007, 379f.; vgl. Kuckartz u.a. 2008, 27; vgl. Dittmar 2009, 209). „Ein detailliertes Transkript nach komplexen Regelsystemen ist dann nötig, wenn die folgenden Analysen nicht nur den semantischen Inhalt eines Gesprächs zum Thema haben" (Dresing/Pehl 2012, 22). Dies ist vorliegend nicht der Fall. Das Ziel der Analyse ist es in erster Linie inhaltlich zu ergründen, welche Ursachen zum schlechten Validierungsergebnis des Kundenberatungsgespräches als Prüfungsinstrument geführt haben können, sowie Anhaltspunkte für mögliche Optimierungspotenziale zu entwickeln und nicht über inhaltliche Aspekte hinausgehende Dimensionen, wie beispielsweise Emotionalisierungen, zu erfassen (vgl. Kuckartz u.a. 2008, 27); demzufolge kommen eher einfache Regelsysteme infrage (vgl. ebd.). Dittmar führt folgende Regeln auf:

- „Definiere den Untersuchungszielen angemessene, optimale Verschriftlichungskategorien!" (Dittmar 2009, 84)
- „Mache dein System zugänglich (z.B. so leicht und einfach lesbar wie möglich)!" (Ebd.)
- „Wähle stabile und robuste Zeichen!" (Dittmar 2009, 85)
- „Wähle dein Zeicheninventar nach den Prinzipien der Ökonomie aus!" (Ebd.)
- „Gestalte dein System so, dass es für verschiedene Arbeitszusammenhänge und Funktionen anpassungsfähig ist!" (Ebd.)
- „Gestalte dein System so, dass es für EDV-gestützte Analysen von sprachlichen und kommunikativen Funktionen leicht und angemessen verwendet werden kann!" (Dittmar 2009, 86)

Diesen Forderungen tragen die bekannten Transkriptionsregelsysteme Rechnung. Zu den etablierten und einfachen Transkriptionsregelsystemen gehören insbesondere die nach Kuckartz (2008, 27) sowie nach Hoffmann-Riem (vgl. Kuckartz 1999, 59; vgl. Kuckartz 2010, 47). Im direkten Vergleich der beiden Transkriptionssysteme wird deutlich, dass das Transkriptionsregelsystem nach Kuckartz u.a. im Hinblick auf das

Untersuchungsinteresse zwei Defizite aufweist, und zwar, dass weder bei Unverständlichkeit noch bei nicht mehr genau verständlichem, aber vermutetem Wortlaut eine Transkriptionsregel vorgesehen ist. Auch die im Gegensatz zu Hoffmann-Riem bei Kuckartz u.a. nicht vorhandene Regel für gedehntes Sprechen sind eher als Nachteil zu bewerten, da ein gedehntes Sprechen je nach Sinnkontext zu einer anderen Bewertung des Gesagten, insbesondere hinsichtlich der Frage, wie sicher sich der Interviewte in dem ist, was er sagt, führen kann, was vorwiegend durchaus von Interesse sein könnte. Deshalb wurden die Transkriptionsregeln nach Hoffmann-Riem zugrunde gelegt, wobei die Transkription wörtlich und ohne Dialekt mit leichter Glättung und Anonymisierung bei gleichzeitiger Kennzeichnung der Personen erfolgt. Der Auftrag zur Transkription wurde so nach einem Anbietervergleich am 29. Januar 2013 an Schreibservice online, ein Projekt von MB Büroservice, in Petershagen vergeben.

Im Nachgang zur Transkription steht die Auswertung des qualitativen Datenmaterials an.

Bei der Planung und Auswahl der Auswertungs- und Analysemethode des qualitativen Datenmaterials ist zunächst die Kontextualisierung mit dem Erkenntnisinteresse entscheidend (vgl. Froschauer/Lueger 2003, 89). In dieser Untersuchung ging es darum, Begründungen dafür zu finden, wieso das Kundenberatungsgespräch als Prüfungsinstrument nach den vorliegenden Ergebnissen der quantitativen Untersuchung die Verkaufsorientierung nicht valide misst, und mögliche Handlungsoptionen herauszuarbeiten, die zu einer besseren Messung führen könnten. Vornehmlich sollte also herausgearbeitet werden, wie das Kundenberatungsgespräch als Prüfungsinstrument im normativen Sinne angelegt sein sollte. Dabei kommt es auf die inhaltlichen Ausführungen der Interviewten an. Insofern schien die interpretativ-reduktive Form der qualitativen Datenauswertung und -analyse nach Lamnek angemessen (vgl. Bauer 2006, 113; vgl. Lamnek 2005, 402).

Die Auswertungstechniken der Inhaltsanalyse nach Mayring, der objektiven Hermeneutik nach Oevermann et al., der strukturellen Beschreibung nach Hermanns et al., und der strukturalen Rekonstruktion nach Bude sowie die rekonstruktive dokumentarische Interpretation nach Bohnsack schieden für die anzufertigende Auswertung und Analyse somit aus, da sie der interpretativ-explikativen Form zuzurechnen sind (vgl. Lamnek 2005, 402 i.V.m. 513).

Zur Auswertung bot sich eine Orientierung an dem von Lamnek aufgeführten Phasenmodell an (vgl. Lamnek 2005, 402; vgl. Berner 2007, 14):

- Transkription (s.o.),
- Einzelanalyse,

- generalisierende Analyse,
- Kontrollphase.

Die der bereits zuvor beschriebenen Transkription folgenden Auswertungsphasen werden hier kurz dargestellt:

Phase 1 – Einzelanalyse: DAs Ziel dieser Phase ist eine Materialkonzentration, die durch folgende von Lamnek beschriebenen Schritte erreicht wird (vgl. Lamnek 2005, 403f.):

Schritt A: Entfernung von Nebensächlichkeiten und Hervorhebung zentraler Passagen aus den Transkripten.

Schritt B: Schaffung eines Textkonzentrats, indem auf der Basis einer inhaltsanalytischen Auswertung nur die prägnantesten Textstellen separiert werden.

Schritt C: Charakterisierung des einzelnen Interviews durch Kommentierung und Wertung des Textkonzentrates unter Herausstellung seiner Besonderheiten und deren möglicher Allgemeingültigkeit.

Schritt D: Verknüpfung der Kommentierungen und Wertungen der Charakterisierung mit wörtlichen Passagen oder sinngemäßen Antworten.

Phase 2 – Generalisierende Analyse: In dieser Phase soll ein allgemeingültiger Erkenntnisgewinn erreicht werden, indem eine Betrachtung über die einzelnen Interviews hinaus erfolgt, wofür Lamnek folgende Schritte vorschlägt (vgl. Lamnek 2005, 404):

Schritt A: Suche nach Gemeinsamkeiten über die einzelnen Interviews hinweg.

Schritt B: Darstellung der Unterschiede über die einzelnen Interviews hinweg.

Schritt C: Herausstellung von Syndromen/Grundtendenzen auf der Grundlage der Gemeinsamkeiten und Unterschiede, die für alle oder einige Befragte als typisch erscheinen.

Schritt D: Darstellung und Interpretation von möglicherweise auftretenden Typen von Aussagen, Befragten, Informationen usw. durch Bezug auf die konkreten Einzelfälle.

In dieser Phase bot sich neben der Gesamtauswertung über alle Interviews hinweg eine zusätzliche Auswertung nach Gruppenkombinationen an, um Besonderheiten der jeweiligen Ausprägungen der Klasseneinteilungen herauszufiltern. Es ergaben sich folgende Auswertungskombinationen:

1. tendenziell hohe Punktzahl im Kundenberatungsgespräch
   (gemeinsame Betrachtung Gruppe 1 und 4)
2. tendenziell hohes Einkommen
   (gemeinsame Betrachtung Gruppe 1 und 3)
3. tendenziell geringe Punktzahl im Kundenberatungsgespräch
   (gemeinsame Betrachtung Gruppe 2 und 3)
4. tendenziell geringes Einkommen
   (gemeinsame Betrachtung Gruppe 2 und 4)
5. dem Einkommen nach gleich gerichtete Bewertung im
   Kundenberatungsgespräch
   (gemeinsame Betrachtung Gruppe 1 und 2)
6. dem Einkommen nach entgegen gerichtete Bewertung im
   Kundenberatungsgespräch
   (gemeinsame Betrachtung Gruppe 3 und 4)
7. eine Auswertung über alle Gruppen hinweg

Phase 3 – Kontrollphase: Diese letzte Phase dient zur Überprüfung möglicher Fehlinterpretationen, die aufgrund des reduktiven Vorgehens bei der Auswertung der Interviews auftreten können (vgl. Lamnek 2005, 404). Dafür werden zwei Aspekte quer liegend zu den Auswertungsschritten der Phase 1 und 2 beachtet (vgl. ebd.):

Aspekt A: Zur Vermeidung von Fehlinterpretationen oder Verkürzungen werden immer wieder die vollständigen Transkripte bei jedem Schritt hinzu gezogen.

Aspekt B: Sollten auch nach der Würdigung des Aspekts A noch die geringsten Zweifel bestehen, wird die Originalaufnahme, gegebenenfalls auch mehrmals, zur Verbreiterung der Informationsbasis angehört.

3.2.2 Auswertungen des Forschungsvorhabens

3.2.2.1 Online-Befragung

Insgesamt nahmen an der Online-Befragung 732 Probanden teil.

Für die primäre statistische Auswertung, die auf den Zusammenhang zwischen der Punktzahl im Kundenberatungsgespräch sowie dem Provisionseinkommen gerichtet ist, wurden Datensätze unter folgenden Bedingungen ausgewählt:

- Es muss eine Punktzahl im Kundenberatungsgespräch angegeben sein (Frage 3), da nicht alle Probanden in ihrer Abschlussprüfung, abhängig vom Prüfungszeitpunkt, dieses Prüfungsinstrument bereits als Grundlage hatten,
- Es muss die Beschäftigungsform als hauptberuflicher Außendienstmitarbeiter angegeben sein (Frage 6).
- Es muss ein Provisionseinkommen eingegeben sein (Frage 10a bzw. 10b als Zusammenfassung), das größer als Null ist, um provisionsunabhängige Beschäftigungsverhältnisse ausschließen zu können.

Nach dieser Selektion standen 131 verwertbare Datensätze zur Verfügung, sodass die Anforderungen an die Stichprobengröße von mindestens 128 verwertbaren Datensätzen überschritten und somit erfüllt waren (s. Kapitel 3.2.1.2).

Zusammenhang zwischen der Bewertung im Kundenberatungsgespräch und dem Provisionseinkommen:
Zunächst wurden diese 131 Datensätze zum einen hinsichtlich der Punktzahlangaben im Kundenberatungsgespräch (Frage 3) und zum anderen hinsichtlich des erzielten Provisionseinkommens (Frage 10a bzw. 10b als Zusammenfassung) auf Normalverteilung überprüft und weitere statistische Basiszahlen ermittelt.

Minimum und Maximum geben bei der Punktzahl im Kundenberatungsgespräch Auskunft darüber, dass in den Datensätzen tatsächlich keine eklatanten Fehleingaben vorhanden sind, dass es keinen Wert unter 30 und keinen über 100 gibt, die prüfungssystematisch nicht möglich wären, weil 100 die maximale Punktzahl darstellt und bei einer Punktzahl unter 30 im Kundenberatungsgespräch die Gesamtprüfung nicht bestanden ist. Die Spannweite von 70 zeigt an, dass bei bestandenen Abschlussprüfungen die gesamte Punkteskala des Kundenberatungsgespräches vorkommt.

Die Schiefe deutet sowohl für die Datensätze hinsichtlich des Kundenberatungsgespräches als auch für das Provisionseinkommen an, dass diese nicht normalverteilt sind. Graphisch stellt sich dies für die beiden Variablen wie folgt dar:

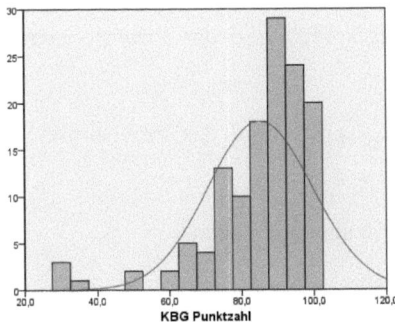 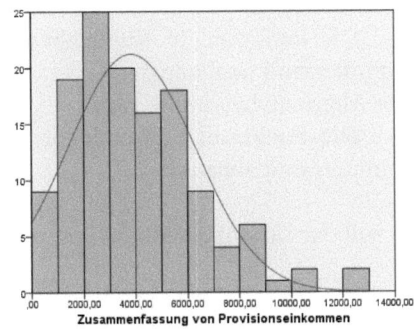

Abbildung 23: Schiefe von Daten zur Punktzahl und Provision in der Online-Befragung

Die graphische Darstellung beider Variablen erinnert allerdings deutlich an die Gaußsche Glockenkurve. Um die Normalverteilung weiter zu prüfen, wurde zunächst ein χ^2-*Anpassungstest* durchgeführt (vgl. Eid u.a. 2010, 299ff.). Hierzu wurde eine Klassierung der Punktzahlen in Noten nach dem IHK-Notenschlüssel vorgenommen, wobei die Note ‚ungenügend (6)‘ aufgrund der mit ihr nicht bestandenen Gesamtprüfung ausschied. Die Provision wurde ebenfalls in eine Fünferklassierung mit gleichgroßen Werteabständen überführt. Auf dieser Basis ergibt sich folgendes Ergebnis des χ^2-*Anpassungstestes*:

Die asymptotische Signifikanz von 0 gibt Auskunft darüber, dass die Daten nicht normalverteilt sind. Demzufolge sind keine Testverfahren, die die Normalverteilung voraussetzen, anzuwenden. Es kommen also der χ^2-*Unabhängigkeitstest*, der *U-Test* und der *H-Test* infrage (vgl. Eid u.a. 2010, 291f., 320, 440).

Nachfolgend erfolgte eine kurze Prüfung, inwieweit die Voraussetzungen dieser Testverfahren erfüllt sind:

Der U- beziehungsweise der Wilcoxon-Rangsummen-Test beziehungsweise der Mann-Whitney-Test sowie der H- beziehungsweise Kruskal-Wallis-Test setzen voraus, dass das Merkmal X stetig ist (vgl. Eid u.a. 2010, 320, 440). Somit schieden diese Testverfahren aus, da es sich bei Punkten im Kundenberatungsgespräch um ein diskretes Merkmal handelt.

Die Voraussetzungen des χ^2-*Unabhängigkeitstestes* hingegen sind nicht verletzt (vgl. Eid u.a. 2010, 291f.), sodass dieser angewandt werden konnte.

Die Nullhypothese lautet:

H_0: Die Punktzahl in Kundenberatungsgespräch und das Provisionseinkommen sind unabhängig

Die Alternativhypothese lautet

H_A: Die Punktzahl in Kundenberatungsgespräch und das Provisionseinkommen sind abhängig

Es soll ein Signifikanzniveau von α = 0,05 zugrunde liegen.

Die Klassierung wurde wie folgt vorgenommen:
Punktzahl im Kundenberatungsgespräch in Klassen nach Schulnoten basierend auf dem IHK-Notenschlüssel ohne die Note ,ungenügend (6)', da diese das Bestehen der Gesamtprüfung verhindert und deshalb in der Stichprobe nicht vorkommen kann. Um die Voraussetzung des χ^2-*Unabhängigkeitstestes* hinsichtlich der erwarteten Häufigkeit in mindestens 4/5 der Zellen von mindestens 5 zu erreichen (vgl. Eid u.a. 2010, 291), muss die Notenstufe 4 und 5 zusammengefasst werden.

Das zusammengefasste Provisionseinkommen wurde in zwei Klassen nach dem Median aufgeteilt, um tendenziell hohe von tendenziell niedrigen Provisionseinkommen zu trennen. Dabei wurde dem Wertebereich 1 bis 3500 die Ziffer 2 (also tendenziell niedrig) und dem Wertebereich über 3500 die Ziffer 1 (also tendenziell hoch) zugeordnet.

Hierbei ergaben sich folgende Ergebnisse:
Das Chi-Quadrat nach Pearson weist eine asymptotische Signifikanz von 0,048 aus. Da diese kleiner 0,05 ist, ist die Verteilung in den Gruppen signifikant, sodass die Ausgangshypothese verworfen werden muss. Es ist also die Alternativhypothese anzunehmen und demnach davon auszugehen, dass zwischen der Punktzahl im Kundenberatungsgespräch und dem Provisionseinkommen ein Zusammenhang besteht.

Zur weiteren Interpretation dient die Betrachtung der folgenden graphischen Darstellung der Testergebnisse:

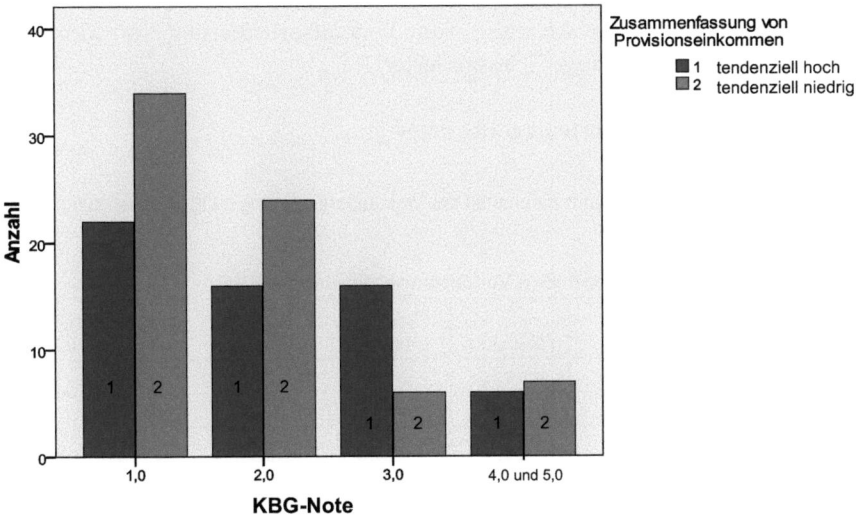

Abbildung 24: Verteilung von Provisionseinkommenskategorien auf KBG-Noten

Hierdurch wird ergänzend zur Wertebetrachtung in der Kreuztabelle nun auch optisch sichtbar, dass es sich offensichtlich um einen umgekehrten Zusammenhang handeln muss, dass also bei einer besseren Note im Kundenberatungsgespräch das künftige Provisionseinkommen tendenziell eher geringer ist.

Um dies weiter zu untersuchen, wurden eine Rangkorrelation nach Spearman berechnet (vgl. Rasche u.a. 2010, 142), und um signifikante Ergebnisse zu erzielen, eine Zusammenlegung der Notenklassen zum Kundenberatungsgespräch wie folgt vorgenommen:

Klasse 1: sehr gut = Punkte [92, 100]

Klasse 2: gut = Punkte [81, 91]

Klasse 3: befriedigend, ausreichend und mangelhaft = Punkte [30, 80]

Der Korrelationskoeffizient von -.173 bestätigt den umgekehrten Zusammenhang, ist jedoch nach der Heuristik von Cohen als noch gering zu werten (vgl. Eid u.a. 2010, 205, vgl. Rasch u.a. 2010, 133). Für die vorliegende Validierung ist weiter zu berücksichtigen, dass Korrelationskoeffizienten auf der Gesamtebene zwischen .4 und .6 in der Quantifizierung des Zusammenhangs mit dem Kriterium als mittelmäßig gelten, während solche über .6 als hoch betrachtet werden (vgl. Bortz/Döring 2009, 202; vgl. Vogel 2006, 38)

In diesem Zusammenhang werden die Antworten auf die Frage nach dem Empfinden der Messung von Verkaufsorientierung im Kundenberatungsgespräch (Frage 5) ausgewertet:

Übersicht aller Antworten auf die Frage 5:

Tabelle 27: Häufigkeiten zum Empfinden der Verkaufsorientierung im Kundenberatungsgespräch

Empfinden Verkaufsorientierung im KBG

		Häufigkeit	Prozent	Gültige Prozente	Kumulierte Prozente
Gültig	ausschließlich	9	2,9	2,9	2,9
	überwiegend	118	38,1	38,1	41,0
	teilweise	125	40,3	40,3	81,3
	kaum	44	14,2	14,2	95,5
	keine	14	4,5	4,5	100,0
	Gesamt	310	100,0	100,0	

Antworten auf die Frage 5 von Beschäftigten im Außendienst:

Tabelle 28: Häufigkeiten zum Empfinden der Verkaufsorientierung im Kundenberatungsgespräch von Außendienstmitarbeitern

Empfinden Verkaufsorientierung im KBG

		Häufigkeit	Prozent	Gültige Prozente	Kumulierte Prozente
Gültig	ausschließlich	4	3,0	3,0	3,0
	überwiegend	38	28,8	28,8	31,8
	teilweise	51	38,6	38,6	70,5
	kaum	30	22,7	22,7	93,2
	keine	9	6,8	6,8	100,0
	Gesamt	132	100,0	100,0	

Antworten auf die Frage 5 von Außendienstbeschäftigten mit tendenziell hohem Provisionseinkommen:

Tabelle 29: Häufigkeiten zum Empfinden der Verkaufsorientierung im Kundenberatungsgespräch von Außendienstmitarbeitern mit tendenziell hohem Provisionseinkommen

Empfinden Verkaufsorientierung im KBG

		Häufigkeit	Prozent	Gültige Prozente	Kumulierte Prozente
Gültig	ausschließlich	1	1,7	1,7	1,7
	überwiegend	12	20,0	20,0	21,7
	teilweise	25	41,7	41,7	63,3
	kaum	14	23,3	23,3	86,7
	keine	8	13,3	13,3	100,0
	Gesamt	60	100,0	100,0	

Die relativen Häufigkeiten der Antworten hinsichtlich des Empfindens der Messung der Verkaufsorientierung im Prüfungsinstrument des Kundenberatungsgespräches zeigen an, dass die Stichprobe derer, die im Außendienst beschäftigt sind, die Messung der Verkaufsorientierung schlechter einschätzt als die allgemeine Stichprobe. Ferner schätzt die Stichprobe derer, die im Außendienst beschäftigt sind und tendenziell über ein hohes Provisionseinkommen verfügen, die Messung der Verkaufsorientierung noch schlechter ein als die Stichprobe aller im Außendienst Beschäftigten.

In Mittelwerten, denen eine Skala von 1 (ausschließliche Messung der Verkaufsorientierung) bis 5 (keine Messung von Verkaufsorientierung) zugrunde liegt, ausgedrückt, ergibt sich folgende Wertung:

Tabelle 30: Mittelwerte des Abbildungsempfindens von Verkaufsorientierung nach Gruppen

Stichprobe	Mittelwert
Allgemeine Stichprobe	2,79
Stichprobe der im Außendienst Beschäftigten	3,02
Stichprobe der im Außendienst Beschäftigten mit tendenziell hohem Provisionseinkommen	3,27

Zusammenhang zwischen der Bewertung des Kundenberatungsgespräches und dem Außendiensteinsatz:
Um diese Fragestellung zu beantworten, wurden zunächst die Datensätze unter folgenden Bedingungen ausgewählt:

• Es muss eine Punktzahl im Kundenberatungsgespräch angegeben sein (Frage 3), da nicht alle Probanden in ihrer Abschlussprüfung, abhängig vom Prüfungszeitpunkt, dieses Prüfungsinstrument bereits als Grundlage hatten.

- Es wurde die Frage nach der Intensität des Außendiensteinsatzes während der Ausbildung (Frage 12) beantwortet.

Nach dieser Selektion standen 163 Datensätze mit folgenden Häufigkeiten zur Verfügung:

Tabelle 31:   Häufigkeiten zur Intensität des Außendiensteinsatzes während der Ausbildung

AD-Einsatz in Ausbildung

		Häufigkeit	Prozent	Gültige Prozente	Kumulierte Prozente
Gültig	komplett	48	29,4	29,4	29,4
	mindestens die Hälfte	44	27,0	27,0	56,4
	weniger als die Hälfte und mehr als 10 Prozent	32	19,6	19,6	76,1
	weniger als 10 Prozent	21	12,9	12,9	89,0
	gar nicht	18	11,0	11,0	100,0
	Gesamt	163	100,0	100,0	

Zur Betrachtung des Zusammenhangs werden folgende nicht-parametrische Auswertungen geboten:

Für den χ^2-*Unabhängigkeitstest* lauten die Hypothesen wie folgt:
H_0: Die Punktzahl in Kundenberatungsgespräch und der Einsatz im Außendienst während der Ausbildung sind unabhängig
H_A: Die Punktzahl in Kundenberatungsgespräch und der Einsatz im Außendienst während der Ausbildung sind abhängig

Um den Anforderungen des χ^2-*Unabhängigkeitstestes* zu genügen, musste eine weitere Klassenzusammenlegung durchgeführt werden, sodass in der folgenden Betrachtung die Note ,sehr gut (1)' eine Klasse, die Note ,gut (2)' eine weitere Klasse sowie die Noten ,befriedigend (3)', ,ausreichend (4)' und ,mangelhaft (5)' eine dritte Klasse bilden.
    Das Chi-Quadrat nach Pearson weist eine asymptotische Signifikanz von 0,027 aus. Da diese kleiner 0,05 ist, ist die Verteilung in den Gruppen signifikant, sodass die Ausgangshypothese verworfen werden muss. Es ist also von der Alternativhypothese auszugehen und demnach anzunehmen, dass zwischen der Punktzahl im Kundenberatungsgespräch und der Einsatzintensität im Außendienst während der Ausbildung ein Zusammenhang besteht.

Wie stark sich dieser Zusammenhang darstellt und wie er gerichtet ist, untersucht die Rangkorrelation nach Spearman:
Der Korrelationskoeffizient von 0,176 bestätigt den positiven Zusammenhang, ist jedoch nach der Heuristik von Cohen als eher gering zu werten (vgl. Eid u.a. 2010, 205, vgl. Rasch u.a. 2010, 133).

Zusammenhang zwischen der Bewertung des Kundenberatungsgespräches und der Vorbereitung hierauf:
Um diese Fragestellung zu beantworten, wurden zunächst die Datensätze unter den folgenden Bedingungen ausgewählt:

- Es muss eine Punktzahl im Kundenberatungsgespräch angegeben sein (Frage 3), da nicht alle Probanden in ihrer Abschlussprüfung, abhängig vom Prüfungszeitpunkt, dieses Prüfungsinstrument bereits als Grundlage hatten.
- Es muss die Frage nach der Vorbereitung auf das Kundenberatungsgespräch (Frage 11) beantwortet worden sein.

Nach dieser Selektion standen 163 Datensätze mit folgenden Häufigkeiten zur Verfügung:

Tabelle 32: Häufigkeiten zur Vorbereitung auf das Kundenberatungsgespräch

Vorbereitung auf KBG

		Häufigkeit	Prozent	Gültige Prozente	Kumulierte Prozente
Gültig	ja	128	78,5	78,5	78,5
	nein	35	21,5	21,5	100,0
	Gesamt	163	100,0	100,0	

Zur Betrachtung des Zusammenhangs werden folgende nicht-parametrische Auswertungen hierzu geboten:

Für den χ^2-*Unabhängigkeitstest* lauten die Hypothesen wie folgt:
H_0: Die Punktzahl in Kundenberatungsgespräch und die Vorbereitung auf das Prüfungsinstrument sind unabhängig
H_A: Die Punktzahl in Kundenberatungsgespräch und die Vorbereitung auf das Prüfungsinstrument sind abhängig

Um den Anforderungen des χ^2-*Unabhängigkeitstestes* zu genügen, konnte mit der vierer-klassierten Notenskala zum Kundenberatungsgespräch gearbeitet werden.

Das Chi-Quadrat nach Pearson weist eine asymptotische Signifikanz von 0,162 aus. Da diese größer 0,05 ist, ist die Verteilung in den Gruppen nicht signifikant, sodass die Ausgangshypothese nicht verworfen werden kann. Es ist also die Nullhypothese anzunehmen und von einer Unabhängigkeit des Prüfungsergebnisses im Kundenberatungsgespräch von einer Vorbereitung hierauf auszugehen.

Ausschluss des Einflusses des Provisionssystems des dominierenden Unternehmens:
Um möglicherweise dominierende Unternehmen mit ihren Provisionssystemen zu identifizieren, wurde zunächst die Häufigkeitsverteilung auf der Basis der nachstehenden Datensatzauswahl vorgenommen:

- Es muss eine Punktzahl im Kundenberatungsgespräch angegeben sein (Frage 3), da nicht alle Probanden in ihrer Abschlussprüfung, abhängig vom Prüfungszeitpunkt, dieses Prüfungsinstrument bereits als Grundlage hatten.
- Es muss die Beschäftigungsform als hauptberuflicher Außendienstmitarbeiter angegeben sein (Frage 6) und
- es muss ein Provisionseinkommen eingegeben sein (Frage 10a bzw. 10b als Zusammenfassung), das größer als Null ist, um provisionsunabhängige Beschäftigungsverhältnisse ausschließen zu können.

Nach dieser Selektion standen 131 Datensätze zur Verfügung, und zwar mit der in der Tabelle 33 ausgewiesenen Häufigkeitsverteilung.

Die 13 fehlenden Unternehmensangaben resultieren daraus, dass es sich hierbei um Makler oder Mehrfachagenten handelt, die keinem eindeutigen Unternehmen zuzuordnen sind. Die deskriptive Häufigkeitsauswertung zeigt, dass die Datensätze von Probanden der DEVK deutlich dominieren, sodass eine Zusammenhangsuntersuchung ohne Probandenangaben dieses Unternehmens erfolgen sollte, um eine überstrahlende Dominanz des Provisionssystems dieses Unternehmens ausschließen zu können. Daher wurde eine Datenselektion durchgeführt, bei der das Unternehmens DEVK ausgeschlossen war, sodass 16 Datensätze übrig blieben, die in der Tabelle 34 ausgewiesen werden.

Tabelle 33: Häufigkeiten der Unternehmensherkunft

Unternehmen

		Häufigkeit	Prozent	Gültige Prozente	Kumulierte Prozente
Gültig	Barmenia	1	,8	,8	,8
	Concordia	3	2,3	2,5	3,4
	D.A.S.	1	,8	,8	4,2
	Debeka	2	1,5	1,7	5,9
	DEVK	102	77,9	86,4	92,4
	HUK-Coburg	1	,8	,8	93,2
	Provinzial Rheinland	1	,8	,8	94,1
	RheinLand	7	5,3	5,9	100,0
	Gesamt	118	90,1	100,0	
Fehlend	System	13	9,9		
Gesamt		131	100,0		

Tabelle 34: Häufigkeiten der Unternehmensherkünfte ohne DEVK

Unternehmen

		Häufigkeit	Prozent	Gültige Prozente	Kumulierte Prozente
Gültig	Barmenia	1	6,3	6,3	6,3
	Concordia	3	18,8	18,8	25,0
	D.A.S.	1	6,3	6,3	31,3
	Debeka	2	12,5	12,5	43,8
	HUK-Coburg	1	6,3	6,3	50,0
	Provinzial Rheinland	1	6,3	6,3	56,3
	RheinLand	7	43,8	43,8	100,0
	Gesamt	16	100,0	100,0	

16 Datensätze können nicht so klassiert werden, dass sie den Anforderungen des χ^2-*Unabhängigkeitstestes* genügen; dennoch sei hierzu die Kreuztabelle (Tabelle 35) dargestellt:

Bis auf zwei Ausnahmen befinden sich alle Datensätze im Wertebereich der niedrigen Provisionseinkommen. Diese weisen keine Häufung in den tendenziell schlechter bewerteten Klassen des Kundenberatungsgespräches aus. Die beiden Datensätze, die im Wertebereich des tendenziell hohen Provisionseinkommens angesiedelt sind, weisen ebenfalls keine überdurchschnittlich gute Bewertung im Kundenberatungsgespräch aus. Demzufolge unterliegen die Ergebnisse der vorstehenden Auswertungen keinem bedeutenden Einfluss des Provisionssystems des dominierenden Unternehmens DEVK und gelten somit als von diesem unabhängig.

Tabelle 35: Kreuztabelle zum Ergebnis des Kundenberatungsgespräches und des Provisionseinkommens ohne DEVK

KBG-Punktzahl * Zusammenfassung von Provisionseinkommen, Kreuztabelle

| | | | Zusammenfassung von Provisionseinkommen | | |
			tendenziell hohes Provisionseinkommen	tendenziell niedriges Provisionseinkommen	Gesamt
KBG Punktzahl Klassen	1,0	Anzahl	0	4	4
		Relativer Anteil	,0 %	100,0 %	100,0 %
	2,0	Anzahl	1	4	5
		Relativer Anteil	20,0 %	80,0 %	100,0 %
	3,0	Anzahl	1	5	6
		Relativer Anteil	16,7 %	83,3 %	100,0 %
	4,0	Anzahl	0	1	1
		Relativer Anteil	,0 %	100,0 %	100,0 %
Gesamt		Anzahl	2	14	16
		Relativer Anteil	12,5 %	87,5 %	100,0 %

Unterschiedlicher Zusammenhang zwischen der Bewertung des Kundenberatungsgespräches und dem Provisionseinkommen zur Stichprobenaufteilungen nach der Beschäftigungsform:
Es ist folgende Häufigkeitsverteilung hinsichtlich der Beschäftigungsform gegeben:

Tabelle 36: Häufigkeitsverteilung zur Beschäftigungsform

		Beschäftigungsform			
		Häufigkeit	Prozent	Gültige Prozente	Kumulierte Prozente
Gültig	Selbstständig	85	64,9	72,0	72,0
	Angestellt	33	25,2	28,0	100,0
	Gesamt	118	90,1	100,0	
Fehlend	System	13	9,9		
Gesamt		131	100,0		

Die 13 Makler oder Mehrfachagenten sind keiner Beschäftigungsform zuordenbar. Es erfolgt keine getrennte Betrachtung der Selbstständigen und der Angestellten, da die Verteilung unter der Anzahl der Angestellten nur bei noch weiterer Klassierung signifikante Ergebnisse liefern könnte, was jedoch keinen Aussagewert mehr produzieren würde, wie die Kreuztabelle der Angestellten nachfolgend zeigt:

Tabelle 37: Kreuztabelle von Punktzahl und Provisionseinkommen der Angestellten

KBG-Punktzahl * Zusammenfassung von Provisionseinkommen, Kreuztabelle

			Zusammenfassung von Provisionseinkommen		
			tendenziell hohes Provisionseinkommen	tendenziell niedriges Provisionseinkommen	Gesamt
KBG Punktzahl Klassen	1,0	Anzahl	5	14	19
		Relativer Anteil	26,3 %	73,7 %	100,0 %
	2,0	Anzahl	1	8	9
		Relativer Anteil	11,1 %	88,9 %	100,0 %
	3,0	Anzahl	1	4	5
		Relativer Anteil	20,0%	80,0%	100,0%
Gesamt		Anzahl	7	26	33
		Relativer Anteil	21,2 %	78,8 %	100,0 %

Bei einer deskriptiven Auswertung ergibt sich jedoch ein interessantes Bild. Anhand der stark differierenden Mediane wird eine Umkodierung der Bewertung vorgenommen, ob es sich um ein tendenziell hohes oder tendenziell niedriges Provisionseinkommen handelt.

Bei den Angestellten wird mit 1 (= tendenziell hoch) bewertet, wer ein Einkommen über 1500 Euro, und wer bei den Selbstständigen ein Einkommen über 3500 Euro hat, ansonsten wird eine 2 (tendenziell gering) zugewiesen. Sodann ergibt sich folgendes Korrelationsergebnis:

Es ergibt sich eine Validität bei den Selbstständigen von -.207 und bei den Angestellten von -.107.

Unterschiedlicher Zusammenhang zwischen der Bewertung des Kundenberatungsgespräches und dem Provisionseinkommen zur Stichprobenaufteilungen nach Vermittlerstatus:
Die nachstehende Auswertung der Häufigkeitsverteilung nach Vermittlerstatus gibt Auskunft darüber, dass die Anzahl von Mehrfachagenten und

Maklern zu gering ist, um signifikante Unterschiede im Vergleich zu den Ausschließlichkeitsvertretern feststellen zu können:

Tabelle 38: Häufigkeiten zum Vermittlerstatus

Vermittlerstatus

		Häufigkeit	Prozent	Gültige Prozente	Kumulierte Prozente
Gültig	Ausschließlichkeit	118	90,1	90,1	90,1
	Mehrfach	3	2,3	2,3	92,4
	Makler	10	7,6	7,6	100,0
	Gesamt	131	100,0	100,0	

Unterschiedlicher Zusammenhang zwischen der Bewertung des Kundenberatungsgespräches und dem Provisionseinkommen zur Stichprobenaufteilungen nach dem Berufsbild:
Diese Auswertung erfolgt deshalb, weil für den Prüfungsteil des Kundenberatungsgespräches der Versicherungskaufleute nach der Ausbildungsordnung von 1996 ein etwas anderer Beobachtungs- und Bewertungsbogen zugrunde lag als bei den Kaufleuten für Versicherungen und Finanzen nach der Ausbildungsordnung von 2006. Insofern wäre es denkbar, dass trotz der Ähnlichkeit der beiden Beobachtungs- und Bewertungsbögen durch sie unterschiedliche Validitäten generiert werden. Um dies zu bestätigen oder auszuschließen, sind die beiden Berufsbilder der Versicherungskaufleute und der Kaufleute für Versicherungen und Finanzen getrennt voneinander zu validieren und dann zu vergleichen.

Zu den beiden Berufsbildern ist folgende Häufigkeitsverteilung gegeben: 66 Kaufleute für Versicherungen und Finanzen und 65 Versicherungskaufleute.

Der Vergleich zur Rangkorrelation nach Spearman nach den Berufsbildern zeigt, dass der Korrelationskoeffizient bei den Kaufleuten für Versicherungen und Finanzen mit -.139 etwas geringer als der der Versicherungskaufleute mit -.162 ist. Eine bedeutende Differenz hat sich durch die Verschiedenheit der Beobachtungs- und Bewertungsbögen also nicht ergeben.

Unterschiedlicher Zusammenhang zwischen der Bewertung des Kundenberatungsgespräches und dem Provisionseinkommen zur Stichprobenaufteilung nach nebenberuflichen Vermittlern:
Eine Stichprobe von 29 Datensätzen reicht nicht aus, um in sinnvoller Anordnung die Voraussetzungen der zur Verfügung stehenden Testverfahren zu erfüllen und signifikante Werte zu erzielen; deshalb erfolgt keine weitere Betrachtung.

Zusammenhang zwischen Prüfungszeitpunkt und Provisionseinkommen:
Diese Betrachtung wird angestellt, um einen möglichen Lerneffekt aus der Praxis nach dem Zeitpunkt der Abschlussprüfung zu berücksichtigen,. Die Korrelation zwischen der Punktzahl im Kundenberatungsgespräch und dem Provisionseinkommen müsste umso höher sein, je kürzer der Abschlussprüfungszeitpunkt zurückliegt.

Zum Abschlussprüfungszeitpunkt Winter 2011/2012 waren keine verwertbaren Datensätze vorhanden. Da in der Einzelbetrachtung der Prüfungszeitpunkte Winter 2010/2011 bis Sommer 2008 der Stichprobenumfang nicht ausreicht, um hieraus Korrelationen zu berechnen, werden diese Prüfungszeitpunkte als mittlere Klasse zusammengefasst. Eine zusammenfassende Übersicht bietet die Tabelle 39.

Tabelle 39: Vergleich unterschiedlicher Prüfungszeitpunkte

Prüfungszeitpunkt:	Sommer 2011	Winter 2010 – Sommer 2008	Früher als Sommer 2008
n	33	30	68
Durchschnittliche KBG-Punktzahl	86,91	89,83	82,28
Durchschnittliche Provision	1985,61	3324,77	4979,57
Korrelation	−,072	−,234	−,149

Es wird deutlich, dass das durchschnittliche Provisionseinkommen mit zunehmender Zeit wächst, was vermutlich auf den praktischen Lerneffekt sowie das Ausscheiden erfolgsschwacher Außendienstmitarbeiter zurückzuführen ist.

Es wäre zu erwarten, dass die Korrelation umso höher ausfällt, je aktueller der Prüfungszeitpunkt ist. Vorliegend ergibt sich jedoch ein anderes Bild. Ein äußerst geringer gegenläufiger Zusammenhang vergrößert sich mit zunehmendem Abstand vom Prüfungszeitpunkt zunächst weiter entgegengesetzt und nähert sich dann wieder der Zusammenhangslosigkeit an.

Vergleich ,Innen- und Außendienst' zur ,Punktzahl im Kundenberatungsgespräch':
Im Vergleich von Absolventen, die nach ihrer Ausbildung im Innendienst respektive im Außendienst beschäftigt sind, ist zu vermuten, dass die Absolventen, die eine Anschlussbeschäftigung im Außendienst gefunden haben, tendenziell eine höhere Punktzahl im Kundenberatungsgespräch erreicht haben als solche, die nach der Ausbildung im Innendienst an-

gestellt wurden. Dies ist offenkundig nicht der Fall, da sich in der vergleichenden eindimensionalen Datenauswertung kein wesentlicher Unterschied zeigt, wenn auch mit einer leicht höheren Tendenz bei den Innendienstübernahmen mit einem Mittelwert von knapp 87 Punkten im Vergleich zu den Außendienstübernahmen mit gut 85 Punkten.

Die Befunde der Online-Umfrage lauten zusammengefasst:

- Ein geringer, umgekehrter Zusammenhang des Ergebnisses des Prüfungsteils des Kundenberatungsgespräches und der Provision (−,173). (s. S. 176)
- Je außendienstnäher oder erfolgreicher der Absolvent, desto schlechter wird die Messung der Verkaufsorientierung im Prüfungsteil des Kundenberatungsgespräches eingeschätzt (in Noten: 2,79 → 3,02 → 3,27). (s. S. 178)
- Es besteht nur ein geringer Zusammenhang zwischen der Intensität der Außendiensteinsätze in der Ausbildung und der Punktzahl im Kundenberatungsgespräch als Abschlussprüfungsteil (.176). (s. S. 180)
- Es ist kein Zusammenhang zwischen einer Vorbereitung auf den Abschlussprüfungsteil des Kundenberatungsgespräches und dem Prüfungsergebnis feststellbar. (s. S. 180)
- Es besteht nur eine geringfügige Differenz der Kriteriumsvalidität mit der Einführung des Berufsbildes der Kaufleute für Versicherungen und Finanzen nach der AO 2006 gegenüber dem Berufsbild der Versicherungskaufleute nach der AO von 1996 (−,162 vs. −,139). (s. S. 185)
- Die vergangene Zeit nach der Prüfung scheint bezüglich des Zusammenhangs von Prüfungsergebnis im Kundenberatungsgespräch und Provisionseinkommen keine Rolle zu spielen. (s. S. 186)
- Beschäftigte des Innendienstes schnitten durchschnittlich besser im Abschlussprüfungsteil des Kundenberatungsgespräches ab als Beschäftigte im Außendienst. (s. S. 187)

3.2.2.2 Unternehmensbefragung

Die Unternehmensbefragung dient vor allem dazu, den statistischen Zusammenhang zwischen der Bewertung im Kundenberatungsgespräch und dem Provisionseinkommen von einem zweiten Ansatzpunkt aus festzustellen, um die diesbezüglichen Ergebnisse unter 3.2.2.1 zu verifizieren oder zu falsifizieren. Aus diesem Grund richtet sich das Vorgehen der Datenanalyse zur Unternehmensbefragung zunächst nach jenem zur Online-Umfrage.

Auch hier ist die notwendige Stichprobengröße zu klären. Bei der Online-Befragung konnte im Kapitel 3.2.1 dargelegt werden, dass die Befragung erst abgeschaltet wurde, als der notwendige optimale Stichprobenumfang erreicht war. Die Situation der Unternehmensbefragung stellt sich insofern anders dar, als die zur Verfügung stehenden Unternehmen abschließend ihre Datensätze übermittelten, sodass sich die Anzahl hierzu als gegeben darstellte. Folglich schien es sinnvoll, im Nachhinein einzuschätzen, ob der erreichte Stichprobenumfang als optimal zu bezeichnen ist. Analog zur Online-Befragung wurden auch hier zwei zentrale Variablen erhoben: das Provisionseinkommen und das Ergebnis im Kundenberatungsgespräch. Nach der Formel von Raithel zur Ermittlung des optimalen Stichprobenumfangs ergibt sich also wiederum (vgl. Raithel 2008, 62) V = 2; auch hier wurden für das Provisionseinkommen die beiden Merkmalsausprägungen (tendenziell gering und tendenziell hoch) angewandt und die Prüfungsergebnisse in die drei Merkmalsausprägungen (sehr gut, gut, schlechter) klassiert, sodass sich auch hier ergibt: K = (3 + 2)/2 = 2,5. Somit beträgt der notwendige Stichprobenumfang $n = 10 \cdot 2,5^2 = 62,5$ Datensätze. Da, wie noch dargestellt wird, 82 auswertbare Datensätze vorlagen, wurde die notwendige Hürde offenkundig überwunden, sodass von einer ausreichenden Stichprobengröße auszugehen ist.

Insgesamt wurden von vier Unternehmen 178 Datensätze zugeliefert. Aufgrund ihrer nur teilweisen Vollständigkeit konnten die Daten nur unter bestimmten Voraussetzungen und Kombinationen ausgewertet werden.

Zur Beantwortung der Hauptfragestellung nach dem Zusammenhang zwischen Provisionseinkommen und Bepunktung im Kundenberatungsgespräch wurden die Datensätze selektiert, die ein Provisionseinkommen sowie eine Punktzahl im Kundenberatungsgespräch auswiesen. Dies ergab 82 verwertbare Datensätze, die zur Weiterverarbeitung zunächst nach der Beschäftigungsform aufgeteilt wurden, da bei der Sichtung der Daten auffallend war, dass die Provisionseinkommen der Angestellten deutlich von denen der Selbstständigen abwichen. Die separate Betrachtung der beiden Gruppen diente dazu, eine Zuweisung einer Klassierung hinsichtlich der Provisionshöhe vornehmen zu können. So wurde deutlich, dass der Median des Provisionseinkommens bei den Selbstständigen bei 1605,50 € lag, während die Angestellten lediglich einen Median von 446,00 € auswiesen. Dementsprechend wurde die Zuordnung von tendenziell hohen und tendenziell geringen Provisionseinkommen vorgenommen. Minimum und Maximum geben bei der Punktzahl im Kundenberatungsgespräch und für die Gesamtpunktzahl Auskunft darüber, dass auch in diesen Datensätzen keine eklatanten Fehleingaben vorhanden sind, da für das Kundenberatungsgespräch kein Wert unter 30 oder über 100 und für das Gesamtergebnis kein Wert unter 50 oder über 100 liegt. Auch hier wird eine deutliche Schiefe im Hinblick auf die Punktzahl im Kundenberatungsgespräch und das Provisionseinkommen, bei der Gesamtpunktzahl in etwas gemäßigter Form, sichtbar, was wiederum andeutet, dass die Daten nicht normalverteilt sind.

Um dies weiter zu prüfen, wurde wiederum ein χ^2-*Anpassungstest* (vgl. Eid u.a. 2010, 299ff.) durchgeführt, wofür eine Klassierung der Punktzahlen im Kundenberatungsgespräch nach dem IHK-Notenschlüssel vorgenommen wurde, wobei die Note ,ungenügend (6)' aufgrund des mit ihr verbundenen Nichtbestehens der Gesamtprüfung ausschied. Für diesen Test wurde auch die Provision bereits in die Zweierklassierungen (1 = tendenziell hoch; 2 = tendenziell gering) mit dem von der Beschäftigungsform abhängigen Median überführt. Auf dieser Basis ergibt sich folgendes Ergebnis des χ^2-*Anpassungstestes*: Die asymptotische Signifikanz gibt Auskunft darüber, dass die Nullhypothese, die Daten seien normalverteilt, zu verwerfen ist. Demzufolge sind keine Testverfahren, die die Normalverteilung voraussetzen, anzuwenden. Wie im Kapitel 3.2.2.1 bereits erläutert, kommt nunmehr der χ^2-*Unabhängigkeitstest* für die weitere Untersuchung infrage. Die Null- beziehungsweise Alternativhypothese lautet:

H_0: Die Punktzahl in Kundenberatungsgespräch und das Provisionseinkommen sind unabhängig

H_A: Die Punktzahl in Kundenberatungsgespräch und das Provisionseinkommen sind abhängig

Es soll ein Signifikanzniveau von α = 0,05 zugrunde liegen.

Die Klassierung wurde wie folgt vorgenommen: Die vorgenommene Klassierung für den χ^2-*Anpassungstest* wurde weiter zusammengefasst, um die Voraussetzung des χ^2-*Unabhängigkeitstestes* hinsichtlich der erwartenden Häufigkeit in mindestens 4/5 der Zellen von mindestens 5 zu erreichen (vgl. Eid u.a. 2010, 291). Dafür wurden die Notenstufe 3, 4 und 5 zusammengefasst.

Hierbei ergaben sich folgende Ergebnisse: Das Chi-Quadrat nach Pearson weist eine asymptotische Signifikanz von 0,084 aus. Da dies größer 0,05 ist, ist die Ausgangshypothese anzunehmen, also dass das Provisionseinkommen und die Punktzahl im Kundenberatungsgespräch unabhängig voneinander sind.

Um das Ausmaß der Unabhängigkeit genauer zu betrachten, wurde eine Rangkorrelation nach Spearman berechnet (vgl. Rasche u.a. 2010, 142). Dabei konnte die Klassierung zum χ^2-*Unabhängigkeitstest* beibehalten werden.

Der Korrelationskoeffizient von .231 ist nach der Heuristik von Cohen als eher gering zu werten (vgl. Eid u.a. 2010, 205). Für die vorliegende Validierung ist weiter zu berücksichtigen, dass Korrelationskoeffizienten auf der Gesamtebene zwischen .4 und .6 in der Quantifizierung des Zusammenhangs mit dem Kriterium als mittelmäßig gelten, während solche über .6 als hoch betrachtet werden (vgl. Bortz/Döring 2009, 202; vgl. Vogel 2006, 38).

Ein Vergleich der Prüfungszeitpunkte stellt sich als Zusammenfassung der Werte wie folgt dar:

Tabelle 40: Übersicht zu den verschiedenen Prüfungsdurchführungen

	Sommer 2011	Winter 2010/11	Sommer 2010	Winter 2009/10	Sommer 2009	Winter 2008/09
Punktzahl KBG	86,9	88,5	87,9	85,2	85,0	85,1
Gesamt-Punktzahl	81,2	79,9	84,2	77,9	78,1	80,0
Provision	1355,39	1706,55	1095,19	584,77	1648,68	939,67
Korrelation Punktzahl KBG und Provision	.239	-.363	.158	.269	.534	.354

Es wird deutlich, dass die Punktzahl im Kundenberatungsgespräch sowie die Gesamtpunktzahl über die Prüfungszeitpunkte hinweg nur gering variieren, also eine relative Stabilität ausweisen. Dies stellt sich beim Provisionseinkommen anders dar. Das Provisionseinkommen wächst nicht mit zunehmender Zeit, sondern ist volatil. Somit kann für die Kohorten kein Lerneffekt abgeleitet werden.

Es wäre zu erwarten, dass die Korrelation umso höher ausfällt, je aktueller der Prüfungszeitpunkt ist. Dies bestätigt sich vorliegend nicht; im Korrelationsverlauf liegt eine starke Volatilität vor.

Weiter wurde die Korrelation der Gesamtpunktzahl mit dem Provisionseinkommen berechnet, wofür eine Klassierung der Gesamtpunktzahl in 1 für die Notenstufen ‚sehr gut' und ‚gut' sowie 2 für ‚befriedigend' und ‚schlechter' vorgenommen werden musste. Die Ergebnisse stellen sich wie folgt dar: Der Korrelationskoeffizient von .107 ist nach der Heuristik von Cohen als gering zu werten (vgl. Eid u.a. 2010, 205).

Weitere Auswertungen, wie etwa hinsichtlich von Zusammenhängen ausgeschiedener und nicht ausgeschiedener Mitarbeiter, erschienen mangels Masse in verschiedenen Teilgruppen, die notwendigerweise zu bilden wären, nicht sinnvoll. So wäre beispielsweise die Gruppe der selbstständigen Arbeitsverhältnisse, bei denen Angaben zum Verbleib im Unternehmen gemacht wurden, lediglich mit zehn Datensätzen bestückt, sodass keine vergleichenden oder tendenziellen Aussagen abgeleitet werden können.

3.2.2.3 Qualitative Absolventenbefragung

Die Auswertung der Interviews erfolgte grundsätzlich nach dem unter Punkt 3.2.1.3 aufgezeigten Muster nach Lamnek. Der vorliegende Sachverhalt legte jedoch an manchen Stellen und für manche Perspektiven Anpassungen an den Untersuchungsgegenstand nahe. Zunächst wurden, was die Schritte A und B der Phase 1 betrifft, alle Interviewteile gemeinsam ausgewertet.

In den Schritten C und D sowie in der Phase 2 wurden zunächst nur noch die Interviewteile A und B weiter verarbeitet. In der Phase 2 wurden vor ihrem eigentlichen Beginn durch farbliche Kennzeichnungen die in die Phase 1 Schritt D entstandenen Texte in eine Kategorisierung überführt, um das Datenmaterial im weiteren Verlauf systematischer auswerten zu können. Außerdem erfolgte auf dieser Grundlage zur Komplexitätsreduzierung eine Zusammenfassung nach Gruppen. Für die Darstellung der Gemeinsamkeiten und Unterschiede in den Schritten A und B der Phase 2 wurde die Gruppenherkunft als zweite Betrachtungsdimension neben den gebildeten Kategorien aufgenommen, um so nicht nur über alle Gruppen hinweg Gemeinsamkeiten und Unterschiede feststellen zu können, sondern auch Spezifika bestimmter Gruppenkombinationen eruieren zu können (vgl. Punkt 3.2.1.3). Sodann erfolgte die Herausbildung von Syndromen nach Schritt C der Phase 2 sowie anschließend in Abwandlung zum Schritt D der Phase 2 die Herausstellung von Verbesserungspotenzialen und möglichen Maßnahmen.

Die Auswertung des Interviewteils C setzte sich so fort, dass anstelle des Schrittes C der Phase 1 und analog zu diesem eine an den Leitfragen orientierte Zusammenfassung der Äußerungen sowie deren Kommentierung erfolgte. Auf die Durchführung von Schritt D konnte aufgrund des sich daraus nicht ergebenden zusätzlichen Nutzens verzichtet werden. Hinsichtlich der Suche nach Gemeinsamkeiten und Unterschiede nach den Schritten A und B der Phase 2 wurde die Kategorie ›Gegenposition‹ zur Zusammenfassung geschaffen, sodass auf dieser Basis Thesen zu den Leifragen abgeleitet werden konnten, was analog den Sinn der Schritte C und D der Phase 2 umfasst.

Die Phase 3 erfolgte sowohl hinsichtlich ihrer Aspekte A als auch B querliegend zu allen übrigen Auswertungsphasen.

Nachfolgend werden die Auswertungsergebnisse der Interviewteile A und B dargestellt:

Tabelle 41: Ergebnisdarstellung der Auswertung der Interviewteile A und B

Kategorie	Syndrom	Mögliche Maßnahmen/ Verbesserungspotenziale
Praxisnähe	(S1) Das Kundenberatungsgespräch in der Abschlussprüfung wird ganz überwiegend als praxisfern eingestuft. (S2) Während die Probanden mit hohem Einkommen einheitlich die Praxisferne des gesamten Prüfungsinstrumentes betonen, bewerten die Probanden mit tendenziell geringem Einkommen die Praxisnähe durchaus unterschiedlich. (S3) Nur Gruppe 4 (hohe Punkte/geringes Einkommen) betrachtet die Themenstellungen als praxistauglich.	– Prüferqualifizierung (Bewertung außerfachlicher Aspekte, offenere Gesprächsgestaltungen abseits von Leitfäden, Einnahme authentischer Kundenrollen) – Richtlinie zur Entwicklung „typischer Fälle" (ggf. inkl. Einbezug von Konkurrenzangeboten) – Überprüfung der Verhaltensanker (offene Gesprächsgestaltung vs. Gesprächsleitfaden; Einsatz praxisüblicher Arbeitsmittel, insbesondere Laptop)
Abbildung ‚Verkaufsorientierung'	(S4) Es kristallisiert sich heraus, dass sich die Probanden, mit einer Ausnahme, einig sind, dass das Kundenberatungsgespräch in der Abschlussprüfung keine oder nur kaum eine Verkaufsorientierung misst. Das Validierungsergebnis aus der quantitativen Studie wird somit im Sinne einer Triangulation gestützt.	– Prüferqualifizierung (Einlassung der Prüfer zum Verkauf, Vergegenwärtigung des Prüfungsgegenstandes) – Überprüfung Verhaltensanker (Verkauf in den Vordergrund stellen)
Kriterium ‚Provision zur Validierung von Verkaufsorientierung'	(S5) Die Provision wird gemein hin als Kriterium zur Validierung von Verkaufsorientierung bestätigt. Dies könnte man als dialogische Kriteriumsvalidierung bezeichnen.	-

Kategorie	Syndrom	Mögliche Maßnahmen/ Verbesserungspotenziale
Prüfungs-gegenstand	(S6) Im Kundenberatungsgespräch der Abschlussprüfung steht das Fachwissen im Vordergrund. (S7) Als Erklärungsansatz für die Betonung der Fachlichkeit offenbaren sich die Einstellung und Werthaltung der Prüfer sowie die Kultur in den Ausschüssen. (S8) Der verständliche Ausdruck der Fachlichkeit sowie die Einhaltung fester Gesprächsstrukturen nach gewissen Schemata und formalen Aspekten (z.B. Ombudsmann) spielen zumindest in manchen Ausschüssen eine gewisse Rolle. (S9) Nur einzelne Fragmente in einigen Interviews weisen darauf hin, dass es möglicherweise Kriterien gegeben haben könnte, die geeignet sind, um die Verkaufsorientierung zu erfassen, wie z.B. Gesprächsführung und Freundlichkeit.	– Prüferqualifizierung (Klärung des Prüfungsgegenstandes, Einstellung der Prüfer, Rolle des Prüfers, Bewertung von Verkaufsorientierung) – Prüferpools zur Vermeidung von Kulturbildung – Regionaler und überregionaler Prüferaustausch (Kultur in den Ausschüssen, Diskussion des Prüfungsgegenstandes, Bewertung von Verkaufsorientierung) – Überprüfung der Verhaltensanker (positive Bewertung der Absenkung formal-rechtlicher Erfordernisse auf ein vertretbares, praxisnahes Mindestmaß; Flexibilität in der Gesprächsgestaltung abseits von Leitfäden)
Anforderungen an Prüfer	(S10) Die Erfassung der Verkaufs-orientierung wird durch die Prüfer nicht stark genug fokussiert. Hierfür kommt als Grund vor allem infrage, dass die Prüfer nicht in der Lage sind, gute individuelle verkäuferische Leistungen abseits von festen Checklisten flexibel zu erfassen, aber auch ihre zu starke Konzentration auf die Fachlichkeit sowie die zu wohlwollende Haltung zur Vergabe guter Noten, die eine Bemühung um echtes verkaufsorientiertes Verhalten obsolet werden lässt.	– Prüferqualifizierung (Prüfungs-gegenstand vergegenwärtigen, Erfassung von Verkaufsorientierung, Rolle des Prüfers) – Prüferpools (Vermeidung von Kulturbildungen hinsichtlich Fachlichkeit) – Regionaler und überregionaler Prüferaustausch (Kultur in den Ausschüssen, Diskussion des Prüfungsgegenstandes, Bewertung von Verkaufsorientierung)

Kategorie	Syndrom	Mögliche Maßnahmen/ Verbesserungspotenziale
Grundanlage/ Situationsvorgabe / Spartenwahl	(S11) Die Wahlmöglichkeit der Sparte sollte zugunsten ergebnisoffenerer Fallvorgaben aufgegeben werden. Die Probanden mit hohen Einkommen thematisieren ansonsten keine Änderungsnotwendigkeiten, während die Probanden mit tendenziell geringem Einkommen längere Prüfungszeiten vorschlagen. Die Umbenennung des Kundenberatungsgespräches in Kundenverkaufsgespräch genauso wie die Forderung nach der Auflösung der künstlichen Prüfungssituation und die mehrfache Gesprächswiederholung sticht als Einzelvorschlag heraus.	– Ggf. Änderung der AO (Aufgabe der Wahlmöglichkeiten der Sparte zugunsten ergebnisoffenerer Fallvorgaben; Umbenennung in z.B. Kundenverkaufsgespräch zur Verdeutlichung des Prüfungsgegenstandes) – Leitfaden zur Konzeption offener Fallvorgaben (u.a. möglich: Gesprächsphasenbeschreibung in Fallvorgabe berücksichtigen, um hier Flexibilität einzubringen, anstatt eines starren Phasenablaufes) – Prüferqualifizierung – Überprüfung von Herstellungsmöglichkeiten echter Beratungssituationen (z.B. durch Begleitungen der Prüflinge durch den Ausschuss möglich, um die künstliche Situation der Prüfung weitgehend aufzulösen; hier ist eine Kosten-Nutzen-Betrachtung erforderlich) – Ausweitung der Prüfungszeit/Gesprächswiederholungen (Kosten-Nutzen-Prüfung und Würdigung, dass dies nur von den Probandengruppen mit tendenziell geringem Einkommen vorgeschlagen wird)
Ausfüllung Kundenrolle	(S12) Die Prüfer füllen die Kundenrolle nicht authentisch aus. Hierfür werden verschiedene Ursachen angeführt: zum einen das zu stark betonte Wohlwollen der Prüfer zum anderen die zu sehr betonte Fachlichkeit. Es sollten multiple Kundenrollen zum Einsatz kommen, wofür möglicherweise echte Kunden oder fachfremde Prüfer eingesetzt werden sollten, was von denjenigen Probanden vorgeschlagen wird, die gleichgerichtet bewertet wurden.	– Einsatz echter Kunden anstatt Prüfer oder fachfremder Prüfer für die Kundenrolle (Machbarkeit überprüfen) – Prüferqualifizierung (zur authentischen Ausfüllung der Kundenrolle)

Kategorie	Syndrom	Mögliche Maßnahmen/ Verbesserungspotenziale
Ausschuss-besetzung/ -organisation	(S13) Den Prüfungsausschüssen fehlt aufgrund ihrer Besetzung die praktische Erfahrung mit dem Verkauf, sodass lediglich die Vorstellung der Prüfer über diese Praxis einfließt, weshalb Verkaufsorientierung nicht authentisch geprüft wird. (S14) Von einzelnen Probanden werden unterschiedliche Ansprüche und Bewertungsmaßstäbe in den unterschiedlichen Prüfungsausschüssen sowie der Wunsch nach dem Ausschluss der persönlichen Bekanntheit von Prüfling und Prüfer angesprochen.	– Besetzung der Ausschüsse über Anforderungsprofile für den Gesamtausschuss in den Berufungsverfahren – Systemische Maßnahmen durch die zuständigen Kammern (z.B. Prüferpools, Rotation, interne Benchmarks/Vergleiche über Statistiken) – Prüferqualifizierung – überregional und regional Maßnahmen wie Erfahrungsaustausche für Prüfer – Berücksichtigung der persönlichen Bekanntheit in den Prüfungsordnungen
Verhaltens-anker	<u>Besonders zu würdigende Verhaltensanker [Klasse 1]:</u> Einigkeit über alle Gruppen hinweg [Klasse 1.1]: • Anpassungsfähigkeit an den Kunden (z.B. sprachlich) • Aufklärung des Kunden/verständliche Erklärungen • Auftreten persönlich gestalten/authentisch sein • Cross Selling (zu Beginn) einbringen • Ehrlichkeit (in der Beratung) Genannt von den gleichgerichteten Gruppen (1, 2), aber nicht von den entgegengerichteten (3, 4) [Klasse 1.2]: • Anbündelungen vornehmen/Ergänzungsprodukte anbieten • Bedarf des Kunden ermitteln/analysieren • Entscheidungen dem Kunden überlassen • Fragen an den Kunden stellen/Fragetechniken anwenden • Interessen des Kunden berücksichtigen (z.B. finanzielle Möglichkeiten) • Nachdrücklichkeit zum Abschluss angemessen dosieren • Neutralität gegenüber Mitbewerbern • Nutzen des Kunden herausstellen/latente Bedürfnisse wecken • Persönliche Bindung/Beziehung herstellen • Sympathie erzeugen • Wünsche des Kunden berücksichtigen Genannt nur von den Gruppen mit tendenziell hoher Provision (1, 3), also nicht von denen mit tendenziell geringem Einkommen (2, 4) [Klasse 1.3]: • Blickkontakt zum Kunden • Vertrauensbasis schaffen	

Kategorie	Syndrom	Mögliche Maßnahmen/ Verbesserungspotenziale
Verhaltens-anker	Nur in Gruppe 1 oder 3 genannt (beide mit tendenziell hohem Einkommen) [Klasse 1.4]: ■ Einfühlungsvermögen dem Kunden gegenüber ■ Freies und fließendes Sprechen ■ Körpersprache ■ Verkaufspsychologische Instrumente und Methoden angemessen einsetzen ■ Zufriedenheit des Kunden zum Gesprächsschluss erfragen ■ Geringe Gewichtung von fachlicher Richtigkeit ■ Starke Gewichtung des Verkäuferverhaltens Eher nicht zu berücksichtigende bzw. umgekehrt zu formulierende Verhaltens-anker [Klasse 2]: Genannt von den entgegengerichteten Gruppen (3, 4), aber nicht von den gleichgerichteten (1, 2) [Klasse 2.1]: ■ Erklärungen kurz und prägnant halten ■ Initiativ sein/aktiv auf Kunden zugehen ■ Reduzierung des formalen Teils (z.B. Visitenkarte) ■ Platzierung des formalen Teils frei gestalten lassen (z.B. auch zum Ende möglich) Genannt nur von den Gruppen mit tendenziell geringer Provision (2, 4) [Klasse 2.2]: ■ Alternativen/Lösungsvorschläge anbieten ■ Angebot individuell für den Kunden erstellen ■ Ordentliches äußeres Erscheinen ■ Beratung des Kunden vornehmen ■ Ersten Eindruck gestalten ■ Fachkompetenz ■ Gestikulation (eigene und die des Kunden berücksichtigen) ■ Mimik (eigene und die des Kunden berücksichtigen) ■ Offenheit/Unvoreingenommenheit dem Kunden gegenüber ■ Visualisierungen (z.B. durch Einsatz von Verkaufsunterlagen)

Kategorie	Syndrom	Mögliche Maßnahmen/ Verbesserungspotenziale
Verhaltensanker	Nur in Gruppe 2 oder 4 genannt (beide mit tendenziell geringem Einkommen) [Klasse 2.3]: • Aktives Zuhören • Angst als Kaufmotivation vermeiden • Atmosphäre des Gespräches gestalten • Diskussionen mit dem Kunden vermeiden/Kunden nicht widersprechen • Eingehen auf den Kunden (z.B. Hobbys, Interessen), verbunden mit echtem Interesse • Einwandbehandlung (z.B. gegen den Abschluss) • Erzählanreize für den Kunden einbringen • Flexible Gesprächsführung (abseits eines Leitfadens/von Schemata) • Folgetermine vereinbaren • Fragen des Kunden souverän beantworten • Freundlichkeit • Gesprächsleitfaden flexibel an Situationen anpassen • Höflichkeit • Kompetentes Auftreten • Oberflächlichkeit vermeiden • Persönlichkeitsanalyse des Kunden vornehmen • Selbstpreisgabe • Selbstrücknahme • Service leben Zu den Verbesserungspotenzialen und möglichen Maßnahmen empfiehlt sich ein Abgleich des Artefakts des Beobachtungs- und Bewertungsbogens zum Kundenberatungsgespräch der Kaufleute für Versicherungen und Finanzen sowie möglicherweise eine Anpassung des Bewertungs- und Förderbogens auf dieser Basis. Dabei müssen auch die Hinweise auf die Gestaltung von Verhaltensankern aus den anderen Kategorien berücksichtigt werden.	

Die quantifizierende Skalenfrage »Wie deutlich bringt das Provisionseinkommen die Verkaufsorientierung zum Ausdruck?« wurde auf einer Skala von 1 (sehr gering) bis 5 (sehr deutlich) mit durchschnittlich 3,53125 beantwortet.

Die zweite quantifizierende Skalenfrage »Wie treffend wird Ihrer Einschätzung nach durch das Kundenberatungsgespräch in der Abschlussprüfung die Verkaufsorientierung erfasst?« kam ebenfalls auf der Fünferskala von 1 (gar nicht) bis 5 (ausschließlich) auf lediglich 2,15625.

Schließlich folgen noch die Ergebnisse der Auswertung zum Interviewteil C:

Tabelle 42: Ergebnisdarstellung T1/G1 zur Interviewauswertung Teil C

Befund aus quantitativer Befragung	Gegenposition (G1)	Keine sich gegenseitig ausschließenden Thesen oder Anhaltspunkte gegen die Gültigkeit des Befundes.
Es besteht ein nur sehr geringer Zusammenhang zwischen der Note im Kundenberatungsgespräch und dem späteren Provisionseinkommen	**Thesen (T1)** a. Eigenes Verhalten könnte sich auf der Grundlage der Prüfung als Reflexionsgelegenheit verändern. b. Durch die Prüfungssituation könnte sich der Nikolaus-Effekt verwirklichen. c. Provision und Punkte generieren sich durch unterschiedliches Verhalten. d. Die Prüfung misst im Vergleich zur Provision die Leistung freier von Umwelteinflüssen wie z.B. regionale Kaufkraft. e. Die Prüfung betont die Fachlichkeit unrealistisch stark.	

Die quantitative Befragung zum Befund ‚Dieser geringe Zusammenhang ist sogar umgekehrt, also dass tendenziell diejenigen mit schlechteren Noten ein höheres Provisionseinkommen erzielen als diejenigen mit besseren Noten.' wurde aufgrund des Ergebnisses der Unternehmensbefragung, die keinen entgegengerichteten Zusammenhang ausweist, nicht ausgewertet.

Tabelle 43: Ergebnisdarstellung T3/G3 zur Interviewauswertung Teil C

Befund aus quantitativer Befragung	Gegenposition (G3)	Keine sich gegenseitig ausschließenden Thesen oder Anhaltspunkte gegen die Gültigkeit des Befundes.
Außendienstmitarbeiter schätzen die Messung der Verkaufsorientierung durch das Kundenberatungsgespräch schlechter ein als Innendienstmitarbeiter.	**Thesen (T3)** a) Innendienstmitarbeiter können aufgrund ihrer mangelnden Praxis die Verkaufsorientierung im Kundenberatungsgespräch als Prüfungsinstrument nicht so treffend einschätzen wie Außendienstmitarbeiter. b) Das Prüfungsinstrument erfasst eher die Tätigkeit des Innendienstes, so dass hier ein Selbstbezug die Einschätzung der Innendienstmitarbeiter verfälschen könnte.	

Tabelle 44: Ergebnisdarstellung T4/G4 zur Interviewauswertung Teil C

Befund aus quantitativer Befragung	Gegenposition (G4)	Keine sich gegenseitig ausschließenden Thesen oder Anhaltspunkte gegen die Gültigkeit des Befundes.
Betrachtet man die Außendienstmitarbeiter mit tendenziell hohem Provisionseinkommen noch einmal gesondert, so schätzen diese die Messung der Verkaufsorientierung durch das Kundenberatungsgespräch noch schlechter ein.	**Thesen (T4)** a. Das Prüfungsinstrument misst die Verkaufsorientierung nicht ausreichend. b. Es könnte sich um eine external attribuierte Bewertung des Prüfungsinstrumentes handeln. c. Die Provision belohnt im Gegensatz zum Prüfungsinstrument auch nicht redlichen Verkauf.	

Tabelle 45: Ergebnisdarstellung T5/G5 zur Interviewauswertung Teil C

Befund aus quantitativer Befragung	Gegenposition (G5)	Der Standpunkt, dass sich die Azubis des Außendienstes schon leichter getan haben, steht dem Ergebnis zwar entgegen, es handelt sich jedoch um eine Einzelmeinung des subjektiven Empfindens. Insofern sollte sie der Gültigkeit des Ergebnisses, unter Betrachtung dessen, dass ansonsten keine Widersprüche, sondern überwiegend Bestärkungen des Ergebnisses von den anderen Interviewpartnern vorgenommen wurden, nicht entgegenstehen.
Es lässt sich nur ein geringer Zusammenhang zwischen der Einsatzdauer im Außendienst während der Ausbildung und der Note im Kundenberatungsgespräch feststellen.	**Thesen (T5)** a. Die Einsatzdauer im Außendienst spielt für das Prüfungsergebnis keine Rolle. b. Das Kundenberatungsgespräch in der Prüfung betont Prüfungsgegenstände, die in der Praxis keine besondere Relevanz haben. c. Die Prüfung könnte die Funktion einer richtungweisenden Gestaltung der Praxis wahrnehmen, indem sie ein in der Praxis vorkommendes erfolgreiches, aber unmoralisches Verhalten schlecht bewertet.	

Tabelle 46: Ergebnisdarstellung T6/G6 zur Interviewauswertung Teil C

Befund aus quantitativer Befragung	Gegenposition (G6)	Die leichte Andeutung, dass sich ein Proband dieses Ergebnis fast nicht vorstellen kann, steht der Gültigkeit des Ergebnisses nicht entgegen, da derselbe Proband unmittelbar im Anschluss mit Erklärungen des Ergebnisses beginnt. Zudem würde es sich um eine Einzelmeinung handeln.
Befragte, die nach ihrer Ausbildung im Innendienst beschäftigt wurden, schnitten im Vergleich zu denjenigen, die im Außendienst beschäftigt wurden, im Kundenberatungsgespräch besser ab.	**Thesen (T6)**	
	a.	Das Prüfungsinstrument erfasst besser die Anforderungen eines Innendienstmitarbeiters als die eines Außendienstmitarbeiters.
	b.	Für Innendienstmitarbeiter besteht ein tarifvertragliches Anreizsystem für gute Noten, das bei Außendienstmitarbeitern nicht existiert, was unterschiedliche Motivationen produziert.

Tabelle 47: Ergebnisdarstellung T7/G7 zur Interviewauswertung Teil C

Befund aus quantitativer Befragung	Gegenposition (G7)	Zwei Probanden, die vermuten, dass ihre Prüfungsvorbereitung auf das Kundenberatungsgespräch gewirkt hat, stehen der Gültigkeit des Befundes nicht entgegen.
Einige Befragte gaben an, dass sie eine Prüfungsvorbereitung zum Kundenberatungsgespräch erhalten hatten. Andere Befragte erhielten keine Vorbereitung. Beide Gruppen schnitten in der Prüfung etwa gleich gut ab. Es ist also beim Kundenberatungsgespräch kein Zusammenhang zwischen Prüfungsvorbereitung und dem Prüfungsergebnis feststellbar.	**Thesen (T7)**	
	a.	Selbstlernen kann eine Alternative für einen Prüfungsvorbereitungskurs darstellen.
	b.	Die Ausbildung selbst bereitet auch ohne gesonderte Kurse auf die Abschlussprüfung vor.
	c.	Möglicherweise realisiert die organisierte Prüfungsvorbereitung einen Ausgleich leistungsstarker und -schwacher Azubis durch eine Selbstselektion in der Anmeldung.
	d.	Prüfungsvorbereitungen stellen auch die Gefahr einer Fokussierung auf bestimmte Punkte dar, die nicht zwingend in der tatsächlichen Prüfung relevant sein müssen.
	e.	Die Ausfüllung der Kundenrolle durch den Prüfer ist so individuell, dass eine Vorbereitung eher schwierig ist.
	f.	Manche Prüfungsvorbereitungskurse sind von schlechter Qualität und vermitteln von der Prüfungsrealität abweichende Informationen.

3.3.3 Ergebnisse der Untersuchung und Triangulation

Nachdem im Kapitel 3.2.2 die Untersuchungsergebnisse auf der Aus-
wertungsebene dargestellt wurden, gilt es nun, diese im Sinne des Kapitels
3.1.3 zunächst einer Triangulation zu unterziehen, um anschließend den
Kern der Bedeutung der Untersuchungsergebnisse herauszuarbeiten und
sodann einen Abgleich mit den vorhandenen Artefakten vorzunehmen.

Bevor die Triangulation durchgeführt wird, sei erwähnt, dass die
Provision als geeignetes Kriterium zur Validierung von Verkaufsorientierung bestätigt wurde. Dies ergibt sich zum einen durch die Beantwortung der quantifizierenden Frage »Wie deutlich bringt das
Provisionseinkommen die Verkaufsorientierung zum Ausdruck?« innerhalb des Interviews, die die Probanden auf einer Skala von 1 (sehr gering) bis 5 (sehr deutlich) mit einem Durchschnittswert von 3,53125, also
deutlich überdurchschnittlich, beantworteten; gleichzeitig ergab sich eine
weitere Bestätigung auf der Basis der offenen Fragen, insbesondere der
Frage »Woran merken Sie, dass Sie verkaufsorientiert gehandelt haben?«,
in der gebildeten Kategorie »Kriterium Provision zur Validierung von
Verkaufsorientierung«. Es fand also eine dialogische Kriterienvalidierung
statt, sodass verifiziert werden konnte, dass das Kriterium ‚Provision‘ als
geeignete Basis der Validierung anzusehen ist.

Triangulation:
Im Folgenden wird eine Bezugnahme der Einzelergebnisse untereinander
dargestellt. Hierin ist auch der Moment der Triangulation im Sinne des
Kapitels 3.1.3 zu sehen, und zwar
- durch die kombinierende Bezugnahme der Ergebnisse aus der Online-
  Befragung mit den Ergebnissen aus der Unternehmensbefragung als
  Datentriangulation, da so „… Daten zu einem Phänomen kombiniert
  [werden], die unterschiedlichen Quellen entstammen und […] an unterschiedlichen […] Personen erhoben…“ wurden (Lamnek 2010, 142)
  sowie
- durch die kombinierende Bezugnahme der Ergebnisse aus der quantitativen Online-Befragung, Unternehmensbefragung und quantifizierenden Fragen aus den Interviews einerseits mit den Ergebnissen der qualitativen Interviews andererseits als *Methodentriangulation*, da so qualitative mit quantitativen Methoden kombiniert werden (vgl. Lamnek 2010,
  142; vgl. Mayring 2002, 148).

Aus der Online-Absolventenbefragung (vgl. Kapitel 3.2.2.1) ergibt sich die Erkenntnis, dass ein geringer, umgekehrter Zusammenhang von der Note im Kundenberatungsgespräch und dem späteren Provisionseinkommen mit einem Validitätskoeffizienten von $-.173$ gegeben ist. Aus derselben Befragung entstammt der Befund, dass die Einschätzung des Kundenberatungsgespräches als Prüfungsinstrument hinsichtlich der Eignung zur Erfassung der Verkaufsorientierung umso schlechter ausfällt, desto vertriebsnäher und verkäuferisch erfolgreicher der befragte Proband ist. Dies unterstützt den ersten Befund also insofern, dass anzunehmen ist, dass diejenigen, die verkäuferisch erfolgreicher sind, auch besser einschätzen können, ob ein Instrument die Verkaufsorientierung treffend erfassen kann, als diejenigen, die verkäuferisch weniger erfolgreich sind.

Ein weiterer Befund dieser Befragung drückt einen geringen Zusammenhang zwischen der Intensität der Außendiensteinsätze in der Ausbildung und der Punktzahl im Kundenberatungsgespräch mit einem Korrelationskoeffizienten von $.176$ aus. Es wäre zu erwarten gewesen, dass derjenige Absolvent, der große Teile seiner Ausbildung im Außendienst verbracht hat, mehr Lernmomente zum Verkauf erleben konnte als einer, der während der Ausbildung nur wenig oder keine Zeit im Außendienst verbracht hat. Dies müsste dann dazu führen, dass bei den Absolventen mit langen Außendiensteinsätzen durch die stärkere Lernmomentkonzentration auf den Verkauf dieser auch tatsächlich besser gekonnt wird als von Absolventen mit geringen Ausbildungszeiten im Außendienst, sodass sich dies, unter der Voraussetzung, dass das Kundenberatungsgespräch als Prüfungsinstrument die praxiswirksame Verkaufsorientierung messen würde, auch in einer tendenziell deutlich feststellbaren höheren Punktzahl im Kundenberatungsgespräch der Abschlussprüfung ausdrücken müsste. Genau dies ist aber nur in einem sehr geringen Maße zutreffend, was folglich den ersten Befund der tendenziellen Zusammenhanglosigkeit von praktischem Verkaufserfolg, gemessen in Provision, und der Bepunktung im Kundenberatungsgespräch unterstützt.

Ebenfalls wurde in der Online-Absolventenbefragung festgestellt, dass die vergangene Zeit nach der Prüfung keine Rolle hinsichtlich des erhobenen Zusammenhangs von Punktzahl im Kundenberatungsgespräch und Provisionseinkommen zu spielen scheint. Zu beachten ist, dass das Provisionseinkommen zum aktuellen Befragungszeitpunkt erhoben wurde, und zwar als Durchschnittswert der jüngst vergangenen zwölf Monate. Würde das Kundenberatungsgespräch als Prüfungsinstrument zuverlässig die Verkaufsorientierung messen, wäre also zu erwarten, dass die Korrelation der Prüfungsergebnisses mit dem Provisionseinkommen kurz nach der Prüfung deutlich höher ausfallen würde als zu späteren Zeiten, da mit mehr Zeitablauf nach der Prüfung auch mehr praxisbegründete Lerneffekte stattfinden können, sodass Verkaufserfolge nicht mehr unmittelbar der Verkaufskompetenz zum Prüfungszeitpunkt zugerechnet werden können. Es ist jedoch kein abnehmendes, sondern ein volatiles Maß des Zusammenhangs auf der vorliegenden Datenbasis ergründbar, was folglich ein weiteres Indiz dafür ist, dass das Kundenberatungsgespräch als Prüfungsinstrument die Verkaufsorientierung nicht valide erfasst.

Unterstellt man, dass Menschen in der Wahl ihres Beschäftigungsfeldes auch davon geleitet sind, was sie gut können, wäre es naheliegend, wenn Absolventen mit tendenziell guten Ergebnissen im Kundenberatungsgespräch tendenziell Beschäftigungsverhältnisse im Außendienst anstreben und Absolventen mit eher schlechten Ergebnissen im Kundenberatungsgespräch der Abschlussprüfung eher eine Beschäftigung im Innendienst suchen. Dies setzt wiederum voraus, dass das Kundenberatungsgespräch als Prüfungsinstrument tatsächlich die Verkaufsorientierung misst. Die beschriebene Gleichrichtung von Prüfungsergebnis und Beschäftigungsfeld konnte in der Online-Absolventenbefragung nicht festgestellt werden – das Gegenteil wurde konstatiert. Beschäftigte des Innendienstes schnitten, durchschnittlich betrachtet, besser im Kundenberatungsgespräch der Abschlussprüfung ab als Beschäftigte des Außendienstes. Demzufolge ist auch dies ein Hinweis darauf, dass das Kundenberatungsgespräch die Verkaufsorientierung nicht valide misst.

Insgesamt sprechen also alle Befunde der Online-Absolventenbefragung dafür, dass die Validität des Kundenberatungsgespräches als Prüfungsinstrument tatsächlich im bedeutungslosen Bereich liegt.

Aus der Unternehmensbefragung (s. Kapitel 3.2.2.2) ergibt sich durch den Chi-Quadrat-Unabhängigkeitstest die Annahme, dass die Provision und das Ergebnis im Kundenberatungsgespräch der Abschlussprüfung voneinander unabhängig sind.

Das Rangkorrelationsergebnis von Provision und Prüfungsergebnis im Kundenberatungsgespräch auf derselben Datenbasis ergibt einen Wert von .231, was als ein geringer Zusammenhang betrachtet werden kann.

Auch in der Auswertung der Unternehmensbefragung wurde wie auch bei der Online-Absolventenbefragung festgestellt, dass die nach der Prüfung vergangene Zeit hinsichtlich des erhobenen Zusammenhangs von Punktzahl im Kundenberatungsgespräch und Provisionseinkommen keine Rolle zu spielen scheint. Zu beachten ist, dass das Provisionseinkommen zum aktuellen Befragungszeitpunkt erhoben wurde, und zwar als Durchschnittswert der jüngst vergangenen zwölf Monate. Würde das Kundenberatungsgespräch als Prüfungsinstrument die Verkaufsorientierung zuverlässig messen, wäre also zu erwarten, dass die

Korrelation der Prüfungsergebnisse mit dem Provisionseinkommen kurz nach der Prüfung deutlich höher ausfällt als zu späteren Zeiten, da mit mehr Zeitabstand nach der Prüfung auch mehr praxisbegründete Lerneffekte stattfinden können, sodass Verkaufserfolge nicht mehr unmittelbar der Verkaufskompetenz zum Prüfungszeitpunkt zugerechnet werden können. Aus der vorliegenden Datenbasis ist jedoch kein abnehmendes, sondern ein volatiles Maß des Zusammenhangs ergründbar, was folglich ein weiteres Indiz dafür ist, dass das Kundenberatungsgespräch als Prüfungsinstrument die Verkaufsorientierung nicht valide erfasst.

Insgesamt sprechen also auch die Befunde der Unternehmensbefragung, analog derer der Online-Absolventenbefragung, dafür, dass die Validität des Kundenberatungsgespräches als Prüfungsinstrument tatsächlich im bedeutungslosen Bereich liegt.

Aus der Auswertung der Interviews (s. Kapitel 3.2.2.3) ergibt sich aus Teil A/B, dass das Kundenberatungsgespräch in der Abschlussprüfung ganz überwiegend als praxisfern eingestuft wird (siehe Syndrom S1). Dies bestätigt eine geringe Validität des Prüfungsinstrumentes, da es naheliegend erscheint, dass der Zusammenhang zwischen dem validierten Kriterium, dem Prüfungsergebnis des Kundenberatungsgespräches und dem Außenkriterium der Provision umso stärker ist, desto besser die Realität abgebildet wird.

In diesem Kontext konnte herausgestellt werden, dass Probanden mit hohem Einkommen einheitlich die Praxisferne des gesamten Prüfungsinstrumentes betonen, während Probanden mit tendenziell geringem Einkommen die Praxisnähe durchaus unterschiedlich bewerten (siehe S2). Die Bestätigung der Praxisferne erfolgt also insbesondere von denjenigen, die in der Praxis auch erfolgreich sind. Da anzunehmen ist, dass bei ihnen das Wissen darüber, wie sich der Erfolg in dem zu prüfenden Kriterium darstellt, ist also ein besonderer Wert darauf zu legen, wie die Gruppe der erfolgreichen Probanden die Praxisnähe des Kundenberatungsgespräches als Prüfungsinstrument einschätzt. Im Gegensatz dazu erscheint es auch naheliegend, dass Probanden, die selbst im Verkauf nicht erfolgreich sind, auch nicht treffend einschätzen können, ob das Kundenberatungsgespräch als Prüfungsinstrument tatsächlich die Verkaufsorientierung erfasst, da sie offenbar nicht über die Kompetenz verfügen, um Verkaufssituationen erfolgreich zu gestalten, denn sonst wären sie ja selbst erfolgreicher. Ganz besonders bezeichnend ist in diesem Sinne, dass nur die Gruppe mit geringem Einkommen und einer hohen Punktzahl im Kundenberatungsgespräch die Themenstellungen in der Prüfung als praxistauglich betrachtet (siehe S3). Die geringe Validität des

Kundenberatungsgespräches als Prüfungsinstrument wird somit also weiter gestützt.

Zur Bestätigung des Validierungsergebnisses trägt besonders die Tatsache bei, dass sich die Probanden nur mit einer einzigen Ausnahme einig darüber sind, dass das Kundenberatungsgespräch in der Abschlussprüfung keine Verkaufsorientierung, und wenn ja, dann diese kaum misst (siehe S4). Hier ist noch anzuführen, dass die Ausnahme auf die Ausführungen des Interviewpartners 4E zurückzuführen ist, der also der Gruppe derer angehört, die eine hohe Punktzahl im Kundenberatungsgespräch erzielten, aber ein geringes Provisionseinkommen generieren, sodass dieser Ausreißer erklärbar erscheint, da der Proband selbst nicht die Kompetenz besitzt, erfolgreich zu verkaufen.

Des Weiteren konnte ergründet werden, dass beim Kundenberatungsgespräch in der Abschlussprüfung das Fachwissen im Vordergrund steht (siehe S6); da dieses etwas anderes ist als die Verkaufsorientierung, wird somit das Validierungsergebnis wiederum gestützt.

Nur einzelne Fragmente in einzelnen Interviews weisen darauf hin, dass es im Kundenberatungsgespräch der Abschlussprüfung möglicherweise Kriterien gegeben haben könnte, die geeignet sind, die Verkaufsorientierung zu erfassen, wie etwa die Gesprächsführung und die Freundlichkeit (siehe S9). Die Punktualität und Fragmentiertheit machen deutlich, dass anzunehmen ist, dass die Kriterien des Kundenberatungsgespräches in der Abschlussprüfung der Probanden als eher nicht geeignet zur Erfassung von Verkaufsorientierung erlebt wurden, was wiederum für das Validierungsergebnis spricht.

Auch die quantifizierende Frage in diesem Interviewteil danach, wie treffend gemäß der Einschätzung der Probanden durch das Kundenberatungsgespräch in der Abschlussprüfung die Verkaufsorientierung erfasst wird, stützt mit ihrem Ergebnisdurchschnitt von 2,15625 auf der Fünferskala (1 für ‚gar nicht‘ und 5 für ‚ausschließlich‘), was als ‚eher nicht‘ zu werten ist, das Validierungsergebnis.

Insgesamt sprechen also auch die Befunde des Interviewteils A/B, wie die der Online-Absolventen- und der Unternehmensbefragung, dafür, dass die Validität des Kundenberatungsgespräches als Prüfungsinstrument tatsächlich im bedeutungslosen Bereich liegt.

Aus den Auswertungen des Interviewteils C heraus wird durch die Bildung eines Konsenses interpersonaler Art zu den einzelnen Befunden aus der Online-Absolventenbefragung zusätzlich eine konsensuelle Validität geschaffen, indem sich die Personengesamtheit der Interviewten über dessen Wahrheitsgehalt und deren Sinnaussage einig ist; diese interpersonale Konsensbildung erscheint unter anderem in Form der dialogischen/kommunikativen Validierung, wobei der Forscher zwischen sich und denjenigen, die beforscht wurden, Einigkeit herstellte (vgl. Bortz/Döring 2006, 327f.). Zu den folgenden Befunden bestehen aus diesem Blickwinkel heraus also keine sich gegenseitig ausschließenden Thesen oder Anhaltspunkte gegen ihre Gültigkeit (siehe G1, G3, G4, G5, G6):

- Es besteht nur ein sehr geringer Zusammenhang zwischen der Note im Kundenberatungsgespräch und dem späteren Provisionseinkommen.
- Außendienstmitarbeiter schätzen die Messung der Verkaufsorientierung durch das Kundenberatungsgespräch schlechter ein als Innendienstmitarbeiter.
- Betrachtet man die Außendienstmitarbeiter mit tendenziell hohem Provisionseinkommen noch einmal gesondert, schätzen diese die Messung der Verkaufsorientierung durch das Kundenberatungsgespräch noch schlechter ein.
- Es lässt sich nur ein sehr geringer Zusammenhang zwischen der Einsatzdauer im Außendienst während der Ausbildung und der Note im Kundenberatungsgespräch feststellen.
- Befragte, die nach ihrer Ausbildung im Innendienst beschäftigt wurden, schnitten im Vergleich zu denjenigen, die im Außendienst beschäftigt wurden, im Kundenberatungsgespräch besser ab.

Somit werden die bereits gemachten Ausführungen zur Online-Absolventenbefragung noch einmal gestützt.

Zusammenfassende Bedeutungsdarstellung:
Auf der Basis der vorangegangenen Ausführungen kann festgestellt werden, dass die in dieser Arbeit vorliegenden kongruenten Ergebnisse mit sehr hoher Wahrscheinlichkeit zutreffend sind, was sich „… aufgrund der wahrscheinlichkeitstheoretisch geforderten multiplikativen Verknüpfung …" (Lamnek 2010, 258) ergibt.

Es ist demzufolge als sehr wahrscheinlich anzusehen, dass das Kundenberatungsgespräch die Verkaufsorientierung nicht valide misst.

Dabei handelt es sich um einen zentralen Erkenntnisgewinn.

Die auf der Basis der Artefaktenanalyse im Kapitel 2.7.2 generierte These 1, dass die Validität des Kundenberatungsgespräches in der Abschlussprüfung mittelmäßig bis eher stark ausgeprägt ist, muss somit falsifiziert werden. Erklärungsansätze ergeben sich aus den Ausführungen des Kapitels 3.2.2.3, insbesondere den gekennzeichneten Stellen S7 bis S14 sowie T1, T4 und T5.

Auf der Basis der durch die qualitativen Interviews hinsichtlich der Kategorisierung von Verhaltensankern gewonnenen Erkenntnisse wird nachfolgend ein Abgleich mit dem in der Prüfungspraxis eingesetzten Beobachtungs- und Bewertungsbogen zum Kundenberatungsgespräch der Kaufleute für Versicherungen und Finanzen vorgenommen:

Tabelle 48: Abgleich der Verhaltensanker aus dem Beobachtungs- und Bewertungsbogen mit den Interviewergebnissen

Nr.	Verhaltensanker	Im Bewertungs-bogen enthalten? (vgl. BWV 2010, 112 f.)	Ergebnis der qualitativen Untersuchung (vgl. Kapitel 3.2.2.3) der Kategorie ‚Verhaltensanker' aufgeführt in Klassenbezeichnungen
1	Nimmt Kundendaten auf und überprüft sie	Ja	Keine Nennung
2	Nimmt bestehende Versicherungen auf	Ja	Keine Nennung
3	Erkennt und benennt Zusatzbedarf	Ja	1.1, 1.2
4	Vereinbart den Gesprächsgegenstand	Ja	1.2, 1.4
5	Analysiert Kundensituation	Ja	1.2
6	Nimmt Kundenwünsche auf	Ja	1.2, 1.4
7	Ermittelt Versorgungslücken und zeigt diese auf	Ja	1.2
8	Erstellt situationsgerechte Lösungsvorschläge	Ja	1.1
9	Präsentiert Lösungsvorschläge kundengerecht	Ja	1.1, 1.4
10	Stellt Kundennutzen dar	Ja	1.2, 1.4
11	Zeigt mögliche Einschränkungen auf und wägt mit Kundennutzen ab	Ja	1.1, 1.3
12	Erarbeitet bedarfsgerechtes Angebot	Ja	1.1, (2.2)
13	Nimmt Antragsdaten auf und ergänzt sie	Ja	Keine Nennung
14	Bespricht „Erläuterungen zum Antrag"	Ja	Keine Nennung
15	Holt Unterschrift(en) ein	Ja	Keine Nennung
16	Schafft angenehme Atmosphäre	Ja	2.3
17	Hat positive Körpersprache	Ja	1.4
18	Hält Blickkontakt	Ja	1.3
19	Hört konzentriert und aktiv zu	Ja	2.3
20	Lässt Kunden ausreden	Ja	2.3
21	Drückt sich verständlich aus	Ja	1.1, 1.4
22	Stellt situationsgerechte Fragen	Ja	1.2

Nr.	Verhaltensanker	Im Bewertungsbogen enthalten? (vgl. BWV 2010, 112 f.)	Ergebnis der qualitativen Untersuchung (vgl. Kapitel 3.2.2.3) der Kategorie ,Verhaltensanker' aufgeführt in Klassenbezeichnungen
23	Greift Argumente des Kunden auf und fasst sinnvoll zusammen	Ja	1.4
24	Geht auf Einwände des Kunden ein	Ja	2.3
25	Verwendet Hilfsmittel zielgerichtet und visualisiert	Ja	2.2
26	Gestaltet die Gesprächseröffnung	Ja	2.2
27	Greift Gesprächsanlass auf	Ja	Keine Nennung
28	Stellt sich und seine Gesellschaft vor	Ja	Keine Nennung
29	Stellt eigenen Vermittlerstatus dar	Ja	Keine Nennung
30	Strukturiert das Gespräch	Ja	Keine Nennung
31	Führt das Gespräch aktiv voran	Ja	2.1
32	Verliert Ziel nicht aus den Augen, schweift nicht ab	Ja	Keine Nennung
33	Bestätigt die Kaufentscheidung	Ja	1.2, 1.4
34	Vereinbart weitere Vorgehensweise	Ja	1.2, 1.4
35	Greift Zusatzbedarf auf	Ja	1.1, 1.2
36	Vereinbart Folgetermin	Ja	2.3
37	Erfragt Empfehlungsadressen	Ja	Keine Nennung
	Anpassungsfähigkeit an den Kunden	Nur teilweise (Nr. 9, 21)	1.1
	Auftreten persönlich gestalten/ authentisch sein	nein	1.1
	Cross Selling zu Beginn einbringen → Nicht berücksichtigt: ,zu Beginn'	Nur teilweise (Nr. 3, 35)	1.1
	Interessen des Kunden berücksichtigen (z.B. finanzielle Möglichkeiten)	nein	1.2
	Nachdrücklichkeit zum Abschluss angemessen dosieren	nein	1.4
	Neutralität gegenüber Mitbewerbern	nein	1.4
	Persönliche Bindung/Beziehung herstellen	nein	1.4
	Sympathie erzeugen	nein	1.4
	Wünsche des Kunden berücksichtigen → aufnehmen heißt nicht zwingend berücksichtigen	Nur teilweise (Nr. 6)	1.4
	Einfühlungsvermögen dem Kunden gegenüber	nein	1.4

Nr.	Verhaltensanker	Im Bewertungs-bogen enthalten? (vgl. BWV 2010, 112 f.)	Ergebnis der qualitativen Untersuchung (vgl. Kapitel 3.2.2.3) der Kategorie 'Verhaltensanker' aufgeführt in Klassenbezeichnungen
	Freies und fließendes Sprechen → verständlich heißt nicht zwingend frei und fließend	Nur teilweise (Nr. 21)	1.4
	Zufriedenheit des Kunden am Gesprächsschluss erfragen	nein	1.4
	Erklärungen kurz und prägnant halten	nein	2.1
	Reduzierung des formalen Teils (z.B. Visitenkarte)	nein	2.1
	Platzierung des formalen Teils frei gestalten lassen (z.B. auch zum Ende möglich)	nein	2.1
	Alternativen/Lösungsvorschläge anbieten	nein	2.2
	Angebot individuell für den Kunden erstellen → bedarfsgerecht muss nicht zwingend individuell sein	Nur teilweise (Nr. 12)	2.2
	Äußeres Erscheinen ordentlich	nein	2.2
	Beratung des Kunden vornehmen	nein	2.2
	Fachkompetenz	nein	2.2
	Gestikulation (eigene und die des Kunden berücksichtigen)	nein	2.2
	Mimik (eigene und die des Kunden berücksichtigen)	nein	2.2
	Offenheit/Unvoreingenommenheit dem Kunden gegenüber	nein	2.2
	Angst als Verkaufsmotivation vermeiden	nein	2.3
	Diskussion mit dem Kunden vermeiden/ Kunden nicht widersprechen	nein	2.3
	Eingehen auf den Kunden (z.B. Hobbys, Interessen) verbunden mit echtem Interesse	nein	2.3
	Erzählanreize für den Kunden einbringen	nein	2.3
	Flexible Gesprächsführung (abseits eines/von Leitfadens/Schemata)	nein	2.3

Nr.	Verhaltensanker	Im Bewertungs-bogen enthalten? (vgl. BWV 2010, 112 f.)	Ergebnis der qualitativen Untersuchung (vgl. Kapitel 3.2.2.3) der Kategorie ‚Verhaltensanker' aufgeführt in Klassenbezeichnungen
	Fragen des Kunden souverän beantworten	nein	2.3
	Freundlichkeit	nein	2.3
	Gesprächsleitfaden flexibel auf Situation anpassen	nein	2.3
	Kompetentes Auftreten	nein	2.3
	Oberflächlichkeit vermeiden	nein	2.3
	Persönlichkeitsanalyse des Kunden vornehmen	nein	2.3
	Selbstpreisgabe	nein	2.3
	Selbstrücknahme	nein	2.3
	Service leben	nein	2.3
	Geringe Gewichtung fachlicher Richtigkeit	Ja	1.4
	Starke Gewichtung des Verkäuferverhaltens	Ja	1.4

Nun ergeben sich fünf verschiedene Konstellationen, denen naheliegende Handlungsstrategien zugerechnet werden können:

1. Verhaltensanker ist im Beobachtungs- und Bewertungsbogen enthalten und entstammt der Kategorie 1.
   Naheliegende Handlungsstrategie: Im Beobachtungs- und Bewertungs-bogen beibehalten.
2. Verhaltensanker ist im Beobachtungs- und Bewertungsbogen enthalten und entstammt der Kategorie 2.
   Naheliegende Handlungsstrategie: Aus dem Beobachtungs- und Bewertungsbogen entfernen.
3. Verhaltensanker ist im Beobachtungs- und Bewertungsbogen enthalten, konnte aber aus den Interviews nicht generiert werden.
   Naheliegende Handlungsstrategie: Vor der Entscheidung, ob diese Verhaltensanker aus dem Beobachtungs- und Bewertungsbogen entfernt werden oder nicht, sollte dies noch weiter verifiziert werden.
4. Verhaltensanker ist nicht im Beobachtungs- und Bewertungsbogen ent-halten, entstammt aber der Kategorie 1.
   Naheliegende Handlungsstrategie: In den Beobachtungs- und Be-wertungsbogen aufnehmen.

5. Verhaltensanker ist nicht im Beobachtungs- und Bewertungsbogen enthalten und entstammt der Kategorie 2.
Naheliegende Handlungsstrategie: Nicht in den Beobachtungs- und Bewertungsbogen aufnehmen.

Letztlich werden vier zentrale Thesen zur Erklärung der geringen Validität des Kundenberatungsgespräches als Prüfungsinstrument hergeleitet und begründet:

These A:
Der Beobachtungs- und Bewertungsbogen erfasst das Verhalten erfolgreicher Außendienstmitarbeiter nur teilweise.

Begründung/Herleitung:
Wie zuvor dargestellt, ergibt der Abgleich der im Beobachtungs- und Bewertungsbogen enthaltenen Verhaltensankern mit denjenigen durch die verschiedenen Gruppen von Probanden im Interview erhebliche Diskrepanzen. Wenn folglich in der Prüfung der Fokus auf das Verhalten gelegt wird, das von weniger erfolgreichen, aber nicht von erfolgreichen Außendienstmitarbeitern als wichtig beschrieben wird, und zudem weitreichende Verhaltensbeschreibungen, die von erfolgreichen, aber nicht von weniger erfolgreichen Außendienstmitarbeitern als wichtig beschrieben werden, gar nicht im Beobachtungs- und Bewertungsbogen vorgesehen sind und dort weiterhin Verhaltensanker vertreten sind, die aus dem Praxiserleben keines Probanden benannt werden, scheint die These, dass der Beobachtungs- und Bewertungsbogen nur teilweise das Verhalten erfolgreicher Außendienstmitarbeiter erfasst, genügend untermauert zu sein. Auch das Ergebnis S9 aus der qualitativen Auswertung des Interviewteils A/B betont, dass nur einzelne Fragmente in einigen Interviews darauf hinweisen, dass es möglicherweise Kriterien gegeben haben könnte, die geeignet sind, um die Verkaufsorientierung zu erfassen, was andersherum betrachtet bedeutet, dass überwiegend nicht die Annahme herrscht, dass vor allem geeignete Kriterien zur Erfassung von Verkaufsorientierung verwendet werden. Gestützt wird dies zusätzlich durch die qualitativen Auswertungen zum Interviewteil C anhand der Ergebnisse T1c und T5b. Das Ergebnis T1c bezieht sich auf die Begründungsaufforderung der Interviewten zur Erklärung des quantitativen Befundes, dass zwischen der Note im Kundenberatungsgespräch und dem späteren Provisionseinkommen nur ein sehr geringer Zusammenhang besteht. Unter anderem konnte aus den Stellungnahmen der Interviewten

herausgearbeitet werden, dass sich die Provision und die Punkte im Kundenberatungsgespräch der Abschlussprüfung aus unterschiedlichem Verhalten generieren (T1c), was die in der vorliegenden Arbeit zu begründende These weiter festigt. Das Ergebnis T5b bezieht sich auf die Begründungsaufforderung der Interviewten zur Erklärung des quantitativen Befundes, dass sich zwischen der Einsatzdauer im Außendienst während der Ausbildung und der Note im Kundenberatungsgespräch nur ein geringer Zusammenhang feststellen lässt. Unter anderem konnte aus den Stellungnahmen der Interviewten herausgelesen werden, dass das Kundenberatungsgespräch in der Abschlussprüfung Prüfungsgegenstände betont, die in der Praxis keine besondere Relevanz haben (T5b), was ein weiterer Hinweis darauf ist, dass die zu begründende These richtig ist.

These B:
Das Handeln der Prüfer wird dem Anspruch des Kundenberatungsgespräches oft nicht gerecht.

Begründung/Herleitung:
Diese These ergibt sich aus der Kombination der Ergebnisse T1e aus Teil C sowie S7, S8, S10, S12, S13 und S14 aus Teil A/B der Auswertung des qualitativen Interviews.

Das Ergebnis T1e bezieht sich auf die Begründungsaufforderung der Interviewten zur Erklärung des quantitativen Befundes, dass zwischen der Note im Kundenberatungsgespräch und dem späteren Provisionseinkommen ein nur sehr geringer Zusammenhang besteht, was unter anderem damit begründet wird, dass die Prüfung die Fachlichkeit unrealistisch stark betont (T1e). Dies ergibt sich jedoch nicht aus den vorliegenden Artefakten, wie dem Beobachtungs- und Bewertungsbogen für das Kundenberatungsgespräch in der Abschlussprüfung (s. Kapitel 2.7.1), sodass anzunehmen ist, dass das Prüferverhalten trotz anderer Vorgaben dazu führt, dass eine Überbetonung der Fachlichkeit in diesen Prüfungsteil Einzug hält. Dies bestätigt auch das Ergebnis S7, das als Erklärungsansatz für die Betonung der Fachlichkeit die Einstellung und Werthaltung der Prüfer sowie die Kulturen in den Ausschüssen anführt. Die Betonung der Fachlichkeit wird auch zu anderen Begründungen hinzugefügt, und zwar hinsichtlich der Vernachlässigung der Fokussierung auf die Verkaufsorientierung durch den Prüfer (S10) sowie als Ursache für die nicht authentische Ausfüllung der Kundenrolle (S12). Die nicht stark genug ausgeprägte Fokussierung auf die Verkaufsorientierung wird zudem damit begründet, dass die Prüfer nicht in der Lage sind, gute individuelle verkäuferische Leistungen abseits von Checklisten flexibel zu erfassen (S10), was mit dem Aspekt der mangelnden Praxiserfahrung zum Verkauf in den Prüfungsausschüssen einhergeht und damit eine Vorstellungswelt der Prüfer über das verkaufsorientierte Verhalten und nicht die Praxis zum Prüfungsmaßstab erhebt (S13). Auch das Ergebnis S8 unterstützt die Annahme der Unfähigkeit der Prüfer zum Erkennen guter individueller verkäuferischer Leistungen aus dem Ergebnis S10, führt es doch auf, dass die Einhaltung fester Gesprächsstrukturen nach gewissen Schemata und formalen Aspekten (z.b. Ombudsmann) zumindest in manchen Ausschüssen eine gewisse Rolle spielt. Es tritt hinzu, dass die Prüfer den Ergebnissen S10 und S12 zufolge den Prüflingen gegenüber ein zu großes Wohlwollen an den Tag legen, und zwar sowohl hinsichtlich des Anspruches, so gute Noten wie irgend möglich zu vergeben, der eine Bemühung des Prüflings um ein echtes verkaufsorientiertes Verhalten obsolet werden lässt (S10), als auch dadurch, dass sie eine zu wohlwollend ausgestaltete Kundenrolle ,spielen', die nicht das reale Verhalten von Kunden abbildet (S12).

Bis hierhin kann zusammen gefasst werden:
- Die zu starke Betonung der Fachlichkeit entspricht nicht der Praxis.
- Die Beantwortung der Frage, ob das Prüflingsverhalten verkaufsorientiert ist oder nicht und sich ausschließlich an Checklisten usw. orientiert, schließt individuelle gute verkaufsorientierte Leistungen und somit Teile guter Praxis aus.
- Die Erhebung von Vorstellungswelten über das verkaufsorientierte Verhalten zum Prüfungsmaßstab verdrängt teilweise echte Kennzeichen verkaufsorientierten Verhaltens in der Praxis.
- Die Überbetonung des Wohlwollens in der Kundenrolle spiegelt ebenfalls nicht ein praxisgerechtes Kundenverhalten wider.

Offensichtlich wird also, dass das Handeln der Prüfer oft nicht der Praxis ausreichend Rechnung trägt, genau dies aber der Anspruch des Kundenberatungsgespräches als handlungsorientiertes Prüfungsinstrument sein müsste.

Dazu kommt das Ergebnis S14, welches anführt, dass von einzelnen Probanden unterschiedliche Ansprüche und Bewertungsmaßstäbe in den einzelnen Prüfungsausschüssen moniert werden, was zumindest auf einen Mangel ab Objektivität, welche ebenfalls ein Anspruch des Kundenberatungsgespräches als Prüfungsinstrument ist, hindeutet.

These C:
Die Rahmenbedingungen des Kundenberatungsgespräches in der Abschlussprüfung, wie die strukturelle Ausschussbesetzung, die Kalibrierungen oder die Spartenwahl, entsprechen nur wenig den Gütekriterien.

Begründung/Herleitung:
Aus den Auswertungen der quantitativen Interviewteile A/B ließen sich die Ergebnisse S11 bis S14 generieren, die wie folgt lauten:

- Die Wahlmöglichkeit der Sparte sollte zugunsten ergebnisoffener Fallvorgaben aufgegeben werden. (S11)
- Die Prüfer füllen die Kundenrolle nicht authentisch aus. Hierfür werden verschiedene Ursachen angeführt: zum einen das zu stark betonte Wohlwollen der Prüfer, zum anderen die zu sehr betonte Fachlichkeit. Es sollten multiple Kundenrollen zum Einsatz kommen, wofür möglicherweise echte Kunden oder fachfremde Prüfer eingesetzt werden sollten, was von denjenigen Probanden vorgeschlagen wird, die gleichgerichtet bewertet wurden. (S12)
- Den Prüfungsausschüssen fehlt aufgrund ihrer Besetzung die praktische Erfahrung mit dem Verkauf, sodass lediglich die Vorstellung der Prüfer über diese Praxis einfließt, weshalb die Verkaufsorientierung nicht authentisch geprüft wird. (S13)
- Von einzelnen Probanden werden unterschiedliche Ansprüche und Bewertungsmaßstäbe in den unterschiedlichen Prüfungsausschüssen angesprochen sowie der Wunsch nach dem Ausschluss persönlicher Bekanntheit von Prüfling und Prüfer. (S14)

Die Ergebnisse S11 bis S13 beruhen alle auf einer gewissen Praxisferne. Die Validität des Kundenberatungsgespräches in der Abschlussprüfung ist jedoch ein Ausdruck dessen, wie gut das Prüfungsinstrument in der Lage ist, eine Aussage über den Prüfungsgegenstand der Verkaufsorientierung als Prognose für die anstehende künftige Praxis zu treffen. Hiervon begründen die Ergebnisse S11 bis S13 Abweichungen, die durch prüfungsorganisatorische oder -strukturelle Maßnahmen jedoch gut abwendbar wären, was im folgenden Kapitel erläutert wird. Das Ergebnis S13 spielt vor allem auf die Objektivität der Messungen im Kundenberatungsgespräch der Abschlussprüfung an, die wohl bei unterschiedlichen Ansprüchen und Bewertungsmaßstäben in den verschiedenen Ausschüssen eher nicht gegeben sein dürfte. So lässt sich ableiten, dass sowohl die Validität als auch die Objektivität, also die Gütekriterien, durch die Rahmenbedingungen der Prüfungsstruktur und -organisation des Kundenberatungsgespräches nicht so gut berücksichtigt werden, wie es möglich wäre.

These D:

Das Kundenberatungsgespräch in der Abschlussprüfung nimmt der Validität entgegenstehende Funktionen wahr.

Begründung/Herleitung:

Das Ergebnis T4c aus der Auswertung des qualitativen Interviewteils C bezieht sich auf die Begründungsaufforderung der Interviewten zur Erklärung des quantitativen Befundes, dass – wenn man die Außendienstmitarbeiter mit tendenziell hohem Provisionseinkommen noch einmal gesondert betrachtet – diese die Messung der Verkaufsorientierung durch das Kundenberatungsgespräch noch schlechter einschätzen als die Gesamtheit der Außendienstmitarbeiter. Unter anderem konnte aus den Stellungnahmen der Interviewten herausgelesen werden, dass die Provision im Gegensatz zum Prüfungsinstrument auch einen nicht redlichen Verkauf belohnt (T4c). Das Ergebnis T5c bezieht sich auf den quantitativen Befund, dass sich zwischen der Einsatzdauer im Außendienst während der Ausbildung und der Note im Kundenberatungsgespräch nur ein geringer Zusammenhang feststellen lässt, und beschreibt, dass die Prüfung Funktionen einer richtungweisenden Gestaltung der Praxis wahrnehmen könnte, indem sie das in der Praxis vorkommende erfolgreiche, aber unmoralische Verhalten schlecht bewertet (T5c). Aus der Kombination von T4c und T5c kann folglich abgeleitet werden, dass die Prüfung teilweise auch ganz bewusst ein anderes Verhalten belohnt oder bestraft als die Provisionssystematik in der Realität, was eine gewollte Abweichung der Messung des Prüfungsinstruments von Teilen der erfolgreichen verkäuferischen Praxis ist.

Welche möglichen Veränderungsbedarfe sich am Kundenberatungsgespräch als Prüfungsinstrument in seiner jetzigen Ausprägung ergeben, wird im folgenden Kapitel behandelt.

3.4 Eruierung möglicher Veränderungsbedarfe

Die zweite auf der Basis der Artefaktenanalyse in Kapitel 2.7.2 generierte These, dass zur Verbesserung der Validität des Kundenberatungsgespräches in der Abschlussprüfung noch Optimierungspotenziale bestehen, konnte durch die Forschungsergebnisse verifiziert werden. Diese Optimierungspotenziale gestalten sich nach den Auswertungen des qualitativen Forschungsteils und inhaltlich anschließend an die Herleitungen der Thesen, wieso das Kundenberatungsgespräch in der Abschlussprüfung die Verkaufsorientierung nicht valide misst (s. Kapitel 3.3), wie folgt:

1. Veränderungsbedarf, These A folgend:
Die These A lautet, dass der Beobachtungs- und Bewertungsbogen das Verhalten erfolgreicher Außendienstmitarbeiter nur teilweise erfasst. Der Beobachtungs- und Bewertungsbogen sollte folglich angepasst werden. Anpassungen können analog der bereits im Kapitel 3.3 dargestellten Handlungsstrategien zu den sich aus dem Zusammentreffen von Verhaltensankern aus dem Beobachtungs- und Bewertungsbogen und der durch die Interviews generierten Verhaltensanker generierenden Konstellationen vorgenommen werden.

Hinsichtlich der Konstellation 3, also für die Verhaltensanker, die im Beobachtungs- und Bewertungsbogen enthalten sind, aber durch keine Interviewgruppe genannt wurden, wird als Handlungsstrategie empfohlen, die Entscheidung, ob diese Verhaltensanker aus dem Beobachtungs- und Bewertungsbogen entfernt werden oder nicht, weiter zu verifizieren. Hierfür wird eine quantitative Befragung der Probanden empfohlen, um eine Einschätzung der Wichtigkeit dieser Verhaltensanker zu erheben. So kann vermieden werden, dass möglicherweise wichtige, aber nicht qualitativ generierte Verhaltensanker aus dem Beobachtungs- und Bewertungsbogen entfernt werden.

Der so neu entstandene Beobachtungs- und Bewertungsbogen sollte in der Praxis erprobt und nach einer gewissen Einsatzdauer wiederum validiert werden.

2. Veränderungsbedarf, These B folgend:
Die These B lautet, dass das Handeln der Prüfer dem Anspruch des Kundenberatungsgespräches oft nicht gerecht wird. Demzufolge sollten Interventionen durchgeführt werden, die darauf abzielen, das Prüferhandeln an den Anspruch des Kundenberatungsgespräches anzupassen. Folgende Maßnahmenvorschläge wurden, wie aus Kapitel 3.2.2.3 ersichtlich, aus den qualitativen Interviews heraus entwickelt: Im Vordergrund steht die Durchführung von Prüferqualifizierungen. Der Inhalt sollte den Interviewergebnissen zufolge sein: Bewertung außerfachlicher Aspekte, offene Gesprächsgestaltung abseits von Leitfäden, Einnahme authentischer Kundenrollen, Einstellung/Haltung zum Verkauf, Klärung und Vergegenwärtigung des Prüfungsgegenstandes, Klärung der Prüferrolle, Erfassung und Bewertung von Verkaufsorientierung. Bei der Konzeption einer solchen Qualifizierung sollten vor allem auch Erlebnismomente echter Praxis im Verkauf berücksichtigt werden, um den Missstand beseitigen zu können, die Verkaufsorientierung lediglich auf der Basis von Vorstellungswelten zu prüfen. Hierfür bieten sich neben Praktika auch organisatorisch besser zu bewältigende Instrumente an, die beispielsweise in Form von

Seminaren berücksichtigt werden können, wie Erfahrungsberichte durch Praktiker oder retrospektive Introspektionen aus der Kundenrolle und auch auf anderen Gebieten als dem Versicherungswesen selbst erlebter Verkaufssituationen.

Hinsichtlich der Auflösung der unter dieser These ebenfalls angesprochenen Kulturbildungen innerhalb von Ausschüssen sowie der Förderung von Objektivität kommen die Bildung von Prüferpools oder die Einführung von Rotationsverfahren für Prüfer über die Ausschüsse hinweg sowie sowohl regionale und überregionale Prüferaustausche als auch die Veröffentlichung von Benchmarks nach Ausschüssen infrage.

Prüferpools haben die Funktion, die berufenen Prüfer nicht einzelnen Ausschüssen zuzuordnen, sondern in einen einzigen großen Gesamtausschuss zu berufen, sodass hieraus flexibel Unterausschüsse für die eigentliche Prüfungsdurchführung gebildet werden können. Der Vorteil dieser Herangehensweise ist, dass somit die Ausschüsse in ihrer Besetzung nicht starr über die Berufungsperiode hinweg gebildet werden, sondern diese Besetzung praktisch für jeden Prüfungstag aus dem Prüferpool in immer neuen Konstellationen hinsichtlich des Prüferpersonals in den Unterausschüssen erfolgen kann, sodass, zumindest an einem IHK-Standort, durch die immer neue Zusammensetzung der Unterausschüsse die Bildung von Subkulturen, die unterschiedliche Haltungen der Ausschüsse etwa hinsichtlich des Anspruch und des Bewertungsmaßstabes umfasst, in den verschiedenen Prüfungsausschüssen vermieden werden kann. Um Prüferpools realisieren zu können, müsste die IHK für jeden Prüfungstag für die zusammengesetzten Konstellationen formal neue Berufungen durchführen, da dies ansonsten der Bildung von Unterausschüssen § 41 Abs. 2 BBiG insofern entgegenstünde, als dass der Prüfungsausschuss nur beschlussfähig ist, wenn zwei Drittel der Mitglieder mitwirken.

Rotationsverfahren hätten eine ähnliche Funktion wie die Prüferpools, behalten allerdings das klassische Modell der Bildung unterschiedlicher Prüfungsausschüsse bei. Um eine Rotation gewährleisten zu können, müssen mindestens genauso viele Prüfer, wie Ausschüsse gebildet werden, in jeden Ausschuss berufen werden. Diese mehrfach berufenen Prüfer nehmen rotierend an den Prüfungstagen in immer anderen Ausschüssen ihre Prüferfunktion wahr. Hierbei muss die paritätische Besetzung gewährleistet bleiben, weshalb sich die Gruppe der Lehrer für die Rotation anböte. Durch die Rotation ist die Gelegenheit gegeben, die rotierenden Prüfer praktisch als ‚Kultur-Manager' zu nutzen.

Eine zweite Möglichkeit der Herangehensweise wären gegenseitige Hospitationen der Prüfer in verschiedenen Ausschüssen, was jedoch personalintensiver ist, da ein Hospitant nicht in den Ausschuss berufen ist und somit nicht als Prüfer fungieren kann, sodass er zusätzlich zum eigentlichen Prüfungspersonal anwesend sein müsste.

Regionale und überregionale Prüferaustausche können über die Grenzen einer IHK hinweg die Annäherung an einheitliche Verständnisse, zum Beispiel über den Prüfungsgegenstand, die Bewertung guten und schlechten verkaufsorientierten Verhaltens etc. begünstigen. Benchmarks als statistische Veröffentlichung, beispielsweise von anonymisierten Prüfungsergebnissen, bieten, nach Prüfungsausschüssen gegliedert, eine Reflexionsgelegenheit für die Ausschüsse zur Überprüfung ihres eigenen Prüfungsverhaltens. Ist die durchschnittliche Punktzahl im Kundenberatungsgespräch eines bestimmten Ausschusses beispielsweise immer deutlich unterdurchschnittlich, weist diese Information diesen Prüfungsausschuss darauf hin, dass ihr Bewertungsmaßstab vermutlich strenger ist als jener der anderen Ausschüsse. Diese Reflexionsgelegenheit besteht ohne die Veröffentlichung statistischer Auswertungen nicht. Denkbar sind regionale, aber auch überregionale statistische Auswertungen und Veröffentlichungen. Bei der Reflexion der einzelnen Ausschüsse kann die IHK eine moderierende Rolle einnehmen.

3. Veränderungsbedarf, These C folgend:

Die These C lautet, dass die Rahmenbedingungen des Kundenberatungsgespräches in der Abschlussprüfung, wie strukturelle Ausschussbesetzung, Kalibrierungen oder die Spartenwahl, nur wenig den Gütekriterien entsprechen.

Einige für diese These sinnvoll erscheinende Maßnahmen wurden bereits, den Veränderungsbedarfen aus These B folgend, dargestellt. Vor dem Hintergrund der These C treten nun weitere aus den qualitativen Interviews herausgebildete mögliche Veränderungsbedarfe hinzu, und zwar:

- *Herausgabe von Richtlinien zur Entwicklung typischer und offener Fälle mit der Möglichkeit der Gesprächsphasenfokussierung.*

Die Gesprächsphasenfokussierung in einer Fallvorgabe kann die Funktion übernehmen, dass nicht zwingend mit der ersten Phase der Gesprächseröffnung usw. begonnen werden muss. Eine solche Fallvorgabe könnte beinhalten, dass bestimmte Gesprächsphasen bereits absolviert wurden und man mit einer später verorteten Gesprächsphase in der Simulation beginnt. Somit könnten auch Gesprächsphasen in den Fokus der Prüfung geraten, die ansonsten aufgrund der begrenzten Prüfungszeit in der Regel nicht erfasst werden, die jedoch hinsichtlich des eigentlichen Prüfungsgegenstandes der Verkaufsorientierung bedeutsamer und auch praxisorientierter sind als beispielsweise die Abhandlung formaler Kriterien (z.B. Vorstellung des Unternehmens und des Vermittlerstatus) zu Beginn des Kundenberatungsgespräches. Die Ausrichtung einer Richtlinie auf die Konzeption typischer und offener Fälle meint, dass in dieser zu erstellenden Richtlinie zu beschreiben ist, wie sich typische Verkaufsgespräche in der Praxis des Außendienstes gestalten. Somit könnten Situationsbeschreibungen, die die Fallvorgaben beinhalten, realitätsnäher beschrieben werden.

- *Änderung der Ausbildungsordnung bezüglich der Aufgabe der Spartenwahlmöglichkeit und der Umbenennung des Prüfungsinstruments in eine aussagekräftigere Bezeichnung, wie etwa ‚Verkaufsgespräch‘, sowie die Ausweitung der Prüfungszeit.*

In der Praxis haben die verschiedenen Versicherungssparten hinsichtlich einer Kundensituation teilweise erhebliche Schnittmengen. Die Einengung auf nur eine Versicherungssparte als Gesprächsgegenstand ist fern jeglicher guter Beratungs- und Verkaufspraktiken. Ausgangspunkt muss also die Kundensituation sein. Ein Kunde kann in der Praxis erwarten, dass er ganzheitlich beraten wird. Genau dies generiert auch erhebliche Verkaufsmöglichkeiten, deren Abbildung in einem spartenorientierten Rollenspiel nicht ausreichend realisiert werden können. Welche Spartenkonzentration in der für das Kundenberatungsgespräch zur Verfügung stehenden Zeit vorgenommen wird, sollte sich nicht an den Präferenzen des Beraters/Verkäufers, also des Prüflings, sondern an den Bedürfnissen des Kunden, also des Prüfers, ausrichten. Die vorgeschlagene Ausweitung der Prüfungszeit muss unter dem Aspekt betrachtet werden, ob es innerhalb der bisher vorgesehenen 20 Minuten realistisch ist, eine valide pädagogische Diagnose vorzunehmen. Der Grenznutzen hinsichtlich der Validitätsverbesserung ist mit dem damit verbundenen Zusatzaufwand unter den Gesichtspunkten der Prüfungsökonomie abzuwägen, was in Kapitel 4 näher beleuchtet wird. Die vorgeschlagene Umbenennung des Prüfungsinstruments von Kundenberatungsgespräch in eine aussagekräftigere Bezeichnung, wie etwa ‚Verkaufsgespräch‘, soll ein Bewusstwerden, insbesondere bei den Prüfern, über den eigentlichen Prüfungsgegenstand fördern.

- *Überprüfung von Alternativen zum Rollenspiel hin zu Echtsituationen.*

Ein denkbarer Ansatz ist es, anstatt in künstlichen Rollenspielsettings die Verkaufsorientierung in Echtsituationen zu erfassen und zu bewerten. Eine praxisgerechtere Situierung der Leistungserfassung ist wohl kaum dankbar. Aufgrund des Prüfungsrechtes hat jedoch die Leistungsfeststellung durch den Prüfungsausschuss zu erfolgen, der demzufolge in beschlussfähiger Anzahl einer solchen Echtsituation beiwohnen müsste. Abgesehen vom Aufwand, der unter Kapitel 4 betrachtet wird, ist es fraglich, ob bei den Kunden eine Akzeptanz hierzu geschaffen werden kann und inwieweit der Kunde in seinem authentischen Verhalten durch die Anwesenheit mindestens dreier Prüfer beeinflusst würde. Die Praktikabilität der Leistungsfeststellung über die Erfassung von Echtsituationen erscheint also stark eingeschränkt.

- *Überprüfung alternativer Besetzungen der Kundenrolle anstatt durch Prüfer durch echte Kunden oder sonst am Prüfungsgeschehen unbeteiligter Fachfremder.*
Um die Vorteile der zuvor angesprochenen Echtsituationen weitgehend zu nutzen, jedoch die Prüfungsorganisation in ihren bisherigen Strukturen zu erhalten, bietet sich die Besetzung der Kundenrolle entweder durch echte Kunden oder durch sonstige Fachfremde, die ähnlich wie das Modell in der praktischen Prüfung der Friseure, fungieren, an. Die Fallvorgaben würden aus den echten Kundenanliegen heraus generiert werden. Somit könnte ein hohes Maß an Praxisentsprechung gewährleistet werden. Können keine echten Kunden des ausbildenden Unternehmens, zum Beispiel. B. bei Externprüfungen, bereit gestellt werden, kommen auch sonstige am Prüfungsgeschehen unbeteiligte Fachfremde für die Besetzung der Kundenrolle in Frage.

- *Generierung von Anforderungsprofilen für die Besetzung des Gesamtausschusses im Berufungsverfahren.*
Nach § 40 Abs. 1 BBiG müssen Prüfer sachkundig sein und sich für die Mitwirkung im Prüfungswesen eignen. Diese Norm bezieht sich auf den einzelnen Prüfer. Betrachtet man jedoch das gesamte Spektrum der Prüfungsgegenstände des Berufsbildes, so wird schnell klar, dass Personen, die über alle Prüfungsgegenstände hinweg die erforderliche Sachkunde besitzen, wohl Ausnahmeerscheinungen sein dürften und somit nicht in ausreichender Anzahl als Prüfer zur Verfügung stehen. Insofern bietet sich die Abdeckung aller Facetten der Sachkunde über die Besetzung eines Ausschusses als Ganzes an, wofür ein Anforderungsprofil für die Ausschussbesetzung im Berufsbild der Kaufleute für Versicherungen und Finanzen hilfreich wäre. Ein Aspekt der Sachkunde, die für das Kundenberatungsgespräch von großer Bedeutung ist, nämlich die Praxiserfahrung im Außendienst, könnte darüber abgedeckt werden, dass mindestens ein Prüfungsausschussmitglied eine gewisse Zeit im Außendienst gearbeitet haben sollte.

- *Berücksichtigung persönlicher Bekanntheit in den Prüfungsordnungen.*
In der Empfehlung des Hauptausschusses des Bundesinstituts für Berufsbildung für die zur Musterprüfungsordnung für die Durch-

führung von Abschluss- und Umschulungsprüfungen vom 8. März 2007 wird in § 3 der Ausschluss von der Mitwirkung von Angehörigen der Prüflinge als Prüfer recht umfassend geregelt. Eine Ausweitung dieser Regelungen, beispielsweise auf alle Schüler von Berufsschullehrern, könnte die Besetzungsmöglichkeit von Prüfungsausschüssen gefährden.

4. Veränderungsbedarf, These D folgend:

Die These D lautet, dass das Kundenberatungsgespräch in der Abschlussprüfung der Validität entgegenstehende Funktionen wahrnimmt.

Unter Würdigung der Ausführungen hierzu unter Kapitel 3.3 erscheint die Einnahme einer von der Praxis abweichenden richtungweisenden und unmoralisches Verhalten bestrafenden Funktion als legitim, ja sogar erforderlich. Die Einbuße an Validität, gemessen am Außenkriterium ‚Provision‘, ist insofern in Kauf zu nehmen.

Da einigen klassierten Thesen die gleichen Interventionen zur Verbesserung zugrunde liegen und wiederum andere Interventionsmöglichkeiten oder Veränderungsbedarfe nach den vorstehenden Ausführungen nicht umgesetzt werden sollten, werden die infrage kommenden Maßnahmen über die einzelnen Thesen hinweg zusammenfassend aufgeführt:

- Anpassung des Beobachtungs- und Bewertungsbogens mit teilweiser Vorabverifizierung.
- Prüferqualifizierungen (Seminare, Praktika).
- Bildung von Prüferpools vs. Rotationsverfahren vs. Hospitationen.
- Regionale und überregionale Prüferaustausche.
- Veröffentlichung von Benchmarks als Reflexionsgrundlage.
- Herausgabe von Richtlinien zur Entwicklung typischer und offener Fälle mit der Möglichkeit der Gesprächsphasenfokussierung.
- Änderung der Ausbildungsordnung bezüglich der Aufgabe der Spartenwahlmöglichkeit und der Umbenennung des Prüfungsinstruments in eine aussagekräftigere Bezeichnung, wie etwa Verkaufsgespräch, sowie Ausweitung der Prüfungszeit.
- Überprüfung von Alternativen zum Rollenspiel hin zu Echtsituationen vs. Überprüfung alternativer Besetzungen der Kundenrolle anstatt durch Prüfer durch echte Kunden oder sonst am Prüfungsgeschehen unbeteiligter Fachfremder.
- Generierung von Anforderungsprofilen für die Besetzung des Gesamtausschusses im Berufungsverfahren.

4. Prüfungsökonomie

„In der Praxis der Entwicklung, Durchführung und Bewertung von Prüfungen ist eine gleichzeitige sowie gleichwertige Umsetzung aller Kriterien nicht möglich. Beispielsweise kann die Ökonomie mit den Kriterien von Validität und Reliabilität in Konflikt stehen." (Frank 2011, 434)

4.1 Notwendigkeit von Prüfungsökonomie

Das der Bundesrepublik Deutschland zugrunde liegende marktwirtschaftliche Gesellschaftssystem wird vom Gewinnprinzip getragen. Demzufolge werden Kosten und somit auch Ausbildungskosten meist nur dann als sinnvoll erachtet, wenn diese zur Gewinnerzielung oder -steigerung dienen. Daraus folgt, dass die Kosten, die für die Ausbildung entstehen, prinzipiell geringer sein müssen als der durch ihr Wirken generierte Anteil am Unternehmenserfolg (vgl. Bontrup/Pulte 2001, 7). Dies ist in der Regel bei Ausbildungskosten nicht gegeben.

„Die Kosten für die betriebliche Ausbildung tragen die Betriebe selbst" (Küppers u.a. 2001, 69). Durch die Wertschöpfung, die durch die Auszubildenden geschaffen wird, minimieren diese ihre eigenen Kosten (vgl. Ruschel 2008, 27) . Die Ausbildungsnettokosten sind „… für die Betriebe real zu tragende Kosten, die sich aus den Bruttokosten abzüglich der von den Auszubildenden erwirtschafteten Erträgen ergeben" (Dehnbostel 2007, 154), solange die Differenz positiv bleibt (vgl. auch Arnold 1998, Kap. 56). Dabei steht die betriebliche Bildung „… in dem Verdacht, unproduktiv und (zu) teuer zu sein" (Euler 2007a, 199; vgl. auch Severing 2007, 9).

Die Ausbildungsbeteiligung am dualen Ausbildungssystem der Unternehmen ist freiwillig (vgl. Bontrup/Pulte 2001, 91). Winter führt aus, dass die traditionelle Neigung etlicher Unternehmen, aus gesellschaftspolitischer Verantwortung heraus auszubilden, aufgrund eines steigenden Kostendrucks fühlbar gesunken ist (vgl. Winter 2007, 221). So gibt ein beträchtlicher Teil der Unternehmen, die sich aus der Berufsausbildung zurückgezogen haben, an, dass Ausbildung zu teuer sei, womit dies einen der wichtigsten Gründe für ein Nichtausbilden bildet (vgl. Ruschel 2008, 33; vgl. Bontrup/Pulte 2001, 96f.).

Auch die Prüfungskosten werden durch die ausbildenden Betriebe getragen, sodass sich ein direkter Zusammenhang der Prüfungskosten mit der Kosten-Nutzenrelation der Dualen Ausbildung für die Betriebe ergibt, der begründet, dass eine ökonomische Betrachtung der Abschlussprüfungsgestaltung erforderlich ist (vgl. Seyfried 1997, 347; vgl. Reisse 1991, 349).

Zur Verortung von Prüfungskosten innerhalb der Ausbildungskosten bietet sich das BIBB-Modell der Kostenarten als Vollkostenrechnungsansatz an (vgl. Stender 2006, 78; vgl. Ruschel 2008, 28):

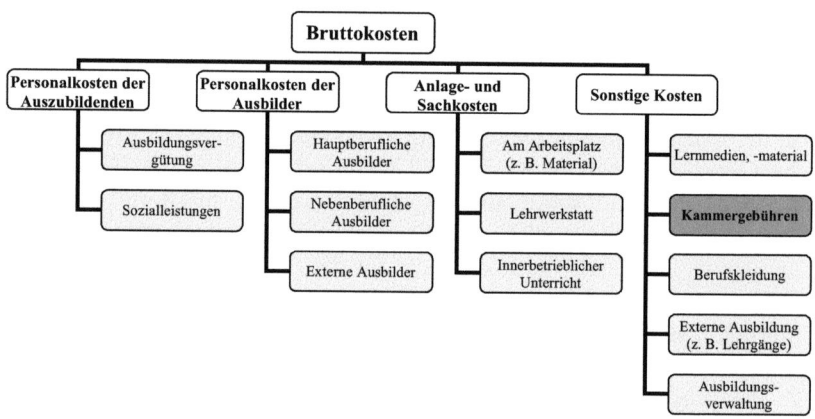

Abbildung 25: Ausbildungs-Kostenarten-Modell als Vollkostenrechnung des BIBB (in Anlehnung an Stender 2006, 78)

In diesem Zusammenhang können die Kosten, die durch Ausbildung entstehen und nicht von während der Ausbildung erzielten Wertschöpfungen getragen werden, lediglich als Investition in Menschen zur Sicherung der benötigten Arbeitskraft gerechtfertigt werden (vgl. Bontrup/ Pulte 2001, 28): demzufolge unterliegen die Ausbildungskosten den Investitionsrechnungen (vgl. ebd.).

Hierbei ist die genaue Ermittlung der Erträge und Ausgaben problematisch (vgl. Bontrup/Pulte 2001, 29; vgl. Severing 2007, 9). Es bietet sich an, zum Vergleich alternative Investitionen auch in Geld zu bewerten und zu diskontieren (vgl. Bontrup/Pulte 2001, 29). Dies gilt umso mehr für die Prüfungsgebühren. Während beispielsweise der Ausbildungsvergütung und den Sozialabgaben als Kostenart direkt die Leistung der Auszubildenden als Ertragsart gegenübersteht, sind der Kostenart der Prüfungsgebühren nicht direkt aus dem Ausbildungsverhältnis selbst heraus Erträge zuzuweisen, sondern vielmehr im Sinne der Prognose, die das Prüfungsergebnis innerhalb einer Platzierung bei der Übernahme in ein Arbeitsverhältnis leisten kann, die vermiedenen Kosten für Fehlbesetzungen.

Einigkeit besteht weitgehend darin, dass die Entwicklung der Dualen Ausbildung künftig von einem angemessenen Kosten-Nutzenverhältnis abhängen wird (vgl. Severing 2007, 10; vgl. Dehnbostel 2007, 154; vgl. Winter 2007, 221). Es ist herauszustellen, dass es um ein angemessenes Kosten-Nutzen-Verhältnis geht und nicht darum, die Kosten zwingend so gering wie irgendwie möglich zu halten, ohne die Auswirkungen auf den Nutzen zu berücksichtigen.

Die Ausgestaltung einer Prüfungsmethode steht im Zusammenhang mit den Kosten für die Prüfung, beispielsweise aufgrund der Intensität des notwendigen Prüferpersonaleinsatzes (vgl. Schmidt 2005, 20f.). Mit steigendem Einsatz an Prüfungspersonal steigen auch die zu zahlenden Entschädigungen für die Prüfer, was sich auf die durch die Kammer zu erhebenden Prüfungsgebühren und somit, wie oben angezeigt, auf die Bruttoausbildungskosten auswirkt (vgl. ebd.).

Im Zusammenhang mit durch Prüfungsmethoden produzierten Kosten ist zu bemerken, dass Kleinbetriebe traditionell günstigere Ausbildungskostensituationen aufzuweisen haben als mittlere und große Betriebe, was teilweise durch die dortige stärkere Betonung des Lernens in der Arbeit begründet ist, da sich hier eine unmittelbar produktive Wirkung der Ausbildung entfalten kann und somit ertragbringend auswirkt (vgl. Dehnbostel 2007, 155). Außerdem werden so Kosten von künstlichen Lehr-Lern-Arrangements, wie zum Beispiel innerbetrieblichen Unterrichten usw., vermieden. Unter diesem Aspekt entlasten handlungsorientierte Abschlussprüfungsformen die Kostensituation der Berufsausbildung, da anzunehmen ist, dass die Aufwände für die Prüfungsvorbereitungen durch die Betriebe um so geringer ausfallen, je mehr die Abschlussprüfung mit der Praxis übereinstimmt. Unter diesem Aspekt spielt das Ausmaß der Handlungsorientierung, insbesondere der Praxisorientierung, auch unter wirtschaftlichen Gesichtspunkten eine wichtige Rolle für die Bereitschaft zur Beteiligung der Unternehmen an der Dualen Ausbildung.

Da es im gesellschaftlichen Gesamtinteresse liegt, keine Ausbildungsplätze zu gefährden, sind die mit der Abschlussprüfung für die Betriebe entstehenden Kosten als durchaus kritisch zu betrachten, wenngleich der Anteil der Prüfungskosten an den Gesamtkosten der Ausbildung für einen Betrieb eher gering ist. Im ökonomischen Prinzip steht den Mitteleinsätzen (Kosten) eine Leistung gegenüber. Auf den vorliegenden Sachverhalt übertragen, ist den Prüfungskosten als Mitteleinsatz das pädagogisch diagnostizierte Prüfungsergebnis als dafür empfangene Leistung entgegenzuhalten. Fraglich ist also auch, was die empfangene Leistung in Form des pädagogisch diagnostizierten Prüfungsergebnisses, in der vorliegenden Arbeit die Punktzahl des Kundenberatungsgespräches, tatsächlich wert ist. Ein valides Prüfungsergebnis kann für Unternehmen nutzbringend verwendet werden, etwa durch die Entfaltung der Prognosefunktion, in dieser Arbeit hinsichtlich der Eignung des Absolventen für eine Tätigkeit im Außendienst. Das Ergebnis des Kundenberatungsgespräches ist allerdings, wie festgestellt wurde, mit einer sehr geringen Validität ausgestattet, also auch nicht für die Prognose vertrieblicher Leistungen in der Berufsausübung geeignet. Insofern ist das bisher durch das Kundenberatungsgespräch produzierte Prüfungsergebnis nutzlos. Für nutzlose Produkte erscheinen auch geringe Prüfungsgebühren als zu hoch. Es scheint also angeraten, zwar höhere Prüfungsgebühren in Kauf zu nehmen, dafür aber validere Prüfungsergebnisse im Kundenberatungsgespräch zu erhalten, die dann nutzbringend eingesetzt werden können.

Zu ergründen wären folglich die Grenzkosten zusätzlich generierter Validität. Diese sorgt beispielsweise dafür, dass das Fehlbesetzungsrisiko sinkt und somit Fehlbesetzungen vermieden werden, sodass wiederum keine Kosten für eine Neubesetzung entstehen.

Deutlich wird insgesamt, dass die bisher produzierten Kosten für das Kundenberatungsgespräch in der Abschlussprüfung von keinem faktischen Nutzen getragen werden. Diesen Missstand gilt es zu beseitigen, indem der Versuch zu unternehmen ist, die Validität der pädagogischen Diagnose zu erhöhen. Hierfür sind steigende Kosten für die Prüfungsdurchführung zwar hinzunehmen, diese Zusatzkosten legitimieren allerdings erst ihren Kostensockel, und zwar im Sinne der bisher erhobenen Prüfungsgebühren. Die Abbildung 26 fasst dies optisch zusammen:

Inwiefern die konkreten Veränderungsvorschläge in diesem Zusammenhang bewertet werden können, wird im nächsten Kapitel betrachtet.

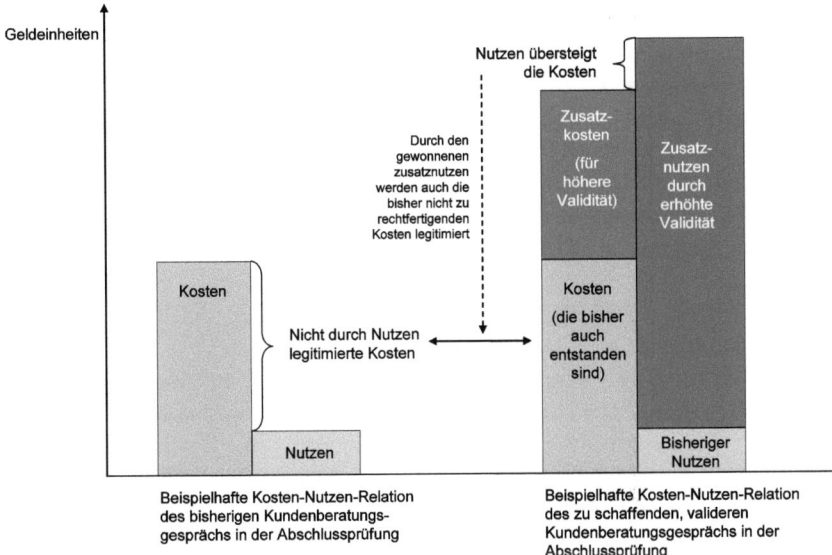

Abbildung 26: Kosten und Nutzen erhöhter Validität (eigene Darstellung)

4.2 Bewertung der möglichen Veränderungsbedarfe zum Kundenberatungsgespräch unter besonderer Berücksichtigung der Prüfungsökonomie

Das Kapitel 4.1 hat zutage gefördert, dass sich die Investition in eine erhöhte Validität auch unter den Gesichtspunkten der Prüfungsökonomie lohnen kann. Zu den im Kapitel 3.4 eruierten Veränderungsbedarfen hinsichtlich des Kundenberatungsgespräches als Prüfungsinstrument zur Erhöhung seiner Validität wäre zu ergründen, welchen Zuwachs an Validität die angedachten Maßnahmen schöpfen, um so den zusätzlichen Kostenaufwand, den es auch zu erheben gälte, gegenüberstellen zu können. Eine derartige Untersuchung wäre zu langwierig, um auf ihre Ergebnisse zu warten, da dies bedeutete, dass in der Zeit der Erhebung immer weiter die in Abbildung 26 dargestellten, nicht legitimierten Kosten anfallen und ebenso – was unter Umständen noch viel schwerer ins Gewicht fällt – der Zusatznutzen nicht generiert werden kann und somit weiterhin unnötig hohe Fehlbesetzungsrisiken in Kauf genommen werden müssten. Insofern erscheint als pragmatisches Vorgehen zunächst eine allgemeine kostenorientierte Diskussion der Verbesserungsbedarfe erforderlich, um nach deren Umsetzung die Auswirkung auf die Validität erheben zu können, indem beispielsweise dieses Untersuchungsdesign erneut angewandt wird, um eine Kosten- und Nutzenbetrachtung durchführen zu können. Im Folgenden werden die zum Abschluss des Kapitels 3.4 zusammengefassten Verbesserungsbedarfe allgemein unter Kostengesichtspunkten kritisch diskutiert. Dabei können interdependente und independente Beziehungen zwischen den einzelnen Verbesserungspotenzialen bestehen; deshalb werden einige Verbesserungsmöglichkeiten gemeinsam und vergleichend, andere hingegen losgelöst voneinander betrachtet.

Anpassung des Beobachtungs- und Bewertungsbogens mit teilweiser Vorabverifizierung:
Hier besteht eine reziproke Interdependenz zur Prüferqualifizierung, da ein neu gestalteter Beobachtungs- und Bewertungsbogen für die inhaltliche Ausgestaltung der Prüferqualifizierung als Seminargegenstand maßgeblich ist. Für die Kostenbetrachtung spielt dies jedoch eher keine Rolle, sondern weist lediglich darauf hin, dass die Prüferqualifizierung nicht konzipiert werden sollte, bevor die Anpassung des Beobachtungs- und Bewertungsbogens geschehen ist, um einen späteren Eingriff in die Seminarkonzeption vermeiden zu können und insofern sehr wohl Kosten einzusparen.

Die Anpassung des Beobachtungs- und Bewertungsbogens selbst kann auf die Erkenntnisse der in dieser Arbeit durch die qualitative Forschung begründeten Anpassungsempfehlungen aus Kapitel 3.3 erfolgen, wodurch zunächst bis auf die Änderungen des Bogens selbst und die Kommunikation hierzu über Veröffentlichungen keine besonderen Kosten zu erwarten sind. Die Anpassungsempfehlungen umfassen allerdings auch eine Vorabverifizierung zu den Verhaltensankern der Konstellation 3 (im Beobachtungs- und Bewertungsbogen enthalten, aber durch keinen Interviewten benannt), welche einen gewissen Zusatzaufwand umfasst, der jedoch als eher gering einzuschätzen ist.

Durch die Anpassung des Beobachtungs- und Bewertungsbogens und der damit verbundenen Kommunikation sind also keine erheblichen Kosten zu erwarten; demgegenüber besteht allerdings die berechtigte Hoffnung, dass sich die Validität der Ergebnisse der Kundenberatungsgespräche als Prüfungsinstrument verbessert, sodass unter prüfungsökonomischen Gesichtspunkten die Anpassung zu empfehlen ist.

Veröffentlichung von Benchmarks als Reflexionsgrundlage:
Es besteht ebenfalls eine reziproke Interdependenz zur Prüferqualifizierung. Fällt die Entscheidung, derartige Statistiken zu führen und zu veröffentlichen, positiv aus, nützen diese nur dann etwas, wenn die Prüfer ge-

meinsam mit ihren Ausschusskollegen in der Lage sind, die statistischen Ergebnisse zu interpretieren und daraus eigene Handlungsnotwendigkeiten abzuleiten. Dies sollte im Rahmen einer Prüferqualifizierung berücksichtigt werden, sodass deren Konzeption erst dann sinnvoll ist, wenn feststeht, ob es zu solchen Benchmarkveröffentlichungen kommen wird.

Die Führung der notwendigen Statistiken als Vorleistung für eine Benchmarkpublikation bedeutet ohne Zweifel einen Zusatzaufwand für die Verwaltung der zuständigen Stelle. Denkbar ist aber auch, dass zum Beispiel der Prüfungsausschussvorsitzende bei der Rückgabe der Prüfungsunterlagen ein Formblatt ausfüllt, das die gewünschten statistischen Daten je Prüfungsausschuss umfasst, sodass der Verwaltungsaufwand für die IHK auf die ehrenamtliche Tätigkeit der Prüfungsausschüsse selbst minimiert und somit auch Kosten vermieden würden. Des Weiteren ist zu überprüfen, ob die bei der Kammer eingesetzte Technik in der Lage ist, auf Knopfdruck aus den ohnehin in das System eingegebenen Daten die Statistiken zu erstellen. Unter dem Aspekt der Statistikerstellung scheinen sich Möglichkeiten anzubieten, die den Zusatzaufwand recht gering halten. Ein deutlich höherer Aufwand entsteht dann, wenn die IHK bei den Reflexionen eine moderierende Rolle einnimmt, und zwar dadurch, dass allein die Zeit des Moderators vergütet sowie die Aufwandsentschädigungen der teilnehmenden Ausschussmitglieder gezahlt werden müssen. Auf der anderen Seite besteht durch die Veröffentlichung mit Selbstreflexion der Ausschüsse oder auch durch die moderierte Reflexion eine gute Chance zur Verbesserung der Objektivität, insbesondere bezüglich der Bewertungsmaßstäbe, die sich auch positiv auf die Validität der Prüfungsergebnisse des Kundenberatungsgespräches auswirken kann.

Da es ohnehin im billigen Ermessen der zuständigen Stelle liegt, derartige Moderationen durchzuführen, wird also unter den Gesichtspunkten der Prüfungsökonomie empfohlen, die Benchmarkveröffentlichung zu betreiben und deren Notwendigkeit hinsichtlich eines Moderationsangebots an die Ausschüsse im Einzelfall zu prüfen.

Herausgabe von Richtlinien zur Entwicklung typischer und offener Fälle mit der Möglichkeit der Gesprächsphasenfokussierung:
Auch hier liegt eine reziproke Interdependenz zur Prüferqualifizierung vor, da die Entwicklung typischer und offener Fälle anhand der hier zu diskutierenden Richtlinien als Anwendungsübungen in seminaristischer Gestalt in der Prüferqualifizierung zu berücksichtigen ist, sodass die Konzeption der Prüferqualifizierung die entwickelte Richtlinie als Vorleistung berücksichtigen sollte.

Die Entwicklung einer solchen Richtlinie verursacht vor allem Einmalkosten im Rahmen ihrer Konzeption, der sodann Publikationskosten folgen. Die Konzeption wird in wenigen Workshops mit Experten leistbar sein, etwa durch das Expertenteam »Bildungsmanagement Berufliche Erstausbildung und Fortbildung in der Versicherungswirtschaft (BIBER)« des BWV-Bildungsverbandes. Die Verbreitung hierzu könnte in Neuauflagen bereits existierender Literatur aufgenommen werden und außerdem mit technischen Kommunikationsmitteln betrieben werden, sodass auch hier eher mäßige Kosten verursacht würden.

Beide Kostenarten sind also bei Weitem nicht horrend einzuschätzen, sodass der zu erwartende Zuwachs an Validität durch diese Maßnahme die sich daraus ergebende Kostenentstehung rechtfertigt.

Überprüfung von Alternativen zum Rollenspiel hin zu Echtsituationen vs. Überprüfung alternativer Besetzungen der Kundenrolle anstatt durch Prüfer durch echte Kunden oder sonst am Prüfungsgeschehen unbeteiligter Fachfremder:

Hier liegt intern zwischen der Nutzung von Echtsituationen und der Andersbesetzung der Kundenrolle dann eine konkurrierende Interdependenz vor, wenn die Echtsituation das Rollenspiel substituieren soll. Außerdem liegt dann auch zu anderen Verbesserungsoptionen eine konkurrierende Interdependenz vor, und zwar zur Herausgabe von Richtlinien zur Entwicklung typischer und offener Fälle mit der Möglichkeit der Gesprächsphasenfokussierung, was in Echtsituationen sowie in Teilen der Prüferqualifizierung obsolet würde, und zwar in dem Sinne, dass dann keine Qualifizierung für die Ausfüllung der Kundenrolle notwendig würde. Dies gilt auch für die Alternative der Besetzung der Kundenrolle durch echte Kunden oder sonst am Prüfungsgeschehen unbeteiligter Fachfremder. Eine reziproke Interdependenz ist hier im Falle der Nutzung von Echtsituationen als Rollenspielsubstitut hinsichtlich der Änderung der Ausbildungsordnung bezüglich der Aufgabe der Spartenwahlmöglichkeit und der Ausweitung der Prüfungszeit zu sehen, da dann zwingend die Prüfungszeit variabel gestaltet werden muss, und zwar auf die Dauer der tatsächlichen Gesprächslänge, und dass auch zwingend die Spartenwahlmöglichkeit entfallen muss, da dies schlicht nicht mit der Realität kompatibel ist.

Von der Entscheidung zu dieser Verbesserungsmöglichkeit sind also viele andere Verbesserungsoptionen in ihrer Existenzberechtigung oder zumindest bezüglich ihrer Ausgestaltung abhängig, sodass zu empfehlen ist, die Entscheidung über den vorliegend zu diskutierenden Punkt als Erstes zu treffen.

Die Nutzung von Echtsituationen als Ersatz des Rollenspiels ließe eine extreme Kostenmehrung erwarten. Ein beschlussfähig besetzter Prüfungsausschuss (also mindestens drei Personen) müsste, um die Echtsituationen tatsächlich zu wahren, an den Ort des echten Kundenberatungsgespräches anreisen. Die Dauer des Gespräches selbst wäre nicht vorhersehbar, sodass eine großzügige Planung mit Pufferzeiten erforderlich wäre. Es ergäbe sich die Folge, dass an einem Prüfungstag deutlich weniger Prüfungen abgenommen werden könnten als bisher, was zu einer Multiplikation der Prüferentschädigungen führte. Ein Zusatzaspekt ist, dass sich auch hinsichtlich der Verfügbarkeit des vorhandenen Prüferpersonals Engpässe ergeben dürften. Diese Alternative würde also recht hohe Kostensteigerungen erwarten lassen. Hingegen wäre damit zu rechnen, dass die Kostensteigerung bei der Nutzung von Echtkunden oder sonst am Prüfungsgeschehen unbeteiligter Fachfremder in Einbettung in das Rollenspiel moderater ausfallen. Es handelt sich dabei vorwiegend um die zusätzliche Entschädigung der Person (Echtkunde oder sonstiger am Prüfungsgeschehen unbeteiligter Fachfremder), welche die Kundenrolle einnähme. Diese Kostensteigerung scheint im Gegensatz zur Nutzung von Echtsituationen zur Rollenspielsubstitution in Anbetracht der authentischeren Ausfüllung der Kundenrolle und der damit verbundenen zu erwartenden Validitätssteigerung vertretbar.

Es wird also empfohlen, zur Ausfüllung der Kundenrolle im Kundenberatungsgespräch der Abschlussprüfung, echte Kunden oder sonstige am Prüfungsgeschehen unbeteiligte Fachfremde einzusetzen.

Prüferqualifizierungen (Seminare, Praktika):
Für die Prüferqualifizierung bestehen, wie bereits angedeutet, einige sequenzielle Interdependenzen, und zwar aus der Anpassung des Beobachtungs- und Bewertungsbogens heraus als inhaltliches Seminarthema, die Berücksichtigung der Reflexion von Benchmarks als Seminarübung, die Einübung der Entwicklung typischer und offener Fälle mit der Möglichkeit der Gesprächsfokussierung auf der Grundlage der hierzu dann herausgegebenen Richtlinien sowie das Aussparen des authentischen Ausfüllens der Kundenrolle, wenn die Besetzung durch Echtkunden oder sonst am Prüfungsgeschehen unbeteiligter Fachfremder erfolgt.

Sicherlich bedeutet die Durchführung von Prüferqualifizierungen, die im Idealfall jeden Prüfer erfassen und keine einmalige Veranstaltung bleiben, sondern immer wieder den Lebenszyklus eines Prüfers begleiten sollten, eine deutliche Kostensteigerung aufgrund der zu zahlenden Entschädigungen für die Prüfer bei Praktika oder Seminarteilnahmen, aber auch für das Honorar der Seminarleiter. Unabhängig von der reinen Kosten-Nutzen-Betrachtung spielen auch die Akzeptanz bei der Zielgruppe, also den Prüfern, und die Praktikabilität einer Maßnahme eine wichtige Rolle. Dies dürfte sich bei der Forderung nach Praktika der Prüfer im Vertrieb als Hemmschuh herauskristallisieren, da hierfür sehr viel zusätzliche Zeit notwendig ist. Unter Anbetracht der Praktikabilität, der Akzeptanz und der hohen Kosten für Praktika kann dies eher als mögliche Qualifizierungsanregung auf freiwilliger Basis empfohlen werden. Eine verpflichtende Umsetzung scheint nicht durchsetzbar. Somit bleibt das Seminar die einzige Interventionsmöglichkeit, um auf das Prüferverhalten direkt Einfluss zu nehmen. Hierbei handelt es sich um eine Schlüsselintervention, da viele andere Verbesserungspotenziale in ihrer Umsetzung keine Wirkung entfalten können, wenn die Prüferhaltung sich nicht mit verändert oder angepasst wird. Aufgrund der enormen Bedeutung der Seminare ist hierdurch eine deutliche Validitätssteigerung zu erwarten.

Die Konzeption und die Durchführung von Prüferschulungen, speziell auf das Berufsbild der Kaufleute für Versicherungen und Finanzen zugeschnitten, praktikabler Weise in Zusammenarbeit mit dem BWV-Bildungsverband, der bereits punktuell Prüferschulungen durchgeführt hat (vgl. BWV/f-bb 2011, 3, vgl. vertrauliche Quelle zu überregionalen Erfahrungsaustauschen für Prüfer 2009, 7 – bei Bedarf durch Gutachter einsehbar) werden den jeweiligen zuständigen Stellen dringend empfohlen, was unter Kosten-Nutzen-Abwägungen, wie aufgezeigt, vertretbar erscheint.

Bildung von Prüferpools vs. Rotationsverfahren vs. Hospitationen:
Diese Verbesserungsmöglichkeiten sind zueinanderstehend konkurrierend interdependent, zu weiteren Verbesserungspotenzialen jedoch independent.

Das Rotationsverfahren und die Bildung von Prüferpools lassen sich in Bezug auf den damit verbundenen Verwaltungsaufwand ähnlich einschätzen. Beim Rotationsverfahren ist ein Plan zu erstellen, wie dieses genau vorzunehmen ist, um sicherzustellen, dass jeder Ausschuss prüfungsfähig besetzt ist, während beim Prüferpool die Gesamtzusammensetzung zu planen ist. Hinzu treten bei den Prüferpools die Zusatzaufwände für die täglich zu leistende Berufung. Bei einer straffen Organisation, der Anwendung eines Zufallssystems, das die Besetzungsnotwendigkeiten berücksichtigt, und einer schlanken Ausgestaltung des Berufungsverfahrens, zum Beispiel mit Lauflisten, scheinen beide Ansätze eher geringe Kosten zu produzieren. Der Nutzen, der aus dem Prüferpool zu generieren ist, scheint jedoch ungleich höher als der aus der Rotation generierte. Dazu kommt, dass das Hospitationsmodell im Falle der Nutzung von Prüferpools nicht gebraucht würde, bei der Wahl des Rotationsverfahrens jedoch sinnvoll wäre. Zu beachten ist, dass das Hospitationsmodell weitere Zusatzkosten zu der eigentlichen Rotation verursachen würde, da, wie bereits erwähnt, die Hospitanten nicht als Prüfer fungieren können, da sie in den Ausschuss, in dem sie hospitieren, nicht berufen wurden, was zu einem zusätzlichen Personaleinsatz führen würde, der eben bei der Anwendung des Prüferpools nicht nötig wäre. Im direkten Vergleich scheint die Implementierung von Prüferpools die günstigere und nutzbringendere Alternative zu sein, sodass diese zu präferieren ist.

Aufgrund der eher moderat zu erwartenden Zusatzkosten, die durch die zu erwartende Validitätssteigerung legitimiert werden können, ist folglich die Einführung von Prüferpools angeraten.

Regionale und überregionale Prüferaustausche:
Wird die Regionalität beim regionalen Prüferaustausch auf einen IHK-Standort bezogen, so wird dieser mit Einführung eines Prüferpools obsolet. Überregionale Prüferaustausche weisen eine konkurrierende Interdependenz zu Hospitationen, die ebenfalls über IHK-Grenzen hinweg erfolgen können, auf.

Durch die Diskussion zur Bildung von Prüferpools vs. Rotationsverfahren vs. Hospitationen wurde bereits deutlich, dass Hospitationen deutliche Zusatzkosten auslösen und vor allem recht zeitintensiv sind. Außerdem wäre hierzu ein überregionales Konzept zu erstellen, was mit erheblichen Anstrengungen verbunden wäre, um einen Konsens zwischen allen Beteiligten, insbesondere den vielen IHK, herzustellen. Es bleibt also bei der Einschätzung einer recht hohen Kostenträchtigkeit.

Überregionale Prüferaustausche hingegen werden bereits durch den BWV-Bildungsverband durchgeführt (vgl. BWV/f-bb 2011, 3). Auch hierbei entstehen Kosten, insbesondere für Reisen und Durchführung, denen jedoch ein größerer Nutzen gegenübersteht, da im Rahmen eines Erfahrungsaustausches gleichzeitig mehrere Regionen vertreten sind. Zum Ausbau von Erfahrungsaustauschveranstaltungen könnten Webkonferenzen eine günstige Alternative zur Präsenzveranstaltung sein.

Zu befürworten ist also, einen Ausbau überregionaler Erfahrungsaustauschveranstaltungen für Prüfer zu verfolgen und dabei virtuelle Mediennutzungen zur Kostenminimierung zu berücksichtigen.

Änderung der Ausbildungsordnung bezüglich der Aufgabe der Spartenwahlmöglichkeit und der Umbenennung des Prüfungsinstruments in eine aussagekräftigere Bezeichnung, wie etwa Verkaufsgespräch, sowie Ausweitung der Prüfungszeit:

Bei einer Aufgabe der Spartenwahlmöglichkeit muss auch der Prüfungsausschuss in der Lage sein, inhaltlich die erforderliche Fachlichkeit abzudecken, was Auswirkungen auf die Anforderungsprofile für die Besetzung des Gesamtausschusses im Berufungsverfahren hat, da oft eine Aufteilung der Prüfungsausschüsse nach Versicherungssparten von den IHK vorgenommen wird, sodass hier eine reziproke Interdependenz vorliegt. Im Sinne einer sequenziellen Interdependenz ist die Abhängigkeit der Prüfungszeit von der Entscheidung, ob Echtsituationen das Rollenspiel substituieren oder nicht, zu betrachten. Wird der Empfehlung Folge geleistet, keine Echtsituationen zu nutzen, bestehen keine weiteren Interdependenzen.

Bei Veränderungen, für die eine Anpassung der Ausbildungsordnung, wie in diesem Punkt vorliegend, notwendig ist, entsteht durch das aufzunehmende Ordnungsverfahren ein gewisser Aufwand. Der relative Anteil der dadurch verursachten Kosten hängt davon ab, wie viele weitere Veränderungen an der Ausbildungsordnung noch vorgenommen werden, zum Beispiel auch hinsichtlich der in dieser Arbeit nicht näher behandelten Rahmenbedingungen, die nicht im Zusammenhang mit dem Kundenberatungsgespräch als Prüfungsinstrument stehen. Bei einem Ordnungsverfahren handelt es sich allerdings um einmalige Kosten. Durch die Umbenennung des Kundenberatungsgespräches als Prüfungsinstrument in eine aussagekräftigere Bezeichnung entstehen bis auf die Einmalkosten für das Ordnungsverfahren keine weiteren Kosten, genauso wie dies auch für die Aufgabe der Spartenwahl gilt.

Laufende Kosten, und zwar in erheblichem Maße, generiert jedoch die Erweiterung der Prüfungszeit. Hierdurch können weniger Prüfungen an einem Tag durchgeführt werden, sodass mehr Prüfungstage notwendig und somit auch höhere Prüferentschädigungen zu zahlen wären. Da die kostengünstigere Alternative der Fokussierung auf Gesprächssequenzen ähnliche Validitätsverbesserungen erwarten lässt, sei diese hier bevorzugt.

Insgesamt kann hinsichtlich der Anpassung der Ausbildungsordnung empfohlen werden, zunächst die alternative Gesprächsfrequenzfokussierung anstatt einer Ausweitung der Prüfungszeit in der Praxis zu erproben und eine zeitliche Ausdehnung der Prüfung nur dann anzustreben, wenn die Gesprächssequenzfokussierung nicht den gewünschten Erfolg ausweist. Um nicht mehrere Ordnungsverfahren und damit mehrfache Kosten zu provozieren, sollten die anderen beiden angesprochenen Verbesserungspotenziale erst dann umgesetzt werden, wenn bezüglich der Ausdehnung der Prüfungszeit Klarheit besteht. Am Rande sei erwähnt, dass mehrere Ordnungsverfahren auch politisch zwischen den Sozialpartnern wohl nicht verhandelbar wären.

Generierung von Anforderungsprofilen für die Besetzung des Gesamtausschusses im Berufungsverfahren:
Als reziproke Interdependenz kann dieser Punkt insofern im Zusammenhang mit der Bildung von Prüferpools gesehen werden, als die entsprechende Zusammensetzung der Fachkunde für die Zusammensetzung der jeweils notwendigen Tagesberufung zu berücksichtigen ist. Ansonsten ist dieser Punkt zu den anderen Verbesserungspotenzialen independent.

Hier steht ein Einmalaufwand im Vordergrund, und zwar die Erhebung des Soll-Anforderungsprofils für die Prüfungsausschüsse. Dieses könnte allerdings in wenigen Expertenworkshops, wie bereits bei anderer Gelegenheit vorgeschlagen, beispielsweise durch BIBER, erfolgen. Für die Besetzung der Prüfungsausschüsse unter Beachtung des Gesamtanforderungsprofils für den Ausschuss entsteht im Berufungsverfahren sicherlich etwas mehr Mühe, da zu den Standardregularien, wie etwa der paritätischen Besetzung, nun weitere Kriterien angewendet werden sollen. Möglicherweise verlängert dies den Arbeitsaufwand für die Besetzung der Prüfungsausschüsse, was jedoch unter Nutzung technischer Lösungen leicht in Standardprozesse überführbar ist, sodass nicht permanent zusätzliche Aufwände entstehen. Die Mehrkosten durch die Umsetzung dieses Verbesserungspotenzials können daher als eher gering eingeschätzt werden, versprechen aber einen echten Mehrwert für die Steigerung der Validität zu bieten; deshalb kann die Umsetzung dieses Punktes empfohlen werden.

5. Schlussbetrachtung mit Ausblick

Ausgehend von der grundlegenden Frage, ob die pädagogische Diagnostik im Rahmen der Abschlussprüfungen tatsächlich die berufliche Handlungsfähigkeit prüft, wie es ihr Ziel ist, wurde ein konkretes Prüfungsinstrument, nämlich das Rollenspiel, einer wissenschaftlichen Untersuchung unterzogen, um so einen Beitrag zur Stillung des propagierten Forschungsbedarfs zur Validität aktueller Prüfungsinstrumente, wie es das Rollenspiel ist, zu leisten. Dabei lag der Fokus vor allem auf einer Kriteriumsvalidierung und der Betrachtung der prognostischen Validität. Das Ziel war es, exemplarisch am Rollenspiel der Abschlussprüfung des Ausbildungsberufes der Kaufleute für Versicherungen und Finanzen, dem Kundenberatungsgespräch, zu ergründen, wie valide die mithilfe dieses Prüfungsinstrumentes generierten Prüfungsergebnisse eigentlich sind. Dieses Ziel wurde zweifelsohne erreicht, wodurch ein wissenschaftlicher Erkenntnisgewinn geschaffen werden konnte, der erstmalig auf der Basis quantitativer Forschung, die mit qualitativen Erhebungen trianguliert wurde, Auskunft über die Validität des Kundenberatungsgespräches als Prüfungsinstrument in Beruf der Kaufleute für Versicherungen und Finanzen gibt. Eine Vorab-Expertenbefragung im Rahmen eines bundesweiten Prüferaustausches trug die Vermutung, dass zumindest Zweifel unter den Experten hinsichtlich der Validität des untersuchten Prüfungsinstruments bestanden, was das Forschungsvorhaben bestärkte.

Um die Forschung zu intendieren, erfolgte im Kapitel 2 eine theoretische Grundsteinlegung der zu untersuchenden Thematik. Dafür wurde zunächst eine Darstellung des Standes der Berufs- und Arbeitspädagogik geboten, die die Bedarfslage an Forschung zu der dieser Arbeit zugrundeliegenden Fragestellung noch deutlicher machte. Anschließend wurde die Notwendigkeit der Handlungsorientierung, gefolgt von ihrer begrifflichen Fassung für diese Arbeit, geklärt, um daran zu verdeutlichen, wie sich die Handlungsorientierung überhaupt entwickeln lässt. Da das Kundenberatungsgespräch als Prüfungsinstrument dem Berufsbild der Kaufleute für Versicherungen und Finanzen exemplarisch entnommen ist, wurde dieses Berufsbild ausführlich skizziert. Es bildete sich heraus, dass das Kundenberatungsgespräch in der Abschlussprüfung der Kaufleute für Versicherungen und Finanzen nach Maßgabe der Ausbildungsordnung die Verkaufsorientierung messen soll. Inwiefern es sich bei der Verkaufsorientierung um eine berufliche Kompetenz handelt, wurde sodann beleuchtet und bestätigt. Folglich wurde betrachtet, wie sich berufliche Kompetenzen überhaupt messen lassen. Um sich dem Untersuchungsgegenstand weiter zu nähern, erfolgte eine Abhandlung über die Abschlussprüfungen, deren Gütekriterien sowie ihre Kontextualisierung mit der beruflichen Handlungskompetenz, gefolgt von einer Beschreibung der Anlage der Abschlussprüfung im Referenzberufsbild der Kaufleute für Versicherungen und Finanzen.

Als Übergang von der theoretischen Themenbetrachtung hin zum Forschungsteil wurden die Artefakte zum Prüfungsinstrument des Kundenberatungsgespräches im Referenzberufsbild analysiert. Hierbei ergaben sich, anders als durch die Vorab-Expertenbefragung, durch die Einschätzung verschiedener Befragtengruppen von Experten innerhalb der veröffentlichten Evaluationsergebnisse des Berufsbildes der Kaufleute für Versicherungen und Finanzen Anhaltspunkte für eine eher hohe Augenscheinvalidität des Prüfungsinstruments des Kundenberatungsgespräches, da dieses von allen Befragtengruppen als sehr geeignet zur Messung von Verkaufsorientierung eingeschätzt wurde. Auch durch den Abgleich der Artefakte zum Prüfungsinstrument des Kundenberatungsgespräches im Beruf der Kaufleute für Versicherungen und Finanzen mit den in dem vorangegangenen Theoriebeitrag herausgebildeten Anforderungsindikatoren zur Messung beruflicher Kompetenzen, zu den Gütekriterien von Abschlussprüfungen sowie auch zur Abbildung von beruflichen Handlungskompetenzen in Abschlussprüfungen konnte festgestellt werden, dass diesen Anforderungen durch die Ausgestaltung des Prüfungsinstruments des Kundenberatungsgespräches der Kaufleute für Versicherungen und Finanzen im Wesentlichen Rechnung getragen wird. Dies ließ zwei Schlussfolgerungen zu, und zwar, dass die Validität des Kundenberatungsgesprächs als Prüfungsinstrument bei den Kaufleuten für Versicherungen und Finanzen mittelmäßig bis eher stark ausgeprägt sein müsste und dass es Optimierungspotenziale zur Verbesserung der Validität gibt. Somit war das Fundament geschaffen, auf welches die eigentliche Forschung in der Empirie aufbauen konnte.

Zur Anlage der Forschungssettings wurden zunächst die Grundlagen der Forschung in Bezug auf den Untersuchungsgegenstand beschrieben, was die Berufsbildungsforschung, die qualitative und quantitative Forschung, die Triangulation, die Auswahl der Forschungsmethode und ihre Gütekriterien umfasste. Nach der Planung und Durchführung des Forschungsvorhabens konnte die Auswertung präsentiert werden. Die Auswertungen dienten zur Generierung der eigentlichen Ergebnisse sowie zu deren Triangulation. Das Kernergebnis und der Gewinn der wissenschaftlicher Erkenntnis lauten:

Es ist als sehr wahrscheinlich anzusehen, dass das Kundenberatungsgespräch die Verkaufsorientierung nicht valide misst.

Die qualitativ ausgerichtete Forschung ermöglichte die Bildung vier zentraler Thesen, die das Scheitern des Kundenberatungsgespräches als Prüfungsinstrument im Referenzberuf hinsichtlich des ihm zugrundeliegenden Validitätsanspruches, der Messung der Verkaufsorientierung, begründet. Diese lassen sich wie folgt benennen:

1) Der Beobachtungs- und Bewertungsbogen erfasst nur teilweise das Verhalten erfolgreicher Außendienstmitarbeiter.
2) Das Handeln der Prüfer wird dem Anspruch des Kundenberatungsgespräches oft nicht gerecht.
3) Die Rahmenbedingungen des Kundenberatungsgespräches in der Abschlussprüfung, wie strukturelle Ausschussbesetzungen, Kalibrierungen oder die Spartenwahl, entsprechen nur wenig den Gütekriterien.
4) Das Kundenberatungsgespräch in der Abschlussprüfung nimmt der Validität entgegenstehende Funktionen wahr.

Inwieweit diese Thesen auch für andere Berufsbilder mit Rollenspielen als Prüfungsinstrument von Bedeutung sind, sei kurz aufgezeigt:

Die erste These ist zwar stark von der konkreten Ausgestaltung innerhalb des Referenzberufsbildes abhängig, liefert aber auch grundlegende Hinweise darauf, dass Verhaltensanker auch anhand von erfolgreichen Repräsentanten des Berufsbildes sorgsam zu erheben, anstatt bloß zusammenzutragen sind, um valide Messergebnisse zu erzielen.

Die zweite These beschreibt ein grundlegendes Problem der pädagogischen Diagnostik innerhalb der beruflichen Bildung und ist deshalb analog auch für anderen Berufsbildern, eine wichtige Erkenntnis.

Die dritte These weist für andere Berufsbilder darauf hin, dass die gleichen Problematiken auftreten können und entsprechend zu diskutieren sind.

Die vierte These macht für alle Berufsbilder deutlich, dass es in der pädagogischen Diagnostik durchaus um noch mehr geht, als ausschließlich um jeden Preis valide Prüfungsergebnisse, gemessen an der Realität, zu erzeugen.

Für das Berufsbild der Kaufleute für Versicherungen und Finanzen konnten darüber hinaus konkrete Verbesserungsbedarfe abgeleitet werden, die unter den Gesichtspunkten der Prüfungsökonomie, nachdem deren Notwendigkeit beleuchtet wurde, abgewogen wurden.

Dabei deutete sich insgesamt an, dass zum Status quo Kosten für das Prüfungsinstrument des Kundenberatungsgespräches entstehen, denen kein praktikabler Nutzen gegenübersteht. Um diesen Zustand zu bereinigen, konnte herausgearbeitet werden, dass es nicht darum gehen kann, in der Folge die Kosten für die Prüfungen zu minimieren, sondern der viel wichtigere Hebel die Erhöhung des Prüfungsnutzens in Form gesteigerter Validität ist, sodass folgende konkrete Handlungsempfehlungen für das Kundenberatungsgespräch der Kaufleute für Versicherungen und Finanzen zu nennen sind:

- Anpassung des Beobachtungs- und Bewertungsbogens mit teilweiser Vorabverifizierung.
- Veröffentlichung von Benchmarks zu den Durchschnittsergebnissen der Prüfungsausschüsse als Reflexionsgrundlage.
- Herausgabe von Richtlinien zur Entwicklung typischer und offener Fälle mit der Möglichkeit der Gesprächsphasenfokussierung.
- Ausfüllung der Kundenrolle durch echte Kunden oder sonstige am Prüfungsgeschehen unbeteiligte Fachfremde.
- Konzeption und Durchführung von auf das Berufsbild zugeschnittenen Prüferschulungen.
- Bildung von Prüferpools.
- Ausbau überregionaler Prüferaustauschveranstaltungen, auch virtueller Art.
- Nach gemachten Erfahrungen mit den Gesprächsfrequenzfokussierungen gegebenenfalls Anpassung der Ausbildungsordnung hinsichtlich einer verlängerten Prüfungszeit, aber in jedem Fall bezüglich der Umbenennung des Kundenberatungsgespräches in eine aussagekräftigere Bezeichnung und der Aufgabe der Sparten wahl.
- Generierung von Anforderungsprofilen für die Besetzung des Gesamtprüfungsausschusses im Berufungsverfahren speziell für das individuelle Berufsbild.

Zusammenfassend besteht der wissenschaftliche Erkenntnisgewinn darin, dass nachgewiesen werden konnte, dass das Prüfungsinstrument des Kundenberatungsgespräches im Berufsbild der Kaufleute für Versicherungen und Finanzen nicht valide misst und hierzu vier zentrale Begründungsthesen generiert werden konnten. Somit ist ein Beitrag zur Weiterentwicklung des Forschungsstandes geleistet.

Zum weiteren Vorgehen empfehlen sich weitere Untersuchungen und Studien zu der in der vorliegenden Arbeit betrachteten Thematik, um die generierten Ergebnisse weiter verifizieren oder falsifizieren zu können. Ganz allgemein kann, um mit der Abschlussprüfung nicht weiterhin auf der Ebene einer einzigen zeitpunktbezogenen Beurteilung zu verharren, empfohlen werden, eine strukturelle Anpassung des Berufsbildungsrechtes (vgl. § 27 Abs. 1 Satz 3 BBiG) hinsichtlich einer Ermöglichung von mehr als nur zwei Abschlussprüfungsteilen vorzusehen. Somit ergäbe sich die Möglichkeit, bausteinbezogene Prüfungen durchzuführen, die final mit einem letzten Abschlussprüfungsteil, der die Gesamtschau ermöglicht, enden; das bedeutet, dass bei beispielsweise sieben Bausteinprüfungen insgesamt acht Abschlussprüfungsteile zu absolvieren wären, um den Berufsabschluss zu erreichen (vgl. Euler/Severing 2007, 53). Um dem Anspruch der Abschlussprüfungen tatsächlich Rechnung tragen zu können und möglichst wirklichkeitsgetreue Situationen zum Prüfungsgegenstand zu machen, ist zu empfehlen, die Abschlussprüfungsteile möglichst in reale Situationen zu integrieren (vgl. Euler/Severing 2007, 54). Dies wäre im Rahmen des Kundenberatungsgespräches bei den Kaufleuten für Versicherungen und Finanzen mit echten Kundenberatungsgesprächen anstatt mit Rollenspielen möglich. Wie im Kapitel 4.2 dargestellt wurde, sprechen die erheblichen Aufwände hier dagegen, die sich jedoch aus dem bestehenden Berufsbildungsrecht ergeben. Kreative Veränderungen der Rechtsgrundlage könnten ermöglichen, dass der Prüfungsausschuss bei der Leistungserbringung nicht anwesend sein muss, sondern dass er beispielsweise standardisierte Feedbackbögen, analog einer Erhebung zu einem 360-Grad-Feedback, die von Kunden und Ausbildern auszufüllen wären, in seine Bewertung von Kompetenzdimensionen einbezieht. Dies deutet bereits an, dass es eine Möglichkeit wäre, zum weiteren Ausbau einer umfassenden Feststellung der beruflichen Handlungskompetenz zum Ende der Ausbildung hin, allein durch die sinnvolle Verschmelzung der bisherigen drei Zertifikate multiple Perspektiven zu schaffen, die einen sich ergänzenden Mehrwert bieten können (vgl. auch Burger/Santiner 2009, 178ff.; vgl. auch Reisse 1996c, 30; vgl. auch Reisse 1995, 48ff.). Dafür sind einige Umbauten im bisherigen Drei-Zertifikate-Modell und als Voraussetzung ebenso im BBiG notwendig (vgl. ebd.). Kompetenzentwicklungsbeurteilungen könnten in den Betrieben durch die Ausbilder des jeweiligen Ausbildungsabschnittes vorgenommen werden, was eine Systematisierung und verbindliche Strukturierung eines unternehmensübergreifenden Bewertungssystems erfordert (vgl. ebd.). Durch eine solche Zertifikatevereinigung würde der Grundsatz von ‚wer lehrt, prüft nicht‘, aufgeweicht (vgl. Euler/Severing 2007, 55f.). Damit verbänden sich weitergehende Anforderungen an das Ausbildungspersonal hinsichtlich der notwendigen Prüferkompetenz (vgl. ebd.). In der Dezentralisierung von Prüfungsleistungen liegt jedoch die Chance, die Prüfungsvalidität weiter zu erhöhen (vgl. ebd.). Es ist also angeraten, den Diskurs zur Veränderung des Prüfungsrechtes weiter voranzutreiben.

Literaturverzeichnis

Achtenhagen, Frank (2004): Prüfung von Leistungsindikatoren für die Berufsbildung sowie zur Ausdifferenzierung beruflicher Kompetenzprofile nach
Wissensarten. In: Baethge, Martin u.a. (Hrsg.): Expertisen zu den konzeptionellen Grundlagen für einen nationalen Bildungsbericht – berufliche Bildung
und Weiterbildung, lebenslanges Lernen (Bundesministerium für Bildung und
Forschung). Berlin: BMBF, Referat Publikationen, Internetredaktion. S. 11-32

Achtenhagen, Frank (2006): Lehr-Lern-Forschung. In: Arnold, Rolf/Lipsmeier,
Antonius (Hrsg.): Handbuch der Berufsbildung. Wiesbaden: VS Verlag für
Sozialwissenschaften. S. 586-609

Achtenhagen, Frank/John, Ernst G. (1992): Mehrdimensionale Lehr-Lern-
Arragebents – Innovationen in der kaufmännischen Aus- und Weiterbildung.
Wiesbaden: Gabler Verlag

agv/BWV (2008): Die Ausbildungsumfrage der Versicherungswirtschaft – 5 Jahre
Ausbildungsumfrage: Zentrale Ergebnisse.

agv/BWV (2009): Die Ausbildungsumfrage der Versicherungswirtschaft – 6. Er-
hebungsjahr: Zentrale Ergebnisse.

agv/BWV (2010): Die Ausbildungsumfrage der Versicherungswirtschaft – 7. Er-
hebungsjahr: Zentrale Ergebnisse.

agv/BWV (2011): Die Ausbildungsumfrage der Versicherungswirtschaft – 8. Er-
hebungsjahr: Zentrale Ergebnisse.

AKA/IHK (2007): Kaufmann/Kauffrau für Versicherungen und Finanzen –
Abschlussprüfungen. Solingen: U-Form-Verlag

Arnold, Rolf (1996): Theorien und Geschichte der beruflichen Bildung. In: u.a.
Arnold, Rolf (Hrsg.):Berufspädagogik kompakt – Prüfungsvorbereitung auf
den Punkt gebracht. Berlin: Cornelsen Verlag. Punkt 1-20

Arnold, Rolf (2006): Neue Methoden betrieblicher Bildungsarbeit. In: Arnold,
Rolf/Lipsmeier, Antonius (Hrsg.): Handbuch der Berufsbildung. 2. Auflage.
Wiesbaden: VS Verlag für Sozialwissenschaften. S. 355-369

Arnold, Rolf/Bloh, Egon (2009): Grundlagen der Personalentwicklung im lernenden Unternehmen – Einführung und Überblick. In: Arnold, Rolf/Bloh,
Egon (Hrsg.): Personalentwicklung im lernenden Unternehmen. (Band 27
– Grundlagen der Berufs- und Erwachsenenbildung) 4. Auflage. Baltmannsweiler: Schneider Verlag Hohengehren. S. 5-40

Arnold, Rolf/Lipsmeier, Antonius/Ott, Bernd (1998): Berufspädagogik kompakt –
Prüfungsvorbereitung auf den Punkt gebracht. Berlin: Cornelsen Verlag

Arnold, Rolf/Münk, Dieter (2006): Berufspädagogische Kategorien didaktischen Handelns. In: Arnold, Rolf/Lipsmeier, Antonius (Hrsg.): Handbuch der
Berufsbildung. Wiesbaden: VS Verlag für Sozialwissenschaften. S. 13-32

Bader, Reinhard (1994): Programmierte Prüfungen – alles ausgereizt? In: Position:
IHK-Magazin für Berufsbildung (Heft 27/2). München: DIHK-Verlag. S. 24-25

Badura, Jürgen/Müller, Norbert (1997): Aufgabenerstellung im Rahmen des
Prüfungskonzeptes AkA 2000 – Erfahrungen aus AkA-Seminaren für Auf-
gabensteller. In: Schmidt, Jens U. (Hrsg.): Kaufmännische Prüfungsaufgaben –
handlungsorientiert und komplex? – Konzepte und Aufgabenbeispiele für die
Neugestaltung kaufmännischer Prüfungen (Berichte zur beruflichen Bildung,

Bundesinstitut für Berufsbildung, Der Generalsekretär (Hrsg.). Heft 204). Bielefeld: Bertelsmann Verlag. S. 47-74

Badura, Jürgen/Müller, Norbert (2003): Handlungsorientierte kaufmännische Prüfungen – Informationen zu neuen Trends in den kaufmännischen Prüfungen. (Hrsg.): IHK-Gemeinschaftsstelle für bundeseinheitliche kaufmännische Abschluss- und Zwischenprüfungen (IHK-GBA) vertreten durch die IHK Nürnberg für Mittelfranken. Solingen: U-Form-Verlag

Bähr, Wilhelm H. (2005): Prüfungsrecht. In: Industrie- und Handelskammer Bonn/Rhein-Sieg u.a. (Hrsg.): Prüfungspraxis (Zeitschrift für Mitglieder von Prüfungsausschüssen, Heft Nr. 37). Berlin/Bonn: IFA-Verlag

Bähr, Wilhelm H. (2007): Prüfungsinstrumente. In: Industrie- und Handelskammer Bonn/Rhein-Sieg u.a. (Hrsg.): Prüfungspraxis (Zeitschrift für Mitglieder von Prüfungsausschüssen, Heft Nr. 40). Berlin/Bonn: IFA-Verlag

Bähr, Wilhelm H. (2008): Kundenberatungsgespräch. In: Industrie- und Handelskammer Bonn/Rhein-Sieg u.a. (Hrsg.): Prüfungspraxis (Zeitschrift für Mitglieder von Prüfungsausschüssen, Heft Nr. 41). Berlin/Bonn: IFA-Verlag

Baethge, Martin/Baethge-Kinsky, Volker (2006): Ökonomie, Technik, Organisation: Zur Entwicklung von Qualifikationsstruktur und Qualifikationsprofilen von Fachkräften. In: Arnold, Rolf/Lipsmeier, Antonius (Hrsg.): Handbuch der Berufsbildung. Wiesbaden: VS Verlag für Sozialwissenschaften. S. 153-173

Baldzuhn, Siegfried (2003): Handlungskompetenz prüfen – Nachweis der Berufsfähigkeit in Zwischen- und Abschlussprüfungen für Maurer und Hochbaufacharbeiter. In: Meyser, Johannes (Hrsg.): Kompetenz für die Baupraxis: Ausbilden – Lernen – Prüfen. Konstanz: Verlag Dr.-Ing. Paul Christiani. S. 158-171

Bauer, Diane-Jasmina (2006): Aussiedlerfamilien zwischen Tradition und Moderne – Eine empirische Untersuchung aus der Sicht rußlanddeutscher Frauen. München: Grin Verlag

Bauer-Klebl, Annette u.a. (2009): Diagnose von Sozialkompetenzen. In: Euler, Dieter (Hrsg.): Sozialkompetenzen in der beruflichen Bildung – Didaktische Förderung und Prüfung. Bern/Stuttgart/Wien: Verlag Haupt. S. 151-222

Beck, Herbert (1993): Zur Problematik der Beurteilung von Schlüsselqualifikationen. In: Wirtschaft und Gesellschaft im Beruf (Heft 18/4). Bad Homburg: Gehlen Verlag. S. 147-156

Beck, Klaus (2006): Theorieansätze. In: Arnold, Rolf/Lipsmeier, Antonius (Hrsg.): Handbuch der Berufsbildung. Wiesbaden: VS Verlag für Sozialwissenschaften. S. 577-585

Becker, Manfred (2005): Personalentwicklung – Bildung, Förderung und Organisationsentwicklung in Theorie und Praxis. 4. Auflage. Stuttgart: Schäffer-Poeschel Verlag

Becker, Manfred (2005a): Systematische Personalentwicklung – Planung, Steuerung und Kontrolle im Funktionszyklus. Stuttgart: Schäffer-Poeschel Verlag

Becker, Manfred (2008): Die neue Rolle der Personalentwicklung – Empirische Befunde und Entwicklungstendenzen. In: Thom, Norbert/Zaugg, Robert J. (Hrsg.): Moderne Personalentwicklung – Mitarbeiterpotenziale erkennen, entwickeln und fördern. 3. Auflage, Wiesbaden: Gabler, S. 43-60

Behrmann, Detlef (2006): Reflexives Bildungsmanagement – Pädagogische Perspektiven und managementtheoretische Implikationen einer strategischen und entwicklungsorientierten Gestaltung von Transformationsprozessen in Schule und Weiterbildung. Frankfurt a.M. u.a.: Peter Lang Europäischer Verlag der Wissenschaften

Berger, Doris (2010): Wissenschaftliches Arbeiten in den Wirtschafts- und Sozialwissenschaften – Hilfreiche Tipps und praktische Beispiele. Wiesbaden: Gabler Verlag

Berghoff, Hartmut (2004): Moderne Unternehmensgeschichte. Paderborn: Verlag Ferdinand Schöningh

Bergmann, Bärbel (2000): Arbeitsimmanente Kompetenzentwicklung. In: Arbeitsgemeinschaft Qualifikations-Entwicklungs-Management (Hrsg.): Kompetenzentwicklung und Berufsarbeit. Münster (u.a.): Waxmann Verlag. S. 11-40

Berner, Katja (2007): Analyse erfolgskritischer Faktoren von E-Learning im Handwerk. Studie des Forschungsinstituts für Berufsbildung im Handwerk an der Universität zu Köln in Kooperation mit der Zentralstelle für Weiterbildung im Handwerk. Köln: DHI/ FBH 2007, 96 S. Download unter: http://www.fbh. uni-koeln.de/images/stories/Forschungsaktivitaeten/FuAEinzelprojekte/PDF/ abschlussbericht-e-learning%20mit%20anhang.pdf. (s. Linkverzeichnis)

Bertram, Bärbel/Borch, Hans (1999): Mündliche Kommunikation als Prüfungsgegenstand? In: Berufsbildung in Wissenschaft und Praxis (Heft 28/4). Bielefeld: Bertelsmann Verlag. S. 22-27

Berufsbildungswerk der Deutschen Versicherungswirtschaft (BWV) e. V. (Hrsg.) (2006): Erläuterungen zur Verordnung über die Berufsausbildung zum/zur Kaufmann/Kauffrau für Versicherungen und Finanzen. Karlsruhe: Verlag Versicherungswirtschaft (VVW)

Berufsbildungswerk der Deutschen Versicherungswirtschaft (BWV) e. V. (Hrsg.) (2010): Praxishandbuch für die Abschlussprüfung – Kaufmann für Versicherungen und Finanzen – Kauffrau für Versicherungen und Finanzen. Karlsruhe: Verlag Versicherungswirtschaft (VVW)

Berufsbildungswerk der Deutschen Versicherungswirtschaft (BWV) e. V./Forschungsinstitut Betriebliche Bildung (f-bb) GmbH (Hrsg.) (2011): Evaluation des Berufsbilds Kaufmann/ Kauffrau für Versicherungen und Finanzen – Ergebnisbericht.

Beyss, Bernd (1982): Einflussfaktoren der Akzeptanz bei der Implementierung neuer Personalbeurteilungssysteme – Versuch einer Wirkungsanalyse, München, Mannheim: Forschungsstelle für Betriebswirtschaft und Sozialpraxis e. V., (zugl. Diss. Mannheim, 1982)

BIBB Bundesinstitut für Berufsbildung (1999): Komplexe Prüfungsaufgaben für Bürokaufleute (KoPrA) – ein Leitfaden zur Erstellung von Prüfungsaufgaben für die Kammerprüfungen. Bielefeld: Bertelsmann Verlag

BIBB Bundesinstitut für Berufsbildung (2009): Abschlussbericht zum Forschungsprojekt 4.3.201 (JFP 2006): Kompetenzstandards in der Berufsausbildung.

BIBB Bundesinstitut für Berufsbildung (2012): Abschlussbericht zum Entwicklungsprojekt 7.8.059: Umsetzung des Konzepts zur Gestaltung kompetenzbasierter Ausbildungsordnungen in zwei ausgewählten Berufen.

Biebl, Roland (2007): Der betriebliche Auftrag als adäquate Prüfungsform für die neuen M+E-Berufe. In: Loebe, Herbert/Severing, Eckart (Hrsg.): Effizienz in der Ausbildung – Strategien und Best-Practice-Beispiele. (Band 41 Wirtschaft und Weiterbildung). Bielefeld: W. Bertelsmann Verlag. S. 143-149

Biethahn, Jörg/Schumann, Matthias (1999): Arbeiten und Lernen in der Informationsgesellschaft. In: Tramm, Tade u.a. (Hrsg.): Professionalisierung kaufmännischer Berufsbildung – Beiträge zur Öffnung der Wirtschaftspädagogik für die Anforderungen des 21. Jahrhunderts. Frankfurt a.M. u.a.: Peter Lang Europäischer Verlag der Wissenschaften. S. 52-71

BLK Bund-Länder-Kommission für Bildungsplanung und Forschungsförderung (2003): Perspektiven für die duale Bildung im tertiären Bereich. Heft 110 – Bericht der BLK. Bonn: Geschäftsstelle der BLK

Blum, Franz/Hensgen, Anne (1995): Forschungsprojekt: Erfassung von Handlungskompetenz in den Prüfungen der Industrie- und Handelskammern – Leitfaden zur Erstellung handlungsorientierter Aufgaben für die schriftliche Abschlussprüfung der Bürokaufleute. (Hrsg.): DIHT-Gesellschaft für berufliche Bildung – Organisation zur Förderung der IHK-Weiterbildung. Bielefeld: Bertelsmann Verlag

Bohnert, Marcel (2006): Zu den Gütekriterien handlungsorientierter Prüfungen. München: Grin Verlag

Bontrup, Heinz-J./Pulte, Peter (2001): Handbuch Ausbildung – Berufsausbildung im dualen System. München/Wien: Oldenbourg Wissenschaftsverlag

Bonz, Bernhard (2006): Methoden in der schulischen Berufsbildung. In: Arnold, Rolf/Lipsmeier, Antonius (Hrsg.): Handbuch der Berufsbildung. Wiesbaden: VS Verlag für Sozialwissenschaften. S. 328-341

Bortz, Jürgen/Döring, Nicola (2006): Forschungsmethoden und Evaluation für Human- und Sozialwissenschaftler. 4. Auflage. Heidelberg: Springer Medizin Verlag

Bosch, Gerhard (2009): Herausforderungen für das deutsche Berufsbildungssystem. In: Zimmer, Gerhard/Dehnbostel, Peter (Hrsg.): Berufsausbildung in der Entwicklung – Positionen und Leitlinien. Bielefeld: Bertelsmann Verlag. S. 47-67

Bremer, Rainer (2004): Erfassung beruflicher Kompetenzentwicklung und Identitätsbildung im Milieu großindustrieller Berufsausbildung. In: Dehnbostel, Peter/Pätzold, Günter (Hrsg.): Innovationen und Tendenzen der betrieblichen Berufsbildung. (Beiheft 18, Zeitschrift für Berufs- und Wirtschaftspädagogik). Stuttgart: Franz Steiner Verlag. S. 252-262

Breuer, Franz (2009): Reflexive Grounded Theory – Eine Einführung für die Forschungspraxis. Wiesbaden: VS Verlag für Sozialwissenschaften

Breuer, Klaus/Höhn, Katharina (1996): Forschungsprojekt: Entwicklung und Qualitätssicherung von praxis- und handlungsorientierten schriftlichen Abschlussprüfungen in kaufmännischen Ausbildungsberufen am Beispiel des neugeordneten Ausbildungsberufs Versicherungskaufmann/Versicherungskauffrau – Abschlußbericht. (Hrsg.): DIHT-Gesellschaft für berufliche Bildung – Organisation zur Förderung der IHK-Weiterbildung. Bielefeld: Bertelsmann Verlag

Breuer, Klaus/Höhn, Katharina (1997): Entwicklung von praxis- und handlungsorientierten Aufgaben zur schriftlichen Abschlußprüfung des neugeordneten Ausbildungsberufs „Versicherungskaufmann/-kauffrau". In: Schmidt, Jens U. (Hrsg.): Kaufmännische Prüfungsaufgaben – handlungsorientiert und komplex? – Konzepte und Aufgabenbeispiele für die Neugestaltung kaufmännischer Prüfungen (Berichte zur beruflichen Bildung, Bundesinstitut für

Berufsbildung, Der Generalsekretär (Hrsg.). Heft 204). Bielefeld: Bertelsmann Verlag. S. 81-103

Breuer, Klaus/Tauschek, Rüdiger (2008): Die Abbildung von Prozesskompetenz in der Abschlussprüfung für die neuen industriellen und handwerklichen Elektroberufe. In: Himpel, Frank u.a. (Hrsg.): Spektrum des Produktions- und Innovationsmanagements – Komplexität und Dynamik im Kontext von Interdependenzen und Kooperation. Wiesbaden: Gabler Verlag. S. 127-146

Brinker, Tobina (2009): Die Überprüfung überfachlicher Kompetenzen. In: von Richthofen, Anja/Lent, Michael (Hrsg.): Qualitätsentwicklung in Studium und Lehre (Blickpunkt Hochschuldidaktik, Band 119). Bielefeld: Bertelsmann Verlag. S. 148-156

Brötz, Rainer (1997): Welche Konsequenzen hat eine handlungsorientierte ganzheitliche Ausbildung in Schule und Betrieb für die Prüfung? In: Gewerkschaftliche Bildungspolitik, Heft 1997 – 3/4. Düsseldorf: DGB. S. 16-17

Brüggemann, Anette/Rohs, Matthias (2007): Reflexionshaltige Lernspots – Reflexionen an der Schnittstelle zwischen Arbeit und Lernen. In: Dehnbostel, Peter/Lindemann, Hans-Jürgen/Ludwig, Christoph (Hrsg.): Lernen im Prozess der Arbeit in Schule und Betrieb. Münster (u.a.): Waxmann Verlag. S. 275-290

Buckert, Andreas/Kluge, Michael (2006): Der Ausbilder als Coach – Motivierte Auszubildende am Arbeitsplatz. 3. Auflage, Köln: Fachverlag Deutscher Wirtschaftsdienst

Burger, Barbara/Saniter, Andreas (2009): Zertifizierung beruflicher Handlungskompetenzen im betrieblichen Kontext – Probleme der Operationalisierung und erste Lösungsansätze aus dem Modellversuch Move Pro Europe. In: Münck, Dieter/Severing Eckart (Hrsg.): Theorie und Praxis der Kompetenzfeststellung im Betrieb – Status quo und Entwicklungsbedarf. Schriften zur Berufsbildungsforschung der Arbeitsgemeinschaft, Berufsbildungsforschungsnetz (AG BFN). Bielefeld: Bertelsmann Verlag. S. 171-190

Busch, Jürgen/Kastner, Stefan (2008): Wirtschafts- und Sozialkunde für kaufmännische Ausbildungsberufe. Solingen: U-Form-Verlag

Corcilius-Kunz, Franz/Schulze, Frank (2005): Modulare Vermittlung von Querschnittsqualifikationen in der Ausbildung. In: Loebe, Herbert/Severing, Eckart (Hrsg.): Prozessorientierung in der Ausbildung –Ausbildung im Arbeitsprozess. (Band 39 Wirtschaft und Weiterbildung). Bielefeld: W. Bertelsmann Verlag. S. 123-143

Crisand, Ekkehard/Stephan, Pamela (1999): Personalbeurteilungssysteme – Ziele, Instrumente, Gestaltung. 2. Auflage. Heidelberg: Sauer-Verlag

Czycholl, Reinhard/Ebner, Hermann G. (2006): Handlungsorientierung in der Berufsbildung. In: Arnold, Rolf/Lipsmeier, Antonius (Hrsg.): Handbuch der Berufsbildung. 2. Auflage. Wiesbaden: VS Verlag für Sozialwissenschaften. S. 44-54

Dehnbostel, Peter (1996): Selbstorganisiertes Lernen in der betrieblichen Berufsbildung. In: Arbeitsgemeinschaft Berufsbildungsforschung; Diepold, Peter (Hrsg.): Berufliche Aus- und Weiterbildung – Konvergenzen/Divergenzen – neue Anforderungen/alte Strukturen. Beiträge zur Arbeitsmarkt- und Berufsforschung, zugleich Beiträge zur Berufsbildungsforschung der AG BFN Nr. 2. S. 62-66

Dehnbostel, Peter (2005): Zum Verhältnis von Arbeiten und Lernen in der betrieblichen Ausbildung. In: Loebe, Herbert/Severing, Eckart (Hrsg.): Prozessorientierung in der Ausbildung – Ausbildung im Arbeitsprozess. (Band 39 Wirtschaft und Weiterbildung). Bielefeld: W. Bertelsmann Verlag. S. 7-20

Dehnbostel, Peter (2006): Lernen am Arbeitsplatz in der modernen Produktion – Eine Frage der Strukturation. In: Clement, Ute/Lacher, Michael (Hrsg.): Produktionssysteme und Kompetenzerwerb – Zu den Veränderungen moderner Arbeitsorganisationen und ihre Auswirkungen auf die berufliche Bildung. Stuttgart: Franz Steiner Verlag. S. 133-146

Dehnbostel, Peter (2007): Die Rolle des Ausbilders angesichts veränderter Lern- und Ausbildungsanforderungen. In: Loebe, Herbert/Severing, Eckart (Hrsg.): Effizienz in der Ausbildung – Strategien und Best-Practice-Beispiele. (Band 41 Wirtschaft und Weiterbildung). Bielefeld: W. Bertelsmann Verlag. S. 153-160

Dehnbostel, Peter (2007a): Lernen im Prozess der Arbeit. In: Hanft, Anke (Hrsg.): Studienreihe Bildungs- und Wissenschaftsmanagement (Band 7). Münster: Waxmann Verlag

Dehnbostel, Peter (2008): Betriebliches Bildungsmanagement in der Entwicklung. In: Tagungsband 5. Fernausbildungskongress der HSU 2008

Dehnbostel, Peter (2009): Berufsausbildung – Durchlässigkeit und Bildungsstandards. In: Zimmer, Gerhard/Dehnbostel, Peter (Hrsg.): Berufsausbildung in der Entwicklung – Positionen und Leitlinien – Duales System, Schulische Ausbildung, Übergangssystem, Modularisierung, Europäisierung. Bielefeld: W. Bertelsmann Verlag S. 197-211

Dehnbostel, Peter (2010): Betriebliche Bildungsarbeit – kompetenzbasierte Aus- und Weiterbildung im Betrieb. In: Bonz, Bernhard/Nickolaus, Reinhold/ Schanz, Heinrich (Hrsg.): Studientexte – Basiscurriculum Berufs- und Wirtschaftspädagogik (Band 9). Baltmannsweiler: Schneider Verlag Hohengehren

Dehnbostel, Peter/Lindemann, Hans-Jürgen (2007): Kompetenzen und Bildungsstandards in der schulischen und betrieblichen Berufsbildung. In: Dehnbostel, Peter/Lindemann, Hans-Jürgen/Ludwig, Christoph (Hrsg.): Lernen im Prozess der Arbeit in Schule und Betrieb. Münster u.a.: Waxmann Verlag. S. 179-197

Dehnbostel, Peter/Meister, Jörg (2002): Einleitung: Essentials und Überblick. In: Dehnbostel, Peter/Elsholz, Uwe/Meister, Jörg/Meyer-Menk, Julia (Hrsg.): Vernetzte Kompetenzentwicklung – Alternative Positionen zur Weiterbildung. Berlin: edition sigma. S. 11-27

Dehnbostel, Peter/Pätzold, Günter (2004): Lernförderliche Arbeitsgestaltung und die Neuorientierung betrieblicher Bildungsarbeit. In: Dehnbostel, Peter/ Pätzold, Günter: Innovationen und Tendenzen der betrieblichen Berufsbildung (Zeitschrift für Berufs- und Wirtschaftspädagogik: Beiheft 18). Stuttgart: Franz Steiner Verlag. S. 19-30

Diekmann, Andreas (2009): Empirische Sozialforschung – Grundlagen, Methoden, Anwendungen. In: König, Burghard (Hrsg.): rowohlts enzyklopädie. 20. Auflage. Hamburg: Rowohlt Verlag

Dietz, Matthias (2003): Entwicklung einer integrativen Prüfung und Messung beruflicher Kompetenzen (Maurer/-in). In: Meyser, Johannes (Hrsg.): Kompetenz für die Baupraxis: Ausbilden – Lernen – Prüfen. Konstanz: Verlag Dr.-Ing. Paul Christiani. S. 183-195

Dittmar, Norbert (2009): Transkription – Ein Leitfaden mit Aufgaben für Studenten, Forscher und Laien. In: Bohnsack, Ralf u.a. (Hrsg.): Qualitative Sozialforschung (Band 10). 3. Auflage. Wiesbaden: VS Verlag für Sozialwissenschaften

Dobischat, Rolf/Milolaza, Anita/Stender, Axel (2009): Vollzeitschulische Berufsausbildung – eine gleichwertige Alternative zur dualen Berufsausbildung? In: Zimmer, Gerhard/ Dehnbostel, Peter (Hrsg.): Berufsausbildung in der Entwicklung – Positionen und Leitlinien. Bielefeld: Bertelsmann Verlag. S. 127-151

Dörig, Roman (1996): Ersetzen Schlüsselqualifikationen das Wissen? In: Gonon, Philipp (Hrsg.): Schlüsselqualifikationen kontrovers. (Pädagogik bei Sauerländer; Band 23: Schwerpunkt: Bildung, Betrieb, Schule). Aarau: Verlag für Berufsbildung Sauerländer. S. 81-88

Dorn, Barbara/Nackmayr, Tanja (2005): Das neue Berufsbildungsgesetz – Die Novellierung aus Sicht der Arbeitgeber. In: Bundesvereinigung der Deutschen Arbeitgeberverbände – BDA, Berlin (Hrsg.): Reihe BDAktuell Nr. 14. Berlin: Verlag GDA – Gesellschaft für Marketing und Service der Deutschen Arbeitgeber

Dostal, Werner (2002): Beruflichkeit in der Wissensgesellschaft. In: Wingens, Matthias/ Sackmann, Reinhold (Hrsg.): Bildung und Beruf – Ausbildung und berufsstruktureller Wandel in der Wissensgesellschaft. Weinheim/München: Juventa Verlag. S. 177-194

Dresing, Thorsten/Pehl, Thorsten (2012): Praxisbuch Interview & Transkription – Regelsysteme und Anleitungen für qualitative ForscherInnen. 4. Auflage. Marburg: Eigenverlag

Dubs, Rolf (1996): Schlüsselqualifikationen – werden wir erneut um eine Illusion ärmer? In: Gonon, Philipp (Hrsg.): Schlüsselqualifikationen kontrovers. (Pädagogik bei Sauerländer; Band 23: Schwerpunkt: Bildung, Betrieb, Schule). Aarau: Verlag für Berufsbildung Sauerländer. S. 49-57

Dubs, Rolf (2006): Entwicklung von Schlüsselqualifikationen in der Berufsschule. In: Arnold, Rolf/Lipsmeier, Antonius (Hrsg.): Handbuch der Berufsbildung. Wiesbaden: VS Verlag für Sozialwissenschaften. S. 191-203

Ebbinghaus, Margit (2002): Gestaltungsoffene Abschlussprüfung – Ergebnisse einer Prüferbefragung im Ausbildungsberuf Mediengestalter/Mediengestalterin für Digital- und Printmedien. In: Bundesinstitut für Berufsbildung, Der Generalsekretär (Hrsg.): Schriftenreihe des Bundesinstituts für Berufsbildung. Bielefeld: Bertelsmann Verlag

Ebbinghaus, Margit (2004): Prüfungsformen der Zukunft? Prüfungsformen mit Zukunft – Projektarbeit und ganzheitliche Aufgabe – zweite Evaluation der Abschlussprüfung in den IT-Berufen. In: Bundesinstitut für Berufsbildung, Der Generalsekretär (Hrsg.): Schriftenreihe des Bundesinstituts für Berufsbildung (Berichte zur Beruflichen Bildung, Heft 267). Bielefeld: Bertelsmann Verlag

Ebbinghaus, Margit/Görmar, Gunda/Stöhr, Andreas (2001): Evaluiert: Projektarbeit und Ganzheitliche Aufgabe – Ergebnisbericht zur Evaluation der Abschlussprüfungen in den vier IT-Berufen. In: Bundesinstitut für Berufsbildung, Der Generalsekretär (Hrsg.): Schriftenreihe des Bundesinstituts für Berufsbildung. Bielefeld: Bertelsmann Verlag

Ebbinghaus, Margit/Schmidt, Jens U. (1999): Prüfungsmethoden und Aufgabenarten. In: Bundesinstitut für Berufsbildung, Der Generalsekretär (Hrsg.): Schriftenreihe des Bundesinstituts für Berufsbildung. Bielefeld: Bertelsmann Verlag

Eid, Michael/Gollwitzer, Mario/Schmitt, Manfred (2011): Statistik und Forschungsmethoden. 2. Auflage. Weinheim/Basel: Beltz Verlag

Elsholz, Uwe (2002): Kompetenzentwicklung zur reflexiven Handlungsfähigkeit. In: Dehnbostel, Peter/Elsholz, Uwe/Meister, Jörg/Meyer-Menk, Julia (Hrsg.): Vernetzte Kompetenzentwicklung – Alternative Positionen zur Weiterbildung. Berlin: edition sigma. S. 31-43

Emde, Raimond (2009): Vertriebsrecht Kommentierung zu §§ 84 bis 92c HGB – Handelsvertreterrecht, Vertragshändlerrecht, Franchiserecht. Berlin: De Gruyter Rechtswissenschaften Verlags-GmbH

Erpenbeck, John (2004): Erfahrungswerte – Werterfahrung. Nichtlimitierbarkeit und berufliche Bildung. In: Dehnbostel, Peter/Pätzold, Günter (Hrsg.): Innovationen und Tendenzen der betrieblichen Berufsbildung. (Beiheft 18, Zeitschrift für Berufs- und Wirtschaftspädagogik). Stuttgart: Franz Steiner Verlag. S. 43-54

Erpenbeck, John/Rosenstiel, Lutz von (Hrsg.) (2007): Handbuch Kompetenzmessung – Erkennen, verstehen und bewerten von Kompetenzen in der betrieblichen, pädagogischen und psychologischen Praxis. 2. Auflage. Stuttgart: Schäffer-Poeschel Verlag

Euler, Dieter (1997): Förderung von Sozialkompetenzen – Eine Überforderung für das duale System? In: Euler, Dieter/Sloane, Peter F. E. (Hrsg.): Duales System im Umbruch – Eine Bestandsaufnahme der Modernisierungsdebatte. (Wirtschaftspädagogisches Forum. Band 2). Pfaffenweiler: Centaurus-Verlagsgesellschaft. S. 263-288

Euler, Dieter (2007a): Ausbildungscontrolling und Qualitätssicherung. In: Loebe, Herbert/Severing, Eckart (Hrsg.): Effizienz in der Ausbildung – Strategien und Best-Practice-Beispiele. (Band 41 Wirtschaft und Weiterbildung). Bielefeld: W. Bertelsmann Verlag. S. 199-211

Euler, Dieter (2009): Flexible Ausbildungswege in der dualen Berufsausbildung. In: Zimmer, Gerhard/Dehnbostel, Peter (Hrsg.): Berufsausbildung in der Entwicklung – Positionen und Leitlinien. Bielefeld: Bertelsmann Verlag. S. 87-97

Euler, Dieter/Severing, Eckart (2007): Flexible Ausbildungswege in der Berufsbildung – Ziele Modelle Maßnahmen. In: Loebe, Herbert/Severing, Eckart (Hrsg.): Wirtschaft und Bildung (Band 46). Bielefeld: W. Bertelsmann Verlag

Farny, Dieter (1995): Versicherungsbetriebslehre. 2. Auflage. Karlsruhe: Verlag Versicherungswirtschaft

Flick, Uwe (2007): Qualitative Sozialforschung – Eine Einführung. Reinbek bei Hamburg: Rowohlt Verlag

Flick, Uwe (2008): Triangulation – Eine Einführung. In: Bohnsack, Ralf u.a. (Hrsg.): Qualitative Sozialforschung (Band 12). 2. Auflage. Wiesbaden: VS Verlag für Sozialwissenschaften

Frank, Irmgard (2011): Kompetenzorientierung in der Berufsbildung – Anforderungen an Prüfungen. In: Bahlinger, Sandra/Münchhausen, Gesa (Hrsg.): Validierung von Lernergebnissen – Recognition and Validation of

Prior Learning. (Schriftenreihe des Bundesinstitutes für Berufsbildung Bonn: Berichte zur beruflichen Bildung). Bielefeld: W. Bertelmann Verlag. S. 425-441

Froschauer, Ulrike/Lueger, Manfred (2003): Das qualitative Interview. Wien: Facultas Verlag

Fürstenwerth, Frank von/Weiß, Alfons (1997): Versicherungsalphabet – Begriffserläuterungen der Versicherung aus Theorie und Praxis. 9. Auflage. Karlsruhe: Verlag Versicherungswirtschaft

Geißler, Harald (2000): Organisationspädagogik – Umrisse einer neuen Herausforderung. München: Vahlen

Georg, Walter/Sattel, Ulrike (2006): Berufliche Bildung, Arbeitsmarkt und Beschäftigung. In: Arnold, Rolf/Lipsmeier, Antonius (Hrsg.): Handbuch der Berufsbildung. Wiesbaden: VS Verlag für Sozialwissenschaften. S. 125-152

Geuenich, Bettina (2004): Schneller & leichter Lernen – Prüfungen bestehen – Denkblockaden überwinden und Erfolg steigern. München: Compact Verlag

Gillen, Julia (2004): Kompetenzanalysen in der betrieblichen Bildung – betriebspädagogische Bezüge und Gestaltungsaspekte. In: Dehnbostel, Peter/Pätzold, Günter (Hrsg.): Innovationen und Tendenzen der betrieblichen Berufsbildung. (Beiheft 18, Zeitschrift für Berufs- und Wirtschaftspädagogik). Stuttgart: Franz Steiner Verlag. S. 76-85

Gillen, Julia (2009): Kompetenzfeststellung als Chance zur Selbstreflexion – was können und sollen Kompetenzfeststellungen zur Förderung von Reflexivität leisten? In: Münck, Dieter/Severing Eckart (Hrsg.): Theorie und Praxis der Kompetenzfeststellung im Betrieb – Status quo und Entwicklungsbedarf. Schriften zur Berufsbildungsforschung der Arbeitsgemeinschaft Berufsbildungsforschungsnetz (AG BFN). Bielefeld: Bertelsmann Verlag. S. 107-120

Gillen, Julia/Dehnbostel, Peter (2007): Der Kompetenzreflektor – Ein Verfahren zur Analyse und Reflexion von Kompetenzen. In: Erpenbeck, John/Rosenstiel, Lutz von (Hrsg.): Handbuch Kompetenzmessung – Erkennen, verstehen und bewerten von Kompetenzen in der betrieblichen, pädagogischen und psychologischen Praxis. 2. Auflage, Stuttgart: Schäffer-Poeschel Verlag, S. 459-471

Göhlich, Michael (2010): Organisationspädagogik als Theorie, Empirie und Praxis. In: Heidsiek, Charlotte/Petersen, Jandrik (Hrsg.): Organisationslernen im 21. Jahrhundert – Festschrift für Harald Geißler. (Bildung und Organisation, Band 23). Frankfurt am Main: Peter Lang. S. 19-29

Gresse, Werner (1969): Das neue Berufsbildungsgesetz in der Ausbildungspraxis des Handwerks – Leitfaden für Lehrbetriebe und die Handwerksorganisation. 2. Auflage. Bad Wörishofen: Verlagshaus Hans Holzmann

Gresse, Werner (1971): Das neue Berufsbildungsgesetz in der Ausbildungspraxis des Handwerks – Leitfaden für Lehrbetriebe und die Handwerksorganisation. 5. Auflage. Bad Wörishofen: Verlagshaus Hans Holzmann

Gudjons, Herbert (2006): Neue Unterrichtskultur – veränderte Lehrerrolle. Bad Heilbrunn: Verlag Julius Klinkhardt

Gudjons, Herbert (2007): Frontalunterricht neu entdeckt – Integration in offene Unterrichtsformen. 2. Auflage. Bad Heilbrunn: Verlag Julius Klinkhardt

Gudjons, Herbert (2008): Handlungsorientiert lehren und lernen – Schüleraktivierung, Selbsttätigkeit, Projektarbeit. 7. Auflage. Bad Heilbrunn: Verlag Julius Klinkhardt

Haas, Ulrich (2007): Der Systemische Ansatz SOL (Selbstorganisiertes Lernen) in berufsbildenden Schulen. In: Dehnbostel, Peter/Lindemann, Hans-Jürgen/ Ludwig, Christoph (Hrsg.): Lernen im Prozess der Arbeit in Schule und Betrieb. Münster (u.a.): Waxmann Verlag. S. 87-108

Haase, Horst/Richard, Heinz/Wagner, Horst (1970): Berufsbildungsgesetz mit Schriftlichem Bericht des Bundesausschusses für Arbeit und mit Erläuterungen. Köln: Bund-Verlag

Haase, Klaudia (2009): Kompetenzfeststellung in europäischen Unternehmen: Verfahren und Verwertbarkeit. In: Münck, Dieter/Severing Eckart (Hrsg.): Theorie und Praxis der Kompetenzfeststellung im Betrieb – Status quo und Entwicklungsbedarf. Schriften zur Berufsbildungsforschung der Arbeitsgemeinschaft Berufsbildungsforschungsnetz (AG BFN). Bielefeld: Bertelsmann Verlag. S. 191-214

Haasler, Bernd/Rauner, Felix (2010): Messen beruflicher Kompetenz: Konzept einer Large-Scale-Untersuchung und erste empirische Ergebnisse. In: Münck, Dieter/ Schelten, Andreas (Hrsg.): Kompetenzermittlung für die Berufsbildung – Verfahren, Probleme und Perspektiven im nationalen, europäischen und internationalen Raum. (Schriftenreihe des Bundesinstituts für Berufsbildung Bonn: Berichte zur beruflichen Bildung, Band 8). Bielefeld: Bertelsmann Verlag. S. 77-99

Halfpap, Klaus (1988): Dokumentation über die Lernbüro-Arbeit im Bildungsgang der Höheren Handelsschule im Rahmen des Modellversuchs Lernbüro. In: BLK-Modellversuch (Nr. 84 020 019). Münster: Der Regierungspräsident

Heid, Helmut/Harteis, Christian (2004): Zur Vereinbarkeit ökonomischer und pädagogischer Prinzipien in der modernen betrieblichen Personal- und Organisationsentwicklung. In: Dehnbostel, Peter/Pätzold, Günter (Hrsg.): Innovationen und Tendenzen der betrieblichen Berufsbildung. (Beiheft 18, Zeitschrift für Berufs- und Wirtschaftspädagogik). Stuttgart: Franz Steiner Verlag. S. 222-231

Heimerer, Leo/Schelten, Andreas/Schießl, Otmar (1996): Abschlußbericht zum Modellversuch „Fächerübergreifender Unterricht in der Berufsschule" (FügrU). In: Staatsinstitut für Schulpädagogik und Bildungsforschung München (Hrsg.): Arbeitsbericht Nr. 274. München: Alfred Hintermaier Verlag

Helfferich, Cornelia (2009): Die Qualität qualitativer Daten – Manual für die Durchführung qualitativer Interviews. 3. Auflage. Wiesbaden: VS Verlag für Sozialwissenschaften

Hennecke, Marcus (2008): Kompetenzentwicklung in der Ausbildung: Mode oder Methode? In: Schwuchow, Karlheinz/Gutmann, Joachim (Hrsg.): Jahrbuch Personalentwicklung 2008 – Ausbildung, Weiterbildung, Management Development. Köln: Luchterhand-Fachverlag, S. 108-119

Hensge, Kathrin/Lorig, Barbara/Schreiber, Daniel (2009): Abschlussbericht – BIBB-Forschungsprojekt 4.3.201 (JFP 2006): Kompetenzstandards in der Berufsausbildung.

Hensge, Kathrin/Lorig, Barbara/Schreiber, Daniel (2010): Ausbildungsberufe kompetenzbasiert gestalten – Ein Konzeptvorschlag für die Neuordnung und Modernisierung von Berufen. In: Berufsbildung in Wissenschaft und Praxis (Heft 2/2010). Bielefeld: Bertelsmann Verlag. S. 47-50

Hensgen, Anne/Blum, Franz/Krechting, Bernd (1997): Erfassung beruflicher Handlungskompetenz bei angehenden Bürokaufleuten: Bericht über ein Pilotprojekt und einen darauf aufbauenden Modellversuch. In: Schmidt, Jens U. (Hrsg.): Kaufmännische Prüfungsaufgaben – handlungsorientiert und komplex? – Konzepte und Aufgabenbeispiele für die Neugestaltung kaufmännischer Prüfungen (Berichte zur beruflichen Bildung, Bundesinstitut für Berufsbildung, Der Generalsekretär (Hrsg.). Heft 204). Bielefeld: Bertelsmann Verlag. S. 135-164

Hensgen, Anne/Korswird, Ralf/Krechting, Bernd/Schmidt, Jens U./Schierhold, Ulrike/ Fortmann, Heinz/Risse, Wolfgang (2000): Kaufleute handlungsorientiert ausbilden und prüfen. In: Bundesinstitut für Berufsbildung, Der Generalsekretär (Hrsg.): Berichte zur beruflichen Bildung (Heft 235). Bielefeld: Bertelsmann Verlag

Herkert, Josef/Töltl, Harald (2010): Berufsbildungsgesetz – Kommentar mit Nebenbestimmungen. 73. Auflage. Regensburg/Berlin: Walhalla Fachverlag

Heymann, Hans Werner (1999): Zur Aktualität der Bildungsperspektive für die Berufs- und Wirtschaftspädagogik. In: Tramm, Tade u.a. (Hrsg.): Professionalisierung kaufmännischer Berufsbildung – Beiträge zur Öffnung der Wirtschaftspädagogik für die Anforderungen des 21. Jahrhunderts. Frankfurt a.M. u.a.: Peter Lang Europäischer Verlag der Wissenschaften. S. 16-31

Heyse, Volker/Erpenbeck, John/Max, Horst (Hrsg.) (2004): Kompetenzen – erkennen, bilanzieren und entwickeln. Münster: Waxmann Verlag

Heyse, Volker/Erpenbeck, John (2009): Kompetenztraining – 64 Modulare Informations- und Trainingsprogramme für die betriebliche, pädagogische und psychologische Praxis. 2. Auflage. Stuttgart: Schäffer-Poeschel Verlag

Hoch, Ernst (1938): Die Kaufmannsgehilfenprüfungen der deutschen Industrie- und Handelskammern 1938. Berlin: Verlag Robert Klett

Hoch, Hans-Dieter (2003): Handlungsorientiert prüfen in der Bauwirtschaft. In: Meyser, Johannes (Hrsg.): Kompetenz für die Baupraxis: Ausbilden – Lernen – Prüfen. Konstanz: Verlag Dr.-Ing. Paul Christiani. S. 149-157

Höhn, Katharina (2002): Struktur- und Prozessinnovationen in pädagogischen Handlungsfeldern – Entwicklung, Implementation und Evaluation einer beruflichen Abschlussprüfung über den Zugang der systemdynamischen Modellbildung. (Konzepte des Lehrens und Lernens, Band 6). Zugl.: Universität Mainz, Diss., 2001. Frankfurt am Main: Peter Lang Europäischer Verlag der Wissenschaft

Holthausen, Hubert u.a. (2006): Erläuterungen zur Verordnung über die Berufsausbildung – Kaufmann für Versicherungen und Finanzen / Kauffrau für Versicherungen und Finanzen. Karlsruhe: Verlag Versicherungswirtschaft

Hopf, Christel (2000): Qualitative Interviews – Ein Überblick. In: u.a. Flick, Uwe (Hrsg.): Qualitative Forschung – Ein Handbuch. Reinbek: Rowohlt Verlag. S. 349-360

Huber, Günter (1998): Das Arbeitszeugnis in Recht und Praxis – Rechtsgrundlagen, Formulierungshilfen, Textbausteine, Musterzeugnisse und Zeugnisanalyse. 6. Auflage. Freiburg i. Br./Berlin/ München: Haufe-Verlagsgruppe

Hümmerich, Klaus/Boecken, Winfried/Düwell, Franz Josef (2008): AnwaltKommentar Arbeitsrecht. Band 2. Bonn: Deutscher Anwaltverlag

Ingenkamp, Karlheinz/Lissmann, Urban (2008): Lehrbuch der pädagogischen Diagnostik. 6. Auflage. Weinheim/Basel: Belz Verlag

Jahn, Stephanie (2006): Arbeitszeugnisse – Ist das Arbeitszeugnis die Visitenkarte für den Arbeitnehmer? Saarbrücken: VDM Verlag Dr. Müller

Jung, Hans (2008): Personalwirtschaft. 8. Auflage. München: Oldenbourg Verlag

Junge, Annette/Reglin, Thomas (2005): Arbeits- und geschäftsprozessorientierte Aus- und Weiterbildung: Neue Herausforderungen für die berufliche Bildung. In: Loebe, Herbert/ Severing, Eckart (Hrsg.): Prozessorientierung in der Ausbildung –Ausbildung im Arbeitsprozess. (Band 39 Wirtschaft und Weiterbildung). Bielefeld: W. Bertelsmann Verlag. S. 21-34

Kadishi, Bernadette (2008): Schlüsselkompetenzen erfassen und entwickeln – Theoretische Aspekte und ein praktisches Instrument. In: Thom, Norbert/ Zaugg, Robert J. (Hrsg.): Moderne Personalentwicklung – Mitarbeiter-potenziale erkennen, entwickeln und fördern. 3. Auflage. Wiesbaden: Gabler GWV Fachverlag. S. 175-189

Kaiser, Franz-Josef (Hrsg.) (1987): Handlungsorientiertes Lernen in Kaufmännischen Berufsschulen – Didaktische Grundlegung und Realisierungsmöglichkeiten für die Arbeit im Lernbüro. Bad Heilbrunn: Verlag Julius Klinkhardt

Käppeli, Michael (2001): Förderung von Handlungskompetenzen durch die Gestaltung gemässigt-konstruktivistischer Lehr-Lern-Prozesse – Zusammenführung von Erkenntnissen aus der konstruktiv-kritischen Auseinandersetzung mit den verschiedenen Paradigmen des Lehrens und Lernens. Bamberg: Difo-Druck. (zugl. Diss. Universität St. Gallen, 2001)

Kastner, Stefan (2007): Kaufmann/Kauffrau für Versicherungen und Finanzen. Solingen: U-Form-Verlag

Kistner, Klaus-Peter/Steven, Marion (2002): Betriebswirtschaftslehre im Grundstudium 1 – Produktion Absatz Finanzierung. 4. Auflage. Heidelberg: Physica-Verlag

Kleinaltenkamp, Michael/Plinke, Wulff (2000): Technischer Vertrieb – Grundlagen des Business-to-Business Marketing. 2. Auflage. Berlin/Heidelberg: Springer Verlag

Kloft, Carmen (1996): Qualitätskriterien bei der Bewertung offener schriftlicher Aufgaben. In: Bundesinstitut für Berufsbildung. Der Generalsekretär (Hrsg.): Berufliche Bildung – Kontinuität und Innovation – Herausforderungen, Perspektiven und Möglichkeiten beim Start ins nächste Jahrhundert (Dokumentation des 3. BBIB-Fachkongresses, Teil II). Bielefeld: Bertelsmann Verlag. S. 896-899

Knopp, Anton/Kraegeloh, Wolfgang (1978): Berufsbildungsgesetz – Ausbildungsplatzförderungsgesetz (Heymanns Taschenbuchkommentar). Köln: Carl Heymanns Verlag

Koch, Johannes (2005): Arbeitsprozessorientierte Ausbildungsordnungen umsetzen. In: Loebe, Herbert/Severing, Eckart (Hrsg.): Prozessorientierung in der Ausbildung – Ausbildung im Arbeitsprozess. (Band 39 Wirtschaft und Weiterbildung). Bielefeld: W. Bertelsmann Verlag. S. 35-44

Koch, Peter/Holthausen, Hubert (2006): Rechtsfragen zum Versicherungsvertrag – Von der Anbahnung bis zur Leistungserstellung. In: Berufsbildungswerk der Deutschen Versicherungswirtschaft (BWV) (Hrsg.): Ausbildungsliteratur. Karlsruhe: Verlag Versicherungswirtschaft

Kolter, Philip/Armstrong, Gary/Wong, Veronica/Saunders, John (2011): Grundlagen des Marketings. 5. Auflage. München: Pearson Studium

Kowalak, Horst/Semmler, Otto/Viehof, Hanshorst (1972): Für eine bessere Berufsbildung. In: Deutscher Gewerkschaftsbund, Abteilung Jugend (Hrsg.): Arbeitsheft zum Berufsbildungsgesetz. 2. Auflage. Düsseldorf: WI-Druck

Kraft, Susanne (2002): Selbstgesteuertes Lernen – kritische Anmerkungen zu einem scheinbar unstrittigen Konzept. In: Wingens, Matthias/Sackmann, Reinhold (Hrsg.): Bildung und Beruf – Ausbildung und berufsstruktureller Wandel in der Wissensgesellschaft. Weinheim/München: Juventa Verlag. S. 195-211

Krug, Rudolf (2006): Ein Plädoyer für die konsequente Umsetzung gestaltungsoffener Ausbildungsordnungen. In: Loebe, Herbert/Severing, Eckart: Europäisierung der Ausbildung – Ergebnisse einer Fachtagung des Forschungsinstituts Betriebliche Bildung und des Zentrums für Ausbildungsmanagement Bayern. (Band 38 Wirtschaft und Weiterbildung). Bielefeld: W. Bertelsmann Verlag. S. 55-67

Krug, Rudolf (2007): Neue Prüfungsformen – Neue Möglichkeiten für Unternehmen und Auszubildende. In: Loebe, Herbert/Severing, Eckart (Hrsg.): Effizienz in der Ausbildung – Strategien und Best-Practice-Beispiele. (Band 41 Wirtschaft und Weiterbildung). Bielefeld: W. Bertelsmann Verlag. S. 131-136

Küppers, Bert/Leuthold, Dieter/Pütz, Helmut (2001): Handbuch Berufliche Aus- und Weiterbildung – Leitfaden für Betriebe, Schulen, Ausbildungsstätten und Hochschulen. München: Verlag Franz Vahlen

Kuckartz, Udo (1999): Computergestützte Analyse qualitativer Daten – Eine Einführung in Methoden und Arbeitstechniken. Opladen u.a.: Westdeutscher Verlag

Kuckartz, Udo (2010): Einführung in die computergestützte Analyse qualitativer Daten. 3. Auflage. Wiesbaden: VS Verlag für Sozialwissenschaften

Kuckartz, Udo/Dresing, Thorsten/Rädiker, Stefan/Stefer, Claus (2008): Qualitative Evaluation – Der Einstieg in die Praxis. 2. Auflage. Wiesbaden: VS Verlag für Sozialwissenschaften

Kupka, Peter (2006): Arbeitsmarkt- und Berufsforschung. In: Arnold, Rolf/Lipsmeier, Antonius (Hrsg.): Handbuch der Berufsbildung. Wiesbaden: VS Verlag für Sozialwissenschaften. S. 628-643

Lacher, Michael/Clement, Ute (2006): Berufspädagogische Konsequenzen aus arbeitsorganisatorischen und bildungspolitischen Veränderungen – Ein Plädoyer für Kompetenzorientierung in der beruflichen Bildung. In: Clement, Ute/Lacher, Michael (Hrsg.): Produktionssysteme und Kompetenzerwerb – Zu den Veränderungen moderner Arbeitsorganisationen und ihre Auswirkungen auf die berufliche Bildung. Stuttgart: Franz Steiner Verlag. S. 193-207

Lamnek, Siegfried (1995): Qualitative Sozialforschung. Band 1: Methodologie. 3. Auflage. Weinheim: Psychologie Verlags Union

Lamnek, Siegfried (2005): Qualitative Sozialforschung – Lehrbuch. 4. Auflage. Weinheim: Beltz Verlag

Lamnek, Siegfried (2010): Qualitative Sozialforschung – Lehrbuch. 5. Auflage. Weinheim/Basel: Beltz Verlag

Laur-Ernst, Ute (1996): Schlüsselqualifikationen in Deutschland – ein ambivalentes Konzept zwischen Ungewissheitsbewältigung und Persönlichkeitsbildung. In: Gonon, Philipp (Hrsg.): Schlüsselqualifikationen kontrovers. (Pädagogik bei Sauerländer; Band 23: Schwerpunkt: Bildung, Betrieb, Schule). Aarau: Verlag für Berufsbildung Sauerländer. S. 17-23

Laux, Manfred (2006): Flexibilität in der Ausbildungsgestaltung bei der Audi AG. In: Loebe, Herbert/Severing, Eckart: Europäisierung der Ausbildung – Ergebnisse einer Fachtagung des Forschungsinstituts Betriebliche Bildung und des Zentrums für Ausbildungsmanagement Bayern. (Band 38 Wirtschaft und Weiterbildung). Bielefeld: W. Bertelsmann Verlag. S. 69-76

Lindemann, Hans-Jürgen (2007): Selbstorganisiertes Lernen und arbeitsbezogene Lehrerfortbildung – zum Wandel berufsschulischer Bildungsarbeit. In: Dehnbostel, Peter/Lindemann, Hans-Jürgen/Ludwig, Christoph (Hrsg.): Lernen im Prozess der Arbeit in Schule und Betrieb. Münster (u.a.): Waxmann Verlag. S. 17-38

Lipsmeier, Antonius (1996): Politik, Recht und Organisation der beruflichen Bildung. In: u.a. Arnold, Rolf (Hrsg.): Berufspädagogik kompakt – Prüfungsvorbereitung auf den Punkt gebracht. Berlin: Cornelsen Verlag. Punkt 41-60

List, Karl-Heinz (2001): Auszubildende richtig beurteilen – Ausbildungszeugnisse schreiben mit System – Checklisten zur Eignungsbeurteilung. Regensburg/ Berlin: Walhalla-Fachverlag

Lorig, Barbara u.a. (2010): Kompetenzbasierte Prüfungen im Dualen System – Bestandsaufnahme und Gestaltungsperspektiven. Projektbeschreibung (BIBB): Forschungsprojekt 4.2.333 (JFP 2010).

Ludwig, Joachim (2002): Kompetenzentwicklung – Lerninteressen – Handlungsfähigkeit. In: Dehnbostel, Peter/Elsholz, Uwe/Meister, Jörg/Meyer-Menk, Julia (Hrsg.): Vernetzte Kompetenzentwicklung – Alternative Positionen zur Weiterbildung. Berlin: edition sigma. S. 95-110

Mayring, Philipp (2002): Einführung in die Qualitative Sozialforschung – Eine Anleitung zu qualitativem Denken. 5. Auflage. Weinheim/Basel: Beltz Verlag

Mayring, Philipp (2008): Qualitative Inhaltsanalyse – Grundlagen und Techniken. 10. Auflage. Weinheim/Basel: Beltz Verlag

Mertens, Claudia (2008): Schlüsselkompetenzförderung. In: Schriftenreihe des Instituts für Kompetenzförderung der Hochschule Ostwestfalen-Lippe (Hrsg.), Nr. 3. (zugl. Diss. Universität Bielefeld, 2008)

Michel, Stefan/Pifko, Clarisse (2011): Marketingkonzept – Grundlagen mit zahlreichen Beispielen, Repetitionsfragen mit Antworten und Glossar. 3. Auflage. Zürich: Compendio Bildungsmedien AG

Minnameier, Gerhard/Berg, Sarah (2010): Kompetenzmodellierung und kompetenzorientierte Prüfungen – Zur Frage der Substanz und der Komponenten von Kompetenzen. In: Münck, Dieter/Schelten, Andreas (Hrsg.): Kompetenzermittlung für die Berufsbildung – Verfahren, Probleme und Perspektiven im nationalen, europäischen und internationalen Raum. (Schriftenreihe des Bundesinstituts für Berufsbildung Bonn: Berichte zur beruflichen Bildung, Band 8). Bielefeld: Bertelsmann Verlag. S. 173-185

Miroschnik, Ralf (2010): Bildungsmanagement der betrieblichen Berufsausbildung – Ein didaktisches Strukturmodell dialogischer Berufsbildung. (Berufspädagogik, Band 6). Landau: Verlag Empirische Pädagogik

Müller, Robert/Brenner, Doris (2006): Mitarbeiterbeurteilungen und Zielvereinbarungen – Von der Planung über die Durchführung bis zur Auswertung. Landsberg am Lech: mi-Fachverlag

Münch, Joachim (2006): Berufsbildungspolitik. In: Arnold, Rolf/Lipsmeier, Antonius (Hrsg.): Handbuch der Berufsbildung. Wiesbaden: VS Verlag für Sozialwissenschaften. S. 485-498

Münck, Dieter/Reglin, Thomas (2009): Theorie und Praxis der Kompetenzfeststellung im Betrieb – Status quo und Entwicklungsbedarf. In: Münck, Dieter/Severing Eckart (Hrsg.): Theorie und Praxis der Kompetenzfeststellung im Betrieb – Status quo und Entwicklungsbedarf. Schriften zur Berufsbildungsforschung der Arbeitsgemeinschaft Berufsbildungsforschungsnetz (AG BFN). Bielefeld: Bertelsmann Verlag. S. 5-15

Nareuisch, Andreas (2008): Die Prüfung der Kaufleute für Versicherungen und Finanzen. Ludwigshafen (Rhein): Friedrich Kiehl Verlag

Nareuisch, Andreas (2009): Kaufmann/Kauffrau für Versicherungen und Finanzen – Prüfungstrainer Abschlussprüfung – Aufgabenteil. 2. Auflage. Solingen: U-Form-Verlag

Nareuisch, Andreas (2009a): Kaufmann/Kauffrau für Versicherungen und Finanzen – Prüfungstrainer Abschlussprüfung – Lösungsteil. 2. Auflage. Solingen: U-Form-Verlag

Nerdinger, Friedmann W. (2001): Psychologie des persönlichen Verkaufs. München: Oldenbourg Wissenschaftsverlag

Nolte, Herbert/Röhrs, Hans-Joachim (1979): Das Berufsbildungsgesetz – Text und Diskussion 1969-1979. In: Dietrich, Theo/Reble, Albert (Hrsg.): Klinkhardts Pädagogische Quellentexte. Bad Heilbrunn/Obb.: Verlag Julius Klinkhardt

Noß, Martina (2000): Selbstgesteuertes Lernen am Arbeitsplatz – Theoretische Überlegungen und empirische Ergebnisse zur Ausbildung von Bankkaufleuten. Wiesbaden: Deutscher Universitäts-Verlag. (zugl. Diss. Universität Göttingen, 2000)

Obrist, Willy/Städeli, Christoph (2010): Prüfen und Bewerten in Schule und Betrieb. Bern: hep verlag

Ott, Bernd (1996): Didaktik und Methodik der beruflichen Bildung. In: u.a. Arnold, Rolf (Hrsg.):Berufspädagogik kompakt – Prüfungsvorbereitung auf den Punkt gebracht. Berlin: Cornelsen Verlag. Punkt 21-40

Ott, Bernd (2007): Grundlagen des beruflichen Lernens und Lehrens – Ganzheitliches Lernen in der beruflichen Bildung. 3. Auflage. Berlin: Cornelsen Verlag

Pabst, Antje (2009): Berufliche Handlungsräume als Organisations- und Entwicklungsformen individueller Handlungsfähigkeit in der Erwerbsarbeit. In: Zimmer, Gerhard/ Dehnbostel, Peter (Hrsg.): Berufsausbildung in der Entwicklung – Positionen und Leitlinien – Duales System, Schulische Ausbildung, Übergangssystem, Modularisierung, Europäisierung. Bielefeld: W. Bertelsmann Verlag S. 165-179

Pätzold, Günter (1982): Quellen und Dokumente zur Geschichte des Berufsbildungsgesetzes 1875-1981. In: Stratmann, Karlwilhelm (Hrsg.): Quellen und Dokumente der Berufsbildung in Deutschland. (Reihe A, Band 5) Köln: Böhlau Verlag

Pätzold, Günter u.a. (2003): Lehr-Lern-Methoden in der beruflichen Bildung – Eine empirische Untersuchung in ausgewählten Berufsfeldern. In: Czycholl, Reinhard/Ebner, Herrmann G./Reinisch, Holger: Beiträge zur Berufs- und Wirtschaftspädagogik (Band 18). Oldenburg: (BIS)-Verlag

Pätzold, Günter (2006): Vermittlung von Fachkompetenz in der Berufsbildung. In: Arnold, Rolf/Lipsmeier, Antonius (Hrsg.): Handbuch der Berufsbildung. Wiesbaden: VS Verlag für Sozialwissenschaften. S. 174-190

Pätzold, Günter/Wingels, Judith/Klusmeyer, Jens (2003): Methoden im berufsbezogenen Unterricht – Einsatzhäufigkeit, Bedingungen und Perspektiven. In: Clement, Ute/Lipsmeier, Antonius (Hrsg.): Berufsbildung zwischen Struktur und Innovation. (Heft 17) In: u.a. Dubs, Rolf (Hrsg.): Zeitschrift für Berufs- und Wirtschaftspädagogik (ZWB). Stuttgart: Franz Steiner Verlag. S. 117-131

Pawlik, Anka/Lederer, Bernd (2007): Die Methode der Reflexionswerkstatt als arbeitsbezogenes Lernkonzept. In: Dehnbostel, Peter/Lindemann, Hans-Jürgen/Ludwig, Christoph (Hrsg.): Lernen im Prozess der Arbeit in Schule und Betrieb. Münster (u.a.): Waxmann Verlag. S. 321-336

Pelz, Joachim R. (2012): Aussagefähigkeit und Aussagewilligkeit von Probanden bei der Conjoint-Analyse. Wiesbaden: Gabler Verlag (Zugl. Diss. Universität Hohenheim)

Pott, Klaus Friedrich (1977): Über kaufmännische Erziehung – Ein Quellen- und Lesebuch mit Texten aus Zeitschriften, Broschüren und (Lehr-)Büchern des 18. Jahrhunderts. Rinteln: Merkur Verlag

Raithel, Jürgen (2008): Quantitative Forschung – Ein Praxiskurs. 2. Auflage. Wiesbaden: VS Verlag für Sozialwissenschaften

Rasch, Björn/Friese, Malte/Hofmann, Wilhelm/Naumann, Ewald (2010): Quantitative Methoden – Einführung in die Statistik für Psychologen und Sozialwissenschaftler. Band 1. 3. Auflage. Berlin/Heidelberg: Springer Verlag

Rasch, Björn/Friese, Malte/Hofmann, Wilhelm/Naumann, Ewald (2010a): Quantitative Methoden – Einführung in die Statistik für Psychologen und Sozialwissenschaftler. Band 2. 3. Auflage. Berlin/Heidelberg: Springer Verlag

Reetz, Lothar (1999): Zum Zusammenhang von Schlüsselqualifikationen – Kompetenzen – Bildung. In: Tramm, Tade u.a. (Hrsg.): Professionalisierung kaufmännischer Berufsbildung – Beiträge zur Öffnung der Wirtschaftspädagogik für die Anforderungen des 21. Jahrhunderts. Frankfurt a.M. u.a.: Peter Lang Europäischer Verlag der Wissenschaften. S. 32-51

Reetz, Lothar (2010): Untersuchungen zur Praxis der Erfassung beruflicher Handlungskompetenz bei den Abschlussprüfungen im dualen System der deutschen Berufsausbildung. In: Münck, Dieter/Schelten, Andreas (Hrsg.): Kompetenzermittlung für die Berufsbildung – Verfahren, Probleme und Perspektiven im nationalen, europäischen und internationalen Raum. (Schriftenreihe des Bundesinstituts für Berufsbildung Bonn: Berichte zur beruflichen Bildung, Band 8). Bielefeld: Bertelsmann Verlag. S. 101-117

Reetz, Lothar/Beiler, Jürgen/Seyd, Wolfgang (1987): Fallstudien Materialwirtschaft – Ein praxisorientiertes Wirtschaftslehre-Curriculum. Hamburg: Feldhaus Verlag

Reetz, Lothar/Hewlett, Clive (2008): Das Prüferhandbuch – Eine Handreichung zur Prüfungspraxis in der beruflichen Bildung. (Hrsg.: Ver.di – Vereinte Dienstleistungsgewerkschaft). Hamburg: b+r verlag

Regierungsentwurf (1975): Berufsbildungsgesetz. Der Bundesminister für Bildung und Wissenschaft (Hrsg.). Bonn: Bonner Universitäts-Buchdruckerei

Reisse, Wilfried (1991): Abschluß- und Gesellenprüfungen als Teil des Drei-Zertifikate-Systems in der dualen Berufsausbildung. In: Berufsbildung (Heft 45/9-10) Paderborn: Eusl-Verlags-Gesellschaft. S. 346-350

Reisse, Wilfried (1995): Ein prüfungsspezifischer Schlüsselqualifikations-Katalog. In: Berufsbildung in Wissenschaft und Praxis (Heft 24(1995)6). Bielefeld: Bertelsmann Verlag. S. 47-50

Reisse, Wilfried (1996): Die Prüfbarkeit von Schlüsselqualifikationen. In: Gonon, Philipp (Hrsg.): Schlüsselqualifikationen kontrovers. (Pädagogik bei Sauerländer; Band 23: Schwerpunkt: Bildung, Betrieb, Schule). Aarau: Verlag für Berufsbildung Sauerländer. S. 114-120

Reisse, Wilfried (1996a): Qualitätssicherung bei der Prüfung und Zertifizierung von Personen. In: Bundesinstitut für Berufsbildung. Der Generalsekretär (Hrsg.): Berufliche Bildung – Kontinuität und Innovation – Herausforderungen, Perspektiven und Möglichkeiten beim Start ins nächste Jahrhundert (Dokumentation des 3. BBIB-Fachkongresses, Teil II). Bielefeld: Bertelsmann Verlag. S. 865

Reisse, Wilfried (1996b): Aussagefähigkeit von Prüfungsergebnisse verbessern: Schlüsselqualifikationen mitprüfen. In: Bundesinstitut für Berufsbildung. Der Generalsekretär (Hrsg.): Berufliche Bildung – Kontinuität und Innovation – Herausforderungen, Perspektiven und Möglichkeiten beim Start ins nächste Jahrhundert (Dokumentation des 3. BBIB-Fachkongresses, Teil II). Bielefeld: Bertelsmann Verlag. S. 869-871

Reisse, Wilfried (1996c): Schlüsselqualifikationen prüfen und beurteilen. In: Berufsbildung (Heft 50/38). Paderborn: Eusl-Verlags-Gesellschaft. S. 29-31

Reisse, Wilfried (1997): Schlüsselqualifikationen und kaufmännische Prüfungen – Zur Anwendung eines Schlüsselqualifikations-Katalogs bei kaufmännischen Prüfungen mit praxisorientierten komplexen Aufgaben. In: Schmidt, Jens U. (Hrsg.): Kaufmännische Prüfungsaufgaben – handlungsorientiert und komplex? – Konzepte und Aufgabenbeispiele für die Neugestaltung kaufmännischer Prüfungen (Berichte zur beruflichen Bildung, Bundesinstitut für Berufsbildung, Der Generalsekretär (Hrsg.). (Heft 204). Bielefeld: Bertelsmann Verlag. S. 19-45

Richter, Konrad J. (2003): Integrierte Prüfungen im Maler- und Lackiererhandwerk im Pilotprojekt „LoK – Lernen orientiert an Kompetenzentwicklung" am Berufskolleg Hennef/NRW. In: Meyser, Johannes (Hrsg.): Kompetenz für die Baupraxis: Ausbilden – Lernen – Prüfen. Konstanz: Verlag Dr.-Ing. Paul Christiani. S. 196-206

Rindone, Daniela (2011): Arbeitsrechtliche Sonderzahlungen – Eine Untersuchung einzelvertraglicher und tariflicher Sonderzahlungsvereinbarungen. In: Davy, Ulrike/Kamanabrou, Sudabeh/Rolfs, Christian (Hrsg.): Arbeit und Sozialer Schutz (Band 19). Berlin: Logos Verlag (zugl. Diss. An der Univ. Köln)

Ropeter, Gerhard (2004): Die praktische Prüfung der Verwaltungsfachangestellten – Umsetzung und empirische Evaluation. In: Bundesinstitut für Berufsbildung, Der Generalsekretär (Hrsg.): Schriftenreihe des Bundesinstituts für Berufsbildung. Bielefeld: Bertelsmann Verlag

Rost, Jürgen (2004): Lehrbuch Testtheorie, Testkonstruktion. 2. Auflage. Bern: Huber Verlag

Ruschel, Adalbert (2008): Arbeits- und Berufspädagogik für Ausbilder in Handlungsfeldern. 2. Auflage. Ludwigshafen (Rhein): Friedrich Kiehl Verlag

Schaub, Horst/Zenke, Karl G. (2007): Wörterbuch Pädagogik. München: Deutscher Taschenbuch Verlag

Scheib, Thomas (2005): Indikatoren für die ganzheitliche Leistungsmessung beruflicher Handlungskompetenz in Produktionsprozessen. (Reihe Berufsbildung, Arbeit und Innovation – Dissertation/Habilitation, Band 4). Zugl. Diss., Universität Dortmund. Bielefeld: Bertelsmann Verlag

Schelten, Andreas/Glöggler, Karl (1992): Fächerübergreifender Unterricht in der Berufsschule: Konzept und Erkenntnisse im Schuljahr 1990/91 – Bericht des Lehrstuhls für Pädagogik der Technischen Universität München über die wissenschaftliche Begleitung des Schulversuchs »Fächerübergreifender Unterricht in der Berufsschule« in Bayern. In: Staatsinstitut für Schulpädagogik und Bildungsforschung Abt. Berufliche Schulen München (Hrsg.): Arbeitsbericht Nr. 242. München: Alfred Hintermaier Verlag

Schierz, Ekkard (2003): Prüfungen für Straßenbauer – Erfahrungen seit der Neuordnung und Chancen für die Ausbildung. In: Meyser, Johannes (Hrsg.): Kompetenz für die Baupraxis: Ausbilden – Lernen – Prüfen. Konstanz: Verlag Dr.-Ing. Paul Christiani. S. 172-182

Schlaf, Axel/Polifka, Bodo (2007): Rasselstein GmbH: „Für uns ist der betriebliche Auftrag die einzig sinnvolle Prüfungsvariante". In: Loebe, Herbert/Severing, Eckart (Hrsg.): Effizienz in der Ausbildung – Strategien und Best-Practice-Beispiele. (Band 41 Wirtschaft und Weiterbildung). Bielefeld: W. Bertelsmann Verlag. S. 137-142

Schmalohr, Rolf (2008): Versicherungen und Finanzen – Arbeitsrecht, Agenturgründung, Agenturbetrieb, Agentursteuerung, Versicherungsmarkt (Band 1). 2. Auflage. Haan Gruiten: Verlag Europa-Lehrmittel

Schmidt, Jens U. (1997): Ist die Bewertung von Prüfungsleistungen nach dem degressiven 100-Punkte-Schlüssel noch zeitgemäß? In: Berufsbildung in Wissenschaft und Praxis (Heft 26/4). Bielefeld: Bertelsmann Verlag. S. 22-28

Schmidt, Jens U. (2005): Prüfungsmethoden in der beruflichen Aus- und Weiterbildung – Katalog und Leitfaden für Sachverständige in Neuordnungsverfahren, Aufgabenersteller/-innen und Prüfer/-innen. In: DIHK-Gesellschaft für berufliche Bildung: Bildungs-Service. Bielefeld: Bertelmann Verlag

Schmidt, Reimer (1976): Versicherungsalphabet – Begriffserläuterungen aus Praxis und Theorie der Individualversicherung. 5. Auflage. Karlsruhe: Verlag Versicherungswirtschaft

Schmiel, Martin/Sommer, Karl-Heinz (1996): Zur Legitimationsproblematik von Schlüsselqualifikationen. In: Gonon, Philipp (Hrsg.): Schlüsselqualifikationen kontrovers. (Pädagogik bei Sauerländer; Band 23: Schwerpunkt: Bildung, Betrieb, Schule). Aarau: Verlag für Berufsbildung Sauerländer. S. 75-80

Schöpf, Nicolas/Beutner, Susanne (2005): Lern- und Arbeitsaufgaben – Handlungsorientierung – Prozessorientierung. Fallbeispiele aus der betrieblichen Ausbildungspraxis. In: Loebe, Herbert/Severing, Eckart (Hrsg.): Prozessorientierung in der Ausbildung –Ausbildung im Arbeitsprozess. (Band 39 Wirtschaft und Weiterbildung). Bielefeld: W. Bertelsmann Verlag. S. 45-76

Schröder, Thomas/Dehnbostel, Peter (2007): Arbeits- und Lernaufgaben – eine arbeitsgebundene Lernform für die betriebliche Berufsbildung. In: Dehnbostel, Peter/Lindemann, Hans-Jürgen/Ludwig, Christoph (Hrsg.): Lernen im Prozess der Arbeit in Schule und Betrieb. Münster (u.a.): Waxmann Verlag. S. 291-300

Seeber, Susanne (2008): Ansätze zur Modellierung beruflicher Fachkompetenz in kaufmännischen Ausbildungsberufen. In: Zeitschrift für Berufs- und Wirtschaftspädagogik (Heft 104/1). Stuttgart: Franz Steiner Verlag. S. 74-97

Seeber, Susanne (2011): Zur Messung beruflicher Kompetenzen auf der Grundlage der Item-Response-Theorie. In: Bahlinger, Sandra/Münchhausen, Gesa (Hrsg.): Validierung von Lernergebnissen – Recognition and Validation of Prior Learning. (Schriftenreihe des Bundesinstitutes für Berufsbildung Bonn: Berichte zur beruflichen Bildung). Bielefeld: W. Bertelmann Verlag. S. 319-346

Seibold, Gerald (2007): Quantitative versus qualitative Forschung. Norderstedt: Books on Demand

Seubert, Rolf (1993): „Lebendiger Träger des Dritten Reiches". Zur aktuellen Schwierigkeit des Umgangs mit der Epoche des Nationalsozialismus. Ein Beitrag zur Wissenschaftsgeschichte der Wirtschaftspädagogik. In: Dubs, Rolf u.a. (Hrsg.): Zeitschrift für Berufs- und Wirtschaftspädagogik. (89. Band, Heft 2) Stuttgart: Franz Steiner Verlag. S. 149-168

Severing, Eckart (2004): Selbstständiges Lernen in der betrieblichen Bildung – Beiträge aus Modellversuchen. In: Dehnbostel, Peter/Pätzold, Günter (Hrsg.): Innovationen und Tendenzen der betrieblichen Berufsbildung. (Beiheft 18, Zeitschrift für Berufs- und Wirtschaftspädagogik). Stuttgart: Franz Steiner Verlag. S. 107-116

Severing, Eckart (2006): Europa und die Berufsbildung: gemeinsame Zertifizierungsstandards als Reformanstoß. In: Loebe, Herbert/Severing, Eckart: Europäisierung der Ausbildung – Ergebnisse einer Fachtagung des Forschungsinstituts Betriebliche Bildung und des Zentrums für Ausbildungsmanagement Bayern. (Band 38 Wirtschaft und Weiterbildung). Bielefeld: W. Bertelsmann Verlag. S. 21-41

Severing, Eckart (2007): Betriebliche Ausbildung: Mehr Kosten als Nutzen? Neue Wege im dualen System. In: Loebe, Herbert/Severing, Eckart (Hrsg.): Effizienz in der Ausbildung – Strategien und Best-Practice-Beispiele. (Band 41 Wirtschaft und Weiterbildung). Bielefeld: W. Bertelsmann Verlag. S. 9-16

Severing, Eckart (2009): Zertifizierung informell erworbener beruflicher Kompetenzen. In: Münck, Dieter/Severing Eckart (Hrsg.): Theorie und Praxis der Kompetenzfeststellung im Betrieb – Status quo und Entwicklungsbedarf. Schriften zur Berufsbildungsforschung der Arbeitsgemeinschaft Berufsbildungsforschungsnetz (AG BFN). Bielefeld: Bertelsmann Verlag. S. 45-55

Seyfried, Brigitte (1997): Die Abschlußprüfung in der Berufsausbildung – ein ‚Bremsklotz' für Innovation? In: Euler, Dieter/Sloane, Peter F. E. (Hrsg.): Duales System im Umbruch – Eine Bestandsaufnahme der Modernisierungsdebatte. (Wirtschaftspädagogisches Forum. Band 2). Pfaffenweiler: Centaurus-Verlagsgesellschaft. S. 345-360

Sloane, Peter F. E. (2006): Berufsbildungsforschung. In: Arnold, Rolf/Lipsmeier, Antonius (Hrsg.): Handbuch der Berufsbildung. Wiesbaden: VS Verlag für Sozialwissenschaften. S. 610-627

Söllner, Albrecht (2008): Einführung in das internationale Management – Eine institutionenökonomische Perspektive. Wiesbaden: Gabler Verlag

Spillner, Gunther (2008): Bericht über die Sitzung 2/2008 des BIBB-Hauptausschusses am 27. Juni 2008 in Bonn. In: Bundesinstitut für Berufsbildung (BIBB) (Hrsg.): Berufsbildung in Wissenschaft und Praxis (37. Jahrgang, Heft 4/2008) Bielefeld: Bertelsmann Verlag. S. 58-59

Stender, Jörg (2006): Berufsbildung in der Bundesrepublik Deutschland – Teil 1: Strukturprobleme und Ordnungsprinzipien des dualen Systems. Stuttgart: S. Hirzel Verlag

Stender, Jörg (2006a): Berufsbildung in der Bundesrepublik Deutschland – Teil 2: Reformansätze in der beruflichen Bildung. Stuttgart: S. Hirzel Verlag

Stelzl, Ingeborg (2005): Fehler und Fallen der Statistik – für Psychologen, Pädagogen und Sozialwissenschaftler. In: Rost, Detlef H. (Hrsg.): Standardwerke aus Psychologie und Pädagogik – Reprints (Band 1). Münster: Waxmann Verlag

Stiewe, Heinz (2002): Die Förderung menschlicher Flexibilität in modernen Arbeitsstrukturen – Ansätze für die Aus- und Weiterbildung. Wiesbaden: Deutscher Universitätsverlag. (zugl. Diss. Universität Bremen, 2001)

Straka, Gerald A. (1996): Selbstorganisiertes Lernen in der Berufsbildung. In: Arbeitsgemeinschaft Berufsbildungsforschung; Diepold, Peter (Hrsg.): Berufliche Aus- und Weiterbildung – Konvergenzen/Divergenzen – neue Anforderungen/alte Strukturen. Beiträge zur Arbeitsmarkt- und Berufsforschung, zugleich Beiträge zur Berufsbildungsforschung der AG BFN Nr. 2. S. 57-61

Strauss, Anselm/Corbin, Juliet (1996): Grounded Theory: Grundlagen Qualitativer Sozialforschung. Weinheim: Psychologie Verlags Union

Thillosen, Anne (2005): Arbeits- und Lernaufgaben in der betrieblichen Ausbildung. In: Loebe, Herbert/Severing, Eckart (Hrsg.): Prozessorientierung in der Ausbildung –Ausbildung im Arbeitsprozess. (Band 39 Wirtschaft und Weiterbildung). Bielefeld: W. Bertelsmann Verlag. S. 91-121

Vogel, Miriam (2006): TRI-Q-Sort: Triadische elterliche Kapazität und psychische Kindesentwicklung – Entwicklung des TRI-Q-Sort zum Triadeninterview von Prof. Dr. med. Kai von Klitzing. München: Grin Verlag (zugl. Diss.)

Wellenreuther, Martin (2000): Quantitative Forschungsmethoden in der Erziehungswissenschaft – Eine Einführung. Weinheim/München: Juventa Verlag

Werner, Dirk (2007): Nur Lehre war gestern: was die duale Berufsausbildung leistet und wie sie sich verändert. Köln: Deutscher Instituts Verlag

Weuster, Arnulf (1994): Personalauswahl und Personalbeurteilung mit Arbeitszeugnissen. Göttingen/Stuttgart: Verlag für Angewandte Psychologie

Weuster, Arnulf/Scheer, Brigitte (2005): Arbeitszeugnisse in Textbausteinen – Rationelle Erstellung, Analyse, Rechtsfragen. 10. Auflage. Stuttgart (u.a.): Richard Boorberg Verlag

Winter, Udo (2007): Die Roadmap Ausbildung: Bausteine eines systematischen Ausbildungscontrollings. In: Loebe, Herbert/Severing, Eckart (Hrsg.): Effizienz in der Ausbildung – Strategien und Best-Practice-Beispiele. (Band 41 Wirtschaft und Weiterbildung). Bielefeld: W. Bertelsmann Verlag. S. 221-228

Wölker, Herbert (1969): Berufsbildungsgesetz – Erläuterungen. In: Deutscher Industrie- und Handelstag (Hrsg.): DIHT-Schriftenreihe, Heft 116. Koblenz: Rhenania Druck und Verlag

Wohlgemuth, Hans Hermann/Sarge, Konrad (1987): BBiG Berufsbildungsgesetz – Kommentar für die Praxis. Köln: Bund-Verlag

Wolff, Karl (1993): Andere Anforderungsprofile erfordern andere Prüfformen. In: Wirtschaft und Erziehung (Heft 45/9). Wolfenbüttel: Heckner Verlag. S. 293

Wulf, Christoph/Zirfas, Jörg (2007): Performative Pädagogik und performative Bildungstheorien. Ein neuer Fokus der erziehungswissenschaftlicher Forschung. In: Dieselben (Hrsg.): Pädagogik des Performativen – Theorien, Methoden, Perspektiven. Weinheim/Basel: Beltz Verlag. S. 7-41

Wurster, Bettina (2005): Berufsbildungsgesetz von A bis Z. In: DIHK – Deutscher Industrie- und Handelskammertag (Hrsg.): Schriftenreihe 489. Berlin/Bonn: Köllen Druck + Verlag

Zimmer, Gerhard (2009): Notwendigkeiten und Leitlinien der Entwicklung des Systems der Berufsausbildung. In: Zimmer, Gerhard/Dehnbostel, Peter (Hrsg.): Berufsausbildung in der Entwicklung – Positionen und Leitlinien – Duales System, Schulische Ausbildung, Übergangssystem, Modularisierung, Europäisierung. Bielefeld: W. Bertelsmann Verlag S. 7-45

Zimmer, Gerhard/Dippl, Zorana (2003): Beurteilung der Kompetenzentwicklung – Probleme, Fragen und Kriterien handlungsorientierter Prüfungen. In: Elster, Frank/Dippl, Zorana/Zimmer, Gerhard (Hrsg.): Wer bestimmt den Lernerfolg? – Leistungsbeurteilung in projektorientierten Lernarragements. Bielefeld: Bertelsmann Verlag. S. 5-23

Gesetzes-/Verordnungsverzeichnis

Ausbilder-Eignungsverordnung vom 21. Januar 2009 verordnet durch das Bundesministerium für Bildung und Forschung nach Anhörung des Hauptausschusses des Bundesinstituts für Berufsbildung auf Grund des § 30 Absatz 5 des Berufsbildungsgesetzes vom 23. März 2005 (BGBl. I S. 931), Bundesgesetzblatt Jahrgang 2009 Teil I Nr. 5, ausgegeben zu Bonn am 30. Januar 2009

Berufsbildungsgesetz vom 23. März 2005 (BGBl. I S. 931), zuletzt geändert durch Artikel 15 Abs. 90 des Gesetzes vom 5. Februar 2009 (BGBl. I S. 160)

Berufsbildungsgesetz 1969 (BBiG 1969) vom 14. August 1969 (BGBl. I S 1969 S. 1112) Außer Kraft getreten, am 1.4.2005 durch Artikel 8 Abs. 1 des Gesetzes zur Reform der beruflichen Bildung (Berufsbildungsreformgesetz – BerBiRefG) (BGBl. 2005 Teil 1 Nr. 20 S. 931, ausgegeben zu Bonn am 31. März 2005)

Bundesdatenschutzgesetz (BDSG) vom 20. Dezember 1990 (BGBl. I S. 2954), neugefasst durch Bekanntmachung vom 14. Januar 2003 (BGBl. I S. 66), zuletzt geändert durch Gesetz vom 29.07.2009 (BGBl. I S. 2254), durch Artikel 5 des Gesetzes vom 29.07.2009 (BGBl. I, S. 2355 [2384] und durch Gesetz vom 14.08.2009 (BGBl. I, S. 2814)

Empfehlung des Hauptausschusses des Bundesinstituts für Berufsbildung für die zur Musterprüfungsordnung für die Durchführung von Abschluss- und Umschulungsprüfungen vom 8. März 2007, Bundesanzeiger Nr. 152a/2007 vom 16.8.2007 BIBB-Pressemitteilung: Nr. 16 vom 22.3.2007 Zeitschrift „Berufsbildung in Wissenschaft und Praxis", Nr. 3/2007

Gesetz über die Beaufsichtigung der Versicherungsunternehmen (Versicherungsaufsichtsgesetz – VAG) in der Fassung der Bekanntmachung vom 17. Dezember 1992 (BGBl. 1993 I S. 2), zuletzt geändert durch Gesetz vom 23.12.2007 (BGBl. I. S. 3248) BGBl. III/FNA 7631-1

Verordnung über die Berufsausbildung im Gastgewerbe vom 13. Februar 1998 (BGBl. I S. 351)

Verordnung über die Berufsausbildung zum Automobilkaufmann/zur Automobilkauffrau vom 26. Mai 1998 (BGBl. I S. 1112)

Verordnung über die Berufsausbildung zum Bankkaufmann/zur Bankkauffrau vom 30. Dezember 1997 (BGBl. 1998 I S. 51)

Verordnung über die Berufsausbildung zum Fachangestellten für Arbeitsmarktdienstleistungen und zur Fachangestellten für Arbeitsmarktdienstleistungen vom 24. Mai 2012 (BGBl. I S. 1206)

Verordnung über die Berufsausbildung zum Fotomedienfachmann/zur Fotomedienfachfrau vom 19. März 2008 (BGBl. I S. 457)

Verordnung über die Berufsausbildung zum Musikfachhändler/zur Musikfachhändlerin vom 24. März 2009 (BGBl. I S. 931)

Verordnung über die Berufsausbildung zum Kaufmann für Versicherungen und Finanzen/zur Kauffrau für Versicherungen und Finanzen vom 17. Mai 2006 (BGBl. I S. 1187 vom 22. Mai 2006)

Verordnung über die Berufsausbildung zum Servicekaufmann im Luftverkehr/zur Servicekauffrau im Luftverkehr vom 23. März 1998 (BGBl. I S. 611)

Verordnung über die Berufsausbildung zum Sport- und Fitnesskaufmann/zur Sport- und Fitnesskauffrau vom 4. Juli 2007 (BGBl. I S. 1252)

Verordnung über die Berufsausbildung zum Versicherungskaufmann/zur Versicherungskauffrau vom 8. Februar 1996 (BGBl. I S. 169), zuletzt geändert durch Verordnung über die Berufsausbildung zum Versicherungskaufmann/ zur Versicherungskauffrau vom 22. Juli 2002 (BGBl. I S. 2795)

Verordnung über die Berufsausbildung zur Fachkraft für Schutz und Sicherheit vom 21. Mai 2008 (BGBl. I S. 932)

Verordnung über die Berufsausbildung zur Servicefachkraft für Dialogmarketing vom 23. Mai 2006 (BGBl. I. S. 1238)

Verordnung über die Entwicklung und Erprobung des Ausbildungsberufs Speiseeishersteller/ Speiseeisherstellerin vom 13. Mai 2008 (BGBl. I S. 830), die durch Artikel 1 der Verordnung vom 1. Juni 2013 (BGBl. I S. 1611) geändert worden ist

Verordnung über die Versicherungsvermittlung und -beratung (Versicherungsvermittlungsverordnung – VersVermV) vom 15. Mai 2007 (BGBl. I S. 733, ber. S. 1967), BGBl. III/FNA 7100-1-9

Urteilsverzeichnis

BAG vom 23.06.1960, DB 1960, 1042
BGH vom 26.11.1963 – VI ZR 221/62
LAG Hamm vom 27.2.1997, NZA-RR 1998, S. 156
LAG Hamm vom 12.2.1992, LAGE § 630 BGB Nr. 16, Punkt 1.5
LAG Hamm vom 16.3.1989, BB 1989, 1486

Oliver Jahraus, Eckart Liebau,
Ernst Pöppel, Ernst Wagner (Hrsg.)

Gestalten und Erkennen

Ästhetische Bildung und Kompetenz

Erlanger Beiträge zur Pädagogik, Band 13
2014, 328 Seiten, br., 39,90 €
ISBN 978-3-8309-3096-9
E-Book-Preis: 35,99 €, ISBN 978-3-8309-8096-4

An der Ludwig-Maximilians-Universität München und der Friedrich-Alexander-Universität Erlangen arbeiteten die Mitglieder des Promotionskollegs „Gestalten und Erkennen" 2011 bei der Hanns-Seidel-Stiftung interdisziplinär an Themen der ästhetischen Bildung zwischen Pädagogik und Fachwissenschaften, zwischen Hirnforschung und Fachdidaktiken. Der Band ist ein wesentliches Ergebnis dieses interdisziplinären Diskurses. Er führt die kompetenztheoretische mit der bildungstheoretischen Perspektive zusammen, um so neue Ansätze für Wissenschaft und Praxis zu gewinnen: für die Grundlagenforschung sowie für die Entwicklung von Lehrplänen.

Stella Antwerpen

Singen in der Schule

Ästhetische Bildungspotentiale
des Singens und des Gesangs

Erlanger Beiträge zur Pädagogik, Band 12
2014, 240 Seiten, br., 29,90 €
ISBN 978-3-8309-3010-5
E-Book: 26,99 €, ISBN 978-3-8309-8010-0

Die Ergebnisse dieser eingehenden Untersuchung zeigen, dass die Beschäftigung mit der menschlichen Stimme enorme ästhetische Bildungsprozesse anbahnen kann. Das gemeinsame Singen und die Ausbildung der eigenen Stimme sind nicht nur die beste Möglichkeit der Grundmusikalisierung für Schülerinnen und Schüler, sondern regen darüber hinaus Selbstreflexion, gemeinsames Lernen und die Entwicklung der Persönlichkeit und des Selbstbewusstseins an.

Katrin Valentin

Die Zusammenarbeit zwischen Schule und Theater

Empirische Ergebnisse für die Fachdebatte und hilfreiche Reflexionen für die Praxis

Erlanger Beiträge zur Pädagogik, Band 11
2013, 268 Seiten, br., 29,90 €
ISBN 978-3-8309-2836-2
E-Book: 26,99 €, ISBN 978-3-8309-7836-7

Gestützt auf empirische Erhebungen wird in diesem Buch grundlegenden Fragen nachgegangen, die die Chancen und Fallstricke der Kooperation zwischen Schulen und Theatern aufdecken. Die Antworten auf diese Fragen ermöglichen ein tieferes Verständnis für das Zusammenwirken der beiden Institutionen und führen zur Formulierung von konkreten Empfehlungen für die Weiterentwicklung dieses Handlungsfeldes.